존재의 심리학

TOWARD A PSYCHOLOGY OF BEING, 3rd Edition
(9780471293095/0471293091)
by Abraham H. Maslow

Copyright © 1968, 1999 by John Wiley & Sons.
All rights reserved.
This Korean edition was published by Moonye Publishing Co., Ltd. in 2005, 2012, 2017
by arrangement with John Wiley & Sons International Rights, Inc.,
Hoboken, NJ through KCC(Korean Copyright Center Inc.), Seoul.

이 책은 ㈜한국저작권센터(KCC)를 통한
저작권자와의 독점 계약으로 ㈜문예출판사에서 출간되었습니다.
저작권법에 의해 한국 내에서 보호를 받는 저작물이므로
무단 전재와 복제를 금합니다.

존재의 심리학

아브라함 H. 매슬로 지음 | 정태연 · 노현정 옮김

Toward A Psychology of Being

문예출판사

차 례

책을 펴내면서   7
편집자의 말(제3판)   54
머리말(제2판)   58
머리말(제1판)   63

제1부 심리학 영역의 확장   77
- 제1장 서론 건강 심리학   79
- 제2장 실존주의자들이 심리학에 주는 교훈   89

제2부 성장과 동기   105
- 제3장 결핍동기와 성장동기   107
- 제4장 방어와 성장   143
- 제5장 지식에 대한 욕구와 두려움   167

제3부 성장과 인지   181
- 제6장 절정경험 속에서의 존재에 대한 인지   183
- 제7장 절정경험:정체성에 대한 민감한 경험   232
- 제8장 B-인지의 몇가지 위험들   252
- 제9장 범주화되는 것에 대한 저항   269

제4부	**창조성**　279

　　제10장　자기실현하는 사람의 창조성　281

제5부	**가치관**　299

　　제11장　심리학적 사실과 인간의 가치관　301
　　제12장　가치, 성장, 건강　328
　　제13장　건강 : 환경에 대한 초월　346

제6부	**앞으로의 과제**　357

　　제14장　성장에 관한 몇몇 기본적 제안과 자기실현 심리학　359

부록 A　399
부록 B　407
참고문헌 A　412
참고문헌 B　427
옮긴이의 말　436
찾아보기　440

일러두기

원주(원 텍스트의 편집자 주)는 1, 2, 3…으로, 옮긴이 주는 *, **로 표시했습니다.

책을 펴내면서

"경이로운 가능성과 심층적 특성을 지닌 존재"로서의 인간

"경이로운 가능성과 심층적 특성을 지닌 존재"로서의 인간 그리고 인간 본성에 대한 "더욱 광범위하고 긍정적인 생각". 이러한 주제곡이 심리학자 아브라함 H. 매슬로(Abraham H. Maslow, 1908~1970)의 인생 전반을 통해 울려 퍼진다. 여러분은《존재의 심리학(Toward a Psychology of Being)》바로 첫 번째 단락에서 스물두 살의 대학원생인 매슬로가 쓴 이처럼 열정적인 글의 일부를 발견하게 될 것이다. "(인간 본성)에 관한 새로운 개념, 즉 매우 감동적이고 경이로운 가능성으로 가득 찬 … 심리학이 지금 막 수평선 위로 떠오르고 있다." 그리고 매슬로의 심리학은 정말 처음부터 끝까지 이런 모습이었다. 그는 심지어 생의 마지막 몇 주 동안에도 "인간은 수준 높은 본성을 가지고 있으며 이러한 본성이 인간의 핵심 특성 중 일부라는, 즉 간단히 말해서 인간은 유기체로서의 인간적 속성과 생물학적 속성에서 자유로울 수 있을 만큼 경이롭다"는 점을 옹호하는 글을 썼다.[1]

---

[1] 아브라함 H. 매슬로, 1970, 미완결 저서의 일부. 리처드 로리(Richard Lowry),《매슬로 : 지적인 한 인물(A. H. Maslow : An Intellectual Portrait)》(Monterey, CA : Brooks/Cole, 1973, p. 77)에서 인용.

한때 지그문트 프로이트(Sigmund Freud)는 "몇몇 적합한 상황에서 우리 각자는 인간의 깊은 내면에 존재하는 도덕적 본성을 숭배하도록 되어 있으며, 도덕적 본성은 우리가 폭넓은 인기를 얻는 데 도움을 주고, 또한 우리는 도덕적 본성 덕분에 많은 것을 용서받는다"고 다소 냉소적으로 지적했다.[2] 매슬로가 자신의 학문 전반에 걸쳐 추구한 것이 바로 인간의 심연에 존재하는 이러한 '도덕적 본성'이다. 인간 본성을 더욱 광범위하게 긍정적으로 보는 아이디어가 초기 유년 시절부터 매슬로의 내면에서 자라고 있었는데, 이러한 아이디어의 중심에는 보이는 것과는 반대로 "모든 인간의 내면은 고상하다"는 깊은 신념이 자리하고 있었다.[3]

이러한 점 때문에 매슬로가 인간 본성의 어두운 면을 결코 본 적이 없는 순진한 사람이라고 가정하지 말라. 제2차 세계대전이 발발하면서 어둠의 시대가 그 정점에 도달할 무렵, 매슬로는 인류 역사의 일부분이 피로 얼룩져 있다는 것을 감지했다. 본질적으로 인간은 가능한 모든 종류의 폭력, 사악하고 잔인한 행동을 범할 수 있다는 것을 매슬로는 그 누구보다도 분명하게 인식했다. 그는 또한 일상적인 사회적 상호작용 속에서 매우 빈번하게 발생하는 이러한 사악한 행동들을 유년 시절부터 뼈저리게 보아왔다. 비하, 비방, 교활, 사기, 조종, 착취, 강탈, 탄압, 학대 등 이러한 사악한 행동들은 아무리 열

---

2 지그문트 프로이트, 《문명화와 그로 인한 불만(Civilization and Its Discontents)》(James Strachey 역, New York : W. W. Norton, 1962, p. 67).
3 아브라함 H. 매슬로, 1938년 6월 미출판 노트, 리처드 로리, 《매슬로:지적인 한 인물》(Monterey, CA:Brooks/Cole, 1973, p. 77)에서 인용.

거해도 끝이 없다.

매슬로가 여타 심리학자들과 분명하게 구별되는 점은 빛과 어둠, 선과 악, 높이와 깊이 등 인간 본성의 이중성에 직면하여 이것을 이해하고자 많은 노력을 했다는 점이다. 매슬로가 심리학자들 중에서 진지하게 접근한 유일한 사람이 《문명화와 그로 인한 불만(Civilization and Its Discontents)》(1930)을 쓴 프로이트였다. 프로이트와 매슬로 모두 인간 본성의 이중성을 인식했지만, 그것을 인식하는 방식은 달랐다. 프로이트에 의하면, 자기 보존과 성적 만족에 대한 강력한 욕구와 마찬가지로, 인간의 공격성과 파괴성도 생물학적 요인에 근거하고 있는데, 이것이 바로 "인간 본성의 근원이며 자기 보존을 위한 본능적 성향"이다.

매슬로는 프로이트를 존경했다. 그러나 매슬로는 이처럼 매우 중요한 사항에서는 세세한 부분까지 프로이트와 정반대되는 태도를 보였다. 매슬로는 인간의 이중성에 대한 프로이트의 견해를 완전히 뒤집었다. 비록 인간이 이기적이고 음흉하고 공격적일 수 있지만, 이것이 인간 본성의 본질적인 것은 아니다. 표면 바로 밑에 있는 핵심을 보면, 우리는 인간의 본성이 심리적·생물학적으로 선하고 고상하다는 사실을 발견하게 된다. 사람들이 선하고 품위 있는 모습 이외의 행동을 보이는 것은 그들이 스트레스와 고통 속에 있거나 혹은 안전, 사랑, 자기 존중감과 같은 인간의 기본적인 욕구를 충족시키지 못해서 나온 반작용일 뿐이다.

인간에 대한 새로운 동기 이론

인간은 본질적으로 고상하다는 에이브(Abe)*의 견해에서 가장 두드러진 점은 그가 인간 동기에 대하여 매우 독창적이고 설득력 있는 이론으로 자신의 주장을 공고히 했다는 점이다. 19세기 후반부터 약 1950년대 중반까지, 하나의 일반적 동기 이론이 매우 우세하여 일종의 정통 이론처럼 되어버렸다. 인간으로 하여금 여러 다양한 방식으로 행동하게 만드는 욕구와 추동(drive)**과 소망을 생각해보라. 음식에 대한 욕구 같은 동기 유발 요인들은 자명하게도 일차적 혹은 근본적이다. 이러한 요인들은 인간에 한해서는 생물학적으로 핵심적인 위치에 자리하고 있다. 우표, 나비 혹은 바이올린을 수집하려는 소망과 같은 동기 유발 요인들은 분명히 생물학적으로 핵심적인 자리에 있지 않다.

다윈의 진화론이 등장하면서, 특정 종이 부여받은 천성적이고 내재적인 동기는 개체의 생존과 종의 번식에 기여하는 욕구, 추동, 소망, 충동 등 간단히 말해서 이기심, 성욕 그리고 공격성으로 이루어져 있다는 것이 동기에 대한 정통 교리의 핵심이 되었다. 이러한 동기들이 일차적 혹은 근본적 동기이다. 그 밖의 것들은 단지 부수적이고 파생적인 것에 불과하다. 이러한 부수적인 것들은 하나 혹은 그 이상의 일차적 동기를 만족시키기 위해 필요한 것으로, 각 개인이 살아가면서 획득한 동기이다. 또한 정통 교리에서는 한 동기가 특정 종 전체에 보편적으로 나타나는 경우에만 그 동기가 그 종에게 일차적이라는 주장을 견지한다. 따라서 배고픔은 모두에게 나타나기 때문에

---

* 에이브는 아브라함의 별칭으로 매슬로를 일컫는다.
** 신체적 조직의 결핍 상태에 의해 발생하는 생리적 요구로서, 이러한 요구는 행동을 일으킨다. 가령 개체 보존에 필요한 음식물, 물, 수면에 대한 요구, 그리고 종의 보존에 필요한 성적 요구 등을 들 수 있다.

기본 동기인 반면, 우표나 바이올린 수집은 소수의 사람에게서만 나타나는 동기이기 때문에 기본 동기가 아니다.

우표나 바이올린 수집과 같은 그다지 중요치 않은 일에 적용된 논리가 이기심, 성욕, 공격성과 직접적으로 관련되지 않는 인간의 다양한 동기들에게도 동일하게 적용된다. '사랑'은 인간의 기본적 동기인가? 이기심이나 성욕과 같이 더욱 심층적인 목적을 달성하는 데 도움이 되는 경우를 제외하고는 그렇지 않다. 아름다움에 대한 갈망은 인간의 기본적인 동기인가? 대다수의 사람이 그러한 욕구를 거의 드러내지 않는 데서 보듯이, 기본적 동기가 아니다. 정의, 친절, 자애는 어떠한가? 대부분의 사람에게 그러한 욕구가 없다는 점이 증명하듯이, 그것도 기본적 동기가 아니다. 그렇다면 정의, 친절, 자애에 대한 동기가 있는 사람들은 어떤 사람들일까?

의식하든 하지 못하든 간에, 진정한 동기는 의식의 이면에 있다. 프로이트는 다른 여러 동기 중에서 "진정한 동기만이 우리가 폭넓은 인기를 얻는 데 도움을 주고, 또한 우리는 진정한 동기 덕분에 많은 것을 용서받는다"고 언급했다.

인간 동기의 일상적 실체에 대한 새로운 견해

1943년에 출판된 두 편의 논문에서[4] 매슬로는 정통적인 동기 이론을 수정하여 제시했지만, 이 두 논문이 그의 저서 《동기와 성격(Motivation and Personality)》[5](1954) 1장과 2장에 다시 실린 후에야 비로소 그의 수정 이론이 세상에 알려지게 되었다. 매슬로는 여기에서 누구든 자신의 삶을 동기적인 측면에서 세밀히 주의 깊게 관찰해보면 쉽게 확인할 수 있는 두 가지 핵심적인 사실을 제시하고 있다.

첫째, 우리는 동기가 유발되지 않은 상태로 있는 것이 거의 불가능하다. 심지어 일부 동기가 너무 미약하여 그 존재를 감지할 수 없을 때조차도, 실제로 깨어 있는 순간마다 우리는 특정 동기를 가지고 있으면서 그 동기를 충족시키고자 한다. 게다가, 마치 무대 중심에 설 기회를 노리면서 한 장면이 끝날 때를 숨어서 기다리고 있듯이, 하나의 동기가 충족되면 즉시 다른 동기가 나타나 그것을 대체한다.

둘째, 이와 같은 여러 동기가 임의적으로 발생하는 것이 아니다. 동기의 발생 순서는 단순히 특정 동기가 다른 동기에 비해 생물학적으로 더 긴급하다는, 즉 다른 동기에 비해 더 우세하다는 사실에 따라 결정되며, 이러한 우세는 그러한 동기들이 더 우선권을 갖도록 내적으로 이미 구조화되어 있다는 단순한 사실에 근거한다. 다시 말해, 인간 동기는 위계적으로 구조화되어 있고, 위계적 구조 내에서 동기는 긴박성(urgency), 강도(intensity), 우선성(priority) 차원의 수준에 따라 배열된다. 이러한 세 용어가 합해져서 지니는 의미를 좀더 편리하고 간단히 표현하기 위해 매슬로는 '우세한(prepotent)'이라는 용어를 명사형 '우세함(prepotency)'이라는 용어와 함께 사용했다.

더 일반적으로 말해서, 두 개의 동기를 동시에 충족시켜야 할 때,

---

4 아브라함 H. 매슬로, 〈동기 이론 서문(A Preface to Motivation Theory)〉, 《정신신체의학(Psychosomatic Medicine)》(1943. 5. 85~92) ; 〈인간 동기 이론(A Theory of Human Motivation)〉, 《심리학 논평(Psychological Review)》(1943. 50. 370~396).

5 아브라함 H.매슬로, 《동기와 성격》(New York : Harper & Bros. 1954 ; Second edition. 1970 ; Third edition (posthumous). 1987).

생물학적으로 더 긴박하고 강력한, 즉 더 우세한 동기가 우선권을 가지며, 덜 우세한 동기는 무대 뒤로 물러나게 된다. 반대로, 배고픔과 같이 매우 기본적인 욕구를 느낄 때조차 어떤 특정 동기가 발생했다는 것은 이 동기보다 더 우세한 다른 모든 동기들이 적어도 당분간은 이미 어느 정도 충족되었다는 것을 전제한다.

동기의 이러한 위계적 배열이 갖는 더욱더 광범위한 의미에 근거하여, 매슬로는 인간의 한층 더 수준 높은 동기에 대한 질문으로 되돌아갔다. 정통 이론은 이러한 동기들이 인간 종 내에서 보편적으로 나타나지 않는다는 이유로 부수적이고 파생적이라고 생각했다. 위계적 배열에 대한 자신의 견해를 근거 삼아, 매슬로는 미적 추구와 같은 더 수준 높은 동기를 설명하는 데 필요한 강력한 심리적 기반을 구축했다. 즉 이러한 동기가 비록 전체 인간 중에서 상대적으로 소수의 사람들에게서 규칙적으로 강하게 나타나지만, 그럼에도 불구하고 동기가 음식에 대한 욕구와 마찬가지로 모든 면에서 기본적이며 또한 인간 본성의 일부가 되는지 설명할 수 있는 근거를 갖게 되었다.

매슬로는 사랑, 정의, 친절 그리고 사람들이 더 수준 높은 동기라고 생각하는 다른 모든 것들을 포괄할 수 있도록 자신의 설명을 확장했다. 이러한 더 수준 높은 동기들이 배고픔, 갈증 등과 같은 더 긴박한 동기들처럼 보편적으로 나타나지 않는다고 해서 부수적이고 파생적인 것은 아니다. 이러한 사실은 더 수준 높은 동기들이 단지 덜 우세하다는 것을 의미할 뿐이다. "만일 우리의 위가 오랫동안 비어 있다면, 또는 우리가 갈증으로 점점 죽어가고 있다면, 또는 임박한 대참사로 인해 지속적으로 위험에 처해 있다면, 우리는 결코 음악을 작곡하거나 수학적 학설을 만들거나 자신의 집을 치장하고자 하는 욕구 혹은 이와는 다른 방법으로 아름다움을 추구하고자 하는 욕구를 가질 수 없다."[6]

그러나 특정 인물이나 혹은 대다수의 사람이 배고픔, 갈증 그리고 임박한 재앙에서 자유로워지면, 즉 더 우세한 모든 동기가 충족되면 인간이 지닌 더 수준 높은 동기들이 무대 전면에 등장하게 된다. 그러한 동기들이 단지 지금에 와서야 존재하게 되었는가? 그렇지 않다. 그것은 늘 그곳에 존재하고 있었다. 그러한 동기는 인간 본성의 매우 핵심적인 부분에 그 뿌리를 두고 있지만, 지금까지는 생물학적으로 더 긴박한 동기들에 의해 가려져 있었을 뿐이다.

결핍동기 대 성장동기

지금까지 언급한 기본적 욕구들의 수준은 매우 다양해서 배고픔, 갈증과 같이 완전히 본능적인 것에서부터 사랑과 자기 존중감 등 인간에게만 더욱 뚜렷하게 나타나는 욕구에 이르기까지 광범위하다. 그러나 이러한 모든 욕구는 매우 중요한 하나의 공통된 특성을 가지고 있다. 그들은 모두 무엇인가를 추구하며, 결핍(deficiency)에 의해서 활성화되는 역동적 체계이다. 이러한 모든 결핍동기들은 공통적으로 우리가 현실을 제대로 인식하지 못하게 한다. 이러한 동기들은 또한 우리가 "먹여줘! 사랑해줘! 존중해줘!" 등의 요구를 하도록 해서 현실

---

[6] 아브라함 H. 매슬로,《동기와 성격》(1954, p. 69).

을 왜곡해서 다루게 한다. 음식, 안전, 애정, 자기 존중감에 대한 우리의 욕구가 커질수록, 우리는 우리 자신과 타인을 포함해 현실을 구성하는 각 존재들을 이러한 욕구 충족에 도움이 되는지 아니면 방해가 되는지에 근거해서 지각하고 다루게 될 것이다.

지금 모든 결핍동기들을 충분히 그리고 안정적으로 만족시킨 사람을 찾을 수 있다고 가정해보자. 그러한 사람의 특징은 무엇일까? 그 사람은 이 세상에 존재하는 것들을 어떻게 지각하고 그들과 어떻게 상호작용할까? 간단히 말해, 매슬로의 대답은 이렇다. 결핍동기의 영향을 받아서 하는 활동은 흐릿한 렌즈를 통해 세상을 보는 것과 같고, 이러한 결핍동기의 효과를 제거하는 것은 흐릿한 렌즈를 선명한 렌즈로 바꾸는 것과 같다. 따라서 기본적인 결핍동기를 안정적으로 충족시킨 사람은 이 세상을, 즉 모든 측면에서 실체를 더욱 선명하게 볼 것이다. 이러한 사람은 결핍을 충족시키기 위해 더는 현실에 요구하지 않을 것이며, 더는 결핍으로 생긴 두려움과 의심으로부터 영향받지 않을 것이다. 따라서 더욱 수용적인 방식으로 자신과 타인 그리고 세상과 상호작용할 것이고, 세상을 더욱 사랑하고 이해할 수 있게 될 것이며, 세상을 더욱 즐겁게 살 수 있을 것이다. 이러한 것이 매슬로가 묘사한 자기실현의 핵심적 부분이며,[7] 인간 생애를 통해 완

---

7 매슬로는 신중하게도 '자기실현'이라는 용어가 정신과 의사 쿠르트 골트슈타인(Kurt Goldstein)의 저서 《유기체(The Organism)》(New York : American Books Co., 1939)에서 처음으로 등장했음을 인정했다. 골트슈타인은 이 용어를 사용해서 뇌 손상 환자가 종종 그러한 손상에 적응하고 그러한 손상을 벌충하는 놀라운 방식을 기술했다.

전히 다른 종류의 동기가 출현하는 지점이다. (이 책에서 매슬로는 새로운 수준의 이러한 동기를 '상위동기(metamotivation)'라고 언급했다.) 지금까지의 모든 동기는 부족한 것이면 무엇이든지 획득하거나 성취하려고 투쟁하는 결핍동기였다. 그러나 이러한 새로운 수준의 동기에서 나오는 것은 투쟁이 아니라 모든 '경이로운 가능성'을 열어놓는 것이며(unfolding), 이러한 가능성은 인간 본성의 핵심 어딘가에 깊이 존재한다고 매슬로는 믿고 있다.

모든 인간이 이러한 잠재력을 가지고 있다고 가정하는데도, 이러한 것들이 왜 소수의 사람에게만 나타나는지 그 이유를 매슬로는 다음과 같이 설명하고 있다.

우리 대부분은 가장 우세한 한두 개의 결핍동기에 얽매여 우리 삶의 대부분을 보낸다. 더 수준 높고 더 인간적인 가능성들은 잠겨 있고, 숨겨져 있으며, 가려져 있어 그들 자신을 드러낼 수가 없다. 매슬로는 자신이 생각하기에 이러한 드러냄의 과정을 잘 진행하고 있는 사람의 여러 특징을 간결하게 기술하고 있다. 이러한 특징의 기본적인 윤곽은 매슬로의 1950년 논문 〈자기실현하는 사람들 : 심리적 건강에 대한 연구(Self-Actualizing People : A Study of Psycho-logical Health)〉 원문에서 찾을 수 있으며, 이 원문은 확대되어 《동기와 성격》[8](1954)

---

8 아브라함 H. 매슬로, 〈자기실현하는 사람들 : 심리적 건강에 대한 연구〉, 《Personality symposia : Symposium #1》(New York : Grune & Stratton, 1950, pp. 11~34). 이 논문은 매슬로의 저서 《동기와 성격》(New York : Harper & Bros, 1954)의 12장으로 수정되어 재출간됨. 이 책 서문에서 매슬로는 원 논문의 주요 부분을 "용기를 내어 그것을 출판하기로 결정하기 7년 전"인 (약 1943년에) 실질적으로 완성했음을 지적하고 있다.

의 한 장으로 재출간되었다. 그러나 잠시 후에 알게 되겠지만, 이러한 설명을 두 가지 중요한 측면에서 확장했다는 사실은 《존재의 심리학》이 발간된 후에야 비로소 알려지게 되었다.

자기실현

원문에서 매슬로는 자기실현하는 사람들의 가장 중요한 특징으로 "현실을 더욱 효율적으로 지각하고 현실과 더욱 편안한 관계"를 맺는다는 점을 지적했다. 이러한 사람들은 더는 세상을 결핍동기의 흐릿한 렌즈로 바라보지 않기 때문에,

> 일반적이고 추상적이며 인위적인(즉 관습적인) 것과 새롭고 구체적이며 개별적인 것(즉 개인적인)을 매우 용이하게 구분할 수 있다. 그 결과, 대다수의 사람이 인위적인 관념, 추상, 기대, 신념 그리고 고정관념의 홍수 속에 살면서 이것을 실제 세상으로 착각하는 반면, 자기실현하는 사람들은 자연이 만든 실제 세상에서 산다. 따라서 그들은 자신의 소망, 희망, 자기 자신 혹은 자신들이 속한 문화적 집단의 이론과 신념보다는 자기 외부에 존재하는 것을 있는 그대로 지각할 가능성이 훨씬 더 높다.[9]

이러한 투명한 지각이 가져오는 최초의 효과는 전반적으로 "거짓되고 속임수를 쓰고 부정직한 성격 특성들을 파악할 수 있는 능력 그

---

[9] 아브라함 H. 매슬로, 《동기와 성격》(1954, p. 205).

리고 사람들을 정확하고 효율적으로 판단할 수 있는 특별한 능력"을 갖게 되는 것이다. 예를 들면 일상에서 흔히 일어나는 교활한 아첨을 생각해보자. 자기 존중감을 잃어버려 아첨을 필요로 하느니만큼, 사람들은 그러한 아첨에 이끌리고 지배를 받는다. 아첨을 필요로 하지 않는 사람들은 그것을 제대로 꿰뚫어볼 것이다. 면밀히 살펴볼 때 전반적으로 이와 같은 지각의 투명성은 여러 영역으로 확장된다. "미술과 음악에서, 지적인 일에서, 과학 분야에서, 정치와 공적인 일에서" 자기실현하는 사람들은 "숨겨져 있거나 혼란스런 실체를 더욱 신속하고 정확하게 볼 수 있다." 자기실현하는 사람들은 현실과 더욱 직접적으로 접촉하여 이러한 신속성과 정확성을 획득하게 된다. 또한 현실을 걸러내거나 매개물을 통하지 않고 직접적으로 접촉함으로써,

비록 대다수의 사람이 삶의 기본적 행복을 경험하는 일에 더는 흥미가 없다 하더라도, 자기실현하는 사람들은 경외, 즐거움, 경이, 심지어 황홀감 속에서 이러한 경험의 가치를 언제나 새롭고 순수하게 인정할 수 있는 매우 높은 수준의 능력을 갖게 된다. 따라서 이런 사람들에게 일몰은 언제 보아도 처음처럼 아름답고, 심지어 몇백만 송이의 꽃을 본 후에도 모든 꽃은 숨이 막힐 듯 사랑스러우며… 일상적이고 평범한 날들조차 삶의 매 순간이 설레고 흥분되며 황홀하다.[10]

---

[10] Id., pp. 214~215.

자기실현하는 사람들은 더는 결핍동기에 근거한 소망과 두려움에 얽매여 있지 않기 때문에, 미지의 것에 위협을 느끼거나 두려워하지 않는다. 반대로 그들은 "미지의 것을 받아들이고, 그러한 존재에 대해서 편안함을 느끼며, 때론 알려진 것보다 미지의 것에 더욱 강한 매력을 느낀다." 이러한 관점에서 볼 때, 다른 많은 이들과 마찬가지로, 이러한 사람들도 자신의 삶을 더 효율적으로 살 수 있는데, 왜냐하면 "그들은 존재하지 않는 것에 빼앗길 시간이 없고, 상상 속에서만 존재하는 위험에서 자신을 보호할 수 있기 때문이다."[11]

또 다른 측면에서, 자기실현하는 사람들은 자기중심적 사고가 아닌 문제 중심적 사고를 하려는 경향 때문에 삶을 더 효율적으로 영위한다. 그들은 해결해야 할 문제 상황에 직면하면, 점수를 얻기 위해서가 아니라 문제를 해결하기 위해 노력한다. 점수를 얻을 필요가 없기에, 그들은 더욱 분명하게 그리고 깊이 있게 과제에 접근할 수 있다.[12] 그들은 '문제'가 진짜 문제인지 아니면 거짓된 문제인지 처음부터 분명히 파악할 수 있다. 이것이 진정한 문제라면, 그들은 그 문제의 차원과 가능한 해결책을 결핍동기가 선호하는 방식으로 찾지 않고 있는 그대로 볼 수 있다. 그들은 과제를 해결할 때 그 중심에 자신의 자아(ego)*를

---

11 Id., pp. 203~206.
12 Id., pp. 210~212.
* 심리학에서 자아(ego)는 다양한 나의 측면들을 조정하고, 외부 세계의 어떤 것을 받아들이고 내부 세계의 어떤 것을 축출하여 외부 세계와 내부 세계의 관계를 조절하는 '나'이고, 자기(self)는 아직 출현하지 않았거나 알 수 없는 나를 포함한 '전체로서의 나' 혹은 '본래의 나'를 의미한다.

두지 않는다. 그들은 문제 위를 떠돌아다니지 않는다. 더 사실적으로 말하면, 자기실현하는 사람들은 어떤 순간에도 자신의 자아를 중심에 둘 필요가 없기 때문에, 그들은 자신과 문제를 분리해서 볼 수 있는 건강한 능력을 가지고 있다. 그렇기 때문에, 다른 사람들에게는 혼란을 일으킬 수 있는 문제에 대해서도 그들은 "자아와 싸울 필요가 없으며 혼란스러워하거나 현혹되지 않는다."[13]

"먹여줘! 사랑해줘! 존중해줘!" 다양한 결핍동기들을 안정적으로 만족시키기 때문에, 자기실현하는 사람들은 더는 세상에 이러한 종류의 요구를 하지 않는다. 그들은 현실을 더욱 분명하게 볼 수 있기 때문에, 자신과 다른 사람 그리고 자연을 놀라울 정도로 수용할 수 있다. "이러한 사람들은 사실을 왜곡하거나 채색하는 다양한 종류의 안경을 통하지 않고, 대신에 자신들 앞에 놓여 있는 것들을 있는 그대로 볼 수 있는 시각을 지니고 있다." 특히, 그들은 자신의 본성을 건전한 방식으로 수용하기 때문에, 선하고 건강한 사람으로서 자신의 취향에 충실하고 "후회나 수치심 혹은 미안함 없이 자기 자신을 전적으로 즐긴다." 그들은 왕성한 식욕을 가지고 있고 숙면을 취하며,

성적 생활뿐만 아니라 생리적인 모든 충동을 불필요하게 억제하지 않고 즐긴다. 그들은 이처럼 낮은 수준에서뿐만 아니라, 사랑, 안전, 소속감, 명예, 자기 존중감 등과 같은 다른 모든 수준에서도 자기 자신을 수용할

---

13 Id., pp. 212~213.

수 있다. 자기실현하는 사람들은 이러한 모든 점을 아무런 의심 없이 가치 있는 것으로 수용한다. 왜냐하면 이러한 사람들은 왜 일을 다른 형태로 만들지 않았는지를 놓고 자연과 논쟁하기보다는 자연의 산물을 있는 그대로 수용하는 경향이 있기 때문이다.

같은 맥락에서, 자기실현하는 사람들은 일반적으로 방어적이거나 으스대지 않는다. "점잔 빼는 말투, 교활, 위선, 허세, 체면, 게임하기, 관습적인 방식으로 감동 주기 등 자기실현하는 사람들은 이러한 것을 이상하리만큼 거의 갖고 있지 않다." 이 말은 자기실현하는 사람들이,

죄의식, 수치심, 슬픔, 불안, 방어적 태도 등을 전혀 경험하지 않는다는 것을 의미하지는 않는다. 이 말은 (비현실적이기 때문에) 불필요한 죄의식 등을 가지고 있지 않다는 것을 의미한다. 자기실현하는 사람들이 수치심, 불안, 슬픔 또는 방어적 태도 등을 느끼는 일은 1) 개선 가능한 결점, 예를 들면 나태함, 경솔함, 화내는 일, 다른 사람의 감정을 상하게 하는 일 2) 결핍된 동기의 끈질긴 잔재들, 예를 들면 편견, 질투, 시기 3) 기본적 성격 구조와는 비교적 무관하더라도 매우 강할 수 있는 습관 또는 4) 자신이 속한 종이나 문화 또는 집단이 갖고 있는 결점이 나타날 때 발생한다. 일반적으로 자기실현하는 사람들은 현재의 모습과 이상적 혹은 당위적 모습이 일치하지 않을 때 불쾌감을 느낀다.[14]

---

14 Id., pp. 206~208.

만약 당신이 위의 글에서 비일관적인 점을 재빨리 알아챘다면, 특별히 '당위적'이라는 결론적인 문구에 주의를 쏟게 될 것이다. 언뜻 보면, 이것은 현실을 자신들이 원하는 이상적인 모습이 아니라 있는 그대로 받아들이고 인정하는 사람들의 이미지와 분명 일치하지 않는다. 그러나 이 말은 매슬로가 잘못 쓴 것이 아니다. 대신에, 현실을 더욱 분명하게 바라보는 전반적인 경향성의 한 측면으로서, 자기실현하는 사람들은 가치 있는 것과 가치 없는 것, 간단히 말해서 해야 할 것과 하지 말아야 할 것을 판단한다는 매슬로의 견해를 처음으로 밝힌 것이다. 우리는 먼저 자기실현하는 사람의 전반적인 특성을 살펴본 후, 이 문제에 대해 더 깊이 살펴볼 것이다.

비록 자기실현하는 사람이 실제로 매우 특별한 사람이라 해도, 그런 사람 역시 전체적으로 관습적인 사람이란 인상을 줄 수 있다. 이런 사람이 별나거나 진부하지 않은 방식으로 어떤 것을 증명해 보일 필요는 없다. 그러나 자기실현하는 사람들이 보이는 관습적인 모습들은 어깨에 가볍게 걸친 망토 같아서 필요하면 언제든 쉽게 벗어 던질 수 있다. 관습이 이 망토 안에 존재하는 더 깊은 수준의 사고와 감정까지 구속하진 않는다. 그리고 사고와 감정이 행동을 유도하므로, 자기실현하는 사람들이 심지어 가장 관습적으로 행동할 때조차 그리고 "결과를 위해 인위적으로 혹은 긴장하지 않고, 순수하고 자연스럽게 행동할 때", 그들 마음속 깊이 자리잡은 자유와 자발성이 그 실체를 드러낸다.[15]

---

15 Id., pp. 208~210.

이렇게 깊이 뿌리내린 자유는 매슬로가 '자율성' '문화와 환경에서의 독립' 그리고 '사회화에 대한 저항' 등으로 다양하게 기술한 것에서도 드러난다. 오랫동안 음식을 섭취하지 못한 경우, 음식을 얻을 수 있다면 당신은 어떤 음악이든 상관없이 거기에 맞춰 춤을 출 것이다. 만일 당신이 이미 배가 부른 상태이고 먹을 음식이 늘 옆에 있다면, 음식에 대한 욕구는 당신을 지배할 만큼 중요하지 않을 것이다.

다른 종류의 결핍동기도 이와 마찬가지다. 만일 당신이 타인의 승인을 필요로 하지 않는다면, 당신의 사고와 행동은 승인을 얻는 데 필요한 형태를 취하지 않을 뿐만 아니라, 승인을 얻지 못할 것에 대한 두려움에 얽매이지도 않을 것이다. 타인의 승인을 필요로 하지 않는 그만큼, 당신은 "사회가 정한 규칙이 아니라 자신의 특성에 맞는 규칙"에 따라 행동할 것이다. 모든 사회는 복잡하고 때로는 비일관적인 보상과 처벌, 유인과 배척, 정적 강화와 부적 강화*를 이용하여 결핍동기를 가진 사람들을 획일적인 형태로 만드는 경향이 있다. 그러나 당신의 사고, 감정 그리고 행동은 마음속 깊은 곳에서 우러나오기 때문에, 이러한 체계로부터 상대적으로 자유로울 것이다.[16]

이와 동일하게, 자기실현하는 사람들은 내적 자유와 자발성 덕택

---

* 특정 행동의 발생 가능성을 높일 수 있는 모든 것을 강화라고 한다. 정적 강화는 행동 후에 바람직하고 긍정적인 자극을 주는 것을 의미하고, 부적 강화는 행동 후에 고통스러운 부정적 자극이 종료되는 것을 의미한다. 예를 들면 아동이 착한 행동을 한 후에 부모가 칭찬을 해줘서 이후에 착한 행동이 증가했다면, 이때 칭찬은 정적 강화이다. 반면에, 밖이 시끄러울 때마다 창문을 닫는다면, 소음은 창문 닫는 행동을 증가시키므로 부적 강화이다.

[16] Id., pp. 213~214, 225~228.

에 철저하게 창조적인 형태로 삶을 살 수 있다. 이러한 창조성은 모차르트의 경우처럼 특별한 재능으로서의 창조성을 의미하는 것이 아니다. 모차르트 유형의 창조성은 그 외 성격의 나머지 부분과 거의 관련성이 없어 보일 뿐만 아니라, 단지 새로움 그 자체를 위해서 새로움을 추구하는 그런 유형의 창조성도 아니다. 이 창조성은 자연적이고, 자기를 의식하지 않고, 창조적인 재능의 선상에 더 가까이 놓여 있다. 또한 이런 창조성은 "때묻지 않은 아이의 순수하고 보편적인 창조성"과 유사한 어떤 것으로, "그 사람이 하는 모든 행동에 영향을 미친다." 매슬로는 "이러한 종류의 창조성이 보편적 인간 본성의 가장 근본적인 특징으로서, 출생시 모든 인간에게 주어지는 잠재력"이라고 믿었다. 이것은 어린이들 사이에서 꽤 보편적으로 찾을 수 있지만, 아동기 이후 결핍동기의 증가와 함께 사라지는 경향이 있다. 사람들을 문화에서 획일적인 모습으로 만들어가는 결핍동기의 "숨막히는 힘"이 없다면, "모든 사람들에게 이러한 특별한 형태의 창조성을 기대할 수 있다."[17]

매슬로가 열거한 자기실현하는 사람들의 특성 중 몇몇은 이들이 다른 사람들과 맺는 관계, 더 크게는 인류와 맺는 관계에 관한 것이다. 다시 말하지만 중요한 점은 이런 사람들이 이미 자신의 결핍욕구를 안정적으로 만족시키고 있다는 것이다. 자기실현하는 사람들은 다른 사람과 즐길 수 있고 그들에게 감사할 수 있지만, 관습적인 의

---

[17] Id., pp. 223~224.

미에서 그들을 필요로 하지는 않는다. 그들은 다른 사람들에게 지속적으로 칭찬받거나 안심되는 말을 듣거나 그들에게 인정받을 필요가 없을 뿐만 아니라, 외로움에 대한 두려움을 피하기 위해 다른 사람과 지속적으로 같이 있을 필요도 없다. 실제로, "그들은 고독과 사생활을 보통 사람 이상으로 훨씬 더 좋아한다."[18] 그럼에도, 자기실현하는 사람들의 대인 관계는 또한,

> (아이들과의 관계보다 더 깊이 있을 필요는 없지만) 어른들 사이에서 (일반 경우보다) 더 깊고 더 심오하다. 그들은 다른 사람들보다 더 융화될 수 있고, 더 멋진 사랑을 할 수 있으며, 더욱 완벽한 동일시를 보여줄 수 있고, 자아에 대한 경계선을 더 잘 제거할 수 있다.

이와 같이 깊은 관계를 형성하는 데는 많은 시간이 필요하기 때문에, 즉 "헌신적인 관계는 짧은 시간에 이루어지는 문제가 아니기 때문에" 이러한 관계는 비교적 드물게 나타난다. 비록 자기실현하는 사람들이 피상적으로 아는 사람들을 늘리기 위해서 많은 시간을 할애하거나 에너지를 쏟지는 않지만, 그들은 특정인에게만 헌신하면서도, 인류 전체에 대한 깊은 애정을 가지고 일반인들과 광범위하게… 박애, 애정, 우정을 나눌 수 있다."[19]

---

[18] Id., p. 212.
[19] Id., pp. 218~219.

자기실현하는 사람들의 결점

자기실현하는 사람들이 일종의 완벽한 인간을 향해 나아가는 것으로 볼 수 있지만, 그럼에도 그들에게 결점이나 단점이 전혀 없는 것은 아니다. 최대한으로 자기실현하는 사람에게도 결점은 있다. 이러한 결점은 그러한 사람들도 결국 인간임을, 즉 "박제된 존재, 꼭두각시 혹은 비현실적 생각을 비현실적으로 투사하는 존재가 아니라" 실제 육체를 지닌 인간임을 보여주는 증거지만, 매슬로는 이러한 결점에 대해서 걱정할 필요가 없음을 이해한 것 같다. 비록 자기실현하는 사람들이 완벽을 추구할지라도 다음과 같은 약점들을 지니고 있음을 신속하게 지적하는 것으로, 매슬로는 이러한 결점이 대수롭지 않다는 점을 강조했다.

> 자기실현하는 사람들도 인간의 약점들을 많이 가지고 있다. 그들 역시 어리석고, 낭비가 심하거나 경솔한 습관들을 가지고 있다. 그들도 재미없을 수 있고, 고집이 세거나, 화를 잘 낼 수도 있다. 그들 역시 자신의 업적, 가족, 친구 및 자식에 대해 갖는 천박한 자만심과 자부심 및 편애에서 결코 자유로울 수 없다.[20]

이러한 인간적인 결점뿐만 아니라, 취약점으로 보일 수 있는 두 가지 종류의 특성들이 자기실현하는 과정에서 직접적으로 나타난다.

---

[20] Id., p. 228.

훌륭하고, 아름답고, 매혹적인 경험만을 추구하는 경향성 때문에, 자기실현하는 사람들은 때때로 얼이 빠지고, 재미없고, 사회적으로 흔한 여가 활동을 무시하는 것처럼 보인다. 일반인들에 대한 인정 어린 태도 때문에, 그들은 때로 지나치게 인정이 많을 수 있고, 자신과 타인에게 옳지 못한 행동임을 알면서도 그러한 행동을 할 수 있다. 그들은 타인에게 결핍동기로 발생하는 의심을 갖고 있지 않기 때문에, 때로 이용당할 수 있는 상황에 처할지도 모른다. 하지만 가장 놀라운 사실은, 이와는 정반대로, 자기실현을 하는 사람들이 때로 생각지도 못할 정도로 무정할 수 있다는 점이다. 이러한 점이 언뜻 봐서는 매우 치명적인 결점으로 보일 수 있지만, 이들은 필요할 경우 냉정하게 행동할 수 있는 능력을 보통 사람들보다 더 많이 가지고 있는 "매우 강한 사람들"임을 기억할 필요가 있다.[21]

  몇몇 독자들은 깨질 수밖에 없는 관계 속에 머물러본 경험이 있을 것이다. 이러한 관계 속에서 양쪽 모두 불행했으며 서로에게 상처만 줄 뿐이었지만, 너무 마음이 약해 그 관계를 끊지 못했다. 특정 관계를 개선하는 것이 전적으로 불가능해 보일 때, 자기실현하는 사람들은 이런 관계를 즉시 정리할 것이다. 신속하게 결말을 짓는 행위가 무정하게 보일 수도 있지만, 사실은 이러한 결정이 양쪽 모두를 위해 필수적이고 최선이라는 냉철한 판단에 근거한 것이다.

  자기실현에 관한 원 논문에서, 매슬로는 자기실현 과정에서 나타

---

21 Id., pp. 228~229.

나는 또 다른 두 가지 특성을 매우 간단하게만 언급했다. 매슬로는 《존재의 심리학》에서 비로소 이 두 특성을 더 강조하면서 자세하게 다루었다. 즉 6, 7, 8장에서 매슬로는 '절정경험(peak-experience)'과 'B-인지(B-cognition)'를 논의하고 있다. 11, 12장에서는 '가치'에 대해서 논의하고 있다. 곧 알게 되겠지만, 이 두 가지 특성은 서로 밀접하게 연결되어 있다. 후자는 전자에서 매우 직접적으로 생겨난다. (지금부터 매슬로에게서 인용한 것들은 모두 《존재의 심리학》에서 나온 것으로, 그렇지 않은 경우 그 출처를 밝히겠다.)

절정경험

우선 몇몇 개념을 정의하는 것으로 시작하는 것이 좋겠다. 《존재의 심리학》에서 매슬로는 결핍(deficiency)이라는 단어를 약자 D로 표시한다. 그래서 'D-동기(D-motivation)'는 '결핍동기'를 의미하고, 'D-인지(D-cognition)'는 결핍동기로 생기는 지각 및 여타 정신적 과정을 일컫는다. 한편, B(being; 존재)는 결핍의 정반대를 의미한다. 따라서 'B-동기(B-motivation)'는 결핍동기가 안정적으로 충족된 후에 나타나는 동기로, 충족을 추구하지 않고 그대로 드러나는 유형의 동기를 지칭하며, 'B-인지'는 마음을 혼탁하게 만드는 결핍동기의 효과가 제거된 후에 나타나는 지각 및 여타 정신적 과정을 의미한다.

적어도 스무 살부터 혹은 아마도 더 일찍부터 매슬로는 전통적으로 '신비적 체험'이라고 하는 것에 관심을 갖기 시작했다. 이러한 그의 관심은 주로 개인적인 이유 때문에 생긴 것으로 보인다. (앞에서 인용한, 학부 때 쓴 철학 논문에서) 그가 지적한 것처럼, "나는 신비적 체험을 했는데… (그 체험에서 무엇인가를) 너무 강렬하게 느껴서 눈물을 흘렸다." 자기실현에 관한 원 논문에서 매슬로가 지적한 바에 따르면, "수평선이 끝없이 펼쳐지면서 황홀함, 경이로움, 경외감을 일으키는" 이러한 경험은 자기실현하는 사람들 사이에서 매우 흔히 발생하는 것이다. 이것은 현실을 더 직접적이고 분명하게 지각하는 그들의 전반적 경향성이 순간적으로 강해지면서 나타나는 현상이다.

그러나 매슬로는 전통적으로 말하는 '신비한 체험', 즉 떨림과 전율을 동반하는 성숙한 체험뿐만 아니라, 자기실현하는 사람들이 하루에도 열두 번씩이나 경험하고 그렇지 않은 사람들에게도 놀라울 정도로 나타나는 좀 약한 형태의 신비한 체험도 강조했다.[22] 이 점은 매슬로의 원 논문에서 매우 중요한 측면이다. 왜냐하면 매슬로는 다른 모든 측면에서 자기실현하는 사람과 단지 '평범한' 사람들 간에 어떤 단절된 괴리가 존재한다고 보는 경향이 있었는데, 신비한 체험에서는 연속성이라는 차원에 초점을 두고 있기 때문이다.

하지만 앞서 지적한 것처럼, 《존재의 심리학》 출간 이전에는 이러한 점을 충분히 다루지 않았다. 6장의 '자기실현에 대한 재정의'라는 의미심장한 제목이 붙은 글에서, 매슬로는 모든 사람이 이런 경험을 할 수 있음을 지적한다. 그리고 이러한 경험을 하는 사람들은 매슬로가 자기실현이라는 제목으로 기술한 특성들 가운데 일부를 적어도 한 번쯤은 경험한다. 사실, 평범한 사람들조차도 이러한 경험 상태에

---

22 Id., pp. 216~217.

서는 일시적으로 "자기실현하는 사람이 된다." 적어도 그렇게 짧은 순간 동안, 그들은 "더 참된 자신이 되고, 자신의 잠재력을 더 완벽하게 발휘하며, 존재의 핵심에 더 가깝게 접근하고, 더 인간적으로 된다." 간단히 말해, 우리는 자기실현을 "존재 여부의 문제가 아니라 빈도와 정도의 문제"로, 즉 특정 개인의 힘이 특정한 방식으로 모아지는 일종의 사건이나 분출로 볼 수 있다.

이러한 주장의 근간을 이루는 논리가 여기에 있다. 마음을 혼탁하게 하는 결핍동기의 영향에서 자유로운 사람을 '자기실현하는 사람'이라고 추상적으로는 말할 수 있지만, 사실은 육체를 가진 인간이라면 어느 누구도 순간순간 결핍동기에서 완전히 벗어날 수는 없다. 자기실현하는 사람이 결핍욕구를 안정적으로 충족시키는 수준에 도달했다 하더라도, 그 사람이 이러한 욕구를 지속적으로 충족시켰다는 것을 의미하는 것은 아니다. 자기실현하는 사람조차 이러한 수준을 유지하기 위해서 자기 삶의 일부분을 투자해야 한다. 그 사람도 오랫동안 먹지 않으면 배고픔을 느낄 것이다. 관리를 하지 않아 지붕이 썩게 되면 비에 젖어 감기에 걸릴 것이다. 자신의 일을 소홀히 하면 실업자가 될 것이다. 그러나 마찬가지로, 이처럼 피할 수 없는 결핍동기의 잔재들이 짧은 순간일지라도 사라져서, 현실을 가능하면 최대한 명료하고 직접적으로 지각할 수 있는 때가 있다. 이때는 잠시나마 그 사람이 최고의 절정 단계에 올라와서, 그곳에서 '황홀감, 경이로움과 경외감'으로 '끝없는 수평선'을 바라보는 것과 같다. 매슬로는 이러한 경험을 '신비적 체험'이라 명명했다.

정도는 좀 덜하지만, '보통' 사람들도 결핍동기의 끈질긴 요구에서 잠깐이라도 벗어날 수 있다. 그래서 현실을 이용해야 할, 두려워해야 할, 아니면 결핍을 충족시키기 위한 방식으로 대응해야 할 대상이 아니라, 그것을 있는 그대로 볼 수 있는 적어도 중간 수준의 절정 상태에까지 도달할 수 있는 순간이 그들에게도 종종 생긴다. 보통 사람들이 도달하는 절정은 자기실현하는 사람들에 비해 그 횟수와 깊이에서 뒤지지만, 그럼에도 그러한 절정은 모두 하나같이 동일하다.

절정 상태에서 바라보기

심리철학자 윌리엄 제임스(William James)는 불멸의 저서 《종교적 경험의 다양성(The Varieties of Religious Experience)》(1902)에서, 전통적으로 이야기하는 '신비한 경험'의 상태에서 어떤 현상이 일어나는지를 탁월하게 기술하고 있다. 제임스는 개인적인 이유로 이러한 경험에 관심을 갖게 되었다. 분명히 그는 '신비스런 의식 상태'를 자연적으로 경험할 수는 없었지만, 몇 차례 질산을 흡입함으로써 인위적으로 그러한 상태를, 혹은 적어도 그와 매우 유사한 상태를 유발하여 경험했다. "마취 상태에서 경험한 뜻밖의 사실들"에서 그가 발견한 것은 자연 발생적으로 경험한 (종교적 혹은 여타) 신비스런 체험에 대하여 다른 사람들이 몇 년 동안 보고한 것과 매우 유사했다. 제임스의 관찰에 따르면, 이러한 경험들은 모두

> 결국은 일종의 통찰력인데, 이러한 통찰력은 분명히 형이상학적인 중요성을 갖는다. 이러한 통찰력의 변함없는 핵심은 화해이다. 이 세상에 존재하는 적대자들 사이의 알력과 갈등 때문에 우리의 모든 어려움과 문제

가 발생하는 상황에서, 이러한 화해는 마치 그들이 하나가 되는 것과 같다. 그들은 서로 대조적인 종(species)이지만, 이보다 더 큰 범주인 속(genus)에 모두가 동일하게 속한다. 뿐만 아니라, 이 종들 중에서 더 고귀하고 훌륭한 종이 바로 속(genus)이기 때문에, 이런 종은 적대자들을 자신의 일부로 흡수하고 수용한다.[23]

제임스의 통찰 후 약 60년이 지나 매슬로는 절정경험이 갖는 중요한 의미를 기술했는데, 이는 제임스가 말한 통찰력과 매우 유사했다. 매슬로는 "올림포스 산과 같은 높은 위치에서 아래를 굽어보는 입장에서 절정경험"을 기술했는데, 이러한 경험을 하는 사람들의 지각에 따르면,

존재하는 것은 전체적으로… 중립적이거나 선하다. 악, 고통 혹은 위협은 단지 부분적인 현상으로, 이것은 세상을 전체적이고 통합적으로 보지 못하고 자기중심적으로 보거나 지나치게 낮은 수준의 시각에서 보기 때문에 생긴 결과물이다. …사람들은 둘로 나뉘거나, 서로 극단적이거나, 대립하는 것들을 하나로 통합하거나 초월하거나 해결한다. 우리가 생각하는 연속된 직선의 두 끝은 서로에게 정반대이며 서로에게서 가능한 한 가장 멀리 떨어져 있지만, 이 정반대의 두 끝이 서로 통합되어 하나가 됨으로써 결국은 원이나 나선형이 된다. …(비일관성, 대립, 모순은) 부분적인 인식의 결과물이며, 이러한 것들은 세상을 전체적으로 인식할 때 사

---

[23] 윌리엄 제임스, 《종교적 경험의 다양성》(New York : Longmans, Green and Co., 1902, p. 388).

라진다.

　심오한 통찰력과 유사한 것을 경험하는 것은 실제로 그러한 통찰력을 경험하는 것과는 매우 다르다. 윌리엄 제임스는 이런 주제를 몸소 연구하면서, 일시적으로 체험한 위대한 깨달음을 "그 순간 이외의 경험에 근거하여 측정할 때" 그러한 깨달음이 언제나 널리 퍼져 확산되지는 않는다는 점을 이미 초기에 잘 알고 있었다. 그러나 그는 질산의 흡입을 통해 경험한 통찰력("이 세상의 적대적인 것들이 서로 융합하여 하나로 되는 것")에 대하여 깊이 생각해보면서, "자기 자신이 그러한 통찰력의 영향력에서 완전히 벗어날 수 없었음"을 인정했다. "그것을 좀더 분명하게 포착할 수만 있다면… 나는 그것이 틀림없이 중요한 의미를 가지고 있다고 생각한다." 제임스는 이러한 다양한 경험 모두를 좀더 광범위하게 생각해보면서, 적어도 이러한 경험들은 인간 의식의 잠재적 범위가 평상시의 경계를 훨씬 넘어서고 있음을 증명한다고 지적했다.

　우리가 일상적으로 깨어 있을 때의 의식, 이른바 이성적 의식은 특별한 형태의 의식 중 하나에 불과하다. 이성적 의식 상태에 있을 때, 아주 얇은 차단막을 이용하여 그러한 의식 상태에서 벗어나 보면, 우리는 잠재적으로 존재하는 전혀 다른 형태의 의식 상태에 놓이게 된다. 우리는 이러한 의식이 존재하고 있음을 깨닫지 못한 채 인생을 살아갈 수도 있다. 그러나 필요한 자극을 가해서 살짝 닿기만 해도, 이러한 의식이 거기에 매우 완전하고 명확한 정신적 상태로 존재하고 있고, 우리가 이러한 정신적 상태를 아마도 어딘가에 이용하거나 사용하고 있음을 깨닫게 된다.

이러한 다른 형태의 의식을 무시한 채, 의식 전체를 설명하려는 어떠한 시도도 결코 궁극적일 수 없다. 문제는 이러한 의식을 어떻게 다루느냐에 놓여 있다. 왜냐하면 이런 의식은 일상적인 의식과 매우 단절되어 있기 때문이다. 그럼에도 이러한 의식이 비록 그 법칙은 모를지라도 우리의 태도를 결정할 수 있고, 비록 이해할 수는 없지만 활동 영역을 가지고 있을 수 있다. 어쨌든, 이러한 의식이 있기 때문에, 현상에 대한 우리의 설명을 너무 일찍 종결해서는 안 된다.[24]

이 문제에 대한 매슬로의 접근은 문체상으로는 매우 달랐지만, 그의 결론 또한 제임스와 본질적으로 동일했다. 제임스와 마찬가지로, 매슬로도 "위대한 통찰력을 잘못 이해할 가능성이 있음"을 잘 인식하고 있었다.

절정경험 속에서 자생적으로 나온 시(poem)를, 나중에는 마음에 차지 않아 내팽개칠 수 있다. 사람들은 냉철하고, 객관적이며, 비판적인 감시에서 벗어난 상태에서 창조하는 것과 그러한 영향 하에서 창조하는 것이 주관적으로 동일하다고 생각한다. 모든 절정경험은 존재-인지(B-인지)의 상태에 있는 것처럼 느껴지지만, 사실 항상 그런 것은 아니다.

그렇더라도, 적어도 몇몇 절정경험에서는 "실체를 더 명확하게 보

---

[24] Id., p. 422.

고 그 실체의 본질을 더 심오하게 통찰할 수 있다는 분명한 암시를 우리는 감히 무시하지 않는다."

이 주제에 대한 이러한 함의에도 불구하고, 제임스와 매슬로는 한 가지 중요한 측면에서 크게 다른 의견을 가지고 있었다. 절정, 신비적, 발견, 계시, 통찰, 혹은 그들이 명명한 무엇이든지 간에, 이런 경험들의 실질적인 의미와 관련해서, 제임스는 단지 "이러한 것들이 비록 그 법칙은 알 수 없지만 우리의 태도를 결정할 수 있고, 비록 이해할 수는 없지만 활동 영역을 가지고 있을 수 있다"고만 말해왔다. 다른 한편, 매슬로는 인간이 실질적이고 일상적으로 살아가는 영역 중에는 절정경험에서의 B-인지로 이해하고 설명할 수 있는 영역이 있다고 믿고 그 후 강력하게 옹호했다. 이러한 영역은 인간의 가치관에 대해 계속되는 질문과 관련이 있다.

인간 가치에 대한 객관적 기준

어떤 입장에 따르면, '가치'에 관한 모든 이야기는 단지 개인적 취향과 선호에 불과하다. 따라서 무언가를 아름답다고 말하는 것은 "나는 그것이 아름답다는 것을 알고 있다"라고 말하는 것에 불과하다. 무언가를 훌륭하다고 말하는 것은 "나는 그것이 훌륭하다는 것을 알고 있다"라고 말하는 것에 불과하다 등등. 이러한 입장을 보통 '가치상대주의(value relativism)'라고 말한다. 이러한 입장에서는 "아름다움은 단지 보는 사람의 눈에만 존재한다" 그리고 "취향의 문제를 논하는 것은 불가능하다"와 같은 진부한 문구를 내세운다.

이와는 대조적으로, 내가 여기서 '가치객관주의(value objectivism)'

라고 말하는 입장에 따르면, 적어도 몇몇의 경우에는 선과 미 등이 주관적으로 보는 사람의 눈에만 존재하는 것이 아니라, 지각 대상이 실제 선과 미를 객관적으로 가지고 있다. 매슬로가 선호하는 언어로 표현하면, 이러한 입장을 '사실과 가치의 융합' 혹은 '내부와 외부의… 역동적 일치 또는 동형'이라고 할 수 있다.

매슬로는 결국은 가치객관주의자가 되었지만, 처음부터 그랬던 것은 아니다. 과학과 세속적 인본주의의 이념적 전통에 푹 빠져 있었기 때문에, 매슬로는 꽤 진부한 가치상대주의로 출발했다. 그는 심리학과 인류학의 매우 전형적인 용어를 사용하며, 가치에 대한 인간의 모든 판단은 "개인이 경험하는 고유한 역사에 전적으로 달려 있고 그가 속한 문화에 의해 결정된다"고 주장했다.[25] 그는 약 20년 이상에 걸쳐 점진적으로 가치객관주의로 바뀌었다.

이러한 입장 변화의 핵심을 살펴보면, 매슬로는 특히 《존재의 심리학》을 저술하기 시작한 후 초판을 발행하기까지 10년 동안, 자기실현이 현실을 좀더 명료하게 지각하는 데 영향을 줄 수 있음을 점진적으로 더욱 강조했다. 이 시기에 매슬로는 자기실현을 소수만이 독점할 수 있는 영역이 아니라, 비록 드물고 일시적이라 하더라도 절정경험이 있는 인간이라면 누구나 오를 수 있는 최상의 단계로 이해하게 되었다. 이 시기의 어느 시점에서 매슬로는 자기실현의 일부분을

---

25 아브라함 H. 매슬로, 〈미학과 풍습(Aesthetics and Folkways)〉(미출판 논문, 1935), 리처드 로리, 《매슬로 : 지적인 한 인물》(Monterey, CA : Brooks/Cole, 1973, pp. 65~66)에서 재인용.

시력이 매우 좋은 사람과 심하게 근시가 있는 사람과의 관계로도 볼 수 있다는 생각을 했다. 전자는 더 멀리 그리고 더 명료하게 보기 때문에, '그곳에' 실제로 존재하는 것에 관하여 후자에게 얘기해줄 거리가 많다. 이러한 주장을 뒷받침해주는 첫 번째 단계가 6장에 있다. 그는,

> 자기실현을 하는 사람이 그렇지 않은 사람에 비해 더 효율적이고 완벽하게 그리고 결핍동기로 빚어지는 왜곡을 덜 범하면서 현실을 지각할 수 있고 실제로 그렇게 지각한다면, 이러한 사람들을 살아 있는 시금석으로 사용할 수 있다. 그들은 더 높은 민감성과 더 뛰어난 지각 능력을 가지고 있기 때문에, 우리는 우리 자신의 눈보다는 그들의 눈을 통해 현실의 본질에 대한 더 훌륭한 보고서를 얻을 수도 있다. 이것은 마치 광산에서 별로 민감하지 않은 동물을 이용하기보다는 민감한 카나리아를 이용하여 가스 탐지를 하는 것과 마찬가지다. 두 번째는 우리 자신을 이용하는 것이다. 우리는 짧은 순간이지만 자기실현을 할 때 절정경험을 가장 민감하게 지각할 수 있다. 우리는 평상시보다 이런 상태에 있는 자신의 모습을 통해 현실의 실체에 대해 더 진실한 보고서를 얻을 수 있다.

매슬로의 '더 훌륭한 보고서' 논리를 가치에 대한 문제로 확장한다면 지침서 없이는 이해하기 좀 어려울 수도 있다. 이는 매슬로가 '가치'라는 용어를 두 가지 다른 의미로 사용했기 때문이다. 물론 매슬로는 그 두 가지 의미가 궁극적으로는 하나의 전체로 통합된다고 말할 수도 있겠지만, 당장은 둘을 구분하여 이해하는 것이 더 좋을 듯하다.

'존재 그 자체'의 가치

절정경험은 현실을 있는 그대로 지각하는 것뿐만 아니라 있는 그대로의 현실이 본래 지니고 있는 가치를 인식하는 것이라고 매슬로가 얘기할 때, 그가 말하는 가치의 첫 번째 의미가 드러난다. 이러한 가치들은 그가 B-가치(B-value)라고 명명하는 것으로, 전체성, 완벽, 완성, 정의, 생동감, 풍요로움, 그리고 《존재의 심리학》 6장 및 그 밖의 여러 군데서 언급한 모든 것을 의미한다.

가치에 대한 이러한 의미에는 어느 정도 의문의 여지가 있는데, 왜냐하면 이 의미를 (곧이어 기술하게 될) 두 가지 방식으로 이해할 수 있기 때문이다. 매슬로가 첫 번째 방식을 의도한 것인지, 아니면 두 번째 방식을 의도한 것인지, 그것도 아니면 두 방식 모두를 의도하고 말한 것인지는 명확하지 않다.

이 둘 간의 차이는 '가치'라는 용어가 본질적으로 관계적이라는 사실에서 유래한다. '가치'는 공중에 떠 있는 것이 아니다. 어떤 것이 '가치' 있다고 말하는 것은 그것이 어떤 사람에게 혹은 어떤 사물에 대하여 가치가 있다 내지 어떤 사람이나 어떤 사물에 의해서 가치 있는 것으로 평가받는다는 의미를 함축한다. 그렇다면 문제는 다음과 같다. B-가치는 누구 또는 무엇에 의해 가치 있는 것으로 인식될까?

첫 번째 가능성은 꽤 평범하다. 가장 완벽하게 자기실현하는 사람들을 제외하면, 결핍동기가 우리의 일상적 가치체계를 심하게 오염시키고 있다. 절정경험 상태에서 이러한 오염 수준은 사실상 영(zero 혹은 0)으로 떨어지지만, 우리는 그러한 경험에 대해 특정한 의미를 지닌 것으로 큰 가치를 부여한다. 절정경험을 하는 동안 우리는 결코 전에 본 적이 없던 사실들을 보게 되고, 이렇게 새롭게 지각된 사실들 때문에 우리는 평상시에 접한 것과는 매우 다른 가치의 의미를 인식할 수 있다.

두 번째 방식은 좀 평범하지 못한 것으로, 형이상학적인 부분도 조금 포함된다. 절정경험 속에서 깨끗한 렌즈를 통해 '존재 자체'를 볼 때, 우리가 거기서 지각하는 가치는 우리 자신의 가치가 아니라 존재하는 것의 가치이다. 문자 그대로 하면, B-가치들을 가치가 있는 것으로 인정하는 인간이나 인식 능력이 있는 다른 피조물들이 주변에 없다 하더라도, B-가치는 여전히 가치 그 자체로서 존재한다는 의미이다. 즉 '그 자체로 존재하는 것'이 가치를 만드는 것이다!

여기서 일반적인 쟁점은 이전 질문의 변형물이다. 숲속 어딘가에서 나무 한 그루가 쓰러진다. 그곳에 아무도 (심지어 다람쥐나 나비조차도) 없어서 누구도 그 소리를 듣지 못한다면, 과연 그 소리가 있다고 할 수 있을까? 답은 '소리'의 의미가 무엇이냐에 따라 다르다. 만약 '소리'를 어떤 사람이나 사물이 듣는 것이라고 한다면, '숲 자체'가 듣는다고 가정하기를 원치 않는 한 분명히 그곳에는 아무 소리도 없을 것이다.

자기실현하는 사람들은 '선택을 잘하는 사람'

비록 매슬로가 "(절정경험이 지니고 있는) 철학적 함의가 매우 크다"고 열정적으로 표방한다 해도, 이 문제에 대한 그의 본질적인 관심은 절정경험이 갖는 추상적인 철학적 함의보다는 그것에 대한 '더 훌륭한 보고서'를 각 개인의 성장과 발달에 실용적으로 응용하는 것에 있었다. 이것이 '가치'에 대한 매슬로의 개념이 갖는 또 다른, 좀더 직접적인 측면이다. 이 점은 주로 11, 12장에서 드러난다. 아이디어의 근원은 때로 매우 특이한 곳에서 생길 수 있다.

지금 이야기하는 가치의 경우, 매슬로는 이러한 아이디어들을 1935년경에 자신이 발견한 한 연구보고서에서 얻었는데, 그 보고서는 닭의 자유, 선택 행동에 대한 주제를 다루고 있었다.[26] 이 보고서를 읽은 독자라면 대부분 이 연구가 세상을 크게 놀라게 할 만한 연구는 아니라고 생각할 것이다. 매슬로도 처음에는 이와 같은 반응을 보였지만, 이 보고서는 그의 마음속에 깊은 여운을 남겼다. 그리고 결국에는 "가치 이론에 대한 함의로 가득한 … 놀랄 만한 실험"이라고 생각하게 되었다.

주된 발견은 다음과 같다. 닭장 속의 평범한 닭들이 다양한 종류의 먹이 중에서 자유롭게 식이요법을 선택할 수 있도록 하면, 몇몇 닭들은 잘 선택하여 건강하고 튼튼하게 자라고, 잘못 선택한 닭들은 마르고 허약해진다. 그러나 잘못 선택한 닭들에게 제약을 가해 잘 선택한 닭들이 먹은 음식만을 먹게 하면, 그들 역시 건강하고 튼튼하게 자란다. 매슬로가 이 실험에서 발견한 놀랄 만한 함의들은 결국 서로 연결되어 있는데, 첫째, 특정 종의 어떤 유기체는 다른 종의 유기체에 비해 더 현명한 선택을 할 수 있다. 그리고 둘째, "현명하지 못한 선택을 한 유기체에게 무엇이 더 좋은지는 그들 자신보다는 현명한

---

26 도브(W. F. Dove), 〈영양 섭취 본능에서의 개성에 대한 연구(A Study of Individuality in the Nutritive Instincts)〉, 《미국박물학자(American Naturalist)》(1935, 69, pp. 469~544).

선택을 한 유기체가 선택하는 게 더 나을 수 있다."

이 점에 대한 약간의 의구심도 없애기 위해, 여기서 핵심적인 개념은 닭이 아니라 선택(choosing)이라는 점을 강조하고자 한다. 인간을 포함한 모든 동물 종에서 각 개체는 다양한 대안 중에서 선택을 하게 되는데, 그들의 선택은 단지 식이요법 문제에 한정되지는 않는다. 건강 및 자기 통합에 도움이 되는 대안들을 계속적으로 선택한다는 점에서 어떤 사람들은 뛰어난 선택을 하는 반면, 다른 사람들은 그렇지 못하다. 어쨌든 양쪽 모두 그들의 선택은 자신들의 근본적인 가치체계를 반영하고 있다. 우리는 이러한 가치체계를 이용하여 다른 사람들의 가치체계가 사실인지(즉 인간의 본성과 상황에 대한 심오한 사실들과 일치하는지) 혹은 사실이 아닌지를 추론할 수 있다.

건강, 자기 통합 그리고 가치를 모두 한꺼번에 언급한 것을 보면, 그 다음에 무슨 얘기를 할지 쉽게 예상할 수 있을 것이다. 자기실현을 하는 사람들은 현명한 선택을 한다. 그들은 현실을 더욱 명료하게 볼 수 있기 때문에, 그러한 현실의 내면 깊이 존재하는 본질에 좀더 가까이 접근할 수 있다. 따라서 선택을 잘하는 사람과 못하는 사람 모두에게 적용될 수 있는 객관적이고 있는 그대로의 가치체계를 찾고자 한다면, 그러한 목적을 달성하는 방법으로 "평범한 사람들이 절정경험을 하는 순간, 즉 그들이 일시적이나마 자기실현을 하는 순간에" 경험하는 가치와 함께, "이처럼 고도로 발전하고, 매우 성숙하고, 심리적으로 매우 건강한 사람들"의 가치를 연구하는 것이다.

즉 (자기실현하는 사람들을) 살아 있는 시금석으로 삼았을 때, 무슨 일이 일어나는지 보자. 우리 자신보다도 그들이 우리를 더 민감하게 이해할 수 있고, 우리에게 유익한 것이 무엇인지를 더 신속하게 파악할 수 있다. 이 말은 우리에게도 충분한 시간이 주어진다면 결국 그들이 신속하게 선택한 것과 동일한 것을 선택할 것이라고, 또는 우리도 선택과 관련된 그들의 지혜를 조만간 알게 되면 동일한 선택을 하게 될 것이라고, 아니면 우리가 어렴풋하게 지각하는 것을 그들은 예리하고 분명하게 지각한다고 가정하는 것이다.

간단히 말해 건강하고, 자기를 통합하고, 충만한, 그리고 내면 가장 깊은 곳에 있는 최상의 잠재력을 실현하는 방향으로 나아가고자 한다면, 이미 그러한 방향으로 나아간 사람들의 결과물, 특히 그들이 한 선택들을 연구하라. 다시 말해서, 이것은 '오래된 지혜'에 대한 대단찮은 재발견인데, 그럼에도 분명히 에이브 자신의 개성과 향기를 지니고 있다.

'경이로운 가능성과 심층적 특성을 지닌 존재', 그리고 이것으로 할 수 있는 모든 것

속담 형태의 이러한 표현이 인간의 본질에 대한 매슬로의 관점을 잘 보여준다. 대부분의 독자는 이러한 관점을 매우 매력적이라고 생각할 것이다. 쉽게 말해서 우리 자신에 대해 듣기 좋은 이야기를 해주기 때문이다. 즉 이 관점에 따르면, 우리는 '수준 높은 본성'을 지니고 있으며, 유기체로서의 인간적이고 생물학적인 우리의 본성 등 모든 것을 초월하여 더 훌륭해질 수 있다. 또한 이러한 관점은 내 생각에 아마도 대부분의 사람이 있다고 믿고 싶은 '존재 그 자체'의 본질에 대해서도 부분적으로 설명해준다. 즉 "가장 긍정적인 관점에서 그리고 올림포스 산과 같은 높은 위치에서 굽어보면, 존재하는 것은 전체적으로… 중립적이거나 선하다. 악, 고통 혹은 위협은 단지 부분적인 현상으로, 이것은 세상을 전체적이고 통합적으로 보지 못해서 생긴 결과물이다." 또한 매슬로의 입장에는, 올림포스 산과 같이 높은 정상에 항상 머물러 있을 수는 없는 우리들조차도 일시적이나마 절정경험의 짧은 순간에 이러한 주장들이 옳다는 것을 직접적으로 깨달을 수 있다는 희망이 있다.

그러나 매슬로가 절정경험에 대해 언급한 것처럼, 훌륭한 시각을 가지고 있거나 그러한 시각에 매력을 느낀다는 것은 그러한 시각을 "냉정하고, 객관적이고, 비판적으로 검증해보는 것"과는 별개의 문제다. 《존재의 심리학》이번 판이 아직 계획 단계에 있을 때, 출판사는 나에게 '매슬로의 영향력'에 대한 평가를 꼭 첨부해달라고 요청했다. 그때 평온하던 내 마음이 흔들리기 시작했다. 왜냐하면 처음 봤을 때, 주류 심리학 내에서 매슬로의 영향력은 꽤 보잘것없어 보였기 때문이다. 잠시 후 두 번째 봤을 때의 상황으로 되돌아오겠지만, 우선은 왜 그의 연구가 좀더 열렬한 지지자들의 기대만큼 강한 불꽃을 밝히지 못했는가를 논할 필요가 있다. 그 이유는 단순히 주류 심리학이 편협하고, 폐쇄적이며, 무정하기 때문에, 진정으로 봐야 할 가치가 있는 것을 보지 못할 정도로 과학에 대한 숭배 속에 갇혀 있었기 때문은 아니다. 사실, 매슬로의 주장을 상당히 비판적으로 의심해볼 만한 매우 타당한 근거들이 있다.

매슬로의 세 가지 주요한 심리적 개념—1) 동기의 위계적 구조 2) 자기실현 3) 절정경험—가운데 단지 첫 번째 개념만이 주류 심리학에서 수용되었다. 많은 사람들이 '위계'와 '우세함'이라는 기본적 개념들이 그럴듯하고 과학적으로 유용하다는 점에서는 동의하고 있지만, 매슬로 동기 이론의 모든 세세한 점들을 호의적으로 수용한 것은 아니다. 다른 한편, 자기실현과 절정경험에 대한 그의 주장은 상당히 회의적인 반응을 불러일으켰으며 때로는 즉시 기각되기도 했다. 그렇다고 이런 주장들이 아무런 주의도 끌지 못한 것은 아니다. 이 문제에 대한 매슬로의 관점이 설득력 있고 흥미로운 가능성으로 가득하다고 보는 많은 심리학자들이 있고, 심지어 매슬로가 '부록 A'에서 "무생물 과학의 규범과 관행"이라고 표현한 견해를 확고하게 지지하는 사람들도 있다고 나는 생각한다. 문제는 이런 관점들을 냉정하고, 객관적이고, 비판적으로 검토해볼 때 생긴다. 이러한 과정은 모든 심리학적 아이디어가 만족스러운 것으로 수용되기 위해서 반드시 통과해야 할 관문이다.

예를 들면 자기실현이라는 매슬로의 핵심 개념을 생각해보자. 처음 읽었을 때, 사람들이 다음과 같은 간단한 질문에 긍정적으로 대답할 수 있으면, 이러한 개념의 타당성을 확보할 수 있다고 생각할 것이다. 이 세상에 매슬로가 말하는 자기실현의 특성들을 다양하게 보이는 사람들이 있을까? 나는 때때로 적어도 이러한 특성들 중 일부를 나 자신이나 내가 아는 많은 사람들에게서 찾아볼 수 있고, 그래서 이 문제에 대한 나의 대답은 어느 정도 조건적인 "그렇다"이다. 아마 독자들도 이와 같은 반응을 보일 것이다.

하지만 이러한 질문은 자기실현이라는 개념의 타당성을 검증하기 위한 첫 단계에 불과하고 꽤 사소한 것이다. 전체적으로 볼 때, 이러한 특성들이 표면 아래에 존재하는 진정한 인간 본성의 참된 표상이라는 주장이 훨씬 더 중요하다. 이 점에 대하여 주류 심리학은 이런 아이디어가 분명히 흥미롭지만 전적으로 증명되지는 않았다고 판단한다. 더구나, 자기실현에 대한 매슬로의 시각은 크게 보면 자신의 개인적 취향과 선호를 반영하고 있으며, 회고해볼 때, 매슬로 자신도 자기실현하는 사람을 이런 종류의 문제에서 "선택을 잘하는 사람"이라고 가정했기 때문에 분명히 곤경에 처해 있었다. 나중에 그는 이러한 점을 스스럼없이 인정했다. 예를 들면 그는 1967년에 다음과 같은 글을 썼다.

> 자기실현에 대한 나의 연구는 … 한 젊은 지성인으로서 내가 사랑하고, 경외하고, 존경하는 두 명의 매우 훌륭한 선생(루스 베네딕트(Ruth Benedict)와 막스 베르트하이머(Max Wertheimer))을 이해하려는 노력에서 시작되었다. 나는 그런 유형의 사람들이 다른 곳에도 있는지 찾아보았으며, 많은 사람에게서 그런 유형을 발견했다. … 이런 일반화는 … 내가 좋아하거나 매우 존경하고 훌륭한 사람이라고 생각하는 … 특정 종류의 사람을 내가 선택한 것에 근거한 것이다. … 나는 가능한 모든 종류의 내재적 편애 속에서 그들을 선택했다.[27]

---

27 아브라함 H. 매슬로, 《인간 본성에 대한 심층적 연구》(New York : Viking Press, 1971). 이 인용문이 실린 장은 〈자기실현과 그것을 넘어서(Self-Actualization and Beyond)〉, in J. F. T. Bugenthal (ed.), 《인본주의 심리학에 대한 도전들(Challenges of Humanistic Psychology)》(New York : McGraw-Hill, 1967)에 처음 수록되었다.

매슬로는 거의 비슷한 시기에 쓴 개인적 일기의 서두에서조차 자신의 취향과 선호가 중요한 역할을 했음을 인정했다.

5월 28일(1967)… 벌써 몇 년이 흘렀다. 자기실현에 대한 비평을 써서 출판을 하려고 했는데, 어쩌다 보니 그러질 못했다. 지금 생각하면 그 이유를 알 것 같다. 사람을 선택하는 데 건강뿐만 아니라 내가 의식하지 못한, 내 내면에 감추어진 또 다른 기준이 있었다고 생각한다. 왜 아서 모건(Arthur E. Morgan)의 책을 읽고선 그토록 흥분했을까. 그는 분명 자기실현을 한 사람인데, 왜냐하면 그가 B-언어를 사용했기 때문이다. 내가 지금까지 한 것은 B-영역에 있는 사람들을 선택하는 것이었다. 다른 모든 명시적이고 의식적인 기준 외에도, 의식적이지는 않더라도 B-영역에 있으면서 B-언어를 사용하는 사람들, B-인지를 하면서 확고하고 능동적으로 B-가치를 가지고 있는 사람들, 예를 들면 펄(Pearl), 팝 쉬랑크(Pop Schrank) 같은 사람들을 선택하는 것이었다.

라게만(Lagemann)이 오늘날의 공인들에 대해 질문했을 때, 나는 대답하기를 거절했다. 그러나 나는 내가 말한 세 가지 기준에 맞는 (다양하게 제안한) 사람들의 목록을 훑어보았지만, 아이젠하워(Eisenhower)와 같은 사람들을 차마 거론할 수는 없었다. 그는 기준에 맞는 사람이다. (엘리너 루스벨트(Eleanor Roosevelt)가 암시한 것처럼) 트루먼(Truman)도 적합한 인물이다. 그러나 그들은 분명히 B-유형의 사람은 아니다. 미국심리학회(American Psychological Association : APA) 상임위원들도 마찬가지인데, 그들은 매우 역량 있고 건전하며… 등등이다. 그러나 그들 역시 B-인지를 하는 사람은 아니다. … 그래서 나는 사람들을 선택할 때 건강 외의 또 다른 기준을 적용했다고 생각한다. … 나는 B-상태(B-ness), B-가치, B-언어라는 무의식적이고 부가적 변인을 밀수입해 들여왔다. (원문에서 매슬로는 마지막 문장을 이탤릭체로 표기했다.)[28]

비록 '밀수입'이란 말이 너무 강하게 들릴 수도 있지만, 무의식적인 부가적 변인이 분명히 있었다. 매슬로는 인간 본성의 가장 깊고 진실한 잠재력들이 궁극적으로 자신이 B-인지, B-가치 그리고 다른 종류의 B-관련된 것들이라고 부르는 것과 일치한다는 무언의 가정에서 출발했다. 이것은 단순한 일치가 아니라, 이러한 B들은 매슬로가 젊은 시절부터 추구한 '경이로운 가능성' 바로 그것이다. 그는 아마도 이런 종류의 문제에서 '선택을 잘하는 사람'이었을 것이다. 아마도 이러한 가능성이 인간 본성의 본질적 핵심을 가장 사실적으로 보여주는 것일 수도 있는데, 매슬로는 이것을 특별히 명료한 지각을 통해 볼 수 있었을 것이다. 그러나 그것은 또한 아마도 매슬로가 인간 본성에서 가장 존경할 만하다고 생각하는 점들을 단지 묘사한 것일 수도 있는데, 높은 올림포스 산에서 볼 때 '그 자체로서 존재하는 것'은 어떤 모습이어야 한다는 자신의 생각들이 여기에 혼재하고 있었을 수도 있다.

주류 심리학은 절정경험이라는 개념에 대해서도 이와 비슷한 이의들을 제기했다. 의문의 여지 없이, 때로 사람들은 마치 특별한 발

---

[28] 리처드 로리(ed.), 《매슬로 학술지(The Journals of A. H. Maslow)》(2 vols., Monterey, CA: Brooks/Cole, 1979, vol. 2, pp. 794~795).

견의 순간처럼 느껴지는 경험을 한다. 주류 심리학이 회의적으로 보는 것은 이러한 현상 그 자체가 아니라, 이러한 현상에 대한 매슬로의 구체적인 주장이며, 이러한 주장이 매슬로 자신의 개인적 취향과 선호, 즉 앞에서 언급한 'B-상태, B-가치, B-언어'에 대한 그의 선호와 일치한다는 점이다.

그러나 이러한 회의는 주로 매슬로의 주장을 뒷받침하는 논리와 방법론이 얼마나 타당한가에 대한 우려에 기인한다. 예를 들어, 6장의 한 중요한 부분에서 매슬로는 "절정경험은 단지 선하고 바람직할 뿐이며, 결코 사악하거나 해로운 경험이 될 수 없다"라고 (원문에서는 이탤릭체로 강조하여) 주장했다. 그는 이러한 특성을 "이해하기는 매우 어렵지만 언제나 한결같기 때문에, 그것을 보고하고 어떤 식으로든 이해하고자 노력할 필요가 있다"고 피력했다. 그래서 매슬로는 절정경험을 통해 알 수 있는 그 자체로 존재한다는 것의 본질에 대하여 지금은 핵심적이고 친숙한 결론을 내리게 되었다.

여기에 담긴 철학적 함의는 어마어마하게 크다. 논의상, 만약 우리가 절정경험 상태에서 현실의 본질 그 자체를 더 명료하게 볼 수 있고 현실의 실체를 더 심오하게 이해할 수 있다는 주장을 받아들인다면, 그 이야기는 지금까지 많은 철학자들과 신학자들이 단언한 것, 즉 …존재는 그 자체로서 중립적이거나 선하다… 라고 말하는 것과 거의 같은 것이다.

6장의 처음 두 문단을 주의 깊게 읽어보면, 가장 공정하고 호의적인 심리학자들조차 논리와 방법론에 대해 많은 문제를 제기하고 싶어한다는 점을 알 수 있을 것이다. 매슬로는 이처럼 특별한 절정경험에 대한 결론을 다른 모든 경우와 마찬가지로 대학생 190명이 보고한 지필 반응과 약 80명에 대한 구두 면담에 기초해서 작성했다. 절정경험은 "단지 선하고 바람직할 뿐이며, 결코 사악하거나 해로운 경험이 될 수 없다." 매슬로가 자신의 연구 대상자들에게 특별한 지시문을 제시하여 반응하도록 함으로써, 그의 연구 결과는 일관되게 나타났다. 여기에 발췌문이 있다.

> 당신의 삶에서 가장 좋았던… 경험들을 떠올려보길 바랍니다. 아마도 사랑할 때, 음악을 들을 때, 책이나 그림에서 감동을 받을 때, 또는 매우 창조적인 순간에 경험할 수 있는 가장 행복한 순간, 황홀한 순간, 환희의 순간…….

매슬로가 측정을 혼란스럽게 만드는 '가장 행복한' '황홀한' 및 '환희의' 등과 같은 말을 빼고 자신의 연구 대상자들이 그들의 삶에서 가장 황홀하고 새로운 사실을 가장 잘 드러내준 경험을 보고하도록 했다면, 절정경험에 대한 매슬로의 발견은 매우 달라졌을 것이다. 또한 삶에 대한 새로운 사실들을 강력하게 보여주는 순간들이 그 자체로 존재하는 것에 관하여 무엇을 밝혀주는지에 대한 그의 결론도 달라졌을 것이다. 절정경험과 관련된 문헌들을 조사해보면, 그러한 경험이 매우 다양한 형태와 크기를 지니고 있음을 알 수 있을 것이다. 때로 그러한 경험들은 매슬로가 기술한 것과 어느 정도 일치하지만, 대부분 그러한 경험들은 그가 기술한 것과 상당히 다르다. 어떤 경우든 간에, 그러한 경험이 '있는 그대로 존재하기'에 대하여 밝혀주는 것은 상당히 애매하다. 결국 "그러한 경험은 철학과 신학이 제공하는 매우 다양한 내용들과 결합될 수 있다"[29]라고 윌리엄 제임스는 적었다. 절정경험이 '있는 그대로 존재하기'에 대하여 밝혀주는 것에 대한 매슬로의 견해는 그러한 경험과 관련된 다양한 철학과 신학 중 하나에 불과하다.

문제를 냉정하고, 객관적이고, 비판적으로 검증하는 데 익숙한 사람은 매슬로 심리학의 많은 측면들을 이러한 방식으로 검증해볼 필요가 있음을 알게 될 것이다. 나 역시 그의 글을 읽으면서 많은 경고 신호를 주게 된다. "의문의 여지가 있는 논리!" "취약한 방법론!" "개인적 취향과 선호!" "신념의 비약!" 등등. 그러나 모든 것을 말하고, 마지막 방법론적인 취약점까지 지적하고, 의심스런 마지막 논리까지 비판했을 때조차, 세상에 대한 매슬로의 견해에는 내가 전적으로 무시할 수 없는 어떤 것들이 여전히 남아 있다. 부분적으로 이러한 것들은 위태로운 처지에서도 기꺼이 더 멀리 가려고 한 매슬로에 대한 순수한 존경심에서 비롯되었다.

우리처럼 논리를 따지는 사람들이 주변에 많이 있어서 자신의 견해를 비판할 것이라는 점을 매슬로는 너무나 잘 알고 있었지만, 그럼에도 그는 늘 변함없이, 기꺼이 그리고 유쾌한 열정으로 자신의 길을 갔다. 그는 자신이 하는 일의 중요성을 열렬히 믿었고, 그것에 대

---

[29] 윌리엄 제임스, 《종교적 경험의 다양성》(p. 425).

해 많은 흥미를 느끼고 있었다. 매슬로가 나열한 B-가치의 목록에 장난, 재미, 즐거움과 충만함이 중요한 항목으로 들어 있다는 것은 조금 놀랄 만한 일이다!

마치며

세상에 대한 매슬로의 견해는 주류 심리학으로 편입되어 하나의 조류가 되었다. 많은 사람들이 인용하는, 매우 주류적인 심리학 개론서의 저자 헨리 글라이트만(Henry Gleitman)이 이러한 조류의 핵심을 제대로 기술했다. 비록 글라이트만이 이러한 조류를 총칭해서 '인본주의 심리학(humanistic psychology)'이라고 암시적으로 말하고는 있지만, 그가 주로 지칭하는 사람은 분명 매슬로이다. 성격에 대하여 인본주의적으로 접근하는 주장들이 대부분 확실한 근거를 가지고 있지 못하다 할지라도, 그럼에도

> 확신하건대 한 가지 그들이 달성한 업적이 있다. 인본주의 심리학자들은 성격과 관련해서 다른 접근들이 상당히 무시해왔던 많은 현상들을 우리에게 다시금 일깨워주었다. 사람들은 음식과 성교 또는 명성 이상의 것을 추구한다. 그들은 시를 읽고, 음악을 듣고, 사랑에 빠지고, 때로 절정 경험을 하고, 자신을 실현하고자 노력한다. 우리가 이처럼 포착하기 어려운 현상들을 더 잘 이해하는 데 인본주의 심리학자들이 진정으로 도움을 주었는지에 대해서는 논쟁의 여지가 있다. 하지만… 그들은 이러한 현상들이 존재할 뿐만 아니라, 우리가 인간일 수 있게 하는 중요한 측면이기 때문에 무시하지 말아야 한다고 주장한다. 그들은 이러한 주장을

통해서 성격 심리학이 완전해지기 위해서는 반드시 다루어야 할 과제가 있음을 우리에게 일깨워준다.[30]

이것이 얼마나 훌륭한 업적인지를 가늠하기 위해, 다음에 인용된 글의 어조를 살펴보라. 이 글은 많은 사람들이 인용하는 매우 주류적인 관점을 취하는 1948년판 심리학 개론서에서 발췌한 것이다. 이 책은 자기실현에 관한 매슬로의 첫 원고가 출판되기 2년 전,《동기와 성격》이 나오기 6년 전, 그리고《존재의 심리학》이 처음 출판되기 14년 전에 출간되었음을 기억하기 바란다. 그리고 심리학은 그 당시의 주류적 접근 방식을 따라 제대로 나아가고 있으며, 남은 과제는 세부적인 것들을 채워 넣고 혼란을 막는 것이라는 이 글의 기저에 담긴 뜻을 특별히 주목하라.

인간은 자신의 생물학적 구조와 환경의 산물이기 때문에 성격은 생물학적 유기체와 사회적이고 물리적인 세계 간의 상호작용에서 생성되는 개별적 특성이라고 생각하게 되었다. … 성격은 한 개인의 관찰 가능한 행동으로 이루어져 있다. … 성격은 개인이 자신의 환경에 대해 전형적으로 혹은 일관적으로 보이는 적응 방식이며, 성격 연구는 사람들이 자신의 욕구, 한계, 좌절에 대처하는 과정을 조사함으로써 이루어진다.[31]

---

30 헨리 글라이트만,《심리학(Psychology)》(4th edition, New York : W. W. Norton and Co., 1995, pp. 737~739).

욕구, 한계, 그리고 좌절. 이러한 것들은 분명히 인간 본성에 대하여 매우 근사한 그림을 제시하지는 못한다. 더욱 중요하게도, 오늘날 주류 심리학의 대부분은 인간에 대한 이러한 그림이 매우 불완전함을 잘 보여주고 있다. 매슬로가 이러한 변화를 가져온 유일한 사람은 아니지만, 그러한 변화를 가져온 중요한 인물 가운데 한 사람으로 확실히 인정받아야 한다.

리처드 로리(Richard Lowry)

1998년 6월

---

31 보어링(E. G. Boring), 랑펠드(H. S. Langfeld) & 웰드(H. P. Weld)(eds.), 《심리학의 기초(Foundations of Psychology)》(New York : John Wiley & Sons, 1948, pp. 488, 511). 인용한 단락은 로런스 새퍼(Laurance F. Shaffer)가 이 책에 기고한 두 장, 즉 〈성격(Personality)〉(pp. 467~510)과 〈개인적 적응(Personal Adjustment)〉(pp. 511~545)에서 발췌한 것이다.

편집자의 말(제3판)

특정 장르의 대중소설을 제외하면, 대부분의 책은 오늘 나왔다 내일이면 사라진다. 그래서 그러한 책들은 출판된 지 얼마 되지 않아 대중의 뇌리에서 사라진다. 또한 해마다 발행되는 책들 중에 이른바 고전의 위치로 자리매김한 책들을 찾기란 쉽지 않다. 심리학자가 쓴 불후의 고전 중에는 윌리엄 제임스의 《종교적 경험의 다양성》이 있는데, 이 책은 1902년부터 지금까지 지속적으로 발행되고 폭넓게 읽히고 있다. 또한 지그문트 프로이트의 《문명화와 그로 인한 불만》(1930) 그리고 칼 구스타프 융(Carl Gustav. Jung)의 《영혼을 찾는 현대인(Modern man in search of a soul)》(1933)과 같이 좀더 대중적인 책들이 이런 고전에 속한다.

《존재의 심리학》은 위의 책들에 비해 훨씬 나중에 씌어졌지만, 이 책 역시 고전의 반열에 든 것 같다. 이 책이 위에 언급한 제임스의 책만큼 장수할지 여부는 시간이 지나봐야만 알 수 있다. 제임스의 책은 거의 한 세기가 지난 지금도 여전히 그 영향력을 행사하고 있고, 한 세기의 3분의 1 이상을 지탱해온 매슬로의 책 역시 지금까지 대중에게 널리 읽히고 있는 것 같다.

매슬로가 머리말(제1판)에서 언급한 것처럼, 《존재의 심리학》은 1954년에 처음으로 출판된 그의 초기 작품 《동기와 성격》의 후속 작품이다. 이 둘 가운데《동기와 성격》이 더 체계적이고 치밀하게 구성되어 있다. 그러나 이 책 역시 심리학자들이 심리학 전문가들을 위한 책을 쓸 때 주로 따르는 관례에 크게 얽매여 있다. 매슬로는 자신의 초기 작품으로 이미 유명해진 다음에《존재의 심리학》을 집필했는데, 이 책은 더욱 다양한 독자들을 대상으로 삼고 있다. 그는 훨씬 더 단정적이고 대담했으며 기꺼이 위험을 감수하고자 했다. 내 생각에《존재의 심리학》이 지속적으로 세인의 관심을 끄는 데는 이러한 점이 적잖이 기여하고 있는 듯하다. 매슬로가 위험을 감수하고자 한 이유는 가능하면 더 멀리 그리고 더 넓게 보기 위해서였다.

매슬로는《동기와 성격》으로 성공한 후, 1955년부터 1960년까지 자신이 강의한 내용 또는 여러 가지 논문을 모아 1962년에 처음으로《존재의 심리학》을 출판했다.(New York : Van Nostrand) 매슬로 자신이 일부 수정한 제2판은 1968년에 발행(New York : Van Nostrand Reinhold)되었다. 지금 출판되는 제3판에는 '책을 펴내면서'를 수록하고, 그 밖에 많은 각주들을 첨가했다. 하지만 그 외 나머지 부분은 매슬로가 자신의 생각을 마지막으로 정리해서 집필했을 때와 동일한 상태로 남겨두었다.

지금 제3판에 '책을 펴내면서'를 수록한 이유는 독자들이 이 책에서 제시하는 개념을 최대한 잘 이해하고 평가할 수 있도록 하기 위한 것이다. 편집자와 출판인 모두는 독자들이 이러한 개념을 좀더 폭넓게 이해할 수 있도록 그와 관련된 맥락을 구체적으로 제시해야 한다는 점에 공감했다. 앞에서 언급한 것처럼, 매슬로는《존재의 심리학》에서 위험을 감수하고 가장 멀리까지 나아갔다. 그는 이 책에서 자신이 본 것을 독자들에게 강력하게 언급하고 있지만, 가끔은 그러한 언급을 중단하고 더는 자신의 언급에 대한 구체적인 토대와 본질을 설명하지는 않았다. 내 생각에 이 책을 읽는 가장 좋은 방법은, 우선 5장까지 읽어서 인간 본성에 대한 매슬로의 독특한 시각을 파악한 다음, '책을 펴내면서'를 읽고 그 후에 나머지 장들을 읽는 것이다.

특정 시간에 아주 우연히 어떤 장소에 있었기 때문에 나머지 인생 전체가 크게 달라질 수 있다는 사실을 깨닫는 순간, 사람들은 정신이 번쩍 들기 마련이다. 나는 브랜다이스 대학 심리학과 대학원 1학년생이던 1962년 초에 매슬로를 처음 만났다. 매슬로는 한 학기 휴가를 마치고 막 돌아와서는 새로운 연구실로 이사를 하고 있었다. 그날 아침 나는 다른 대학원생들보다 조금 일찍 학교에 나왔는데, 매슬로는 나에게 차에서 박스 옮기는 걸 도와달라는 부탁을 했다. 우연히도, 그의 연구실은 내가 사용하는 학생용 소규모 연구실 바로 맞은편에 있었다. 그날 아침 내가 도와준 것에 대한 몇 배의 보상으로, 나는 몇 년간 거의 매일 아침 이 비범한 사람과 대화를 할 수 있었다.

나는 그 당시 에이브의 제자도 아니었다. 사실 나는 그 당시 매슬로의 이론적 작업들을 심리학에 대한 비현실적이고 이상주의적인 접근 방식의 하나로 생각하는 경향이 있었고, 매슬로가 나의 이런 생각들을 눈치 채게 할 만큼 어리석은 풋내기였다. 이후 10년 후, 즉 1970년 그가 죽은 이듬해에 나는 매슬로가 나의 냉소적인 도전들을 진지하게 매우 오랫동안 숙고했다는 사실을 알고 매우 놀랐다. 매슬로는 자신의 '지적 일대기(Intellectual biography)'를 내가 쓸 것을 제안했는데, 나는 이러한 사실을 그의 부인 버사(Bertha)에게 듣고 더욱 놀랐다. 그 당시 나는 전보다는 심리학에 대해 좀더 알게 되었지만, 그럼에도 이상주의적 심리학이라고 생각하는 것에 대해서는 여전히 회의적이었다. 그래서 나는 매슬로의 부탁(지적 일대기를 쓰는 것)을 아무런 비판적인 시각 없이 할 수는 없다고 버사에게 말했으며, 그녀는 "좋습니다. 분명히 말해 그것이 에이브가 원하던 바입니다"라고 말했다. 이 말에서, 나는 그녀가 내게 보여준 신뢰에 감탄을 금치 못했다.

  1962년 1월 어느 날 매슬로 연구실로 박스를 옮겨준 것을 계기로, 나는 1970년대 초기 일년 반을 매슬로와 그의 연구에 몰두해 있었으며, 이후 사반세기 동안을 매슬로가 제시한 문제들과 함께 씨름하면서 많은 시간을 보냈다. '책을 펴내면서'를 통해 알 수 있듯이, 내가 인간 본성에 대한 매슬로의 시각을 세세한 부분까지 모두 다 이해하는 것은 아니다. 그럼에도 《존재의 심리학》 제3판을 내는 데 내가 관여한 것은 그에 대한 나의 사랑과 존경, 그리고 찬미하는 마음에서 나온 것임을 분명히 하고 싶다.

리처드 로리
버사 대학

머리말(제2판)

이 책이 처음 발행된 후 심리학계에는 많은 일이 있었다. 현재 가장 빈번하게 사용되는 용어인 인본주의 심리학은 객관적이고 행동주의적인 (기계적) 심리학과 정통 프로이트 학설을 대체할 수 있는 경쟁력 있는 제3의 대안으로서 확고하게 자리를 잡고 있다. 이에 관한 문헌도 많아졌고, 관련 자료 역시 급속도로 증가하고 있다. 게다가, 인본주의 심리학을 실용적으로 사용하기 시작했다. 특히 교육, 산업, 종교, 조직과 관리, 치료와 개선 영역에서 그리고 '심리적으로 건강한(Eupsychian)' 다양한 조직체, 잡지 그리고 개개인들이 사용하기 시작했다.(《건강한 심리 소유자 네트워크(The Eupsychian Network)》, 237~240쪽 참조)

갈릴레오, 다윈, 아인슈타인, 프로이트, 마르크스가 이룩한 혁명이 뜻하는 바는 다름 아닌 지각과 사고의 새로운 방식, 인간과 사회에 대한 새로운 관념, 윤리와 가치에 대한 새로운 인식, 나아가야 할 새로운 방향 등이다. 혁명의 이러한 의미에서, 나는 심리학에서 나타나는 이러한 인본주의적 추세가 가장 오래되고 진정한 의미에서 혁명이라고 생각한다.

이러한 제3심리학(The Third Psychology)은 하나의 보편적 세계관, 새로운 인생철학, 인간에 대한 새로운 개념, 새로운 연구의 시대가 나타났음을 단적으로 보여준다(물론 우리가 대량학살로부터 멀리 떨어져 있을 수만 있다면). 선한 사람들과 생명을 옹호하는 사람들은 자신과 타인의 삶에 풍부한 의미를 제공해주는 일들, 즉 실질적이고, 고상하고, 만족을 주는 일들을 해야 한다.

제3심리학이 단순히 기술적이거나 학술적인 것은 아니다. 그것은 해야 할 행동을 제안하며 그 행동에 따른 결과를 함축하고 있다. 이 심리학은 어떤 사람, 즉 자신의 사적인 정신 세계에 존재하면서 동시에 사회 구성원으로서 사회적으로 존재하는 사람이 자신의 삶의 방식을 개척해가는 데 도움을 준다. 사실, 제3심리학은 인생의 이 두 측면, 즉 개인적 측면과 사회적 측면이 서로 관련되어 있음을 깨닫는 데 도움을 준다. 결국, '훌륭한 사람'만이 최선의 도움을 제공할 수 있는 사람이다. 도움을 주려는 사람이 병적이거나 부적절한 경우, 도움 대신에 해를 입히는 경우가 종종 있다.

나는 또한 인본주의적 제3세력 심리학이 더 '고차원적인' 제4심리학을 준비하는 하나의 과도기적 단계라고 생각한다. 이러한 제4심리학은 개인을 초월하고, 인간을 초월하며, 인간에 국한된 욕구와 관심보다는 우주에 중심을 두는, 그리고 인간성, 정체성, 자기실현 등을 초월하는 심리학이다. 또한 《인본주의 심리학술지(Journal of Humanistic Psychology)》를 창간한 토니 슈티취(Tony Sutich)가 곧(1968년) 《개인 초월 심리학술지(Journal of Transpersonal Psychology)》도 창간할 예정이다.

이러한 새로운 발전들은 이상주의에 좌절한 많은 자포자기한 사람들, 특히 젊은 사람들에게 구체적이고, 유용하고, 실제적인 만족을 줄 수 있을 것이다. 이런 사람들에게 제4심리학은 인생철학, 종교 대체물, 가치체계, 인생 프로그램으로 발전할 가능성이 있다. 선험적이고 개인 초월적이지 않는 한, 우리는 병들게 되고, 폭력적으로 되며, 허무적으로 되거나 희망을 상실하거나 냉담하게 된다. 소로, 월트 휘트먼, 윌리엄 제임스와 존 듀이가 그랬던 것처럼, 새롭고, 자연스럽고, 경험적이고, 비종교적인 의미에서, 우리 역시 경외심을 느끼고 헌신할 수 있는 '우리보다 더 큰' 무언가를 필요로 한다.

좋은 세상을 만들기 위해 해야 할 또 다른 과업은 악(evil)에 대한 인본주의적이면서 개인을 초월하는 심리학을 발전시키는 것이다. 이 심리학은 인간의 본성에 관한 혐오나 좌절이 아닌 사랑과 연민에 근거한 심리학이다. 나는 이번 판에서 주로 이러한 부분을 수정했다. 할 수 있는 한 나는 악, 즉 낮은 곳에서 본 악이라기보다는 '높은 곳에서 본 악'에 대한 나의 심리학적 개념을 번거롭게 다시 쓰지 않고도 이해하기 쉽도록 분명히 기술했다. 비록 이러한 수정을 간략하게 제시했지만, 주의 깊게 읽으면 간파할 수 있을 것이다.

악에 대한 이러한 얘기가 독자들에게는 이 책의 핵심 주제와 모순되거나 상반되는 것처럼 들릴 수도 있지만 전적으로 그렇지 않다. 세상에는 분명 선하고 강하고 성공적인 사람들이 있다. 성인, 현인, 훌륭한 지도자, 책임감 있는 사람들, B형 정치인, 강인한 사람, 패자보다는 승자, 파괴자보다는 건설가, 아이보다는 부모. 이런 사람들을 탐구하려는 연구자라면 누구나가 이러한 사실을 접할 수 있는데, 나 또한 그랬다. 하지만 이러한 사람들이 더 많을 수 있는데도 실제로는 극소수에 불과하고, 이들이 주변의 동료들에게 부당한 대우를 받고 있는 것 또한 사실이다. 따라서 이에 대한 연구 또한 필요하다. 즉 인간의 선함과 위대함에 대한 사람들의 두려움, 착하고 강해질 수 있는 방법에 대한 사람들의 무지, 자신의 분노를 생산적인 활동으로 바꿀 수 있는 능력의 결여, 성숙 및 성숙에서 오는 성스러움에 대한 사람들의 두려움, 고결하고 자신을 사랑하고 사랑과 존경을 받을 만한 가치가 있다는 사실에 대한 사람들의 두려움을 연구할 필요가 있다. 특히, 약자에 대한 연민 때문에 강자를 증오하는 우리의 어리석은 경향성을 초월할 수 있는 방안을 우리는 배워야만 한다.

젊고 야망에 찬 심리학자, 사회학자, 그리고 전체 사회과학자들에게 내가 강력하게 추천하고 싶은 연구가 바로 이러한 종류의 연구이다. 그리고 좀더 좋은 세상을 만드는 데 기여하기를 원하는 선의를 가진 사람들이 과학, 즉 인문과학을 이러한 것을 연구하는 방법, 매우 훌륭하고 필수적인 방법, 아마도 모든 방법 가운데 가장 훌륭한 방법으로 생각하기를 바란다.

'좋은 세상'을 만들어가는 데 필요한 믿을 만한 지식이 지금은 부족하다. 심지어 사람들에게 서로를 사랑하는, 적어도 불확실하지만 그러한 방법을 가르치기 위한 지식도 충분하지 않다. 따라서 나는 최선의 방법이 이런 지식을 발전시키는 것이라고 확신한다. 나의 《과학에 관한 심리학(Psychology of Science)》과 폴라니(Polanyi)의 《개인적 지식(Personal Knowledge)》은 과학적인 삶이 열정, 미(美), 인류에 대한 희망, 그리고 가치를 밝혀주는 삶이 될 수 있음을 확실하게 보여주고 있다.

감사의 글

나에게 연구비(fellowship)를 제공해준 포드교육발전재단에 감사한다. 이 재단은 일년 동안 나와 두 명의 성실한 비서 힐다 스미스(Mrs. Hilda Smith), 노나 휠러(Nona Wheeler)에게 월급을 주었다. 또한 나는 이 두 비서에게 깊은 감사를 표하고 싶다.

나는 여러 가지 이유로 이 책의 초판을 쿠르트 골트슈타인(Kurt Goldstein)에게 바쳤다. 나는 여기서 프로이트, 그가 만든 모든 이론 그리고 그 이론들을 반박하기 위해 나온 반대 이론에서 많은 도움을 받았음을 밝히고 싶다. 인본주의 심리학이 나에게 의미하는 것을 한 문장으로 표현한다면, 골트슈타인(그리고 형태주의 심리학(Gestalt Psychology))과 프로이트(그리고 다양한 정신분석 심리학들)의 통합, 그리고 위스콘신 대학에서 나의 스승에게 배운 모든 과학적 정신의 전체적 통합이라고 말하고 싶다.

머리말(제1판)

나는 이 책의 제목을 정하는 데 많은 어려움을 겪었다. '심리적 건강'이라는 개념은 여전히 필요한 개념이긴 하지만, 이 책의 여러 부분에서 논의하고 있는 과학의 목적을 달성하는 데 몇 가지 본질적인 결함을 안고 있다. 스자츠(Szasz, 160a)와 실존주의 심리학자들(110, 111)이 최근에 강조한 것처럼, '심리적 질병'이라는 개념도 마찬가지다. 우리는 이러한 보편적인 용어들을 여전히 사용할 수 있고, 사실 오늘날 이 용어들이 갖는 효율성 때문에라도 이들을 사용해야만 한다. 그러나 나는 10년 이내에 이러한 용어들이 낡은 개념이 될 것임을 확신한다.

내가 사용한 '자기실현'이라는 말은 훨씬 더 좋은 용어이다. 이 개념은 '완전한 인간성' 및 '생물학적 기초에 근거한 인간 본성의 발달'을 강조하고 있기 때문에, (경험적으로) 특정한 시간이나 장소에 국한되기보다는 종 전체에 보편적으로 적용된다. 가령 이 개념은 문화에 따른 차이의 정도가 덜하다. 이 개념은 생물학적인 운명을 따르기 때문에, '건강'이나 '병리'라는 개념이 종종 그런 것처럼, 역사적으로 인위적이거나 문화적으로 지역적인 가치에 근거한 모델은 아니다. 이 개념은 또한 경험적인 내용과 조작적인 의미를 동시에 지니고 있다.

하지만 이 개념은 문자 그대로 볼 때 세련되지 못할 뿐만 아니라, 다음과 같은 예측하지 못한 결점을 가지고 있는 것으로 드러났다. 즉 이 개념은 1) 이타심보다는 이기심을 함축하고 2) 의무 및 생애 과업에 대하여 헌신해야 하는 측면을 불분명하게 만들며 3) 타인 및 사회와의 유대 그리고 개인의 자기실현이 '훌륭한 사회'로부터 영향을 받는다는 사실을 무시하고 4) 인간 이외의 실체들이 요구하는 특성 그리고 그러한 실체들이 본질적으로 지니고 있는 매력과 흥미로움을 무시하며 5) 자아의 상실 또는 자기 초월을 무시하고 6) 수동성이나 수용성보다는 활동성을 암묵적으로 더 강조하는 것처럼 보인다. 자기실현하는 사람들이 이타적이고, 헌신적이며, 자기 초월적이고, 사회적이며 등(97, 14장) 내가 이러한 경험적인 사실들을 기술하는 데 매우 조심했음에도, '자기실현'이라는 개념이 이러한 결점을 가지고 있는 것으로 나타났다.

'자기(self)'라는 말은 사람들을 서로 분리시키는 것처럼 보인다. 그래서 내가 이 개념을 재정의하고 아무리 경험적으로 기술한다 해도, '자기'를 '이기적' 및 완전한 자율성과 동일시하는 언어적인 습관 앞에서는 아무런 소용이 없다. 내가 자기실현하는 사람들의 특성을 경험적으로 기술했을 때, 몇몇 똑똑하고 유능한 심리학자들이 그러한 특성을 내가 발견한 것이 아니라 내 멋대로 만들어낸 것처럼 여기는 것을 보고는 경악을 금치 못했다.

내게 '완전한 인간성'이라는 개념은 이러한 몇 가지 오해를 피할 수 있는 것으로 보인다. 또한 '인간성의 감소나 위축'이라는 개념은 '병리', 심지어 신경증, 정신증 그리고 정신병이라는 용어를 대신할 수 있는 더 훌륭한 용어다. 이러한 개념은 직접적인 심리 치료는 아니더라도 적어도 전반적인 심리적·사회적 이론을 구축하는 데는 유용하다.

내가 이 책에서 사용한 '존재(Being)' 및 '발달(Becoming)'*이라는 개념이 앞의 두 개념에 비해 더욱 훌륭함에도, 이 개념이 공통 용어가 될 만큼 폭넓게 사용되지 못하고 있는 것은 아쉬운 부분이다. 앞으로 살펴보겠지만, 존재의 심리학(Being-psychology)은 발달 심리학(Becoming-psychology) 및 결핍 심리학(Deficiency-psychology)과는 매우 다르다. 확신하건대 나는 심리학자들이 B-심리학과 D-심리학을, 가령 완전함과 불완전함을, 이상적인 것과 현실적인 것을, 초월적인 것과 현존하는 것을, 영속적인 것과 일시적인 것을 그리고 목적 심리학과 수단 심리학을 통합시키는 방향으로 나아가야 한다고 생각한다.

이 책은 1954년에 발행한 《동기와 성격》의 후속 작품이다. 이 책은 앞의 책과 거의 동일한 방식, 즉 더 큰 이론적 틀에 있는 작은 부분들을 한 번에 하나씩 다루는 방식으로 이루어져 있다. 이 책은 앞으로 해야 할 일, 즉 인간 본성에 관한 깊이와 높이를 모두 포함한 포

---

* 이 책에서는 Being을 존재로, Becoming을 발달로 번역했다. 여기서의 발달이라는 용어는 변화의 의미를 강하게 가지고 있지만, 발전이나 진보라는 의미도 어느 정도 지니고 있다. 이 책에서는 대부분 존재와 발달이라는 용어를 쌍을 지어 사용하면서 대비하고 있다. 그러므로 존재와 발달이라는 용어가 원어 표기 없이 나오면, 이것이 Being과 Becoming의 번역어라고 이해하면 무리가 없을 것이다. 심리학계에서는 development 역시 발달로 번역하는데, 이때의 발달은 거의 전적으로 변화를 의미한다는 데 오늘날의 발달 심리학자들 대부분이 동의한다.

괄적이고, 체계적이며, 경험에 기초한 보편적인 심리학과 철학을 구축하는 첫 번째 작업이다. 마지막 장에서는 이러한 것들과 관련해 앞으로의 방향을 어느 정도 제시함에 따라 일종의 다리 역할을 하고 있다. 이 책은 '건강과 성장 심리학'을 정신병리학의 전체적인 역동을 다루고 있는 정신분석과 통합하려는, 즉 존재와 발달을, 선한 것과 악한 것을, 긍정적인 것과 부정적인 것을 통합하려는 최초의 시도이다. 다시 말해, 일반적인 정신분석학의 토대와 실험 심리학의 과학적이고 실증적인 토대 위에서, 이 두 시스템이 결여하고 있는 초월적이고, B-심리적이며, 상위 동기적인 거대한 구조를 구축함으로써, 이 둘의 한계를 뛰어넘고자 노력한 결실이 바로 이 책이다.

하지만 이러한 두 가지 포괄적인 심리학에 대해 내가 양가적인 감정, 즉 존경하는 마음과 부정적인 마음을 동시에 지니고 있다는 사실을 다른 사람들에게 설명하기가 힘들었다. 그래서 많은 사람들은 친프로이트 학파와 안티프로이트 학파, 친과학 심리학과 안티과학 심리학 중에서 어느 한쪽을 선택하도록 요구하고 있다. 나는 이러한 모든 당파적 입장이 어리석다고 생각한다. 이러한 다양한 진실들을 하나의 통합된 진실로 만드는 것이 우리의 과제이며, 우리가 최선을 다해 해야 할 일이다.

우리가 진실을 알고 있다고 확신할 수 있는 궁극적인 방법이 (폭넓은 의미에서) 과학적 방법이라는 사실이 나에게는 너무나 분명했다. 그러나 또한 우리는 과학을 이분법적으로 너무나 쉽게 친과학 대 안티과학으로 나눈다. 이 점에 대해서는 이미 97년판 1, 2, 3장에서 언급했다. 나는 거기서 19세기 정통 과학주의에 대해 비판했다. 나는 이번에도 이 일을 계속해서, 과학이 새롭고, 개인적이며, 경험적인 심리학(104)으로서 과업을 수행할 수 있도록 과학적 방법 및 과학의 영역을 확장하고자 한다.

지금까지의 일반적이고 정통적인 입장의 과학이 이런 과업을 해내기에는 매우 부적합하다. 그러나 나는 과학이 이러한 정통적인 방법에만 스스로를 국한할 필요가 없다고 확신한다. 시인, 예언자, 성직자, 극작가, 예술가, 외교관 등 '과학자가 아닌 사람들'에게 사랑, 창의성, 가치, 미, 상상력, 윤리와 기쁨 등과 같은 모든 문제를 떠넘긴 채, 포기할 이유가 없다. 이러한 사람들은 훌륭한 통찰력을 가지고 있을 수 있고, 논의할 필요가 있는 질문들을 논의할 수도 있으며, 매력적인 가설들을 만들어낼 수도 있고, 심지어 대부분의 경우 그들의 주장이 옳고 맞을 수 있다. 하지만 이들은 아무리 그들 자신이 확신한다 하더라도, 전체 인류를 확신시킬 수는 없다. 이들은 이미 자신들과 의견이 같은 사람들 그리고 그 외의 몇 명만을 납득시킬 수 있을 뿐이다. 과학만이 진실을 탐탁지 않게 여기는 사람들에게 진실을 보여줄 수 있는 유일한 방법이다. 과학만이 보는 것과 믿는 것에서 개인들이 보이는 성격적 차이를 극복할 수 있다. 과학만이 발전할 수 있다.

하지만 과학이 이제 막다른 골목에 다다른 것도 사실이고, (몇몇 형태의 과학은) 인류를, 적어도 인류의 가장 숭고하고 고귀한 성질을 위협하고 위험에 처하도록 만든다고 볼 수 있다. 대다수의 예민한 사람, 특히 예술가들은 과학이 새로운 것을 창조하기보다는 기존에 있는 것을 말살하여 인간의 명예와 인격을 더럽히고 떨어뜨리며, 사람들을 통합하기보다는 분열시킨다고 생각한다.

나는 과학이 반드시 이렇다고는 생각하지 않는다. 인간성을 긍정적으로 실현하도록 하기 위해 과학이 해야 할 일은 과학의 본질, 목표 및 방법을 더욱 확장하고 심화하는 것뿐이다.

이 책을 비롯해 기존에 내가 쓴 책 속에 배어 있는 다소 문학적이고 철학적인 어투가 과학에 대한 이러한 나의 신조와 부합하지 않는다고 생각하지 않기를 바란다. 어쨌든, 나는 그렇게 생각하지 않는다. 하나의 일반 이론을 전반적으로 소개하기 위해서는 이러한 식의 논술이 적어도 당분간은 필요하다. 또한 이러한 식의 어투를 사용하게 된 이유 중 하나는 이 책의 거의 모든 장(chapter)들을 처음에는 강의용으로 준비했기 때문이다.

이전에 쓴 책과 마찬가지로, 이 책은 예비 연구, 잡다한 증거들, 개인적 관찰, 이론적 추론 및 전적으로 예감에 기초한 단언적인 주장들로 가득하다. 이러한 주장들을 일반적인 논조로 기술했기 때문에, 이들의 옳고 그름을 증명해볼 수 있다. 즉 이들은 궁극적인 신념이라기보다는 검증할 수 있는 가설이다. 또한 이러한 주장들은 적절히 서로 연관되어 있는데, 가령 이들의 옳고 그름은 심리학의 다른 분야에서도 중요하다. 이러한 주장들은 매우 중요하기 때문에 이에 대한 연구가 이루어져야 하며, 나는 그럴 것이라고 기대한다. 이러한 이유들 때문에, 나는 이 책이 설교나 개인적 철학 혹은 문학의 영역이 아니라 과학 혹은 예측의 영역에 속한다고 생각한다.

오늘날 심리학에서 나타나는 지적 동향을 언급하는 것은 이 책을 적절하게 자리매김하는 데 도움이 될 것이다. 인간 본성에 관한 포괄적 이론으로, 최근까지 심리학에서 가장 큰 영향력을 행사한 두 가지 이론은 프로이트적 관점과 실험적·실증주의적·행동주의적 관점이다. 이외의 이론들은 그에 비해 덜 포괄적이며, 지지하는 사람들도 소수 집단에 불과했다. 하지만 최근 몇 년, 이러한 소수 집단들이 인간 본성에 대해 한층 더 포괄적인 제3의 이론, 이른바 '제3세력(Third Force)' 속으로 급속도로 스며들고 있다. 이 집단들은 아들러(Adler) 학파, 랭크(Rank) 학파, 융 학파와 함께 신프로이트 학파(혹은 신아들러 학파), 후기 프로이트 학파(탈무드 심리학을 이어받은 마르쿠제(Marcuse), 윌리스(Wheelis), 마르모르(Marmor), 스자츠, 브라운(N. Brown), 린드(H. Lynd), 샥텔(Schachtel)과 같은 학자뿐만 아니라 정신분석적 자아 심리학자들)를 아우르고 있다. 더군다나 쿠르트 골트슈타인의 유기체적(organismic) 심리학의 영향력도 점차 증가하고 있다. 또한 게슈탈트 치료, 게슈탈트 및 레빈 학파의 심리학자들, 보편적 의미론자들 그리고 고든 올포트(Gordon Allport, 1897~1967), 머피(Murphy), 모레노(Moreno), 머레이(Murray) 같은 성격 심리학자들의 영향력도 꾸준히 증가하고 있다. 실존주의 심리학과 심리 치료 또한 새로우면서도 강력한 영향력을 행사하고 있다. 그 밖의 주요 학자들을 자기 심리학자(Self-psychologists), 현상학적 심리학자, 성장 심리학자, 로저스 학파 심리학자, 인본주의 심리학자 등등으로 묶을 수 있다.

모든 사람을 다 열거하기는 불가능하다. 이들을 묶는 좀더 단순한 방법은 비교적 새로운 연구들을 자주 출판하는 5개 학술지를 이용하는 것이다. 이러한 잡지는 《개인심리학술지(Journal of Individual Psychology)》(University of Vermont, Burlington, Vt.), 《미국정신분석학술지(American Journal of Psychoanalysis)》(220 W. 98th St., New York 25, N. Y.),《실존주의 심리 치료 학술지(Journal of Existential Psychiatry)》(679 N. Michigan, Ave., Chicago 11, Ill.),《실존주의 심리학 및 심리 치료 논평(Review of Existential Psychology and Psychiatry)》(Duquesne University, Pittsburgh, Pa.) 그리고 가장 최근에 만들어진《인본주의 심리학술지》(2637 Marshall Drive, Palo Alto, Calif.)이다. 또한《마나(Manas)》(P. O. Box 32, 112, El Sereno Station, Los Angeles 32, Calif.)라는 학술지는 이러한 견해를 일반 지식인들의 개인적·사회적 철학에 적용하고 있다. 이 책 맨 끝에 있는 참고문헌은 이러한 단체들이 쓴 모든 문헌은 아니지만 상당히 많은 부분을 포함하고 있다. 이 책은 이러한 사상적 흐름 속에 놓여 있다.

감사의 글

나는《동기와 성격》머리말에서 이미 언급한 감사의 글을 여기서 되풀이하지는 않을 것이며, 다만 아래 글을 첨가하고자 한다.

나는 정말 운 좋게도 학과 내에서 훌륭한 동료 교수들과 함께 일할 수 있었다. 유게니아 한프만(Eugenia Hanfmann), 리처드 헬드(Richard Held), 리처드 존스(Richard Jones), 제임스 클레(James Klee), 리카르도 모랑(Ricardo Morant), 울릭 나이서(Ulric Neisser), 해리 랜드(Harry Rand) 그리고 월터 토만(Walter Toman) 모두 이 책을 쓰는 데 도움을 준 사람으로, 이들은 이 책에서 다루는 여러 주제에 대해서 피드백을 주고 토론을 해주었다. 나는 여기서 이들에 대한 애정과 존경 그리고 이들이 베풀어준 도움에 대한 감사의 마음을 전하고 싶다.

나는 브랜다이스 대학 역사학과에 재직하고 있는 프랭크 마누엘(Frank Manuel) 박사와 10년간 지속적으로 토론할 수 있는 특권을 누렸다. 그는 학식이 깊고, 생각이 반짝이고, 회의적인 자세를 지닌 동료이다. 나는 이분과 우정을 향유했을 뿐 아니라, 이분에게서 많은 것을 배웠다.

나의 또 다른 친구이면서 동료인 해리 랜드 박사와도 이와 비슷한 관계를 맺어왔는데, 그는 정신분석가로 현장에서 일하고 있다. 우리는 지난 10년간 프로이트 이론이 갖는 더 깊은 의미를 지속적으로 함께 탐구해왔으며, 이러한 공동의 노력이 가져온 결과물을 이미 출판했다.(103) 마누엘 박사나 랜드 박사 어느 누구도 개인적으로는 나의 전반적인 견해에 동의하지 않는다. 정신분석가인 월터 토만도 마찬가지인데, 나는 그와 함께 많은 토론과 논쟁을 벌였다. 아마도 바로 이러한 이유들 때문에, 내가 나 자신의 결론을 가다듬는 데 그들이 도움을 주었을 게다.

리카르도 모랑 박사와 나는 세미나와 실험을 함께 했으며 다수의 글도 같이 썼다. 그 덕분에, 나는 주류 실험 심리학에 좀더 가깝게 남아 있을 수 있었다. 특히 3, 6장은 특히 제임스 클레 박사의 도움을 많이 받았다.

우리 학교 심리학과 대학원 콜로키엄에서 이분들 및 다른 동료들 그리고 우리 대학원생들과 함께 벌인 날카롭지만 우호적인 토론은 지속적으로 도움이 되었다. 또한 나는 브랜다이스의 교수들 및 직원들과 매일 공식 혹은 비공식적으로 접촉하면서 많은 것을 배웠는데, 학식 있고, 세련되고, 논쟁적인 그 어느 지식인 집단에 견주어도 이들은 결코 뒤지지 않는다.

나는 엠아이티(MIT)가 주관한 가치 심포지엄(Values Symposium)에 참가하여 동료들, 특히 프랭크 보우디치(Frank Bowditch), 로버트 하트만(Robert Hartman), 교지 케페스(Gyorgy Kepes), 도로시 리(Dorothy Lee), 월터 와이스코프(Walter Weisskopf)에게 많은 것을 배웠다. 애드리언 반 캄(Adrian Van Kaam), 롤로 매이(Rollo May)와 제임스 클레는 나에게 실존주의에 관한 문헌을 소개해주었다. 프랜시스 윌슨 슈바르츠(Frances Wilson Schwartz, 179, 180)는 창조적인 예술 교육 및 이것이 성장 심리학에 대하여 갖는 많은 함의들을 처음으로 나에게 가르쳐주었다. 올더스 헉슬리(Aldous Huxley, 68a)는 종교 심리학과 신비주의 심리학을 좀더 진지하게 생각해볼 필요가 있다고 나를 처음으로 설득한 사람 중 하나다. 펠릭스 도이치(Felix Deutsch)는 내가 정신분석학을 직접 체험하여 내면 깊숙이 배울 수 있게 도움을 주었다. 학문적으로 쿠르트 골트슈타인에게 진 빚이 너무나 커서, 나는 이 책을 그에게 바친다.

나는 이 책의 많은 부분을 안식년 동안에 집필했는데, 우리 대학의 현명한 행정 정책에 감사한다. 또한 집필하던 그해 재정적인 문제에 대해서 걱정하지 않도록 연구비를 제공해준 엘라 라이먼 캐벗 재단(Ella Lyman Cabot Trust)에도 감사를 표하고 싶다. 학기 중에 부단한 이론적 작업을 하기란 보통 어려운 일이 아니다.

버나 콜렛(Verna Collette)은 원고를 거의 다 타이핑해주었다. 그녀가 준 많은 도움, 그리고 그녀의 인내심과 성실성에 매우 감사하며 여기서 그 고마움을 표하고 싶다. 또한 비서직을 담당해준 그웬 훼이

틀리(Gwen Whately), 로래인 카우프만(Loarraine Kaufman)과 샌디 매이저(Sandy Mazer)에게 감사한다.

1장은 쿠퍼 유니온(Cooper Union, New York City, 1954. 10. 18)에서 한 강의의 일부를 수정한 것이다. 이 강의의 전체 내용은《자기(self)》(Clark Moustakas ed., Harper & Bros., 1956)에 실렸으며, 출판사의 허락 하에 여기에 사용했다. 또한 이 강의 내용은 콜맨(J. Coleman), 리바우(F. Libaw)와 마틴슨(W. Martinson)의《성공적 대학 생활(Success in College)》(Scott, Foresman, 1961)에 다시 실렸다.

2장은 1959년 미국심리학회 총회에서 열린 실존주의 심리학 심포지엄(Symposium on Existential Psychology)에서 발표한 논문을 수정한 것이다. 이 논문은《실존주의 탐구(Existentialist Inquiries)》(1960, 1, 1~5)에 처음으로 수록되었으며, 편집자의 허락 하에 여기에 사용했다. 그 이후, 롤로 매이가 편집한《실존주의 심리학(Existential Psychology)》(Random House, 1961)에 그리고《종교 탐구(Religious Inquiry)》(1960, 28, 4~7)에 다시 실렸다.

3장은 네브래스카 대학 동기 심포지엄에서 한 강의(1955. 1. 13)를 압축한 것으로,《네브래스카 동기 심포지엄(Nebraska Symposium on Motivation)》(M. R. Jones ed., University of Nebraska Press, 1955)에 수록되었다. 이 논문은 출판사의 허락 하에 여기에 사용했다. 이것은 또한《의미론 일반 회보(General Semantics Bulletin)》(1956, 18&19, 32~42)에, 그리고 콜맨의《성격의 역학과 효율적 행동(Personality Dynamics and Effective Behavior)》(Scott, Foresman, 1960)에 다시 수록되었다.

4장은 본래 메릴-팔머 대학 성장학술대회(Merrill-Palmer School

Conference on Growth, 1956. 5. 10)에서 한 강의 내용이다. 이것은 《메릴-팔머 계간지(Merrill-Palmer Quarterly)》(1956. 3. 36~47)에 수록되었으며, 편집자의 허락을 받아서 여기에 사용했다.

5장은 터프츠 대학에서 한 강의의 후반부를 수정한 것으로, 1963년 《일반심리학술지(The Journal of General Psychology)》에 실렸다. 이 논문은 편집자의 허락 하에 여기에 사용했다. 그 강의의 전반부는 지식에 대한 선천적 욕구가 있다는 가정을 정당화할 수 있는 이용 가능한 모든 증거들을 요약하고 있다.

6장은 미국심리학회 내 성격 및 사회 심리학 분과 회장으로서 한 연설(1956. 9. 1)을 수정한 것이다. 이것은 《유전심리학술지(Journal of Genetic Psychology)》(1959. 94. 43~66)에 수록되었으며, 편집자의 허락 하에 여기에 사용했다. 이것은 《국제초심리학술지(International Journal of Parapsychology)》(1960. 2. 23~54)에 다시 수록되었다.

7장은 정신분석발전학회(Association for the Advancement of Psychoanalysis)가 주관한 캐런 호니 기념 정체성과 소외에 관한 모임(Karen Horney Memorial Meeting on Identity and Alienation, New York City, 1960. 10. 5)에서 처음으로 강의한 내용을 수정한 것이다. 이것은 《미국정신분석학술지》(1961. 21. 254)에 수록되었다. 이 논문은 편집자의 허락 하에 여기에 사용했다.

8장은 쿠르트 골트슈타인을 기리기 위해서 《개인심리학술지》(1959. 15. 24~32)에 처음으로 수록되었다. 이 논문은 편집자의 허락 하에 여기에 다시 실었다.

9장은 하인츠 워너(Heinz Werner)를 기념하기 위해 에세이들을 모아 묶은 《심리학 이론에 대한 전망(Perspectives on Psychological Theory)》 (Kaplan과 S. Wapner ed., International University Press, 1960)에 처음으로 수록된 논문의 수정본이다. 이 논문은 편집자와 출판사의 허락 하에 여기에 사용했다.

10장은 창의력에 대한 일련의 강의 중 하나로 미시간 주립대학(Michigan State University, East Lansing, Michigan, 1959. 2. 28)에서 한 강의를 수정한 것이다. 이러한 일련의 강의들은 《창의력과 그 계발(Creativity and Its Cultivation)》(H. H. Anderson ed., Harper & Bros., 1959)이라는 제목으로 수록되었다. 이 논문은 편집자와 출판사의 허락 하에 여기에 사용했다. 또한 이 논문은 《전자-기계 설계(Electro-Mechanical Design)》(1959, Jan. & Aug.) 그리고 《의미론 일반 회보(General Semantics Bulletin)》(1959~60, 23&24, 45~50)에 다시 실렸다.

11장은 인간 가치에 대한 새로운 지식학술대회(Conference on New Knowledge in Human Values, MIT, Cambridge, Mass., 1957. 10. 4)에서 한 강의를 수정하고 확장한 것이다. 이것은 《인간의 가치에 대한 새로운 지식(New Knowledge in Human Values)》(A. H. Maslow ed., Harper &Bros., 1958)에 수록되었으며, 출판사의 허락 하에 여기에 사용했다.

12장은 정신분석학회(Academy of Psychoanalysis)가 주관한 가치 심포지엄(Symposium on Values, New York City, 1960. 12. 10)에서 강의한 내용을 수정하고 확장한 것이다.

13장은 동부심리학회(Eastern Psychological Association)가 주관한 긍정적 정신 건강에 관한 연구가 갖는 함의에 대한 심포지엄(Symposium on Research Implications of Positive Mental Health, 1960. 4. 15)에서 한 강의

내용이다. 이것은 《인본주의 심리학술지》(1961, 1, 1~7)에 수록되었으며, 편집자의 허락 하에 여기에 사용했다.

14장은 《1962년 지도 및 교과 과정 개발학회 연보(1962 Yearbook of the Association for Supervision and Curriculum Development(ASCD))》(A. Combs ed., NEA, Washington D.C., 4장, pp. 34~39)에 싣기 위해 1958년에 쓴 논문 〈지각하기, 행동하기, 발달하기 : 교육의 새로운 목표(Perceiving, Behaving, Becoming : A New Focus for Education)〉를 수정하고 확장한 것이다. 이 논문에 대한 저작권은 ASCD가 가지고 있으며, 허락 하에 여기에 사용했다. 부분적으로, 이러한 발의는 이 책과 이전 나의 책(97) 전체에 대한 요약이다. 또한 부분적으로 이러한 발의는 미래에 대한 하나의 기획된 추론이다.

제1부

심리학 영역의 확장

A Larger Jurisdiction for Psychology

제1장

서론 **건강 심리학**

이 장은 1954년 10월 18일 뉴욕 시 쿠퍼 유니온에서 한 강의의 일부분을 수정한 것이다.

오늘날 인간의 질병과 건강에 대한 새로운 관점이 수평선 너머로 떠오르고 있다. 나는 그러한 심리학이 매우 황홀하고 경이로운 가능성으로 가득 차 있다는 것을 알게 되었다. 그래서 아직 그러한 관점이 검증과 입증을 거친 신뢰할 만한 과학적 지식이라고 말할 수 있는 단계는 아니더라도, 그것을 공개적으로 발표하고 싶은 유혹을 뿌리칠 수가 없다.

이러한 관점에서의 기본적인 가정은 다음과 같다.
1) 우리 각자는 근본적으로 생물학적 특성에 기초한 내적 본성을 지니고 있다. 이러한 본성은 어느 정도 '자연적이고', 내재적이며, 주어진 것으로, 제한적인 의미에서 볼 때 변화될 수도 없고 변화하지도 않는 것들이다.
2) 각 개인의 내적 본성은 부분적으로는 개인마다 다르고, 부분적으로는 종 전체에 보편적이다.
3) 이러한 내적 본성을 과학적으로 연구해서 그것을 (만들어내는 것이 아니라) 밝히는 것이 가능하다.
4) 우리가 지금까지 알고 있는 한, 이러한 내적 본성은 본질적으로, 기본적으로 혹은 반드시 나쁜 것은 아닌 것 같다. 기본적인 욕구(즉 생명 유지, 안전과 안심, 소속감과 애정, 존중과 자기 존중, 자기실현을 위한 욕구), 인간의 기본적인 정서와 능력은 표면상 도덕

적 판단의 대상이 아닌 중립적이거나 혹은 긍정적인 의미로 '좋은' 것이다. 지금까지는 파괴적 성향, 가학성, 잔인성, 악의 등을 생득적인 것이라기보다는 우리의 내재적 욕구, 정서 그리고 능력의 좌절에 대한 폭력적인 반응으로 보아온 것 같다. 분노 그 자체가 악한 것이 아니다. 두려움, 게으름, 심지어 무지도 마찬가지다. 물론, 이런 것들이 악한 행동으로 나타날 수도 있지만, 그렇다고 그 자체가 나쁠 필요는 없다. 이러한 악한 행동이 반드시 나타나도록 구조적으로 내재되어 있는 것도 아니다. 인간의 본성은 지금까지 생각해왔던 것만큼 그렇게 나쁘지만도 않다. 오히려 인간 본성의 가능성들이 관습적으로 경시되어왔다고 볼 수 있다.

5) 이러한 내적 본성은 나쁘다기보다는 중립적이거나 좋은 것이기 때문에, 그것을 억압하기보다는 표현하고 장려하는 것이 최선이다. 내적 본성이 우리 삶을 인도하도록 허용한다면, 우리는 더욱 건강하고, 활기차고, 행복하게 자랄 수 있다.

6) 이러한 인간의 본질적인 핵심을 거부하거나 억압하는 사람인 경우, 때로는 분명한 방식으로, 때로는 미묘한 방식으로, 때로는 즉시, 때로는 시간이 흐른 후에 질병에 걸리게 된다.

7) 이러한 내적 본성은 동물의 본능만큼 강하거나, 압도적이거나 혹은 분명하게 나타나거나 하지는 않는다. 인간의 내적 본성은 약하고, 여리고, 미묘하며, 습관, 문화적 압력, 그리고 그것에 대한 잘못된 태도들에 의해 압도당한다.

8) 비록 약하기는 하지만, 이러한 내적 본성은 정상적인 사람, 심

지어 아픈 사람에게서조차 없어지지 않는다. 아무리 거부한다 해도, 인간의 내적 본성은 내면 깊이 존재하면서 겉으로 나오고자 한다.

9) 어떤 방식으로든, 인간 본성에 대한 이러한 결론들은 훈육, 박탈, 좌절, 고통, 그리고 비극의 필요성을 분명히 해야 한다. 이러한 경험들이 우리의 내적 본성을 드러내고, 육성하고, 만족시키는 정도만큼, 바로 그만큼 이러한 경험들은 바람직하다. 이러한 경험들은 성취감이나 자아 강도(ego strength)와 관련이 있기 때문에, 건전한 자기 존중감 및 자기 확신감과 관련된다. 스스로 극복하지 못하거나 견뎌내지 못하는 사람은 자신이 할 수 있는지에 대해서 의심을 하게 된다. 이것은 비단 외적인 위험에만 해당되는 것은 아니다. 이것은 자신의 충동을 억제하고 지연시킴으로써 그러한 충동을 두려워하지 않는 능력에도 적용된다.

이러한 가정들이 사실로 밝혀질 경우, 과학적 윤리학, 당위적 가치체계, 옳고 그름 및 선과 악의 판단을 위한 궁극적 판단체계를 세우는 것이 가능하다. 우리가 인간의 천부적 성향을 더 많이 알면 알수록, 어떻게 해야 착하고, 행복하고, 보람을 느끼고, 자기 자신을 존중하고, 사랑하고, 자신의 가능성을 최대한 발휘할 수 있는지를 사람들에게 더 쉽게 알려줄 수 있다. 이는 미래에 많은 사람들이 직면하게 될 성격 장애를 자연적으로 해결해주는 것이다. 우리가 해야 할 일은 인간이라는 종의 한 구성원으로서뿐 아니라 독특한 개인으로서 사람들이 지니고 있는 진정한 내면의 모습을 아는 것이다.

자기실현하는 사람에 대한 연구를 통해 우리의 실수, 단점 그리고 성장해나가야 할 적합한 방향을 알 수 있다. 우리 시대를 제외한 나머지 모든 시대에는 각자의 모형 및 이상형이 있었다. 우리 시대의 문화는 이러한 모든 것을 포기했다. 성인, 영웅, 신사, 기사, 신비주의자. 우리가 남겨놓은 거의 모든 것은 그저 문제없이 적응 잘하는 사람으로, 이전 시대의 이상형에 대한 파리하고 의심스러운 대체물이다. 아마도 우리는 곧 완전히 성장하고 자기실현하는 인간을 우리의 본보기로 삼을 수 있게 될 것이다. 이러한 유형의 인간은 자신의 잠재력을 최대한 계발하고, 자신의 내적인 본성을 왜곡하거나 억압하거나 거부하지 않으면서 자유롭게 표현하는 사람이다.

우리 각자가 분명하고 통렬하게 인식해야 할 점은 인간의 덕성을 저버리는 모든 행동, 자신의 본성을 거스르는 모든 범죄와 모든 악한 행동이 예외 없이 우리의 무의식에 입력되어 우리 스스로를 경멸하도록 만든다는 것이다. 캐런 호니(Karen Horney)는 이러한 무의식적 지각과 기억을 기술할 수 있는 적절한 단어를 제시했다. 그녀는 그것을 '등록한다(register)'라고 말했다. 무의식은 우리가 부끄러운 일을 할 때 우리의 불명예를 '등록하고', 우리가 정직하거나 훌륭한 혹은 선한 일을 할 때 우리의 명예를 '등록한다'. 이것의 최종 결과는 궁극적으로 둘 중 하나다. 우리가 우리 자신을 존경하고 수용하거나 혹은 우리 자신을 멸시하고, 비열하고, 무가치하고, 사랑스럽지 못하다고 느끼는 것이다. 신학자들은 한때 '태만'이라는 단어를 사용해서, 할 수 있는 일을 평생 동안 하지 않아서 범하는 죄를 설명했다.

이러한 관점이 프로이트 학파의 관점을 부정하는 것은 결코 아니다. 대신에 프로이트의 관점을 보충하고 덧붙이는 것이다. 좀 심하게 단순화해보면, 프로이트가 마치 인간 심리의 병든 한쪽만 보여준 것처럼 보이기 때문에, 우리가 이제 나머지 한쪽을 건강한 부분으로 채워야 한다. 아마도 이러한 건강 심리학은 우리에게 자기 삶을 통제하고 발전시킬 수 있는 그리고 더 선한 사람이 될 수 있는 가능성을 더욱더 많이 제공해줄 것이다. 이러한 심리학은 "어떻게 하면 질병에 걸리지 않을까"를 묻는 것보다 더 생산적일 수 있다.

우리는 어떻게 자유로운 발달을 장려할 수 있을까? 그것을 위한 최상의 교육 조건은 무엇일까? 성적(sexual)으로? 경제적으로? 정치적으로? 자유롭게 발달하는 사람들이 성장할 수 있으려면 어떤 세상이 필요할까? 그러한 사람들은 어떤 세상을 만들 것인가? 병든 사람은 병든 문화에서 만들어진다. 건강한 사람들은 건강한 문화에서 만들어진다. 그러나 병든 사람이 자신의 문화를 더욱 병들게 하고, 건강한 사람이 자신의 문화를 더욱 건강하게 만드는 것 또한 사실이다. 달리 표현하면, 개인적 성장을 장려하는 것이 가장 가능성 있는 방법이다. 신경증적 증상을 치료하려면 외부 도움이 필수적이다. 자기 자신의 강박적 행동과 강박적 관념을 스스로 치료하려고 노력하는 것은 매우 어렵다. 가령 스스로 더 정직한 사람이 되기 위해 의도적으로 노력하는 것이 상대적으로 용이하다.

고전적인 접근에서는 성격 장애를 부정적인 의미에서 문제라고 생각한다. 경쟁심, 갈등, 죄의식, 악심, 불안, 우울, 좌절, 긴장, 수치심, 자기 처벌, 열등감이나 무가치함… 이 모든 것은 심리적 고통을 일으키고, 효율적인 수행을 방해하며, 통제 불가능하다. 따라서 사람들은 이러한 것들을 병리적이고 바람직하지 않기 때문에 가능한 한 빨리 치료해서 없애야 할 것으로 생각한다.

에리히 프롬(Erich Fromm)은 매우 중요한 자신의 책에서(50) 초자아에 대한 전통적인 프로이트 학파의 개념을 공격했다. 그 이유는 이 개념이 전적으로 독단적이고 상대적이기 때문이다. 즉 어머니와 아버지가 어떤 사람이든 간에, 우리의 초자아 혹은 양심은 기본적으로 그들의 소망, 욕구, 이상을 내면화한 것이라고 프로이트는 가정했다. 하지만 우리의 부모가 범죄자라면? 그때 우리는 어떤 종류의 양심을 지니게 될까? 아니면 아버지가 유쾌하지 않으면서 도덕적으로 완고하다면? 혹은 정신병자라면?

양심은 존재한다. 그런 면에서 프로이트는 옳았다. 우리는 대개 성장해서 읽은 주일학교 책보다는 어렸을 때 보았던 인물을 통해 우리의 이상형을 찾게 된다. 하지만 양심에는 또 다른 요소 혹은 또 다른 종류가 있고, 강하든 약하든 간에 우리는 모두 이것을 가지고 있다. 그것은 '내재적 양심'이다. 이러한 양심은 우리 자신의 본성, 운명, 능력, 소명에 대한 무의식적이고 전의식적(preconscious)*인 지각에 기초하고 있다. 이런 양심은 우리에게 자신의 내적 본성에 충실하고, 나약함, 이익 혹은 다른 이유로 이 양심을 거부하지 말라고 강력

---

* 프로이트의 지형학적 이론에서 말하는 정신체계(의식, 무의식, 전의식) 가운데 하나이다. 전의식의 내용은 의식에 쉽게 접근할 수 있고, 단지 일시적으로만 무의식 상태가 된다는 특성이 있다.

히 주장한다.

자신의 재능을 기만하는 사람, 그림을 그리지 않고 스타킹을 팔고 있는 천부적인 화가, 어리석은 삶을 사는 지적인 사람, 진실을 보고도 입을 닫고 있는 사람, 남자다움을 포기한 겁쟁이, 이런 모든 사람은 자기 자신에게 잘못하고 있고, 그 때문에 자신을 경멸하고 있다는 것을 자신의 내면은 알고 있다. 이러한 자기 처벌로 신경증이 생길 수는 있지만, 마찬가지로 그 후에 올바른 일을 하면 새로운 용기, 정의로운 의분, 자기 존중감의 증가 또한 나타날 수 있다.

본질적으로, 적어도 표면적 증상이 관여되는 한, 나는 질병과 건강에 대한 오늘날의 손쉬운 구분을 의도적으로 거부하고 있다. 질병이란 어떤 증상을 의미하는가? 질병은 때로 증상을 보이지 않을 수도 있다. 건강하다는 것은 증상이 없다는 의미인가? 나는 이 점에 동의하지 않는다. 아우슈비츠와 다하우* 중 어느 쪽 나치들이 건강했는가? 고민하는 양심을 가진 사람들인가 아니면 유쾌하고, 맑고, 행복한 양심을 가진 사람들인가? 매우 인간적인 사람이 갈등, 괴로움, 우울, 분노 등을 느끼지 않는 것이 가능했을까?

---

* 아우슈비츠는 폴란드 남부에 있는 도시로 제2차 세계대전 중 유대인 강제수용소가 있던 곳으로 유명하다. 1940년 나치친위대(SS)가 이곳에 강제수용소를 세우고, 1941년 히틀러의 명령으로 이를 대량 살해 시설로 확대했다. 이후 1945년 1월까지 폴란드인·러시아인과 전 유럽의 유대인·집시 등 250~400만 명이 살해되었다.

다하우 수용소는 1933년 3월 10일 나치가 독일에 만든 최초의 집단수용소로 의학 실험에 사용하기 위해 최초로 실험실을 세운 곳이기도 하다. 제2차 세계대전 동안 약 150개에 달하는 지부 수용소가 남부 독일과 오스트리아 여러 곳에 세워졌고, 이들을 본부 수용소와 합쳐 다하우라 불렀다.

한마디로, 성격 장애가 있는 사람이라 할지라도 그 사람을 잘 알기 전까지는 그것이 좋은 것인지 아니면 유감스러운 것인지 알 수 없다. 그것은 그러한 행동이 나타나는 이유에 달려 있다. 그런 이유들이 나쁜 이유일 수도 있고 좋은 이유일 수도 있다.

한 예로, 인기, 적응, 심지어 비행(非行)에 대한 심리학자의 태도가 변하고 있다. 누구에게 인기가 있다는 것인가? 한 젊은이가 근처 속물들이나 유흥업소 패거리들에게 인기가 없는 것은 좋은 것이다. 무엇에 적응한다는 것인가? 나쁜 문화에? 지배적인 부모에? 잘 적응한 노예를 어떻게 생각해야 하는가? 잘 적응한 죄수는? 심리학자들은 심지어 품행 장애* 아이조차도 이전과는 달리 관대하게 보고 있다. 그 애는 왜 비행을 저지르는가? 대부분은 병리적인 이유 때문이다. 하지만 때때로 좋은 이유 때문이기도 하고, 혹은 단순히 그 아이가 착취, 지배, 무관심, 경멸, 무시에 대해 저항하고 있는 것이기도 하다.

분명히, 무엇을 성격 장애로 명명할 것인가는 그러한 명명을 하는 사람에게 달려 있다. 노예 소유자? 독재자? 가부장적 아버지? 자신의 아내가 여전히 아이로 남아 있기를 원하는 남편? 때때로 한 사람의 성격적 문제는 누군가 이 사람의 심리적 뼈대와 내적 본성을 파괴하고자 할 때 이에 대한 강력한 저항일 수 있다. 이러한 범죄가 발생할 때는 이에 저항하지 않는 것이 병적인 것이다. 하지만 나는 유감

---

* 타인의 권리나 입장을 침해하거나, 나이에 맞게 요구되는 기준이나 규범을 깨는 행동을 반복적 혹은 지속적으로 보이는 경우를 말한다.

스럽게도 많은 사람들이 이러한 상황에서 저항하지 않는다는 인상을 받았다. 그들은 보통 이런 상황을 참고 견디는데, 이는 몇 년 후 다양한 형태의 신경증적 증상 및 심리적인 원인에 따른 신체적 증상을 가져온다. 몇몇의 경우는 자신이 병적이라는 사실, 진정한 행복, 가능성의 진정한 실현, 풍부한 정서적인 삶, 차분하고 생산적인 노후를 상실했다는 사실, 창조적이고, 미적으로 감응하고, 인생의 황홀함을 발견하는 것이 얼마나 경이로운 일인가를 자신들이 모르고 있었다는 사실을 전혀 인식하지 못한다.

바람직한 슬픔과 고통에 대한 질문 혹은 이러한 것들이 성장에 필수적인지에 대한 질문도 짚고 넘어가야 한다. 성장과 자기실현이 고통과 슬픔, 비탄, 동요 없이 가능한가? 이러한 것들이 어느 정도 필수적이고 피할 수 없는 것이라면, 어느 정도 그러한가? 인간이 성장하기 위해 때로는 고통과 슬픔이 필요하며, 마치 이러한 것들이 늘 나쁜 것인 양 자동적으로 이것들로부터 사람들을 보호하려는 짓은 하지 말아야 한다. 궁극적으로 좋은 결과가 나온다는 입장에서 볼 때, 때때로 이러한 것들은 좋고 바람직할 수 있다. 사람들이 자신의 고통을 극복할 수 있도록 허용하지 않고 그들을 그러한 고통에서 보호하기만 한다면, 이는 과잉보호가 될 수 있다. 이것은 결국 개인의 존엄성, 내적 본성, 앞으로의 발달을 존중하지 않는다는 의미이다.

제2장

실존주의자들이 심리학에 주는 교훈

이 장은 1959년도 미국심리학회 총회에서 열린 실존주의 심리학 심포지엄에서 발표한 논문을 수정한 것이다. 1940년대 후반부터 1960년대 초반까지 줄곧 지성계는 '실존주의' 혹은 때로 '현상학과 실존주의'로 알려진 다방면의 철학적 동향에 많은 관심을 가지고 있었다. 매슬로는 이러한 특별한 철학적 동향에 대하여 자신이 지적했듯이 "그 속에 심리학자들을 위한 것들이 있는가?"라는 질문에 국한해서 관심을 가지고 있었다.

이 장에서 매슬로가 두 명의 동료 심리학자인 칼 로저스(Carl Rogers, 1902~1987)와 고든 올포트를 언급하고 있다는 점을 주목할 필요가 있는데, 매슬로는 이 두 사람에게 깊은 동료애를 느끼고 있었다. 그들 또한 실존주의자들의 용어에 크게 매료되어 있었으며, 어떤 측면에서는 《존재의 심리학》과 매우 유사한 '존재/발달(being/becoming)'에 관한 책들을 출판했다.

만일 우리가 실존주의를 "그 속에 심리학자들을 위한 것들이 있는가?"라는 관점에서 연구한다면, 많은 부분이 과학적인 측면에서 (입증할 수 없기 때문에) 매우 불분명하고 이해하기 어렵다. 그러나 또한 우리는 그 속에서 많은 유익한 것들을 발견할 수 있다. 이러한 관점에서 보면, 실존주의가 '제3세력 심리학'[1] 속에 이미 나타나 있는 추세를 강조하고, 다듬고, 재발견하는 것 이상 전적으로 새로운 사실들을 보여주지는 않는다.

내가 보기에, 실존주의 심리학은 본질적으로 두 가지 점을 강조하고 있다. 첫째, 인간 본성 및 인간 본성에 대한 모든 철학과 과학의 필수 조건으로서, 정체성이라는 개념과 정체성의 경험을 매우 강조한다. 나는 이 개념을 가장 기본적인 개념으로 채택했는데, 왜냐하면 한편으로는 이 개념이 본질, 실존, 본질론 등의 개념보다 낫고, 다른 한편으로는 지금은 아니더라도 앞으로 곧 이 개념을 경험적으로 다

---

[1] '제3세력'이라는 용어는 심리학자, 철학자 및 다른 분야 학자들이 만든 자유로운 연합체를 지칭하기 위해서 매슬로가 주창한 것으로, 이들은 모두 그 당시에 지배적인 프로이트 학파와 행동주의자들의 인간 본성에 대한 견해 중에서 자신들이 보기에 편향된 점들을 거부하는 사람들이었다. 《존재의 심리학》 1판 머리말에서, 매슬로는 이러한 심리학적 '소규모 집단들'이 인간 본성에 대한 '한층 포괄적인' 대안적 이론 하에 지금(1962년) 급속도로⋯ 모이고 있다는 희망적인 열정을 표출하고 있다. 편집자 리처드 로리가 쓴 '책을 펴내면서'를 보면, 어떻게 제3세력 접근의 구성요소들 일부분(주로 매슬로 자신이 공헌한 구성요소들)이 주류 심리학 속으로 들어올 수 있었는지를 이해할 수 있다.

룰 수 있다고 보기 때문이다.

그러나 이때 미국의 심리학자들 역시 정체성 연구에 많은 관심을 보이면서 모순이 생기게 된다. (올포트, 칼 로저스(Carl Rogers), 골트슈타인, 에리히 프롬, 윌리스, 에릭슨(Erikson), 머레이, 머피, 호니, 매이 등) 미국의 심리학자들은 하이데거나 야스퍼스와 같은 독일 학자들에 비해 정체성을 더 경험적인 시각에서 연구하여 사실을 있는 그대로 보고자 했다.

둘째, 실존주의 심리학은 정체성에 대한 연구를 개념체계나 추상적 범주 혹은 전제가 아니라 경험적 지식에서 출발해야 한다는 점을 크게 강조한다. 실존주의는 현상학에 기초하고 있다. 즉 실존주의는 개인적·주관적 경험이 추상적 지식이 만들어지는 토대라고 생각한다.

하지만 모든 다양한 형태의 정신분석학자들은 말할 것도 없고 많은 심리학자들 역시 이들과 마찬가지로 정체성 연구의 출발점으로 경험적 지식을 강조했다.

1) 따라서 첫 번째 결론은 정체성 개념에서 유럽 철학자들과 미국 심리학자들이 처음에 보기보다는 더 가까이에 있다는 점이다. 우리 미국 사람들은 늘 무미건조하게 이야기를 하면서도 우리가 그렇다는 사실을 모르고 있었다. 서로 다른 나라에서 정체성에 대한 연구가 물론 부분적이지만 동시에 이루어졌다는 사실로 볼 때, 인간 내부에 존재하는 진정한 그 무엇이 있기 때문에 독자적으로 연구한 사람들이 동일한 결론에 도달했음을 알

수 있다.
2) 내가 존재한다고 믿는 이러한 진정한 그 무엇이 있기 때문에, 가치의 어떠한 근원도 인간의 외부에 존재할 수 없다. 유럽의 많은 실존주의자들은 신은 죽었다는 니체의 결론과 마르크스 또한 죽었다는 사실에 크게 반발하고 있다. 미국 사람들은 정치적 민주화와 경제적 번영 그 자체가 인간의 기본적인 가치 문제에 관한 어떠한 것도 해결해주지 못한다는 사실을 깨닫게 되었다. 가치는 오로지 자신의 내부에만 존재한다. 역설적으로 들리겠지만, 몇몇 종교적 실존주의자들조차 어느 정도는 이러한 결론에 동의할 것이다.
3) 현재 심리학이 결여하고 있는 철학적 근간을 실존주의자들이 제공해줄 수 있다는 것은 심리학자들에게는 매우 중요한 부분이다. 논리실증주의[2]는 성공하지 못했으며, 특히 임상 및 성격 심리학자들에게 그랬다. 어쨌든, 심리학자들은 근본적인 철학적 문제를 다시 제기하여 논의할 것이며, 예전에 채택한 거짓 해결책이나 무의식적이고 검증되지 않은 철학에 더는 의존하

---

[2] 직접적으로 관찰 가능한 객관적 현상으로 엄격히 정의할 수 없고, 적어도 원론적인 관점에서 경험적으로 입증할 수 없는 모든 주장, 개념, 가설을 철학적·과학적인 논의에서 제거하자는 철학적 운동이 논리실증주의다. 이는 1930년대 중반부터 1950년대 후반까지 줄곧 심리학에 많은 영향을 미쳤다. 그러나 실존주의의 경우와 마찬가지로, 논리실증주의의 영향력도 1960년대 중반부터 시들해지기 시작했다. 심리학에 대한 논리실증주의자들의 접근을 전형적으로 강력하게 주장한 글이 《심리학 회보(Psychology Bulletin)》(1939, 36, pp. 221~263)에 실린 스티븐스(S. S. Stevens)의 〈심리학: 과학 중의 과학(Psychology and the Science of Science)〉이라는 논문이다.

지는 않을 것이다.
4) (우리 미국 사람들의 입장에서 본) 유럽 실존주의의 핵심을 다르게 표현하면, 그들은 인간의 포부와 한계 사이(인간은 어떤 존재이고, 어떤 존재가 되고자 하고, 어떤 존재가 될 것인가)의 불일치로 발생하는 문제들을 철저히 다루고 있다고 할 수 있다. 이것은 처음에 보기보다 정체성의 문제와 그렇게 멀리 동떨어져 있지는 않다. 사람은 현실적 특성과 잠재적 가능성 모두를 가지고 있다.

이러한 불일치에 대한 진지한 관심이 심리학을 크게 변화시킬 것이라고 나는 믿어 의심치 않는다. 이미 다양한 문헌들이 이러한 결론을 지지하고 있는데, 가령 투사적 검사, 자기실현, (이러한 불일치를 메우는) 다양한 절정경험, 융 심리학[3], 다양한 신학자들 등등을 그 예로 들 수 있다.

뿐만 아니라, 실존주의자들은 인간 본성의 이러한 이중적 특

---

[3] 이것은 칼 구스타프 융(1875~1961)의 심리학을 일컫는다. 융의 다면적이고 때로는 파악하기 어려운 개념들을 처음으로 접하는 독자들이 시작 단계에서 매우 쉽게 접근할 수 있는 두 글이 있는데, 야페(Jaffé)가 편집한 《기억, 꿈, 성찰(Memories, Dreams, Reflections)》(New York : VintageBook, 1963, 1989) 그리고 본 프란츠(M-L. von Franz)가 편집한 《인간과 인간의 상징(Man and His Symbols)》(Garden City, NY : Doubleday, 1964)이다. 매슬로가 참고문헌에서 번호 73, 74, 75로 인용한 융의 세 편의 글도 융을 처음 읽는 독자들이 쉽게 접근할 수 있는 글들이다. 《영혼을 찾는 현대인들(Modern Man in Search of a Soul)》(New York : Harcourt, Brace, 1933, 1950), 자코비(J. Jacobi)가 편집한 《심리적 성찰(Psychological Reflections)》(New York : Pantheon Books, 1953 또한 Princeton, NJ : Princeton University Press, 1973), 《미지의 자아(The Undiscovered Self)》(London : Kegan Paul, 1958 또한 Princeton, NJ : Princeton University Press, 1990).

성, 즉 저속한 본성과 고상한 본성, 노예적 특성과 신성한 특성을 통합하는 문제를 제기하면서 그러한 통합을 실현할 수 있는 방안을 제시하고 있다. 대체로, 동서양을 막론하고 대부분의 철학과 종교는 인간의 본성을 이분화해서, 고상해질 수 있는 방법이 저속한 것들을 거부하고 그 위에 오르는 것이라고 가르치고 있다. 그러나 실존주의자들은 이 둘 모두가 인간의 본성이 지니고 있는 특성이라고 가르친다. 어느 한쪽도 버릴 수 없다. 이 둘을 통합할 수 있을 뿐이다.

그러나 우리는 이 둘의 통합 기법—가령 통찰, 더 넓은 의미에서 말하면 지능, 사랑, 창조성, 유머와 비극, 놀이, 예술—을 이미 알고 있다. 우리의 연구는 과거보다도 앞으로 더욱 이러한 통합 기법에 집중할 것이다.

이처럼 중요한 인간의 이중적 본성에 대해 생각해본 결과, 나는 몇몇 문제가 영원히 해결 불가능한 상태로 남아 있을 수밖에 없다는 사실을 깨달았다.

5) 이런 시점에서, 이상적이거나 진정한 혹은 완전하거나 신과 같은 인간에 대한 관심, 즉 어떤 의미에서 지금 존재하고 알 수 있는 실체로서 가지는 인간의 잠재력에 대한 관심이 자연스럽게 생겨난다. 이 말 역시 단지 문학적인 말투로 들릴 수 있지만, 사실은 그렇지 않다. 이것은 "치료, 교육, 양육의 목적이 무엇인가?"라는 오래되었으면서도 그 해답을 찾지 못한 문제들을 고상한 방식으로 제기한 것임을 상기해야 한다.

이 말은 또한 우리가 즉시 주의를 기울여야 할 또 다른 사실과 문제가 존재하고 있음을 함축하고 있다. 실질적으로, '진정한 사람(authentic person)'에 대한 모든 설명이 함축하는 바에 따르면, 이러한 사람은 자기 자신이 되었을 때 그들이 속한 사회 및 현실과 새로운 관계를 형성한다. 이러한 사람은 자기 자신을 다양한 측면에서 초월하고 자신의 문화도 초월한다. 이러한 사람은 특정 문화에 국한해서 순응하고 동화하는 것에 저항한다. 이러한 사람은 자신의 문화와 사회에서 더욱 멀리 떨어져 나온다. 이러한 사람은 자신이 속한 지역의 집단 구성원이 아니라 자신이 속한 종 전체의 구성원이 된다. 내 느낌에, 대부분의 사회학자와 인류학자는 이것을 받아들이기 어려울 것이다. 그렇기 때문에, 나는 이런 측면에서 논쟁이 있을 것이라고 확신한다. 하지만 분명히 이러한 점들이 '보편주의'의 근간을 이룬다.

6) 유럽의 학자들은 자신들이 '철학적 인류학'이라고 부르는 것, 즉 인간과 여타의 종, 인간과 사물, 인간과 로봇 사이의 차이를 밝히려고 많은 시도를 했는데, 우리는 이러한 차이점들을 받아들일 수 있고 또한 받아들여야 한다. 무엇이 인간의 독특하고 유일한 특성인가? 인간에게 본질적인 것, 그래서 그것이 없으면 더는 인간으로 정의할 수 없는 그것은 무엇인가?

전반적으로 볼 때, 지금까지 미국 심리학이 포기한 것들이 이런 문제이다. 여러 형태의 행동주의는 (자극-반응(S-R)[4]적인 인간은 어떤 인간인가? 그리고 누가 그런 사람이 되고자 하는가?) 진지하게 받아들일 수 있는 질문들에 대하여 어떠한 정의도 제시하지 않았다. 인간에 대한 프로이트의 견해는 인간의 포부, 인간의 실현 가능한 희망, 인간이 지닌 신과 같은 성질들을 무시했기 때문에 적절하지 못하다. 오늘날 자아 심리학자들은 정신병리와 심리 치료에 대한 프로이트의 매우 포괄적인 체계와는 다른 측면을 규명하고자 한다.

7) 몇몇 실존주의 철학자들은 개인 스스로가 자기(self)를 만든다는 주장만을 매우 독단적으로 하고 있다. 사르트르 및 그 외의 사람들은 "하나의 프로젝트로서의 자기", 즉 마치 특정 개인이 자신이 되고자 결심만 하면 무엇이든지 될 수 있는 것인 양, 그 개인이 계속해서 (그리고 마음대로) 결정한 선택들이 자기를 만들어낸다고 얘기하고 있다. 물론 이러한 극단적인 형태의 이야기는 거의 과장된 것이 확실하며, 유전학과 보건 심리학에서 밝혀진 사실들은 이러한 과장됨을 정면으로 반박하고 있다. 사실, 이것은 분명히 어리석은 얘기다.

다른 한편, 프로이트 학파, 실존주의 심리 치료사, 로저스 학파[5] 및 성장 심리학자들은 모두 자기의 발견과 표현에 대한 치료적 이야기를 더 많이 한다. 그래서 스스로 선택해서 자신을 형성하는 우리의 의지와 의사 결정 방식을 이들이 경시해온 것

---

4 S-R은 '자극-반응(stimulus-response)'의 약자이다. 고전적인 형태의 행동주의는 인간의 모든 특정 사고, 느낌 혹은 행동은 몇몇 특정 자극이나 자극 상황이 야기한 반응으로 설명할 수 있다고 주장했다. 그러한 자극-반응의 연합 중 극소수만이 타고나는 것으로 보았다. 대부분의 연합은 일종의 시행착오 학습 과정을 통해 생긴 결과로서 각 개인 내에서 발달하는 것으로 보았다.

같다.

(물론, 이 두 집단이 모두 지나치게 심리학적이기 때문에, 사회학적인 측면에서는 크게 미흡하다고 말할 수 있다. 즉 이들은 자신들의 체계적 사고 과정에서 자율적으로 작동하는 사회적·환경적 결정 요인들, 가난, 착취, 민족주의, 전쟁, 사회적 구조와 같은 개인 외부에 존재하는 힘의 강력한 영향력을 충분히 강조하지 않는다.

확실히, 사람들은 이러한 힘 앞에서 어느 정도 무기력해질 수밖에 없다는 점을 정신이 제대로 된 사람이라면 부정하지는 않을 것이다. 그럼에도, 전문가로서 심리학자가 해야 할 가장 중요한 의무는 심리 외적인 사회적 결정 요인보다는 개인 자체를 연구하는 것이다. 마찬가지로, 심리학자의 눈에 사회학자는 너무 독단적으로 사회적 힘을 강조하면서 성격, 의지, 책임감 등의 자율성을 잊고 있는 것처럼 보인다. 이 두 집단을 맹목적이거나 어리석다고 생각하기보다는 전문가 집단이라고 생각하는 것이 더 낫다.)

---

5 칼 로저스(1902~1987)의 추종자들인 로저스 학파. 로저스는 또한 '자기실현(self-actualization)'이라는 개념을 제시했는데, 1951년 매슬로와는 별개로 이 개념을 내놓은 것으로 보인다. 로저스의 《내담자 중심 치료(Client-Centered Therapy)》(Boston : Houghton Mifflin, 1951)를 볼 것. 매슬로가 이 개념을 처음으로 사용한 글이 한 해 전에 출판되었다. 〈자기실현하는 사람 : 심리적 건강에 대한 연구(Self-Actualizing People : A Study of Psychological Health)〉, 《Personality Symposia : Symposium 1》(New York : Grune & Stratton 1950, pp. 11~34). 매슬로는 자신과 로저스가 여러 측면에서 비슷하다고 생각하지만, 자신의 사적인 일기에서 인간의 본성에 대한 로저스의 견해가 지나치게 피상적이어서 깊이가 없다고 털어놓았다. 로리가 편집한 《매슬로 학술지》(2 vol., Monterey, CA : Brooks/Cole, 1979, vol. 1, pp. 162~163). 이 장 시작 부분에 있는 편집자 노트에서도 로저스를 언급하고 있다.

어떤 경우든, 우리는 우리 자신을 발견하고 드러낼 뿐만 아니라 어떤 사람이 될 것인지를 결정하기도 한다. 이 두 집단 간의 이러한 의견 충돌은 경험적으로 해결할 수 있는 문제이다.

8) 지금까지 우리는 책임감과 의지의 문제뿐만 아니라 이들의 직접적인 결과물인 정신력과 용기의 문제를 회피해왔다. 최근에, 정신분석적 자기 심리학자들은 인간의 이러한 위대한 특성들을 인식하여, '자아 강도'에 많은 주의를 쏟고 있다. 행동주의자들은 여전히 이러한 문제들을 다루지 않고 있다.

9) 미국 심리학자들은 개체(idiographic) 심리학[6]의 필요성에 대한 올포트의 주장에 귀를 기울이기는 했지만, 그것을 위해 연구를 많이 하지는 않았다. 우리는 지금 개체 심리학적 입장에 있는 현상학자들과 실존주의자들의 주장에 직면했는데, 이러한 주장에 반대하기가 결코 쉽지 않고, 내 생각에 이론적으로도 불가능하다. 인간의 독특함에 대한 연구가 우리가 과학이라고 알고 있는 것과 부합하지 않는다면, 부합하지 않는 그만큼 과학에 대한 우리의 개념이 부적절한 것이다. 과학에 대한 개념 역

---

[6] 고든 올포트(1897~1967)는 독일의 철학자 빌헬름 빈델반트(Wilhelm Windelband)가 만든 용어들을 사용해서 심리학에 대한 개체적(idiographic) 접근과 보편적(nomothetic) 접근을 구분했다. 널리 퍼진 보편적 접근에서는 추상적인 원리를 발견하기 위해 개별적인 사례들을 연구하는 반면, 개체적 접근에서는 개별 사례 그 자체에 초점을 맞춘다. 올포트는 "심리학이 보편성만을 다루고 특수성을 다루지 않는다면, 그것은 적어도 인간의 성격에 대하여 많은 것을 다루지 못할 것이다"라고 썼다. Gordon W. Allport, 〈성격 이론에서 유전주의 대 자아 구조(Geneticism versus Ego-Structure in Theories of Personality)〉,《영국교육심리학술지(British Journal of Educational Psychology)》(1946, 16, p. 66).

시 재창조의 과정을 거쳐야만 한다.

10) 미국의 심리학사상사(87)에는 현상학이 포함되어 있긴 했지만, 지금은 사라졌다고 생각한다. 유럽의 현상학자들이 매우 신중하고 보기 드문 사례를 통해서 우리에게 다시 가르쳐줄 수 있는 것 중의 하나로, 다른 사람을 이해하는 최선의 방법 혹은 적어도 어떤 목적을 달성하기 위한 필수적인 하나의 방법이 그 사람의 세계관(Weltanschauung)[7] 속으로 들어가서 그의 눈으로 그의 세계를 보는 것이다. 물론 이러한 결론은 모두 실증주의적 과학철학 입장에서는 불편한 것이다.

11) 실존주의자들은 사람이 궁극적으로 혼자라는 점을 강조한다. 이 점을 상기하면, 우리가 의사 결정이나 책임감, 선택, 자기 창조, 자율성, 정체성 등을 더 제대로 개념화하는 데 도움이 된다. 이러한 점을 생각하면, 혼자인 사람들끼리 어떻게 직관과 감정 이입, 사랑과 이타주의, 타인과의 동일시, 일반적 동일성 등을 통해 의사소통을 이루는지에 대하여, 더욱 이해하기 어려우면서도 더 많은 관심을 갖게 된다. 우리는 이러한 의사소통을 당연하게 여긴다. 우리가 이것을 설명해야 할 과제로 여겼다면 더 좋았을 것이다.

12) 나는, 실존주의자들이 몰입했던 또 다른 하나를 매우 단순하게 기술할 수 있을 것 같다. 그것은 진지하고 심오한 삶(혹은 아마

---

[7] Weltanschauung는 문자 그대로 '세계관'을 뜻하는 독일어이다.

도 '삶에 대한 비극적 인식')인데, 이런 삶은 천박하고 피상적인 삶, 즉 일종의 왜소한 삶, 인생의 궁극적인 목적에 적대적으로 대응하는 삶과 대조적이다. 이것은 단지 문학적인 개념만은 아니다. 예를 들면 심리 치료에서처럼, 이것은 실제로 작동할 수 있는 의미를 가지고 있다. 비극적 상황이 때로는 치료적인 효과가 있으며, 사람들이 괴로워서 그러한 상황에 처하게 될 때 때로는 치료 효과가 가장 크다는 사실에 나(그리고 다른 사람들)는 점점 더 많은 감명을 받아왔다. 얄팍한 삶이 더는 문제를 해결할 수 없을 때, 바로 그때 사람들은 그러한 삶에 의문을 제기하고 근본적인 것들에 관심을 가지게 된다. 실존주의자들이 매우 분명하게 예증하고 있듯이, 이와 마찬가지로 얄팍한 심리학도 문제를 해결할 수 없다.

13) 다른 많은 집단들과 더불어 실존주의자들은 우리가 언어적·분석적·개념적 합리성의 한계를 깨닫는 데 도움을 주고 있다. 실존주의자들 역시 어떠한 개념화나 추상화보다 먼저 존재하는 있는 그대로의 경험으로 되돌아갈 것을 요구하고 있다. 내 생각에, 이러한 요구는 20세기 서구 세계의 사유 방식 전체, 특히 철저하게 재검토할 필요가 있는 실증주의적 과학과 철학을 정당하게 비판하는 것이다.

14) 아마도 현상학자들과 실존주의자들이 만든 가장 중요한 변화는 비록 늦기는 했지만 과학에 대한 이론을 크게 바꾸었다는 점이다. 과학에 대한 공식적인 철학 혹은 '과학주의'를 없애는 데 도움을 준 많은 다른 집단들이 존재하기 때문에, 앞 문장에

서 '만든'이라는 말보다는 '도움을 제공한'이라는 말을 써야 맞다. 극복해야 할 것은 주체와 객체 간의 데카르트식 분리만이 아니다. 정신 및 있는 그대로의 경험을 실재하는 것으로 받아들일 경우, 또 다른 본질적인 변화들이 반드시 이루어져야 한다. 그러한 변화는 경험적 영역보다는 추상적 영역에 속하는 간결성, 단순성, 정밀성, 규칙성, 논리, 고상함, 정의 등의 개념뿐만 아니라, 심리과학 및 다른 모든 과학에도 영향을 미칠 것이다.

15) 실존주의 문헌이 나를 가장 설득력 있게 자극한 것은 심리학에서 미래라는 시간의 문제를 어떻게 다룰 것인가 하는 점이다. 여기서 이 점에 대해 언급하면서 이 장을 마무리하고자 한다.

내가 지금까지 언급한 문제나 요구와 마찬가지로, 이 문제 또한 나 그리고 성격 이론에 진지한 관심을 가지고 있는 모든 학생들에게 전적으로 낯선 것은 아니다. 샬럿 불러(Charlotte Buhler, 22, 23, 24), 고든 올포트(1, 2, 3, 4) 그리고 쿠르트 골트슈타인(55, 56, 57)의 글을 통해, 우리는 현존하는 성격 속에서 미래라는 차원이 수행하는 역동적인 역할을 포착하고 체계화할 필요가 있음을 깨달아야 했는데 그러지 못했다. 가령 성장과 발달과 가능성은 필연적으로 미래를 지향하고 있다. 잠재력과 희망, 소망과 상상이라는 개념 역시 마찬가지다. 현재 존재하는 것으로 환원하면 미래는 사라진다. 위협과 걱정도 미래를 지향하고 있다(미래가 없으면 신경증도 없다). 지금 영향력을 행사하고 있는 미래가 없다면 자기실현도 무의미하다. 인생은 장차 통합될 수 있다 등등.

그러나 이러한 문제는 실존주의자들에게 가장 근본적이고 핵심적으로 중요하기 때문에, 우리는 여기서 가령 롤로 매이의 책(110)에 실린 어윈 스트라우스(Erwin Strauss)의 논문을 통해 이러한 점을 배울 수 있다. 인간의 내부에는 지금 이 순간에도 역동적으로 기능하는 자신의 미래가 존재하고 있다. 공정하게 말해서, 이러한 생각을 중요하게 받아들이지 않는 어떠한 심리학 이론도 완벽할 수 없다. 이런 측면에서, 미래는 쿠르트 레빈(Kurt Lewin)이 말하는 취지에서 탈역사적이라고 할 수 있다. 또한 원론적으로 오직 미래에 대해서만 알려진 것이 없고 알 수도 없다.

이 사실은 과거의 경험에 기초한 모든 습관, 방어 및 대처기제가 의심스럽고 불분명하다는 점을 시사한다. 우리는 이 점을 깨달아야 한다. 오로지 융통성 있게 창조적인 사람, 즉 새로운 것을 두려움 없이 자신 있게 직면할 수 있는 사람만이 미래를 관리할 수 있다. 확신하건대, 오늘날 우리가 심리학이라고 부르는 많은 것들은 미래를 과거와 같은 것으로 가장한다. 그래서 심리학은 전적으로 새로운 것에 대한 두려움을 피하기 위해 사용하는 속임수를 연구하는 학문에 지나지 않는다.

결론

이러한 점들을 고려해보건대, 나는 안티 심리학 혹은 안티과학으로 발전할 수 있는 심리학, 즉 수많은 '주의(ism)'들이 확산될 것이라 기대한다.

실존주의는 심리학을 풍요롭게 하는 것 이상일 수 있다. 실존주의는 최대한의 발달, 참된 자아 및 이런 자아의 존재 방식에 관한 심리학을 구축하는 데 부가적인 추진력을 제공해줄 수 있다. 슈티취는 이것을 상위 심리학(ontopsychology)이라고 부를 것을 제안했다.

확실히, 우리가 심리학에서 '정상'이라고 부르는 것이 사실은 대다수의 사람이 지니고 있는 정신병리에 불과한데, 이것이 너무나 조용하게 내면에 널리 퍼져 있기 때문에, 일상적으로 우리는 이것의 존재를 감지하지도 못한다. 진정한 삶에 대한 실존주의자들의 연구는 이와 같은 보편적 속임수, 즉 현실은 심리학에서 정상이라고 부르는 삶이 실제 만연한 병적인 삶이라는 점을 분명하고 신랄하게 보여주는 데, 이러한 현실을 회피한 채 착각 속에서 살아가는 삶들을 일소하는 데 도움을 준다.

유럽의 실존주의자들은 다른 것은 모두 제외하고 단지 공포, 번민, 절망 등만을 되풀이해 말하면서, 이것에 완강하게 맞서는 것만이 유일한 치료 방법이라고 말한다. 나는 우리가 이것을 필요 이상으로 너무 진지하게 받아들일 필요는 없다고 생각한다. 가치에 대한 외적 근원들이 효과를 발휘하지 못할 때면 언제나 이러한 현상들이 두드러지게 나타난다. 비록 처음에는 고통스럽겠지만, 착각을 없애고 정체성을 발견하면 삶의 활력을 되찾고 강인해질 수 있다는 사실을 실존주의자들은 심리 치료자들로부터 배웠어야 했다. 또한 물론, 이들이 절정경험, 기쁨과 환희의 경험, 혹은 심지어 일상적인 행복의 경험에 대해서 한마디도 언급하지 않았다는 점에서 볼 때, 이들이 기쁨에 대한 경험을 해보지 못한 사람들, 즉 '절정무체험자들(non-peakers)'이 아닌지 매우 의심스럽다. 이것은 마치 그들이 왜곡된 시각으로 세상을 보는 것과 같다. 대부분의 사람은 슬픔과 기쁨을 다양한 비율로 경험한다.

이 둘 중 어느 하나라도 간과하는 철학은 체계적인 철학이라고 할 수 없다.[8] 콜린 윌슨(Colin Wilson, 307)은 긍정적인 실존주의자와 부정적인 실존주의자를 날카롭게 구분하고 있다. 나는 그의 이러한 구분에 전적으로 동의한다.

---

[8] 이러한 주제에 관한 더 읽을 거리로는 나의 《심리적으로 건강한 경영(Eupsychian Management)》(Irwin-Dorsey, 1965, pp. 194~201)을 볼 것.

제2부

성장과 동기

Growth and Motivation

제3장

결핍동기와 성장동기

이 장은 네브래스카 대학 동기 심포지엄에서 발표한 강의 내용(1955. 1. 13)을 요약한 것이다. 동기에 대한 매슬로의 아이디어를 이 장과 다음 장에 제시하고 있는데, 이러한 아이디어의 개념적 토대는 매슬로가 이전에 쓴 두 편의 논문에 근거하고 있다. 〈동기 이론 서문(A Preface to Motivation Theory)〉(《정신신체의학》(1943, 5, 85~92))과 〈인간 동기 이론〉(《심리학 연보》(1943, 50, 370~396))이 그것이다. 초기에 나온 이 두 편의 논문은 매슬로가 쓴 《동기와 성격》(New York: Harper & Bros., 1954 ; 제2판, 1970 ; 제3판(사후), 1987)에 실려 있다. '책을 펴내면서'에서는 매슬로의 동기 이론을 전반적으로 검토하고 있다.

'기본 욕구(Basic Need)'라는 개념을 정의하는 한 가지 방법은 이 개념으로 답할 수 있는 질문들 그리고 이러한 욕구를 드러내주는 행동에 기초하는 것이다.(97) 내가 이 개념과 관련해서 맨 처음에 제기한 질문은 정신병리의 발생에 관한 것이었다. "왜 인간에게 신경증이 발생하는가?" 이 질문에 대한 나의 대답은 (기존의 분석적 방법을 수정하여 좀더 향상시킨 것이라고 생각하는데) 간단히 말해 신경증의 핵심은 결핍 때문에 발생하는 하나의 질병이라는 것이다. 신경증은 특정 상태에 이르지 못함으로써 발생하는데, 나는 이러한 특정 상태를 욕구라고 부른다. 이때의 욕구는 물이나 아미노산, 칼슘을 욕구라고 정의할 때와 그 의미가 동일하다. 즉 이러한 욕구들을 충족시키지 못할 때 질병이 발생한다. 대부분의 신경증은 여러 가지 복잡한 결정 요인들을 가지고 있을 뿐 아니라, 사회적 안전, 소속감과 정체성, 친밀한 사랑 관계, 존경과 명성 등에 대한 소망을 충족시키지 못할 때도 발생한다.

나는 12년간 심리 치료 관련 연구를 통해서 그리고 20년 동안 성격 연구를 통해서 자료를 모았다. 나는 (이 시기에 이러한 일을 하면서) 대체 치료에 관한 하나의 통제 연구를 수행했다. 이 연구는 다른 많은 복잡한 결과와 함께, 결핍이 해소되었을 때 질병이 사라지는 것을 보여주었다.

실제 오늘날 대다수의 임상가, 치료자 그리고 아동발달 심리학자들은 (그들 중 많은 사람들이 나와는 다르게 표현할 수 있지만) 이러한 결론을 지지하고 있다. 이러한 결론 덕분에, 실제 경험적 사실들을 일반화하는 방식으로 욕구를 정의할 수 있는 가능성이 해마다 더 커지고 있다. 이러한 정의는 자연스럽고, 용이하고, 자생적이다. (이러한 정의는 자의적이거나 조급하게 어떤 전제에 근거한 것이 아니고, 객관성을 높이기 위해서 이러한 욕구에 대한 지식의 축적이 이루어진 후가 아니라 그러한 지식의 축적이 이루어지기 전에 내리는 정의이다.)(141)

결핍이 장기화되면 다음과 같은 특성들이 나타난다. 즉 특정 욕구가 다음과 같은 특성들을 가지고 있으면, 그 욕구는 기본적 또는 본능적 욕구이다.

1) 그런 욕구를 충족시키지 못할 때 질병이 생기고,
2) 그런 욕구를 충족시키면 질병을 예방할 수 있고,
3) 그런 욕구의 충족을 회복하면 질병이 낫고,
4) 어느 정도 자유로운 선택 상황에서, 그런 욕구가 결핍된 사람들이 다른 욕구의 충족보다 그러한 욕구의 충족을 선호하고,
5) 건강한 사람에게서는 그런 욕구가 거의 나타나지 않거나 실질적으로 찾아보기 어려운 경우이다.

이런 욕구는 두 가지 주관적인 특성을 부가적으로 가지고 있다. 첫째, 사람들은 이런 욕구가 결핍되었을 때 그런 욕구를 의식적이거나 무의식적으로 바라거나 소망하고, 그러한 욕구가 결핍되어 있다는 느낌을 갖는다. 이것은 우리가 어떤 부족한 것에 대하여 느끼는 것과 같다. 둘째, 사람들은 부족한 그런 욕구를 선호하는 특성을 가

지고 있다. ("그것이 내 입맛에 맞아.")

　기본 욕구의 정의와 관련해서 마지막으로 한마디 덧붙이자면, 이 분야의 많은 학자들이 동기를 명확하게 정의하고 기술하고자 했을 때 수많은 문제들이 그들을 괴롭혔다. 왜냐하면 그들은 이 일과 관련해서 순전히 행동적이고 외부적으로 관찰 가능한 기준만을 요구했기 때문이다. 행동주의 심리학자를 제외한 나머지 대다수의 사람들은 동기의 본질적 기준으로 주관성을 채택했다. 소망하거나 원하거나 바라거나 혹은 부족하다고 느낄 때, 우리는 동기화된다. 하지만 우리는 이러한 주관적인 상태와 밀접하게 관련된 객관적이고 관찰 가능한 상태를 지금까지 찾지 못했고, 동기에 관한 적절한 행동적 정의 역시 발견하지 못했다.

　물론 우리는 주관적인 상태와 관련된 객관적인 것들, 주관적 상태를 객관적으로 보여주는 지표를 찾기 위해 부단한 노력을 해야 한다. 우리가 기쁨이나 분노 혹은 소망을 객관적으로 보여주는 외적 지표를 찾는 날, 심리학은 한 세기 정도 앞으로 도약하게 될 것이다. 하지만 우리가 그러한 순간을 맞이하기 전까지는, 우리가 마치 그러한 지표를 가지고 있는 것처럼 가장하지는 말아야 한다. 동시에, 우리가 가지고 있는 주관적인 자료를 소홀히 취급하지도 말아야 한다. 불행하게도, 우리는 쥐에게 개인적인 정보를 제공해달라고 요구할 수는 없다. 그러나 다행히 우리는 인간에게 요청할 수는 있다. 또한 우리가 더 나은 자료의 원천을 획득할 수 있을 때까지, 인간에게 이러한 요청을 하지 말아야 할 이유 또한 그 어디에도 없다.

　이러한 욕구들은 유기체에게 본질적으로 결핍되어 있는 빈 구멍

과도 같다. 따라서 건강을 위해서 이러한 욕구들은 반드시 채워져야만 한다. 또한 결핍의 주체인 자신이 아니라 제3자에 의해서 채워져야만 한다. 이러한 설명에 부합할 수 있도록 그리고 다른 종류의 동기와 분명하게 구별하기 위해서, 나는 이것을 결핍 혹은 결핍욕구라고 부르기로 했다.

우리가 요오드나 비타민 C를 '필요로 한다'는 말에 의문을 제기하는 사람은 아무도 없을 것이다. 우리에게 사랑이 '필요하다'는 점을 보여주는 증거들도 이와 매우 동일한 형태임을 상기하길 바란다.

최근 점점 더 많은 심리학자들이 평형 상태,* 항상성(homeostasis),** 긴장 감소, 방어 그리고 현존하는 다른 동기들에 대한 개념들을 보완하기 위해 성장 내지 자기 완성을 지향하는 경향성이라는 개념을 가정할 수밖에 없음을 알게 되었다. 여기에는 다양한 이유들이 있다.

1) 심리 치료 : 건강을 지향하는 유기체 내의 압력이 치료를 가능하게 한다. 이것은 절대적으로 필수적인 조건이다. 이러한 지향이 없다면, 심리 치료는 고통과 분노에 대한 방어기제를 구축하는 것 이상을 설명할 수 없을 것이다.(6, 142, 50, 67)
2) 뇌 손상 군인들 : 골트슈타인[1]의 연구(55)는 매우 잘 알려져 있다. 환자가 부상 후에 자신의 능력을 스스로 재조직하는 현상

---

* 사고 과정과 환경 사이의 균형 및 조화로운 관계를 의미하는 것으로, 이러한 균형 잡힌 상태를 인지적 평형이라 부르고, 그것을 이루려는 과정을 평형화라고 한다.
** 외부 환경이 변하더라도 호르몬과 자율신경에 의해 체내 환경, 즉 pH, 삼투압, 체온 등을 일정하게 유지하려는 성질을 말한다.

을 설명하기 위해서, 그는 자기실현이라는 개념을 만들 필요가 있음을 깨달았다.

3) 정신분석 : 몇몇 정신분석가들, 특히 프롬(50)과 호니(67)[2]의 발견에 따르면, 성장을, 완벽한 발달을, 그리고 한 인간이 지니고 있는 가능성의 실현을 지향하는 충동의 왜곡된 형태가 신경증이라는 점을 가정하지 않으면, 신경증을 이해한다는 것이 불가능하다.

4) 창조성 : 건강한 성장 및 건강하게 성장한 사람들에 대한 연구에서는 창조성이라는 일반적 주제가 많은 각광을 받았는데, 특

---

1 쿠르트 골트슈타인(1878~1965)은 신경정신의학자로 전쟁에서 뇌 손상을 입은 환자들을 연구했으며, 이 연구는 매슬로가 자기실현이라는 개념을 발전시키는 데 큰 영향을 미쳤다. 골트슈타인은 뇌 손상을 입은 유기체가 어떻게 자신의 능력을 자발적으로 재조직하고 이용 가능한 모든 수단을 강구하여 자신의 잠재성을 구현하는지를 정밀하게 관찰해 많은 정보를 제시했다. 매슬로가 인정한 것처럼, 골트슈타인은 자기실현(self-actualization)이라는 용어를 심리학적 맥락에서 처음으로 사용했다. 그의 저서 《유기체(The Organism)》(New York : American book Co. 1939 ; 초판은 Der Aufbau des Organimus, 1934)를 볼 것.

2 에리히 프롬(1900~1980)과 캐런 호니(1885~1952)는 정통적인 정신분석학을 교육받은 사람으로, 종국에는 정통 프로이트 학파와 충돌하게 되었다. 프로이트 학파의 노선에서 벗어난 그들의 주장 가운데 하나로, 인간의 성격은 특별한 사회, 문화, 그리고 역사적 기간이라는 범주 안에서만 이해할 수 있고, 기본 욕구의 충족은 더 높은 차원의 인간 본성으로 향하는 길을 열 수 있다는 것이 그들 각자의 관점이다. 이는 매슬로와 정확하게 같은 것은 아니지만 상당히 유사하다. 매슬로가 가장 좋아하는 프롬의 저서는 다음과 같다. 《자신을 위한 인간(Man for Himself)》(New York : Reinhart 1947 또한 New York : Fawacett Premier, 1965); 《건전한 사회(Sane Society)》(New York : Holt, Reinhart, and Winston, 1955 또한 New York : H. Holt, 1990). 캐런 호니의 심리학적 견해를 개관하기 위해서는 《우리 시대의 신경증적 성격(The Neurotic Personality of Our Time)》(New York : Norton, 1937)과 《신경증과 인간의 성장(Neurosis and Human Growth)》(New York : Norton, 1950)을 볼 것.

히 병든 사람들과 대조해서 연구할 때 더욱 그랬다. 무엇보다도, 예술 이론과 예술 교육에는 성장과 자발성의 개념이 필요하다.(179, 180)

5) 아동 심리학: 아동을 관찰해보면, 확실히 건강하지 못한 아이들에 비해 건강한 아이들은 성장과 발달, 새로운 기술, 능력, 힘의 획득을 더 즐긴다는 것을 알 수 있다. 이러한 사실은 프로이트 이론과 정면으로 배치되는데, 이 이론은 아동을 환경에 적응해나가기 위해 그리고 안정된 혹은 평형 상태에 도달하기 위해 필사적으로 노력하는 존재로 생각한다. 프로이트 이론에 의하면, 아동은 변화를 꺼려하고 싫어하기 때문에, 그들이 선호하는 편안하고 비활동적인 단계에서 새로운 갈등 상황으로 그들을 계속적으로 내몰아야만 한다.

프로이트의 이런 생각이 불안하고 위축된 아동들에게는 대체적으로 옳다는 것을 임상가들은 지속적으로 증명해왔다. 또한 프로이트의 생각이 대다수 사람에게 부분적으로 맞긴 하지만, 건강하고, 행복하고 안전한 아동에게는 적절하지 않을 수도 있음을 보여주었다. 우리는 이런 아이들에게서 성장과 성숙에 대한 열정 그리고 오래되어 낡은 적응 방식들을 폐기하고자 하는 열정을 분명하게 볼 수 있다. 또한 그들에게서 새로운 기술을 습득하고자 하는 열정뿐만 아니라 습득한 기술을 반복적으로 수행하면서 즐기는 기쁨을 매우 분명하게 찾아볼 수 있다. 이른바 칼 불러(Karl Buhler, 24)가 말하는 기능하고자 하는 열망(Funktions-lust)을 찾아볼 수 있다.

이처럼 다양한 집단에 속하는 학자들, 특히 프롬(50), 호니(67), 융(73), C. 불러(22), 앙얄(Angyal, 6), 로저스(143), 올포트(2), 샥텔(147), 린드(92) 및 최근의 몇몇 가톨릭 심리학자들(9, 128)은 성장, 개별화, 자율성, 자기실현, 생산성과 같은 개념들을 분명하게 정의하기보다는 대략적으로 그 의미가 서로 동일한 것으로, 그리고 그 개념을 막연하게나마 파악할 수 있는 것으로 생각한다. 내 의견으로는, 현재 이런 영역을 정확하게 정의 내린다는 것은 불가능하며 또한 바람직하지도 않다. 기존의 사실로부터 쉽고 자연스럽게 나온 정의가 아니기 때문에, 그러한 정의는 도움이 되기보다는 사실을 억압하거나 왜곡하기 쉽다. 왜냐하면 하나의 전제에 기초해 의식적인 과정을 통해 만든 정의는 왜곡되거나 그릇될 가능성이 매우 높기 때문이다. 우리는 아직 성장을 정의할 수 있을 만큼 그것에 대해 많은 것을 알고 있지 못하다.

성장의 의미를 정확히 정의할 수는 없어도, 부분적으로는 긍정적인 점들 그리고 부분적으로는 이와 상반되는 부정적인 점들, 가령 성장이 아닌 것이 어떤 것인지를 지적함으로써 성장의 의미를 나타낼 수는 있다. 예를 들어, 평형 상태나 항상성, 긴장 감소 등은 성장이라는 의미와는 동일하지 않다.

자명하게도, 성장이라는 개념을 옹호하는 사람들에게 이 개념은 필수적이다. 왜냐하면 한편으로는 만족스럽지 못하기 때문이고(새롭게 발견된 현상들은 기존 이론으로는 설명이 불가능하다는 점 때문이고), 다른 한편으로는 오래된 가치 시스템이 몰락했기 때문에 새롭게 나타난 인본주의적 가치 시스템에 부합할 수 있는 이론과 개념을 필요로 하기 때문이다.

그러나 오늘날 이러한 접근의 대부분은 심리적으로 건강한 사람들에 대한 연구에서 비롯된 것이다. 연구자들은 본질적이고 개인적인 흥미에서뿐만 아니라, 치료나 정신병리 더 나아가 가치 이론에 대한 견고한 초석을 제공하기 위해서 이러한 접근을 시도했다. 내 생각엔 이러한 직접적인 공략만이 교육, 가족 훈련, 심리 치료 그리고 자기계발과 관련된 궁극적인 목적을 밝힐 수 있다.

성장의 최종 결과물은 우리에게 성장 과정에 대한 많은 것을 가르쳐준다. 최근의 저서에서(97) 나는 이런 연구를 통해 내가 배운 것에 관해 기술했다. 나아가, 일반 심리학을 구제할 수 있도록 나쁜 사람보다는 좋은 사람, 병든 사람보다는 건강한 사람, 부적 측면뿐만 아니라 긍정적 측면을 직접 연구해서 얻을 수 있는 결과들을 매우 자유롭게 이론화했다. (이와 관련해 내가 미리 언급하고 싶은 것은 한 연구에서 얻은 자료의 신뢰성은 최소한 다른 누군가가 그러한 연구를 반복해서 같은 결과를 보고할 때까지는 유보해야 한다는 점이다. 현실적으로 이러한 연구에서 다른 사람의 연구 결과를 무의식적으로 추측할 가능성이 매우 높으며, 연구자 역시 이러한 가능성을 알아차리는 것이 쉽지 않다.) 이제부터 나는 건강한 사람의 동기적 삶과 그렇지 못한 사람의 동기적 삶, 이를테면, 성장욕구에 의해 동기화된 사람과 기본 욕구에 의해 동기화된 사람 사이에서 내가 발견한 차이점을 기술하고자 하다.

지금까지 동기에 관한 한, 건강한 사람들은 안정, 소속감, 사랑과 존경, 자존심과 같은 기본 욕구를 충분히 충족시켰기 때문에, 그들은 주로(잠재성, 능력 및 재능의 지속적인 실현, 사명(혹은 천직, 운명이나 직업)

의 완수, 자기 자신의 내재적 본성에 대한 더욱 완벽한 지식과 그러한 지식의 수용, 개인 내적인 결합과 통합 혹은 협동으로 정의되는) 자기실현의 욕구로 동기화된다.

내가 이미 발표하여(97) 상당한 지지를 받은 이러한 일반화된 정의는 서술적이며 실용적일 수 있다. 이처럼 건강한 사람들에 대한 임상적 관찰을 통해 얻은 특성들을 기술함으로써, 그들을 정의할 수 있다. 이러한 특성들은 다음과 같다.

1) 사실에 대한 뛰어난 지각.
2) 자기, 타인, 본성에 대한 수용의 증가.
3) 자발성의 증가.
4) 문제에 대한 집중력의 증가.
5) 초연함의 증가와 사생활에 대한 소망의 증가.
6) 자율성의 증가와 문화적 사회화에 대한 저항.
7) 감정 반응에 대한 민감한 인식 및 풍부한 감정 반응.
8) 매우 빈번한 절정경험.
9) 인간 종에 대한 정체성의 증가.
10) (임상가들은 향상이라고 말할 수도 있는) 대인 관계의 변화.
11) 민주적인 성격 구조.
12) 창조성의 상당한 증가.
13) 가치 시스템의 변화.

더욱이, 연구 대상자를 선정하고 이용 가능한 자료를 얻는 데도 불가피한 취약점들이 존재하기 때문에, 이러한 정의는 한계점들을 가지고 있을 수밖에 없다. 이 책은 이런 점에 관해서도 기술하고 있다. 지금까지 제시한 이러한 개념화의 한 가지 주요 한계점은 그것이 정적인 특성을 띠고 있다는 것이다. 내가 주로 나이 든 사람을 대상으로 자기실현을 연구해왔기 때문에, 자기실현을 인생 전반을 통해 계속해서 역동적으로 진행하는 과정이 아니라 궁극적으로 최후에 도달하는 상태 혹은 멀리 떨어져 있는 목표로 인식하는 경향, 즉 발달(Becoming)이 아니라 존재(Being)*로 인식하는 경향이 있다.

우리가 성장을 궁극적인 자기실현으로 이끄는 다양한 절차와 과정으로 정의한다면, 이러한 정의는 성장이 인간의 역사를 통틀어 지속적으로 이루어지고 있다는 기존의 사실들과 훨씬 잘 부합한다. 또한 이러한 정의는 동기가 자기실현을 향해 단계적으로 나아간다는, 즉 이 단계 아니면 저 단계라는 식의 도약적 개념을 약화시킨다. 이러한 도약적 개념에 따르면, 한 단계 높은 상위동기가 발생하고 우리가 그것을 인식하려면, 그전에 이미 기본적 동기들을 하나씩 모두 완벽하게 충족시켜야 한다. 결국, 성장을 지속적 절차와 과정으로 정의하면, 성장이란 기본 욕구가 사라질 때까지 그러한 기본 욕구를 점진

---

* 앞서도 설명했지만 이 책에서는 Being을 존재로, Becoming을 발달로 번역했다. 다시 한 번 반복하면 여기서의 발달이라는 용어는 변화의 의미를 강하게 가지고 있지만, 발전이나 진보의 의미도 어느 정도 지니고 있다. 이 책에서는 대부분 존재와 발달이라는 용어를 쌍을 지어 사용하면서 대비하고 있다. 그러므로 존재와 발달이라는 용어가 원어 표기 없이 나오면, 이것이 Being과 Becoming의 번역어라고 이해하면 무리가 없을 것이다. 심리학계에서는 development 역시 발달로 번역하는데, 이때의 발달은 거의 전적으로 변화를 의미한다는 데 오늘날의 발달 심리학자들 대부분이 동의한다.

적으로 충족시키는 과정일 뿐만 아니라, 기본 욕구를 초월하는 특별한 형태의 성장동기, 가령 재능, 능력, 창조성, 타고난 잠재력 같은 것들이다. 그래서 우리는 기본 욕구와 자기실현이 미성숙과 성숙의 관계처럼 서로 상반된 것이 아님을 쉽게 깨달을 수 있다. 자기실현으로 발전해갈 때, 이러한 자기실현을 위한 필수적인 선행 조건이 바로 기본 욕구이다.

우리가 여기서 탐색하고자 하는 기본 욕구와 성장욕구의 차이는 자기실현한 사람과 그렇지 못한 사람의 삶이 동기적 차원에서 보이는 질적인 차이를 임상적으로 해석한 결과이다. 다음에 나열한 차이점들은 성장욕구와 결핍욕구를 완벽하게 설명해주진 못한다 해도 상당히 훌륭하게 기술하고 있다. 예를 들어 성욕이나 배설, 수면, 휴식 같은 모든 생리적 욕구가 결핍에 의해 생기지는 않는다는 말이다.

어쨌든 누군가 자신의 결핍욕구를 충족시키고자 할 때 그리고 성장과 자기실현 내지 '초월적 욕구로 동기화되어 있을 때', 그의 심리적 삶은 그렇지 않은 사람과 비교하면 많은 측면에서 차이가 있다. 다음의 차이점들이 이 점을 더욱 극명하게 보여준다.

1. 충동에 대한 태도 : 충동 거부와 충동 수용

실질적으로, 과거든 현재든 동기에 관한 모든 이론은 하나같이 욕구나 추동 및 동기적 상태를 성가시고, 짜증스럽고, 불쾌하고, 탐탁지 않아 제거해야 할 것으로 여긴다. 동기화된 행동이나 목표 추구적 사고, 욕구 충족적 반응은 모두 이러한 불편한 상태를 감소하기 위한 일종의 기술들이다. 동기에 대한 이런 태도는 동기를 욕구 감소, 긴장 감소, 추동 감소, 불안 감소라고 표현할 때 매우 분명하게 드러난다.

이러한 접근법은 주된 연구 대상이 동물인 동물 심리학과 행동주의에서 찾아볼 수 있다. 동물은 결핍욕구만을 갖고 있을 수 있다. 이것이 사실이든 아니든 간에, 우리는 자신들의 객관성을 확보하기 위해 동물들이 오직 결핍욕구만을 가지고 있다고 주장해왔다. 목표 대상이 유기체 밖에 있는 무엇일 경우에만, 그 유기체가 이러한 목적을 달성하기 위해 투입한 노력을 측정할 수 있다.

충동을 위험하고 극복해야 할 대상이라고 생각하는 프로이트 심리학 역시 동기에 대해 이와 같은 시각을 지녔음을 알 수 있다. 결국 이러한 시각을 지닌 대다수의 심리학은 아픈 사람들의 경험이나 자신들의 욕구 충족, 좌절과 관련된 좋지 못한 경험으로 고통받는 사람들에 기초하고 있다. 그러한 사람들은 골치 아프고 다루기 어려운 자신들의 충동을 두려워하고 지긋지긋해한다. 그들이 이런 충동을 다룰 수 있는 유일한 방법이 억압이라는 점은 너무나 자명하다.

물론 소망과 욕구에 대한 이런 식의 평가 절하는 철학이나 신학, 심리학의 역사를 통틀어 끊임없이 있어왔다. 스토아철학자들, 대다수의 쾌락주의자들, 대다수의 신학자들, 수많은 정치철학자들 그리고 대부분의 경제 이론가들이 제기한 한결같은 의견에 따르면, 선과 행복 및 기쁨은 본질적으로 소망, 욕망, 욕구와 같은 불쾌한 상태를 개선한 결과이다.

다시 말해, 이러한 사람들은 소망이나 충동을 성가신 것으로 혹은 심지어 위협적인 것으로 여김에 따라 그러한 욕구들을 제거하거나 부정하거나 회피하고자 노력한다.

때때로 이러한 논쟁은 과연 무엇이 옳은지를 정확하게 밝혀주기도 한다. 사실 생리적 욕구, 안전, 사랑, 존경, 지식에 관한 욕구는 이러한 욕구를 충족시키는 데 실패한 경험이 있거나 현재 충족시키지 못하고 있는 대다수의 사람에게는 때론 불쾌한 존재이면서 심리적 고통의 원인이자 다른 문제를 만들어내는 장본인이다.

하지만 이러한 결핍동기조차도 실제로는 많이 과장되어 있다. 1) 그러한 동기와 관련된 과거의 경험이 매우 유익했다면 2) 현재 그리고 앞으로 그러한 욕구를 충족시킬 수 있다면, 사람들은 자신의 욕구를 허용하고, 그것을 즐기며, 자신의 의식 속에서 수용한다. 예를 들어, 먹는 것을 좋아하는 사람의 눈앞에 먹을 수 있는 음식이 충분히 놓여 있다면, 의식적 수준에서 생겨난 식욕은 두려움의 대상이 아니라 환영할 만한 대상이 된다. ("음식 섭취에 문제가 있으면 식욕은 사라진다.") 이와 같은 원리가 갈증, 수면, 성욕, 의존과 사랑의 욕구에도 적용된다. 하지만 성장(혹은 자기실현)동기에 대한 최근의 이해와 관심에서 '욕구가 불쾌한 존재'라는 이론에 대한 더욱 강력한 반론을 찾을 수 있다.

자기실현이라는 명목 하에 발생하는 다수의 독특한 동기들을 모두 나열하는 것은 거의 불가능하다. 왜냐하면 각 개인은 서로 다른 재능과 능력 및 잠재성을 가지고 있기 때문이다. 하지만 몇몇 특성들은 그들 모두에게 보편적으로 존재하고, 여기에 속한 사람들은 이러한 충동을 소망하고, 즐겁게 받아들이고, 즐기고, 좋아하며, 더 많이 원하게 된다. 또한 이러한 충동이 긴장감을 불러일으킨다면, 그것은 유쾌한 것이다. 창조자는 자신의 창조적 충동을 기꺼이 받아들이며, 재능 있는 사람들 역시 자신의 재능을 키우고 사용하는 것을 즐긴다.

앞서 제시한 긴장 감소의 예들이 불쾌한 마음 상태의 제거를 의미한다고 말하는 것은 옳지 않다. 왜냐하면 이러한 마음 상태가 불쾌하지 않기 때문이다.

2. 욕구 충족의 상이한 효과들

유기체의 일차적 목적이 불쾌한 욕구를 제거하여 긴장 해소, 평형 상태, 항상성, 정지, 휴지 상태, 고통의 부재에 이르는 것이라고 생각하는 데는 일반적으로 욕구에 대한 부정적 태도가 들어 있다.

추동이나 욕구는 유기체로 하여금 그러한 추동이나 욕구를 해소하도록 압박한다. 욕구가 유일하게 추구하는 것은 긴장 해소, 욕구 그 자체의 제거, 그리고 결핍 없는 상태이다. 욕구에 대한 이러한 논리를 극단적으로 끌고 가면, 우리는 결국 프로이트의 죽음의 본능으로 끝을 맺게 된다.

앙얄, 골트슈타인, 올포트, C. 불러, 샤텔 등은 이처럼 본질적으로 순환적인 견해를 효과적으로 비판했다. 본질적으로, 동기화된 삶의 목적이 불쾌한 긴장을 효과적으로 제거하는 것이라면, 또한 긴장 감소의 유일한 최종 결과물이 원치 않는 긴장 상태가 발생하기를 기다렸다가 그것을 제거하는 것이라면, 어떻게 변화나 발달 혹은 운동이나 방향성이 생겨날 수 있을까? 왜 사람들은 향상되는가? 왜 더 현명해지는가? 삶에서의 열정은 무엇을 의미하는가?

C. 불러(22)는 항상성 이론(theory of homeostasis)과 휴지 이론(theory of rest)이 서로 다르다고 지적한다. 후자는 긴장 제거와 연관되는 것으로, 단순히 긴장이 전혀 없는 상태를 최상의 상태로 본다. 항상성

은 긴장이 전혀 없는 상태가 아니라 긴장이 최적 수준에 이르는 것을 의미한다. 가령 혈압이 너무 높을 수도 있을 뿐만 아니라 너무 낮을 수도 있는 것처럼, 이 말은 때로는 긴장의 감소를 의미하고 때로는 긴장의 증가를 의미한다.

앞의 두 가지 중 어떤 경우든, 전 생애를 통해 일정한 방향성이 없다는 것은 분명하다. 또한 두 경우 모두 인격의 성장, 지혜의 증가, 자기실현, 성격의 강화 및 인생의 설계를 설명하지 않을 뿐 아니라 설명할 수도 없다. 전 생애를 통한 발달을 이해하기 위해서는 몇몇 장기적인 벡터 혹은 방향을 지닌 경향성에 의존해야 한다.(72)

사람들이 평가하기에, 휴지 이론은 결핍동기조차 제대로 설명하지 못한다. 휴지 이론은 모든 개별적 동기들을 통합하고 연결할 수 있는 역동적 원리를 이해하지 못하고 있다. 서로 다른 기본 욕구들은 위계적 순서에 의해 서로 관련되어 있다. 결과적으로, 몇몇 욕구를 충족시키고 그것을 제거하면, 휴지 상태 또는 냉정한 무관심 상태가 이어지는 것이 아니라, 또 다른 '더 높은 수준의' 욕구가 출현한다. 원하고 바라는 것이 '더 나은 상위' 수준에서도 계속 존재하기 때문에, 휴지 이론은 결핍동기에서조차 적절하지 못하다.

강력한 성장동기를 가진 사람들을 연구할 때, 동기가 휴지 상태에 도달한다는 생각은 아무런 의미가 없다. 이러한 사람들의 경우, 만족은 동기를 감소시키기보다는 오히려 증가시키고, 흥분을 완화시키기보다는 오히려 강화한다. 욕구는 강화되고 고조된다. 예를 들어 배우면 배울수록 점점 더 많은 것을 배우고자 하는 사람처럼, 욕구는 점점 더 감소하는 것이 아니라 점점 더 강해진다. 그런 사람은 휴지 상태에 도달하기보다는 오히려 더 활동적으로 된다. 충족은 성장욕구를 완화하기보다는 자극한다. 가령 훌륭한 의사가 되고 싶다는 등의 소망과 야심의 실현, 바이올린 연주자나 훌륭한 목수와 같은 멋진 기술의 습득, 사람이나 삼라만상 혹은 자신에 대한 이해의 지속적 증가, 분야에 상관없는 창조성의 발달, 그리고 무엇보다 중요한 것으로 훌륭한 인간이 되고자 하는 일반적인 포부처럼, 성장은 본질적으로 보람 있고 흥미로운 과정이다.

오래전에 베르트하이머(172)는 본연의 진정한 목표를 추구하는 행위가 일생의 10%에도 미치지 못한다고 다소 역설적인 방법으로 주장하면서, 결핍동기와 성장동기의 또 다른 측면을 강조했다. 사람들은 특정 행위 자체를 내적으로 즐길 수도 있고, 아니면 바람직한 만족을 이끌어내는 도구적 유용성 때문에 그러한 행위를 중시하고 가치를 부여할 수도 있다. 후자의 경우, 행위가 성공적이거나 효과적이지 않으면, 그 행위는 가치를 상실하고 즐겁지 않게 된다. 쉽게 말해, 사람들은 행위 자체를 즐기는 것이 아니라 단지 목표를 즐기는 것이다. 이것은 삶 자체보다 삶의 마지막 순간에 천국에 가는 것을 더 가치 있게 생각하는 태도와 비슷하다. 이러한 일반화에 근거하면, 자기실현하는 사람들은 대체로 그리고 실질적으로 삶의 모든 측면을 향유하는 반면, 그렇지 못한 대부분의 사람들은 그저 가끔 발생하는 성공의 순간, 성취의 순간이나 최고조 그리고 절정경험의 순간만을 즐긴다.

부분적으로, 삶이 가지는 본질적 의미는 성장의 과정 및 성장의 완성에 따른 즐거움에서 비롯된다. 그러나 이 역시 건강한 사람들이 수단적 행위를 목적적 경험으로 전환할 수 있는 능력에서 비롯되는데, 그렇게 함으로써 도구적 행위조차 마치 목적적 행위인 것처럼 향유할 수 있다.(97) 성장동기의 특성은 장기적일 수 있다. 따라서 생의 대부분이 훌륭한 심리학자나 훌륭한 예술가가 되는 것과 관련될 수 있다. 그런데 대부분의 평형 이론이나 항상성 이론 또는 휴지 이론은 서로 아무런 관련성이 없는 단기적인 사건들만을 다루고 있다.

올포트는 특히 이러한 점을 강조해서, 계획성과 미래에 대한 탐색은 인간의 주된 특성 또는 건강한 인간의 본질이라고 지적한다. "결핍동기는 사실상 긴장의 감소와 평형 상태의 회복을 요구한다. 반면에 성장동기는 장기적이고, 종종 성취하기 어려운 목적을 위해 긴장을 유지한다. 그렇기 때문에, 성장동기는 인간과 동물을 그리고 성인과 유아를 구분한다"는 점에 올포트는 동의한다.

3. 욕구 충족의 임상적·성격적 효과

결핍욕구의 충족과 성장욕구의 충족이 성격에 미치는 주관적·객관적 영향은 서로 다르다. 내가 여기서 전반적으로 말하고자 하는 것은 다음과 같다. 즉 결핍욕구의 충족은 질병을 예방하고, 성장욕구의 충족은 긍정적인 건강을 가져온다. 연구 목적을 지금 분명히 밝히기는 어려울 것이라는 점은 인정한다. 그러나 위협이나 공격에 대한 방어와 긍정적인 성공과 성취 사이에, 그리고 자신을 보호하고, 방어하고, 보존하는 것과 자신을 실현하고, 자극하고, 확장하는 것 사이에는 임상적으로 분명한 차이가 존재한다. 이러한 임상적 차이를 표현하는 한 방법으로, 나는 충만한 삶을 사는 것과 충만한 삶을 살기 위해 준비하는 것 간의 차이 그리고 성장하는 것과 성장한 것 간의 차이를 대비시켰다. 나는 또한 (고통을 차단하기 위한) 방어기제와 (성공하고, 난관을 헤쳐나가기 위한) 대처기제 간의 차이를 대비시켰다.

4. 서로 다른 종류의 쾌락

그 이전에도 매우 많은 사람들이 그래왔듯이, 에리히 프롬(50) 역시 하위 쾌락과 상위 쾌락을 구분하기 위해 흥미롭고도 중요한 노력을 해왔다. 이러한 구분은 윤리의 주관적 상대성을 극복하려면 반드시 필요하고, 과학적 가치 이론을 정립하는 데도 필수 조건이다.

프롬은 결핍 쾌락과 충만 쾌락, 즉 욕구의 충족이라는 '하위' 쾌락과 통찰력의 생산, 창조, 성장이라는 '상위' 쾌락을 구분한다. 결핍을 충족시켰을 때 뒤따라오는 포만감, 이완, 긴장의 상실은 기껏해야 '해소'라고 부를 만한 것이다. 이것은 개인이 원활하고 완전하게 기능하고 있을 때, 그리고 자기 능력의 최고조에서, 말하자면 최상의 활동 상태에서 경험하는 열정, 황홀경, 평온함과는 대조된다.(6장 참조)

'해소'는 사라지는 어떤 것과 매우 밀접하게 관련되어 있는데, '해소' 그 상태 자체도 실은 사라지기가 쉽다. 성장을 수반하는 쾌락은 꾸준히 지속될 수 있지만, 해소는 덜 안정적이고, 덜 지속적이며, 덜 일관적임에 틀림없다.

5. 성취 가능한 (일시적인) 목표 상태와 성취하기 어려운 목표 상태

결핍욕구의 충족은 일시적이며 절정 상태를 가지는 경향이 있다. 여기서 일반적으로 사용하는 도식은 행동을 자극하고 동기화하는 상태에서 출발하는데, 이러한 자극 상태는 목표 상태를 달성하기 위해 동기화된 행동을 야기한다. 또한 소망과 흥분이 점진적·안정적으로 상승하면서, 목표 상태는 목표를 성취하는 순간 최고조에 달한다. 이러한 소망의 절정곡선에서, 흥분과 쾌락은 긴장 해소라는 차분한 안정 상태로 급격히 떨어지고 동기는 사라지게 된다.

비록 보편적으로 적용할 수는 없지만, 어쨌든 이러한 도식은 성장동기라는 상황과는 매우 뚜렷하게 비교된다. 왜냐하면 성장동기를 절정 상태로 정의할 경우, 이러한 동기는 특성상 절정이나 완성이 없고, 오르가슴의 순간도 없으며, 목표 상태나 심지어 목표도 없기 때문이다. 하지만 이러한 성장은 연속적이고 다소 안정적으로 상향적이며 앞으로 나아가는 발달이다. 더 많은 것을 얻을수록 더 많은 것을 원하게 되기 때문에, 이러한 종류의 소망은 끝이 없고 결코 성취되거나 충족되지도 않는다.

일반적으로 성장 행동의 자극, 목표 추구 행동, 목표 대상 및 그것이 가져오는 효과를 분리하는데, 이러한 분리가 전적으로 실패할 수밖에 없는 이유가 여기에 있다. 행동은 그 자체가 목표이기 때문에, 성장을 위한 자극에서 성장 목표를 분리하는 것은 불가능하다. 그들은 모두 동일한 것이다.

6. 종(種) 보편적 목표와 개체 특유의 목표

결핍욕구는 인간 종의 구성원들이 대부분 공유하고 있고, 어느 정도까지는 다른 종들 또한 공유하고 있다. 모든 사람은 서로 다르기 때문에, 자기실현은 개인마다 독특하다. 보통, 진정한 개성이 완전히 발달하기 전에 결핍동기, 예를 들면 특정 종의 구성원 모두에게 필수적인 것들을 충분히 충족시켜주어야 한다.

모든 나무가 태양, 물, 양분과 같은 환경적인 요소를 필요로 하는 것처럼, 사람들도 모두 그들의 주위 환경이 제공하는 안전과 애정과 지위를 필요로 한다. 그러나 두 경우 모두, 결핍욕구의 충족에 바탕을 두고 개성을 발달시키는 것이 실질적으로 가능하다. 왜냐하면 일단 이처럼 기본적이고 종 전체가 필요로 하는 조건들을 충족시켰을 때, 각각의 나무와 사람은 이것을 자신의 개인적인 목적을 위해 사용하면서 고유한 방식으로 발달해나가기 때문이다. 매우 중요한 의미에서, 이후의 발달은 외부보다는 내부에서 더 많이 결정된다.

7. 환경에 대한 의존과 환경에서의 독립

안전, 소속, 애정 관계 및 존경에 관한 욕구는 타인에 의해서만, 다시 말해 개인의 외부에서만 충족될 수 있다. 이것은 우리가 환경에 상당히 의존하고 있음을 의미한다. 이러한 의존적 상황에 처한 사람은 실제 스스로를 지배하고 있다거나 자신의 운명을 통제하고 있다고 말할 수 없다. 그러한 사람은 필요한 욕구 충족을 공급하는 원천에 얽매여 있어야만 한다. 그러한 사람은 이 원천이 가지고 있는 소망, 변덕, 규칙과 법칙의 지배를 받고 있기 때문에, 공급의 원천을 거스르지 않기 위해 그 원천의 요구에 응해야 한다. 그러한 사람은 어느 정도 '타인 지향적'이어야 하고, 타인의 승인과 애정과 선의에 민감하게 반응해야 한다. 다른 말로 하면, 그 사람은 고분고분하고 반응적이 됨으로써 그리고 외부 상황에 맞추기 위해 스스로를 변화시킴으로써 적응하고 순응해야 한다. 그 사람은 종속변인이고 환경은 고정된 독립변인이다.

이러한 이유 때문에, 결핍동기화된 사람은 환경을 더 두려워해야 하는데, 왜냐하면 환경은 그런 사람을 저버리거나 실망시킬 가능성을 항상 가지고 있기 때문이다. 이제 우리는 이런 유의 불안한 의존이 적대감도 조성한다는 것을 알게 되었다. 개인의 행불행에 따라 조금 다를 수 있지만, 결국 이러한 모든 것은 자유의 부재를 의미한다.

이와 반대로, 자신의 기본 욕구를 충족시킨, 자기실현하는 사람은 훨씬 덜 의존적이고, 훨씬 덜 종속적이며, 훨씬 더 자율적이고 자기 지향적이다. 타인을 필요로 하기는커녕, 성장동기화된 사람들은 실제로 타인에게 방해를 받을 수도 있다. 나는 성장동기화된 사람들이 사생활, 세속에서의 초연 및 명상을 특히 선호한다는 점을 이미 보고한 바 있다.(97, 13장도 참조) 그러한 사람들은 훨씬 더 자급자족적이고 자기 충족적이다. 이제 그들을 지배하는 결정 요인들은 사회적이거나 환경적인 것이라기보다는 주로 내적인 것이다. 자신의 내적 본질의 법칙, 잠재성과 능력, 재능, 잠재적 소질, 창조 욕구, 자신을 알고자 하는 욕구, 더 완성되고 통합되고자 하는 욕구, 진정한 나, 내가 진정으로 원하는 것, 그리고 나의 소명이나 천직 또는 운명을 알고자 하는 욕구가 그러한 결정 요인들이다.

성장동기화된 사람들은 다른 사람들에게 덜 의존적이기 때문에, 타인에게 덜 양가적이고, 덜 불안해하고, 덜 적대적이며, 그들의 칭찬과 애정을 덜 필요로 한다. 그들은 명예, 명성, 보상도 많이 걱정하지 않는다.

또한 자율이나 환경에서의 상대적 독립은 불행이나 역경, 비극, 스트레스, 박탈감과 같은 어려운 외적 상황에서의 상대적 독립을 의미한다. 올포트가 강조했듯이, 필연적으로 반응적인 존재, 자극-반응의 존재, 외적 자극에 의해 움직이도록 되어 있는 존재로서의 인간 개념은 자기실현하는 사람들에게는 순전히 터무니없고 설득력이 없는 개념이다. 자기실현하는 사람들의 행동은 근본적으로 반응적이기보다는 의도적이다. 물론, 외부 세계 그리고 외부 세계의 소망과 압력에서 상대적으로 독립되어 있다는 것이 그러한 세계와 전혀 교류를 하지 않거나 그러한 세계의 '요구'를 존중하지 않는다는 것을 의미하지는 않는다. 이 말은 자기실현하는 사람들에게는 단지 외부 세계와의 교류 속에서 주어지는 환경의 압력보다는 자신들의 소망과 계획이 주된 결정 요인임을 의미한다. 나는 이것을 지리학적 자유와는 대조되는 의미에서 심리적 자유라고 부르기로 했다.

올포트는 행동의 '기회주의적(opportunistic)' 결정과 '독자적(propriate)'[3] 결정을 의미심장하게 대조했는데, 이는 우리의 외적·내적 결정 간의 대조와 매우 유사하다. 또한 올포트의 이러한 구분과 관련지어, 생물학적 이론가들은 완전한 개성, 진정한 자유, 전체 진

---

3 고든 올포트는 성격의 핵심에 깊게 뿌리를 두고 있는 개인의 모든 측면을 나타내기 위해서 (라틴어 proprius ; '자기 자신의'로부터) 'proprium'과 'propriate'라는 용어를 만들었다. '기회주의적'이라는 용어는 올포트가 성격 중에서 깊게 뿌리를 두지 않는 측면을 기술하기 위해서 사용한 용어이다. 《성격의 본질(The Nature of Personality)》(Cambridge, MA: Addison-Wesley, 1950) 그리고 《발달(Becoming)》(New Haven : Yale University Press, 1955)을 볼 것.

화적 과정을 규정하는 특징으로 자율 및 환경적 자극에서의 독립성 증가를 꼽는 데 모두 동의하고 있다.(156)

8. 타산적인 대인 관계와 사심 없는 대인 관계

본질적으로, 결핍동기화된 사람은 주로 성장동기화된 사람보다 타인에게 훨씬 더 많이 의존적이다. 결핍동기화된 사람은 더욱 '타산적'이며, 필요한 것이 더 많고, 더 종속적일 뿐 아니라 바라는 것도 더 많다.

이러한 의존성이 대인 관계를 채색하고 제한한다. 사람을 주로 욕구 충족자나 공급의 원천으로 보는 것은 상대의 일부만을 보는 행동이다. 이들은 사람을 완성체나 복잡하고 독특한 개인으로 보기보다는 유용성이라는 관점에서 본다. 상대방이 가지고 있는 것 중에서 지각자의 욕구와 부합하지 않는 것은 전적으로 간과되거나 또는 지각자를 지루하게 하거나 짜증나게 하고, 때론 위협하는 존재들이다. 이러한 관계는 작가나 택시기사, 짐꾼, 경찰, 또는 기타 우리가 특정한 목적을 위해 사용하는 사람들뿐만 아니라 소, 말, 양 등과 맺는 관계와 유사하다.

다른 사람에게 필요로 하는 것이 하나도 없을 때 그리고 그런 사람을 필요로 하지 않을 때, 우리는 그런 사람을 아무 사심 없이, 아무 바라는 것 없이, 그저 객관적이고 총체적으로 인식할 수 있다. 자기실현하는 (혹은 자기실현하는 순간에 있는) 사람의 경우에, 한 인간 전체를 독특한 존재로 그리고 심미적으로 지각하는 것이 훨씬 더 용이하다. 또한 타인들이 제공한 유용성에 보답하기 위해서라기보다는 객관적이고, 내재적인 그들의 특성에 근거해서 타인들을 인정하고, 칭찬하고, 사랑하게 된다. 즉 그 사람이 아첨하거나 칭찬하기 때문이 아니라, 객관적으로 칭찬받을 만한 특질을 가지고 있기 때문에 그를 칭찬한다. 그 사람이 사랑을 주기 때문이 아니라, 사랑받을 만하기 때문에 그를 사랑한다. 가령 아브라함 링컨에 대한 사랑처럼, 이것은 욕구에 근거하지 않은 사랑으로, 우리는 조금 후에 이러한 사랑에 대해 논의할 것이다.

다른 사람과 맺는 '타산적'이고 욕구 충족적인 관계의 한 가지 특징은 대개의 경우 욕구를 충족시켜주는 사람을 다른 사람으로 대체할 수 있다는 점이다. 예를 들면 청소년기의 소녀는 칭찬 그 자체를 필요로 하기 때문에, 이런 칭찬을 누가 하느냐는 별로 중요치 않다. 이 사람이 칭찬을 하든 저 사람이 칭찬을 하든 아무런 차이가 없다. 애정이나 안전을 제공하는 사람의 경우도 마찬가지다.

지각자의 결핍욕구가 강하면 강할수록, 다른 사람을 사심 없이, 보상을 바라지 않고, 유용성과 무관하게, 바라는 것 없이, 그리고 그 사람을 유일하고, 독립적이며, 그 자체로 목적적인 존재, 다시 말해 도구라기보다는 한 사람으로 지각하기가 더욱더 어렵다. 가령 발달 가능한 인간 관계의 최고 수준을 이해하는 것과 마찬가지로, 최고 수준의 대인간 심리학은 동기의 결핍 이론에 근거할 수 없다.

9. 자아 중심과 자아 초월

자기(self) 또는 자아(ego)에 대해 성장 지향적인, 자기실현하는 사람들이 가지는 복잡한 태도를 기술하고자 할 때, 우리는 어려운 모순에 직면하게 된다. 자기실현하는 사람은 자아 강도가 최고조에 있고, 매우 쉽게 자아에 개의치 않거나 자아를 초월하고, 매우 문제 중심적이고, 매우 헌신적이며, 매우 자발적으로 활동하기 때문에 앙얄의 용어를 사용하면(6) 이런 사람은 매우 조화로운 사람이다. 이런 사람은 지각이나 활동, 향유 그리고 창조하는 일에서 매우 완벽하고 순수할 뿐 아니라, 총체적으로 몰입할 수 있다.

결핍된 욕구가 많을수록 자기 의식적이거나, 자기중심적이거나, 욕구 충족 지향적으로 되기 때문에 세상에 전념할 수 있는 능력을 갖기가 더 어려워진다. 성장동기화된 사람일수록 더욱 문제 중심적이 될 수 있고, 객관적인 세상을 다룰 때 자의식을 더 초월할 수 있다.

10. 대인 간 심리 치료와 개인 내 심리학

심리 치료를 받고자 하는 사람들의 주요한 특징으로는 과거에 그리고/또는 현재에 기본 욕구를 충족시키지 못하고 있다는 점을 들 수 있다. 신경증은 결핍으로 인한 질병으로 볼 수 있다. 그렇기 때문에 치료를 위해 기본적으로 해야 할 일은 결핍되어 있는 것을 공급하거나 환자가 그것을 직접 공급하도록 하는 것이다. 이러한 공급은 타인에게서 유래하기 때문에, 치료가 대인 관계적인 행위임에는 틀림없다.

그러나 이러한 사실을 너무 과도하게 일반화하는 경향이 있다. 결핍욕구를 충족시켜서 기본적으로 성장동기화된 사람들도 현실적으로 갈등이나 불행, 불안 및 혼동에서 결코 자유로울 수 없다. 이러한 순간에 이들 역시 도움을 청하는 경향이 있는데, 이렇게 대인 관계적 치료에 도움을 청하는 것은 너무나 당연하다. 그러나 성장동기화된 사람들은 다른 사람의 도움을 구하기보다는 자기 탐색과 같은 성찰적 방식으로 주의를 내부로 돌려, 혼자 힘으로 문제와 갈등을 해결한다는 사실을 잊어서는 안 된다. 원론적으로, 자기실현을 위한 과제들 중에서 다수는 계획 수립, 자기 발견, 발달시킬 잠재력의 선택, 인생관의 구축과 같이 대개 개인 내적인 것에서 비롯된다.

성격 발달 이론은 자기 개선, 자기 탐색, 성찰과 명상을 고려할 수 있는 여지를 남겨두어야 한다. 성장의 후반부에서 사람은 필연적으로 혼자이고 오로지 자신만을 의지할 수 있다. 건강한 사람의 이러한 발달을 오즈월드 슈바르츠(Oswald Schwarz, 151)는 "사이코고지(psychogogy)"라고 언급했다. 심리 치료가 아픈 사람을 아프지 않게 만들고 증상을 없앤다면, 치료가 끝나는 시점에 생긴 사이코고지가 더는 아프지 않은 이 사람을 건강하게 만들려고 한다.

나는 로저스(142)의 연구에서 성공적인 치료 후 환자의 백분점수가 윌로비 성숙 척도(Willoughby Maturity Scale) 25에서 50까지 높아졌다는 사실을 발견하고는 흥미를 느꼈다. 그 후에는 누가 이 환자를 백분점수 75까지 향상시킬 것인가? 아니면 100까지는 누가 향상시킬 것인가? 이 일을 하기 위해 우리는 새로운 원리와 기술을 필요로 하게 되지 않을까?

11. 도구적 학습과 성격 변화

이 나라에 존재하는 이른바 학습 이론은, 욕구를 충족시키기 위한 최선의 방법을 학습하는 것처럼, 보통 유기체 외부에 목표 대상을 가지고 있는 결핍동기에 거의 전적으로 기초하고 있다. 여러 이유 중 이러한 이유 때문에, 학습 심리학은 삶의 좁은 영역에서만 쓸모가 있고, 실제로 '학습 이론가'에게만 흥미를 끄는 한정된 지식체계이다.

이러한 심리학은 성장과 자기실현이라는 문제를 해결하는 데 거의 도움을 주지 못한다. 성장과 자기실현의 경우, 동기적 결핍을 반복적으로 충족시키기 위한 기술을 외부 세계에서 획득해야 할 필요가 훨씬 적다. 연합 학습과 행동 조형*은 지각적 학습(123) 통찰력과 이해의 증가, 자신에 대한 지식의 증가, 통합 및 내적 일관성의 증가와 같은 성격의 안정적 성장에 자리를 내주고 있다. 습관이나 연합을 하나씩 더 획득하려는 변화는 점점 적어지고, 개인 전체의 총체적 변화는 점점 더 커진다. 예를 들면 동일한 사람으로 남아 있으면서 몇몇 습관을 새로운 외적 소유물처럼 더 획득하는 것이 아니라, 완전히 새로운 사람이 되는 것이다.

이러한 종류의 성격 변화는 매우 복잡하고, 고도로 통합적이면서, 전체적인 유기체의 변화를 의미한다. 따라서 이것이 의미하는 바에 의하면, 성장과 자기실현을 하는 사람은 좀더 안정적이고 자율적이 되면서 변화를 초래하는 요인들을 점점 더 거부하기 때문에, 결국 그 같은 요인들은 어떠한 변화도 가져오지 못할 것이다.

---

* 행동주의 심리학에서 주로 사용하는 용어로, 연합 학습은 자극과 반응을 연합해서 이루어지는 학습을 의미한다. 예를 들어, 물에 빠져본 아이가 물만 보면 두려움을 느낄 때, 이 아이는 물과 두려움이라는 것을 연합해서 이를 학습한 것이다. 행동 조형은 궁극적으로 복잡한 행동을 습득하기 위해 거쳐야 할 여러 하위 단계의 행동들을 난이도 순으로 구체화한 다음, 순차적으로 이 하위 행동을 습득하도록 해서, 궁극적인 목표 행동을 학습하게 하는 학습 기법이다.

종종 내 연구 대상자들이 보고한 가장 중요한 학습 경험은 비극, 죽음, 외상, 대화 및 뜻밖의 통찰과 같이 독신 생활에 관한 경험이었다. 이러한 경험들은 그 사람들의 인생관을 변화시키고 결국 그 개인의 모든 것을 변화시켰다. (물론 비극적 사건 또는 비극적 통찰을 소위 '극복하는 것'은 장기간에 이루어지지만, 이 또한 근본적으로 연합 학습의 문제는 아니다.)

억압과 제약을 제거하여 그 사람이 '자기 자신이 되는 것'을 허용하는 것, 행동을 반복하기보다는 오히려 행동을 이른바 '발산하여' 분출하도록 허용하는 것, 그리고 자신의 내적 본질을 드러낼 수 있도록 허용하는 것에 성장이라는 의미가 포함되어 있는 만큼, 자기실현하는 사람의 행동은 바로 그만큼 획득된 것이 아니라 창조되고 표출된 것이며, 대처하는 것이라기보다는 드러내 보이는 것이다.(97, p. 180)

12. 결핍동기화된 지각과 성장동기화된 지각

이 둘 간의 많은 차이들 가운데 가장 중요한 차이는 결핍동기를 충족시킨 사람들이 그렇지 않은 사람들에 비해 존재(Being)의 영역에 훨씬 더 가까이 위치하고 있다는 점이다.(163) 그동안 철학자들이 모호하게 관할권을 행사해온 이 영역에서 심리학자들은 자기 주장을 할 수 없었다. 이 영역이 모호해 보일지라도, 실제로는 의심의 여지 없이 분명한 근거를 가지고 있다. 하지만 이제 자기실현하는 사람들에 대한 연구를 통해, 우리는 가능한 모든 종류의 기본적 통찰과 접할 수 있게 되었다. 비록 철학자들에게는 이러한 통찰이 오래된 것이지만 우리에게는 새로운 것이다.

예를 들어 우리가 욕구와 이해 관계가 있는 지각과 이해 관계가 없는 혹은 바라는 것이 없는 지각 간의 차이를 신중하게 연구한다면, 지각 및 지각하는 세계에 대한 우리의 이해는 많이 변화하고 넓어질 것이다. 이해 관계가 없는 지각은 훨씬 더 구체적이고, 덜 추상적이고, 덜 선택적이기 때문에, 그러한 사람은 지각 대상의 내적 본질을 더 쉽게 볼 수 있다. 또한 그러한 사람은 상반되는 것들과 이분된 것들, 양극단적인 것들과 모순되는 것들 그리고 양립할 수 없는 것들을 동시에 지각할 수 있다.(97, p. 232) 반면에 덜 발달한 사람들은 계층과 개념을, 가령 남성-여성, 이기적인-이타적인, 성인-아동, 친절한-잔인한, 좋은-나쁜 등과 같이 예리한 경계선으로 구분하여 상호 배타적이고 양립할 수 없는 것으로 보는 아리스토텔레스의 세계에 살고 있다.

아리스토텔레스의 논리에서는 A는 A이고 그 외의 모든 것은 A가 아니며, 이 둘은 절대로 만날 수 없다. 그러나 자기실현하는 사람들의 눈에는 A와 A가 아닌 것이 하나로 서로 융합되어 있으며, 모든 사람은 동시에 선과 악, 남성과 여성, 성인과 아동일 수 있다. 한 사람의 전부를 하나의 연속선상에 놓을 수 없고, 단지 그 개인에게서 발췌한 하나의 측면만을 그러한 차원에 위치시킬 수 있다. 하나의 존재 전체를 비교할 수 있는 대상은 없다.

욕구가 우리의 지각을 결정할 때에도 우리는 그것을 인식하지 못할 수 있다. 그러나 타인이 우리를 이런 식으로 지각할 때, 가령 우리를 단순히 금전 기부자, 음식 공급자, 안전 제공자, 의지할 수 있는 사람, 식당 종업원, 또는 그 외의 익명의 봉사자나 목적을 위한 수단으로 지각할 때, 우리는 그러한 사실을 매우 잘 알 수 있게 된다. 이런 일이 발생하면 우리는 별로 좋아하지 않는다. 우리는 우리 자체로서, 완전하고 총체적인 개인으로서 받아들여지기를 바란다. 우리는 유용한 대상이나 도구로 지각되는 것을 싫어한다. 우리는 '이용되는' 것을 싫어한다.

일반적으로, 자기실현하는 사람들은 자신의 욕구를 충족시킬 수 있는 자질을 다른 사람에게서 끄집어낼 필요도 없고, 남들을 도구로 보지도 않는다. 그래서 이들은 타인의 가치를 따지지 않고, 판단하지 않으며, 간섭하지 않고, 비난하지 않는 태도를 가질 가능성이 높고, 바라는 것 없이 그들을 전체로서 인식할 가능성이 높다.(85) 덕분에 이들은 존재하는 것을 훨씬 더 명료하고 통찰력 있게 지각하고 이해할 수 있다. 이는 복잡하게 얽히지 않고, 휘말리지도 않는 초연한 지각의 한 종류다. 의사와 치료사는 이러한 지각을 할 수 있도록 노력해야 하는데, 자기실현하는 사람은 노력 없이도 이렇게 지각할 수 있다.

특히 지각 대상인 사람이나 물체의 구조가 어렵고, 미묘하고, 분명하지 않을 때, 지각 방식에서의 이러한 차이는 더욱 중요하다. 특히 이럴 경우 지각자는 반드시 그 대상의 본질을 존중해야 한다. 지각은 차분하고, 섬세하고, 대상을 침해하지 않고, 요구하지 않아야 한다. 갈라진 틈새로 물이 스며들듯이, 사물의 속성에 지각을 자연스럽게 맞출 수 있어야 한다. 거세게 몰아치고, 압도하고, 이용하고, 목적을 추구하는 방식으로, 그리고 사물을 도살자가 도축된 가축의 몸통을 잘게 써는 방식으로 만들어버리는 욕구동기화된 지각이어서는 안 된다.

이 세상의 내적 본질을 지각하기 위한 가장 효율적인 방법 가운데 하나는 영향력을 행사하기보다는 수용적인 자세를 갖고, 지각 대상의 본질이 가능한 한 많은 영향을 미치도록 하는 반면 지각자의 속성은 가능한 한 적은 영향을 미치도록 하는 것이다. 구체적 대상이 동시에 지니고 있는 모든 측면을 초연한 자세로, 도교적이며, 수동적이고, 간섭하지 않는 방식으로 인식하는 것은 심미적·신비적 경험과 수많은 공통점을 가지고 있다. 다시 말하면 이 둘이 강조하는 바가 같다. 우리는 구체적인 실제 세계를 보고 있는가, 아니면 실제 세계에 투영한 우리 자신들의 법규나 동기, 기대와 분리를 보고 있는가? 아니면 단도직입적으로 말해 우리는 보고 있는가 아니면 보지 못하고 있는가?

13. 욕구에 근거한 사랑과 욕구와 무관한 사랑

가령 볼비(Bowlby, 17), 스피츠(Spitz, 159), 데이비드 레비(David M. Levy, 91)가 주로 연구한 사랑에 관한 욕구는 결핍욕구이다. 그것은 채워져야 하는 구멍이고, 사랑을 쏟아 부어야 할 빈 공간이다. 이처럼 치료를 위해 반드시 필요한 것을 이용할 수 없으면 심각한 병리가 발생한다. 즉 필수품을 적당한 시기에, 적당한 양으로, 적절한 방식으로 이용할 수 있으면 병리를 미연에 방지할 수 있다. 욕구 충족에 대한 완전한 좌절과 과도한 충족의 중간 상태에서 병리와 건강의 중간 상태가 나타난다. 병리가 지나치게 심하지 않고 충분히 일찍 발견된다면 대체 치료로 치유할 수 있다. 다시 말해 그 병, 즉 '사랑 결핍증'은 특정한 경우 병리적 결핍을 보충함으로써 치유할 수 있다. 사랑 결핍증은 소금 결핍증이나 비타민 결핍증과 같은 결핍 장애이다.

이러한 결핍이 없는 건강한 사람은 적은 양의 사랑을 안정적으로 제공받는 것을 제외하곤 사랑을 받을 필요가 없다. 심지어 그들은 한동안 이러한 사랑 없이도 살 수 있다. 그러나 만약 이러한 동기가 전적으로 결핍을 충족시키는 문제고 그래서 욕구를 제거하는 문제라면 모순이 생긴다. 욕구의 충족은 욕구의 소멸을 가져와야 하는데, 이 말에 따르면 사랑 관계를 충족시킨 사람은 정확히 말해 사랑을 주고받을 가능성이 더 낮은 사람이다. 그러나 사랑의 욕구를 충족시킨 건강한 사람들을 임상적으로 연구해보면 그들은 사랑을 받을 필요성이 적었는데도 사랑을 줄 가능성은 더 많았다. 이런 점에서, 그들은 더 많은 사랑을 가지고 있는 사람들이다.

이러한 발견 자체가 일반적인 (결핍욕구 중심적인) 동기 이론의 제한점을 보여주고, '상위동기 이론(meta-motivation theory)' (또는 성장동기 이론 또는 자기실현 이론)의 필요성을 지적해준다.(260, 261)

나는 이미 B-사랑(B-love : 다른 사람의 존재에 대한 사랑, 욕구와 무관한 사랑, 이타적인 사랑)과 D-사랑(D-love : 결핍 사랑, 사랑의 욕구, 이기적인 사랑)의 대조적인 역동성을 기술한 바 있다.(97) 이 시점에서 나는, 이 두 가지 대조적인 사람들로 이뤄진 집단을 사용하여 앞서 한 일반화의 몇몇 예를 제시하고자 한다.

1) 의식은 B-사랑을 기꺼이 수용하여 완전하게 향유한다. B-사랑

은 소유하거나 무엇을 요구하는 것이 아니라 찬미하는 것이기 때문에, 어떠한 문제도 야기하지 않고 실제로 항상 즐거움을 준다.

2) B-사랑은 절대로 질릴 만큼 충족시킬 수 없다. 우리는 그것을 끝없이 향유할 수 있다. 그것은 보통 사라지기보다는 오히려 더 크게 증가한다. 그것은 본질적으로 즐거운 것이다. 그것은 수단이라기보다는 목적이다.

3) B-사랑에 대한 경험은 종종 심미적 경험이나 신비적 경험과 동일한 것 또는 동일한 효과를 지니는 것으로 이야기된다.(6, 7장 '절정경험'에 대한 것 참조, 참고문헌 104 참조)

4) B-사랑의 경험에 따른 치료적 효과 및 정상인의 심리적 발달에 미치는 효과는 매우 심오하며 광범위하다. 이러한 효과는 건강한 어머니의 아기에 대한 꽤 순수한 사랑이 성격에 미치는 효과 혹은 일부 신비주의자들이 이야기하는 자기네 신의 완전한 사랑이 성격에 미치는 효과와 유사하다.(69, 36)

5) B-사랑은 의심의 여지 없이 (B-사랑의 소유자들 모두가 이전에 경험한) D-사랑보다 더 풍부하고, '더 수준 높고', 더 가치 있는 주관적 경험이다. 연구 대상자 중에서 나이가 많고 지극히 평범한 사람들 역시 이러한 선호도를 보고하고 있는데, 그들 중 많은 사람들은 이 두 종류의 사랑을 다양한 상황에서 동시에 경험한 바 있다.

6) D-사랑은 충족될 수 있다. 찬사와 사랑을 받을 만한 가치가 있는 사람에 대한 찬사로서의 사랑에는 일반적으로 '충족'이라는

개념을 적용할 수 없다.

7) B-사랑은 최소한의 불안과 적의를 가지고 있다. 인간이 지닌 모든 실질적 목적과 관련지어 볼 때, 불안과 적의가 거의 존재하지 않는다고 할 수 있다. 물론 타인에 대한 염려는 있을 수 있다. D-사랑에서는 항상 어느 정도 불안과 적의를 예상해야만 한다.

8) B-사랑을 하는 사람들은 서로 더 독립적이고, 더 자율적이며, 덜 질투하고, 덜 위협을 느끼며, 덜 요구하고, 더 개별적이며, 사심이 덜하지만, 동시에 자기실현을 위해 타인의 도움을 더 열성적으로 구하고, 자신의 성취에 더 많은 자부심을 느끼며, 더 이타적이고, 더 관대하고, 사랑을 더 많이 베푼다.

9) B-사랑을 통해 타인을 가장 진실하고 가장 예리하게 지각할 수 있다. 내가 이미 강조했듯이, B-사랑은 정서-의지적 반응만큼이나 인지적이다.(97, p. 257) 이는 매우 인상적인 사실인데, B-사랑에 대한 다른 사람들의 경험도 이러한 사실을 지지해줄 때가 많다. 즉 사랑은 사람을 맹목적으로 만든다는 평범한 의견을 수용하기보다 나는 오히려 점점 더 정반대의 생각, 즉 사랑이 아닌 것이 우리를 맹목적으로 만든다는 생각 쪽으로 기울고 있다.

10) 마지막으로, 심오하지만 검증 가능한 의미에서, B-사랑이 사랑의 대상을 창조한다고 말할 수 있다. B-사랑은 그 대상에게 자기 상(self-image)을 제공해주고, 자기 수용 및 사랑을 받을 만한 가치가 있다는 느낌을 주며, 이 모든 것은 그 개인이 성장할 수

있도록 해준다. 인간의 완전한 발달이 과연 B-사랑 없이 가능할까 하는 것은 실질적인 의문이 된다.

제4장

방어와 성장

이 장은 본래 메릴-팔머 대학 성장학술대회에서 한 강의 내용이다. 이 학술대회의 초점이 아동 발달에 있었기 때문에, 이 장에서 '아동'이라는 말을 자주 언급하게 되었다. 비록 매슬로가 자기실현하는 사람의 특성과 '바르게 성장한 아동(unspoiled child)'의 특성 간에 중요한 유사점이 있다고 생각했지만, 그가 아동 발달 문제를 구체적으로 다룬 글은 이것이 유일하다.

이 장은 성장 이론 분야를 더욱 체계화하려는 노력의 산물이다. 왜냐하면 우리가 일단 성장이라는 개념을 수용하게 되면, 수많은 구체적 질문들이 생기기 때문이다. 성장은 어떻게 진행되는가? 아동들은 왜 성장하거나 성장하지 않는 것일까? 자신이 어떤 방향으로 자라고 있는지를 어떻게 알까? 그들은 어떻게 병리적인 방향에서 벗어날 수 있을까?

결국 자기실현, 성장 및 자기라는 개념 모두 매우 추상적이다. 그래서 우리는 구체적인 과정과 본래의 사실 그리고 구체적이고 생생한 사건들에 더 가까이 다가갈 필요가 있다.

자기실현, 성장, 자기와 같은 것들은 멀리 있는 목적들이다. 건강하게 성장하고 있는 유아와 아동은 멀리 떨어져 있는 목적이나 미래를 위해 살지는 않는다. 그들은 삶을 즐기느라 너무나 바쁘고, 순간 순간을 능동적으로 살아간다. 그들은 살아가지, 살려고 준비하지 않는다. 그들은 단지 존재하면서, 성장하려는 노력조차 하지 않고 단순히 현재를 즐기기 위해 행동한다.

그러면서도 어떻게 그들은 능동적으로 한 단계씩 앞으로 나아갈 수 있을까? 가령 어떻게 건강하게 자랄 수 있을까? 어떻게 자신의 진정한 자기를 발견할 수 있을까? 우리는 어떻게 존재(Being)와 발달(Becoming)을 통합할 수 있을까?

순수하게 말해, 성장이란 눈앞에 있는 목적이 아니며, 자기실현과 자기 발견도 이와 유사하다. 아이들에게 이러한 것들은 어떤 목적에 의해 이루어지지 않고 순전히 우연에 의해 이루어진다. 아이들은 무엇을 발견할 만큼 그렇게까지 탐색적이지는 않다. 결핍동기와 의도적 대처에 적용되는 법칙이 성장이나 자발성, 창조성에도 적용되지는 않는다.

순전히 존재(Being)만을 다루는 심리학은 정적인 경향이 있기 때문에, 운동이나 방향 및 성장을 제대로 설명하지 못할 위험성을 안고 있다. 우리는 존재나 자기실현을 완전한 열반 상태에 도달한 것으로 기술하는 경향이 있다. 일단 당신이 그런 상태에 도달하게 되면, 당신은 계속해서 그곳에 존재하기 때문에, 당신이 할 수 있는 모든 것은 완전한 상태에서 만족하고 휴식하는 것이다.

나는 간단하면서도 만족스러운 답을 찾았다. 우리가 기존에 만족을 느낀 일들에 익숙해지고 때론 그러한 일들에 권태로움을 느끼게 되면, 그 다음에는 이 일보다 더 즐겁고, 더 기쁘고, 내적으로 더 만족스러운 일이 발생하게 되는데 바로 이때 성장이 이루어진다. 즉 무엇이 우리에게 적합한가를 아는 유일한 방법은 그것이 다른 대안들에 비해 주관적으로 더 만족스러운가를 알아보는 것이다. 새로운 경험은 어떤 외적인 기준에 의해서가 아니라 내적인 기준에 의해 그 정당성이 입증된다. 이러한 내적 기준은 스스로를 정당화하고 타당화한다.

새로운 경험이 우리에게 유익하고 심리학자들이 그런 행동을 바람직하다고 인정하기 때문에, 다른 사람들이 우리에게 새로운 경험에 대한 자극을 제공하기 때문에, 그것이 우리가 더 오래 살도록 해주기 때문에, 그것이 외적인 보상을 가져오기 때문에, 그러한 행동을 하는 것이 논리적이기 때문에 등등, 이런 이유들 때문에 우리가 새로운 경험을 하지는 않는다. 우리가 새로운 경험을 하는 이유는 식사 후 여러 가지 후식 중에서 특정 후식을 선택하는 것과 같은 이유이다. 나는 이것이 사랑을 하거나 친구를 선택할 때 작용하는 기본적인 메커니즘이라고 이미 기술한 바 있다. 가령 어떤 특정한 사람과 키스를 하는 것은 다른 사람과 키스를 하는 것보다 더 큰 희열을 주고, a와 친구가 되는 것이 b와 친구가 되는 것보다 더 만족스럽기 때문이다.

이런 식으로, 우리는 우리가 즐거워하는 것, 좋아하고 싫어하는 것뿐 아니라 우리의 기호와 판단 능력을 배우게 된다. 간단히 말해, 이것이 우리가 자신을 발견하는 방식이며, 나는 누구이며 무엇인가라는 궁극적인 질문에 대답하는 방식이다.

특정 단계에서의 행동과 선택은 순전히 자발적으로 내부에서 이루어진다. 단지 존재(Being)하는 건강한 유아나 아동은, 그러한 자신의 존재의 일부로서, 모든 대상에 호기심이 강하고, 탐색적이며, 궁금해하고, 흥미를 가진다. 심지어 그들이 의도적이지 않고, 감정 표현적이고, 자발적이며, 일반적인 결핍으로 동기화되지 않았을 때에도, 그들은 자신의 힘을 시험해보고, 세상에 다가가고, 몰입하며, 관심과 흥미를 가지고, 참여하고, 궁금해하는 경향이 있다. 탐색, 조작, 경험, 관심, 선택, 환희, 향유 등 이 모두는 순수한 존재(Being)들이 지니고 있는 속성으로 볼 수 있지만, 이러한 속성들은 우발적이고, 임의적으로, 예측할 수 없는 우연적인 방식으로 발달(Becoming)을 유발하기도 한다. 자발적이고 창조적인 경험은 기대나 계획, 예측, 목적이나 목표 없이 발생할 수 있고 또한 그렇게 발생한다.[1] 아동은 자신의 욕구가 지나치게 충족되어 싫증날 쯤에야 비로소 또 다른, 아마도 더 수준 높은 즐거움에 주의를 기울이게 된다.

이때, 필연적인 몇 가지 질문이 뒤따르게 된다. 무엇이 아동을 저지하는가? 무엇이 아동의 성장을 방해하는가? 갈등의 근원은 어디인가? 발전적인 성장에 대한 대안은 무엇인가? 어떨 때는 발전적으로 성장하는 것이 왜 그렇게 힘들고 고통스러울까? 이 시점에서 우리는 충족되지 못한 결핍동기에 내재하고 있는 강박적이고 퇴행적인 힘과 안전의 욕구가 이끄는 힘, 고통이나 공포, 상실, 협박에 상응하는 방어와 보호의 기능들, 그리고 발전적으로 성장하기 위한 용기의 필요성 등을 충분히 인식해야 한다.

모든 인간은 내부에 두 세트의 힘을 모두 가지고 있다. 한 세트의 힘은 공포를 막는 안전과 방어에 집착하는데, 이러한 힘은 과거로 퇴행하는 경향이 있고, 과거에 집착하며, 어머니의 자궁 및 가슴과의 원시적 소통에서 벗어나는 것을 두려워하고, 위험에 직면하는 것을 두려워하고, 이미 가지고 있는 것에 대한 위협을 두려워하고, 독립성

---

[1] "그러나 역설적이게도, 예술적 경험이 이런저런 목적을 달성하는 데 효과적일 수는 없다. 우리가 '목적'이라는 개념을 이해하고 있는 한, 창조적 경험은 탈목적적 행동임에 틀림없다. 이것은 단지 인생을 민감하면서도 전체적으로 경험하는, 에너지를 확대하고 아름다움을 자신의 방식으로 창조하는 존재―인간 유기체로서 해야만 하는 그리고 할 수 있는 특권을 가진 것을 하는 존재―로서 가능한 경험이다. 그에 따른 민감성, 성실성, 효율성 그리고 행복감의 증가는 부차적인 산물이다."(179, p. 213)

이나 자유, 분리를 두려워한다.

또 한 세트는 인간이 총체적이고 독특한 자아를 추구하도록 하고, 자신이 지닌 모든 능력을 최대한 발휘하도록 하며, 가장 깊고 무의식적인 내면에 있는 진정한 자기뿐 아니라, 직면한 외부 세계에 자신감을 갖도록 강력하게 요구한다.

나는 이 모든 것을 통합해 하나의 도식으로 만들었는데, 이러한 도식은 단순한 듯해도 매우 실용적일 뿐만 아니라 이론적으로 매우 설득력이 있다. 나는 이러한 방어적인 힘과 성장 지향적인 추세 사이에 근본적인 갈등이 지속적으로 존재하리라 생각한다. 이를 다음과 같이 도식화해보자.

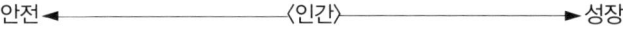

그럼으로써 우리는 성장의 다양한 메커니즘을 다음과 같이 매우 쉽게 범주화할 수 있다.

1) 가령 성장을 매력적이고 즐거움을 주는 것으로 인식하는 성장 지향 벡터를 증가시키는 메커니즘.
2) 성장에 대한 두려움을 최소화하는 메커니즘.
3) 안전의 매력을 감소시키는, 안전 지향 벡터를 최소화하는 메커니즘.
4) 안정, 방어, 병리, 퇴행에 대한 두려움을 극대화하는 메커니즘.

그 다음, 이러한 네 개의 관련 변인을 우리의 기본 도식에 덧붙여 보자.

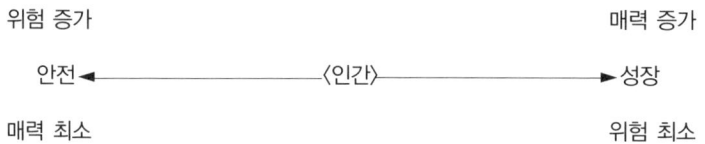

따라서 우리는, 건강한 성장 과정을 끝없는 자유선택의 과정으로 생각할 수 있다. 각각의 개인은 평생을 살면서 순간순간 이러한 선택 상황에 놓이게 된다. 즉 안전과 성장의 기쁨 사이에서, 의존과 독립의 기쁨 사이에서, 후퇴와 전진의 기쁨 사이에서, 미성숙과 성숙의 기쁨 사이에서 선택해야만 한다. 우리는 안전에 대한 불안과 기쁨 모두를 가지고 있다. 성장에 대해서도 불안과 기쁨 모두를 가지고 있다. 성장에 대한 기쁨과 안전에 대한 불안이 성장에 대한 불안과 안전에 대한 기쁨보다 더 클 때, 우리는 앞으로 성장한다.

지금까지 언급한 이야기는 지극히 당연하게 들리지만, 객관적이고, 공식적이며, 행동주의적이고자 최선을 다해 노력하는 심리학자들에게는 그렇지 않다. 또한 자유선택 실험을 통해 지금까지 얻은 결과를 설명하려면 욕구 감소 이상으로 영(P. T. Young, 185)이 쾌락적 요소라고 부르는 것에 의존할 수밖에 없다. 그런데 동물의 동기를 공부하는 학생들에게 이러한 사실을 납득시키는 데는 수많은 동물 실험과 이론화 작업이 필요했다. 예를 들면 사카린이 결코 욕구를 감소시키지는 않지만, 흰쥐는 맹물보다는 그것을 더 선호한다. 사카린의

(무익한) 맛이 이러한 행동과 관련이 있음에 틀림없다.

또한 주관적인 기쁨을 느끼게 하는 이러한 경험들은 모든 유기체가 지니고 있는 어떤 내재적인 속성에 의한 것이다. 예컨대 이러한 속성은 성인뿐 아니라 유아에게도 적용되고, 인간뿐 아니라 동물에게도 적용된다.

이렇게 볼 때, 우리 이론가들에게 열려 있는 가능성은 상당히 매력적이다. 아마도 자기, 성장, 자기실현, 심리적 건강과 같은 모든 수준 높은 개념들을 동물의 식욕에 관한 실험, 유아의 음식 선택 및 직업에서의 자유선택에 관한 관찰, 그리고 항상성에 관한 많은 연구들을 설명하는 하나의 동일한 설명체계 속으로 끌어들일 수 있다.(27)

물론, 이처럼 기쁨을 통한 성장이라는 공식을 받아들이려면, 맛이 좋은 것은 성장이라는 측면에서도 우리에게 '더 좋다'라는 필수적인 가정을 받아들여야 한다. 이런 점과 관련해서, 자유선택이 진정으로 자유로운 것이라면, 그리고 선택한 사람이 자신의 선택에 걱정이나 두려움을 전혀 가지고 있지 않다면, 그 사람은 건강하고 성장 지향적인 방향으로 현명하게 자신의 삶을 선택할 것이라고 우리는 흔히 가정한다.

이미 많은 실험이 이러한 가정을 지지해주고 있지만, 실험 대부분이 동물 수준에 머물러 있기 때문에, 인간의 자유선택과 관련된 더욱 자세한 연구들이 필요하다. 어리석고 나쁜 선택을 하는 이유에 대해서, 천성적인 수준 및 정신분석적 수준에서 우리가 알고 있는 것보다 더 많은 것을 알아야 한다.

내가 인간에 대한 이론적 체계화를 연구하면서 희열을 통한 성장이라는 개념을 좋아하게 된 데는 또 다른 이유가 있다. 그 이유로 나는 이러한 이론을 모든 역동적 이론, 즉 로저스, 불러, 코움즈(Combs), 앙얄, 올포트, 골트슈타인, 머레이, 무스타카스(Moustakas), 펄스(Perls), 부겐탈(Bugental), 아사지올리(Assagioli), 프랭클(Frankl), 조라드(Jourard), 매이, 로버트 화이트(Robert White) 외의 몇몇 사람들뿐만 아니라 프로이트, 아들러(Adler), 융, 샥텔, 호니, 프롬, 부로우(Burrow), 라이히(Reich), 랭크 등의 역동적 이론과 아주 근사하게 연결할 수 있는 가능성을 보았기 때문이다.

나는 고전적 프로이트 학파를 비판한다. 그 이유는 그들이 모든 것을 (아주 극단적인 예로) 병적으로 보는 경향이 있고, 건강한 쪽으로 나아갈 수 있는 인간의 가능성을 충분히 인식하지 못하고 있으며, 모든 것을 갈색 안경을 끼고 보기 때문이다. 또한 (극단적인 형태의) 성장학파 역시 비판의 소지가 있는데, 왜냐하면 그들은 일반적으로 이 세상을 장밋빛으로 보는 반면, 병리적이고 허약하고, 성장을 하지 못하게 만드는 요인들을 무시해버리는 경향이 있기 때문이다. 하나는 전적으로 악과 죄에 관한 신학과 같고, 다른 하나는 악을 전혀 가지고 있지 않은 신학과 같다. 그래서 이 둘은 모두 똑같이 부정확하고 비현실적이다.

특별히, 안전과 성장 간의 관계에 존재하는 또 하나의 특징을 언급할 필요가 있다. 외관상 앞으로 나아가는 성장은 관례적으로 볼 때 매우 작은 걸음걸이들로 이루어진다. 이러한 각각의 걸음걸이가 가능한 경우는 안전하다고 느낄 때, 안전한 기지에서 미지의 세계 속으로 개척해나간다고 느낄 때, 그리고 후퇴의 가능성이 있어 대범할 수 있을 때이다.

전형적인 예로, 어머니 무릎에서 벗어나 과감히 낯선 환경에 들어가는 걸음마 아이를 들 수 있다. 이 아이의 특성을 살펴보자. 아이는 어머니한테 매달려 있으면서 먼저 눈으로 방을 탐색한다. 그 다음, 어머니가 변함없이 안전을 제공해준다고 스스로를 안심시키면서, 가까운 주변을 직접 둘러보는 모험을 하게 된다. 이러한 탐색은 점점 더 확장된다. 이런 식으로, 아이는 위험한 미지의 세계를 탐색할 수 있게 된다. 갑자기 어머니가 사라지면 아이는 불안에 휩싸여, 안전한 상태로 되돌아가기만을 바랄 뿐 세상을 탐색하는 데는 흥미를 잃고, 심지어 자신의 능력을 상실할 수도 있는데, 가령 용기를 내어 걷기보다는 기어다니는 편을 택하기도 한다.

나는 이러한 예를 일반화하는 것이 위험하지 않다고 생각한다. 안전하다고 안심할 수 있을 때, 더 높은 수준의 욕구와 충동이 출현하고, 그것을 충족시키는 방향으로 성장한다. 안전이 위험에 처할 때, 기본적인 것으로 퇴행하게 된다. 이것은 안전을 포기할 것인가 성장을 포기할 것인가 하는 양자택일 상황에서 일반적으로 안전이 승리한다는 것을 의미한다. 안전의 욕구는 성장욕구보다 더 우세하다. 일반적으로, 안전하다고 느끼는 아동만이 건강하게 앞으로 성장할 수 있다. 아이의 안전의 욕구는 반드시 충족되어야 한다. 충족되지 못한 안전의 욕구는 영원히 무의식에 남아서 충족시켜주기를 요구하기 때문에, 이런 아이를 압박해서 앞으로 나아가도록 만들 수는 없다. 안전 욕구가 많이 충족될수록, 이 욕구가 아이에게 지니는 가치는 점점 더 떨어지고, 아이를 유인하는 힘도 약해진다. 따라서 앞으로 나아가고자 하는 아이의 용기가 증가하게 된다.

그렇다면 아이들이 새로운 발걸음을 앞으로 내디딜 만큼 충분히 안전하다고 느끼는 때를 우리가 어떻게 알 수 있을까? 궁극적으로, 우리가 알 수 있는 유일한 방법은 아이의 선택을 관찰하는 것이다. 이 말은, 전진하도록 유인하는 힘이 후퇴하도록 유인하는 힘보다 더 크고, 용기가 두려움보다 더 강력한 때가 정확히 언제인지는 오직 그 아이만이 알 수 있다는 의미이다.

궁극적으로 바로 자신이, 심지어 아이조차도 자신을 위해서 훌륭한 선택을 한다. 어느 누구도 자신을 대신해서 매번 선택해줄 수는 없다. 왜냐하면 그런 식의 행동은 자기 신뢰를 저하시키고, 경험을 통해 나오는 내적 기쁨을 지각하는 능력뿐만 아니라 자신의 충동과 결정 및 느낌을 지각할 수 있는 능력, 타인의 내면화된 기준과 자신의 내면화된 기준을 구분할 수 있는 능력 모두를 부인하게 해서, 결국 그를 나약하게 만들기 때문이다.[2]

---

2 포장된 조립식 물건이 수중에 들어오는 순간부터, 사람들은 그것을 가지고 자신이 원하는 것을 하고자 한다. 그것을 열어서, 이 물건이 무엇에 관한 것인지 추측해보고, 이 물건이 무엇인지 알아차린 다음, 행복감이나 실망감을 드러낸다. 또한 내용물의 배치를 살펴보고, 안내책자를 찾아보고, 강철로 된 부분, 무게가 서로 다른 부품들을 만져서 느껴보고 부품의 개수를 세어본다. 이 조립식 세트를 가지고 무언가를 하기 전에, 사람들은 이러한 행동을 한다. 그 다음, 떨리는 마음으로 이것으로 어떤 것을 만들어보는 순간이 다가온다. 그 일이 단지 하나의 부품을 다른 부품과 비교해보는 일일 수도 있다. 그 일을 통해서 사람들은 이 특정 물건을 가지고 혼자서 무엇인가를 했다는 느낌, 무엇인가를 할 수 있다는 느낌, 무기력하지 않다는 느낌을 갖게 된다. 이후의 행동 패턴이 무엇이든 간에, 자신의 관심이 확장되어 그 세트를 충분히 이용해서 점점 더 큰 성취감을 얻든지 그렇지 않든지 간에, 혹은 이 세트를 완전히 폐기하든지 간에, 이 물건과의 최초의 접촉은 의미 있게 남는다.

능동적 삶의 경험이 가져오는 결과를 대략 다음과 같이 요약할 수 있다. 자신에 대하여 이것이 사실이라면, 아동이 성장하기 위해서는 궁극적 결정을 아동 자신이 해야 한다. 왜냐하면 그러한 과정을 통해 개인적으로 희열을 맛볼 수 있는 사람은 바로 아동 자신이기 때문이다. 그렇다면 자신의 내부를 신뢰하는 것과 환경의 도움, 두 가지 모두가 필수적인데 이것을 과연 어떻게 통합할 수 있을까? 아동은 도움을 필요로 하는 존재이기 때문에, 만일 도움이 없다면 아동은 너무 두려운 나머지 용기를 낼 수가 없다. 우리는 아동이 성장하도록 어떻게 도와줄 수 있

> 신체적·정서적·지적으로 관여하게 된다. 자신의 능력을 알 뿐만 아니라 더욱 계발하게 된다. 자기 자신의 페이스와 리듬을 찾고, 특정 시기에 자신의 능력에 맞는 과업을 성취하고, 자신의 능력에 버거운 과업은 떠맡지 않는다. 다른 일에 적용할 수 있는 기술을 획득하게 된다. 자신이 흥미를 느낄 수 있는 일을 점점 더 많이 발견하기 위해, 아무리 사소한 것이라도 매번 그것에 적극적으로 참여하는 기회를 갖는다.
> 위 상황과 대조적인 상황으로, 조립식 세트를 집에 가져온 사람이 아동에게 '여기 조립식 세트가 있는데, 내가 이것을 열어볼게'라고 말한다. 개봉한 다음, 이 사람이 그 박스 안에 있는 모든 것, 가령 안내책자, 다양한 부품 등을 지목한다. 그 다음 덮개를 벗기고 복잡한 모형 가운데 하나, 가령 기중기를 조립하기 시작한다. 아이가 이 사람이 하는 일에 매우 큰 흥미를 보일 수도 있지만, 실제 발생하는 일에 초점을 맞추어보자. 아이는 자신의 몸과 지능과 감성으로 조립식 세트를 다룰 수 있는 기회를 갖지 못한다. 아이는 자신에게 새로운 것과 대등하게 어울릴 수 있는 기회, 자신이 무엇을 할 수 있는지를 알 수 있는 기회, 혹은 자신이 관심 있는 더 많은 정보를 얻을 수 있는 기회를 갖지 못한다. 기중기를 스스로 조립해서 만드는 일에는 또 다른 측면이 관련된다. 그러한 복잡한 일을 하기 위해서 스스로 준비할 수 있는 기회를 갖지 못함으로써, 이 아이는 앞으로도 이와 비슷한 요구들을 할 수 있다. 목표를 달성하는 과정에서 이루어지는 경험이 아니라 물건이 목적이 된다. 또한 이 아이가 그 다음에 무엇을 만들든지 간에, 그것은 다른 사람이 자신에게 만들어준 것과 비교하면 초라하고 보잘것없어 보일 것이다. 이 아이는 다음번에 새로운 일을 처리할 수 있는 경험을 증가시키지 못한다. 다시 말하면, 이 아이는 내적으로 성장하는 것이 아니고, 단지 외부에서 주어진 어떤 것을 얻을 뿐이다. 능동적 경험 각각은 자신이 무엇을 좋아하고 무엇을 싫어하는지, 그리고 자신이 성취하고 싶은 것이 무엇인지를 알 수 있는 기회를 제공한다. 그것은 성숙과 자기 관리의 단계로 나아가는 데 필수적인 부분이다."(186, p. 179)

을까? 이와 똑같은 질문을 한다면, 우리는 어떻게 아동의 성장을 위험하게 할 수 있을까?

아동이 관련되는 한, 희열에 대한 주관적 경험(자기 자신을 신뢰하는 것)과 상반되는 것이 다른 사람의 반응(사랑, 존경, 승인, 감탄, 타인의 보상, 자신보다는 타인에 대한 신뢰)이다. 무기력한 아기나 아동에게 타인은 매우 중요하고 결정적이기 때문에 (안전, 음식, 사랑, 존경 등의 제공자로서) 그들이 사라질 수도 있다는 두려움은 가장 근원적인 무서움이다. 따라서 자신에 대한 희열의 경험과 타인의 승인에 대한 경험 사이에서 양자택일을 해야 할 때, 아동은 일반적으로 타인의 승인을 선택하게 된다. 이때, 자신에 대한 희열을 퇴행시키거나 소멸시키는 방식, 혹은 그것을 인식하지 않고 자신의 의지력으로 통제하는 방식을 택한다. 이러한 과정에서 일반적으로 희열경험에 대한 부정, 희열경험에 대한 수치심과 당혹감 및 은밀함이 발달하게 되고, 마침내 그러한 희열을 경험할 수 있는 능력마저 발달하지 못하게 된다.[3]

---

3 자기의 상실이 어떻게 가능할까? 아동기 때 사랑받지 못하고 자생적인 욕구를 충족시키지 못하면 우리의 은밀한 정신이 죽게 되면서, 부지불식간에 자신에 대한 배반 행위가 시작된다. (무엇이 남아 있을지 생각해보라.) 그러나 잠깐 기다려라. 이러한 배반 행위는 단순히 정신의 죽임만이 아니다. 이러한 배반 행위가 기억의 흔적에서 사라지고, 어린 희생자는 성장하면서 이러한 배반 행위를 벗어버릴 수 있다. 그러나 그것은 자신이 점진적·무의식적으로 관여한 하나의 완전한 이중 범죄다. 사람들은 그를 있는 그대로 받아들이지 않았다. 사람들은 그를 '사랑하지만', 이 아동이 달라지기를 원하고 강요하고 기대한다! 따라서 이 아동은 수용될 수가 없다. 이 아동은 이러한 사실을 스스로 배우게 되고, 마침내 그것을 당연한 것으로 받아들인다. 그는 정말로 자기 자신을 포기한다. 이 아동이 그 사람들에게 복종하든, 집착하든, 반항하든 혹은 그 사람들에게서 물러나든 간에 지금은 이것이 전혀 중요하지 않다. 그에게 중요한 모든 것은 행동과 수행이다. 아이의 무게 중심은 자기 자신 속에 있는 것이 아니라 '그 사람들' 속에 있다. 그러나 아이는 이러한 사실을 알아차

일반인들에게 가장 중요한 선택은 객관적인 자기와 주관적인 자기 사이에서의 선택이다. 주관적 자기를 선택하는 것이 객관적 자기를 포기하는 결과를 가져온다면, 일반적으로 아동은 주관적 자기를 포기한다. 이러한 현상이 나타나는 이유는 이미 언급한 바와 같이, 아동에게 안전은 가장 기본적이고 우세한 욕구이기 때문이다. 안전은 독립성과 자기실현보다 본질적으로 훨씬 더 필수적인 요소이다. 성인이 아동에게 생존하는 데 필수적인 하나의 (저차원적이면서 강력

린다 해도, 이를 매우 당연하다고 생각할 것이다. 그리고 모든 일은 전적으로 그럴듯하다. 모든 것이 분간할 수 없고, 자동적이며, 개성이 없다!
    이것은 완벽한 역설이다. 모든 것이 정상으로 보인다. 범죄를 의도한 적이 없다. 시체도 없고, 죄의식도 없다. 우리가 볼 수 있는 모든 것은 일상과 다름없는 일출과 일몰이다. 그러나 무엇이 발생했는가? 그는 다른 사람들뿐만 아니라 자기 자신에게서 거부당했다. (실질적으로 그는 자기가 없다.) 그는 무엇을 상실했는가? 진정한 그리고 삶에 필수적인 자신의 일부분을 상실했다. 자신에 대한 긍정적인 감정, 이것이 바로 성장할 수 있는 그의 능력, 즉 그의 근간을 이루는 시스템이다. 그러나 유감스럽게도 이 아동은 죽지 않는다. 인생은 계속되고, 아동의 삶도 마찬가지다. 이 아동이 자신을 포기한 순간부터 그리고 포기한 정도만큼, 무의식적으로 이 아동은 거짓 자기를 만들어서 유지하기 시작한다. 그러나 이것은 편법일 뿐이다. '소망'이 없는 자기. 이 아동이 멸시를 받을 때, 거짓 자기를 사랑하고 (혹은 두려워하고), 자신이 약한 경우에, 거짓 자기는 강력하다. 거짓 자기가 어떤 시늉을 하지만(그러나 그러한 활동은 서투른 모방에 불과하다!) 이것은 재미와 기쁨이 아니라 생존을 위한 것이다. 거짓 자기가 활동하기를 원할 뿐만 아니라 다른 사람들에게 복종해야 하기 때문이다. 거짓 자기는 삶이 아니다(그 아동의 삶이 아니다). 이것은 죽음에 대처하기 위한 하나의 방어기제다. 이것은 또한 죽음을 가져오는 기계다. 지금부터 이 아이는 강박적(무의식적)인 욕구로 갈기갈기 찢기게 되며 혹은 매 순간 자신의 존재와 자신의 본 모습을 부정함으로써 생기는 (무의식적) 갈등으로 소멸되고 무기력해질 것이다. 사람들이 이 아이를 정상적인 사람으로 위장해놓고 그런 사람처럼 행동하기를 기대하는 한!
    "한마디로, 우리가 하나의 자기 시스템으로서 거짓 자기를 신경증적으로 추구하거나 방어하게 됨을 나는 보았다. 그리고 자기를 상실하고 있는 그만큼, 우리는 신경증적이다."(7, p. 3)

한) 욕구와 또 다른 (고차원적이면서 약한) 욕구 가운데 하나를 포기하도록 강요하면, 아동은 심지어 자기와 자신의 성장을 희생하면서라도 반드시 안전을 선택한다.

(원론적으로, 아동에게 이러한 선택을 강요할 필요는 없다. 사람들은 자기 자신의 병적인 특성과 무지 때문에 종종 아동에게 이러한 선택을 강요한다. 많은 아동의 예를 통해서 우리는 이러한 강요가 필연적이지는 않다는 사실을 잘 알고 있다. 대부분의 아동은 치명적인 희생 없이 이 두 가지 혜택을 모두 제공받음으로써, 안전과 사랑과 존중을 모두 누릴 수 있다.)

우리는 치료 상황이나 창조적인 교육 상황, 창조적인 미술 교육에서 중요한 교훈을 얻을 수 있고, 창조적인 무용 상황도 마찬가지라고 나는 믿는다. 허용하는, 존중하는, 칭찬하는, 수용하는, 안전한, 충족시켜주는, 안심할 수 있는, 지지적인, 위협적이지 않은, 가치 판단적이지 않은, 비교하지 않는 등의 다양한 상황이 설정되어 있을 때, 즉 전적으로 안전해서 위협적이지 않다고 느낄 수 있을 때, 사람들은 희열의 정도가 조금 덜한 갖가지 것들을, 가령 적대감, 신경증적 의존성 등을 해결하고 드러낼 수 있다. 일단 이러한 것들을 충분히 해소하면, 사람들은 남들이 지각하기에 수준 높고, 성장 지향적인 희열, 가령 사랑, 창조성 같은 것들에 자발적으로 나아가는 경향이 있다. 일단 이 두 종류를 경험하면, 사람들은 전자보다는 후자를 더 선호하게 된다.

(때때로 치료자, 교사, 도움을 주는 사람들이 어떤 종류의 이론을 지지하느냐는 중요하지 않다. 비관적인 프로이트 이론을 수용할 수는 있지만, 정말 훌륭한 치료자는 성장이 가능하다는 식으로 행동한다. 인간 본성에 대하여 말 그대로

정말 장밋빛 시각을 가지고 있다 하더라도, 진정 훌륭한 교사는 실제 장면에서 보이는 퇴행적이고 방어적인 힘들조차 순수하게 이해하고 존중할 것이다. 사실적이고 포괄적인 근사한 철학을 가지고 있다 하더라도, 실제 치료나 교육 및 양육에서는 이와 다를 수 있다. 두려움과 방어를 이해하고 존중할 수 있는 사람만이 가르칠 수 있다. 건강을 존중하는 사람만이 치료할 수 있다.)

이러한 상황이 지닌 모순 가운데 하나는, 매우 실제적인 측면에서 볼 때 심지어 '불리한' 선택조차 신경증적인 사람에게는 '좋을' 수 있고, 그 사람의 역동 속에서는 이해할 만하고 심지어 필요하다는 점이다. 이처럼 특정인에게는 기능적인 신경증적 증상을 강제적으로, 혹은 지나치게 직접적인 직면이나 해석을 통해, 혹은 매우 고통스러운 생각을 막아주는 방어책들을 붕괴시켜 제거한다면, 이는 그 사람 전체를 산산이 부셔버릴 수도 있다. 여기서 우리는 성장 속도라는 문제에 직면하게 된다.

그리고 또다시 언급하지만, 성장이 엄청난 위험이 아니라 즐거운 가능성으로 보이려면, 두려움을 관대하게 받아들이고, 애정과 존중, 방어적이고 퇴행적인 힘이 자연적으로 발생한다는 것을 필수적으로 이해해야 하는데, 훌륭한 부모, 치료자 혹은 교육자는 이러한 점을 알고 있는 것 같다. 이들은 성장이 안전에서만 나온다는 것을 자신들이 이해하고 있음을 암묵적으로 보여준다. 이들은 어떤 아동이 매우 완강하게 방어적인 것도 긍정적인 이유가 있기 때문이라고 생각하며, 또한 그 아동이 가야 할 길을 알고 있더라도 기꺼이 인내하고 이해하고자 한다.

역동적 관점에서 볼 때 우리가 두 종류의 지혜, 즉 방어적 지혜와 성장 지혜를 모두 당연한 것으로 받아들이기만 하면, 실제 모든 선택은 궁극적으로 현명하다.(건강한 퇴행과 같은 제3의 지혜에 대한 논의는 13장 참조) 방어는 용기만큼이나 현명할 수 있다. 이것은 사람에 따라 다르고, 그 사람의 지위나 그 사람이 선택해야 하는 상황에 따라 다르다. 안전을 선택해서 그 순간 그 사람이 견딜 수 없을 만큼 큰 고통을 피할 수 있다면, 이러한 선택은 현명한 것이다. (왜냐하면 안전을 지속적으로 선택할 경우 그 사람은 결국 파멸에 이르고, 누릴 수 있는 가능성에서 단절된다는 것을 우리가 알고 있기 때문에) 그 사람의 성장을 돕고자 할 때, 우리가 할 수 있는 모든 것은 그가 자신의 고통을 호소하며 도움을 요청할 때 기꺼이 도와주는 것이다. 또한 어머니가 팔을 벌려 아기가 자신에게 다가오도록 하는 것처럼, 그가 안전하다고 느껴 새로운 경험을 시도할 수 있도록 허용해주는 것이다.

우리는 그 사람에게 성장을 강요할 수는 없다. 단지 그 사람이 새로운 경험을 하면 그러한 경험을 더욱 선호하게 될 것이라는 신념을 가지고, 그가 성장하도록 설득할 수 있을 뿐이며, 그의 성장 가능성을 높일 수 있을 뿐이다. 성장경험을 선호할 수 있는 사람은 단 하나 그 사람뿐이다. 그 사람을 대신해서 다른 사람이 이런 경험을 선호해 줄 수는 없다. 성장경험이 그의 일부가 되려면, 그 사람이 그것을 좋아해야 한다. 그가 좋아하지 않으면, 이 순간 이러한 경험은 그를 위한 것이 아님을 우리는 관대하게 받아들여야 한다.

이는 성장 과정에 관해서는 병리적인 아이도 건강한 아이만큼 존중받아야 한다는 것을 의미한다. 병리적인 아이의 두려움을 겸허하게 수용하면, 그는 용기를 내어 대범해질 수 있다. 우리는 어두운 힘도 성장의 힘만큼 '정상적'이라는 것을 이해해야 한다.

이렇게 한다는 것은 쉽지 않은 일이다. 그 이유는 그것이 동시에 두 가지를 의미하기 때문이다. 즉 우리는 그에게 최선이 무엇인지를 알고 있으며(왜냐하면 그를 설득해서 우리가 선택한 방향으로 가도록 한다는 점에서), 또한 장기적으로 자신에게 무엇이 최선인지는 오직 그 사람만이 알고 있다는 것을 의미하기 때문이다. 이는 우리가 단지 제안만 할 뿐 강요하지는 말아야 한다는 것을 뜻한다. 우리는 그들이 앞으로 나아가도록 설득할 준비가 되어 있어야 한다. 뿐만 아니라 상처를 치료하기 위해서, 힘을 회복하기 위해서, 유리한 지점에서 상황을 검토하기 위해서, 심지어 이전에 경험했던 낮은 수준의 즐거움으로 퇴행하여 성장을 위한 용기를 다시 얻기 위해서 등등의 이유에 근거한 모든 후퇴를 우리는 존중할 수 있어야 한다.

그리고 여기에 조력자가 관여할 수 있는 여지가 있다. 건강한 아이가 (원할 때 조력자를 이용함으로써) 앞으로 성장하기 위해서, 그리고 고착, 완강한 방어, 안전 장치 등 성장의 가능성을 배제하는 상태에 빠져 있는 사람이 그런 상태에서 신속하게 벗어나기 위해서는 조력자가 필요하다. 신경증은 지속될 가능성이 있다. 성격 구조도 마찬가지다. 가령 우리는 신경증적인 사람이 좌절하여 궁극적으로 신경증적 고통을 받도록 내버려둘 수도 있고, 아니면 그의 결핍욕구와 성장욕구 모두를 이해하고 존중함으로써 이 사람을 이해하고 성장하도록 도울 수 있다. 이러한 방식으로 우리는 신경증적인 사람의 시스템이 기능하지 않음을 스스로 증명할 때까지 기다릴 수 있다.

아이가 성장하기 위해서는 도움을 필요로 하기 때문에, 때때로 도교[4]의 무위(let-be)는 제대로 기능하지 못한다. 따라서 앞에서 언급한 인간에 대한 나의 입장은 도교의 무위를 수정한 것으로, 이런 입장을 '원조적 무위(helpful let-be)'라고 공식화할 수 있다. 즉 사랑과 존중의 도교이다. 이러한 입장은 성장 및 성장을 올바른 방향으로 이끄는 구체적인 메커니즘을 인정할 뿐만 아니라, 성장에 대한 두려움, 느린 성장 속도, 성장을 방해하는 것들, 병리적 특성 및 병리적 이유 또한 인정한다. 이 입장은 외부 환경이 성장을 통제해야 한다고 보지는 않지만, 외부 환경이 중요하고, 필수적이며, 도움이 된다고 생각한다. 외부 환경이 내적 성장의 메커니즘을 알고 있을 때, 그리고 희망적이거나 수동적인 자세로 내적 성장을 낙관하지 않고 기꺼이 도움을 주고자 할 때, 외적 환경은 내적인 성장을 가져온다.

지금까지 언급한 모든 것을 내가 《동기와 성격》에서 제창한 보편적 동기 이론, 특히 욕구 충족 이론과 연결할 수 있다. 나에게 욕구

---

4 도교는 고대 중국에서 기원한 하나의 철학 운동으로, 주로 철학자인 노자(BC 6세기)의 《도덕경》에 기초하고 있다. 도교의 주된 가르침에 따르면, 인위적 노력은 무의미하고 비생산적이며, 지혜에 이르는 길은 사상(事象)들의 자연적인 형상과 끊임없는 흐름을 이해하고, 자발적으로 그러한 흐름과 조화를 이루는 데 달려 있다. 이러한 견해의 특유한 표현이 《도덕경》에 나오는 다음 글귀다.

> 세상은 도('the way', 세상의 내적인 본질)에 의해 만들어지는 것이다.
> 세상은 자기(self)에 의해 만들어지는 것이 아니다.
> 세상을 바꾸려고 하면, 당신은 그것을 훼손하고 만다.
> 세상을 소유하고자 한다면, 당신은 그것을 상실하고 만다.

《도덕경》은 서점에서 '종교와 철학' 분야의 주요 작품 가운데 하나이며, 몇몇 영어 번역본이 있다.

충족 이론은 모든 건강한 인간 발달의 토대가 되는 가장 중요한 하나의 원리로 보인다. 인간의 다양한 동기를 함께 묶어주는 하나의 전체적인 원리로서, 낮은 수준의 욕구가 충분히 만족되면 새롭고 높은 수준의 욕구가 발생하는 경향성이 있다. 정상적으로 잘 자랄 수 있는 운 좋은 아이는 자신이 충분히 음미한 즐거움은 싫증을 느끼게 된다. 그래서 이보다 수준 높고 복잡한 즐거움을 아무런 위험이나 두려움 없이 이용할 수 있으면, 이런 아이는 (강요 없이도) 그런 즐거움을 찾으려고 열정적으로 나아가게 된다.

이러한 원리는 아동의 심층적 동기 시스템에서뿐만 아니라 읽기나 스케이팅, 그림 그리기, 춤추기 학습 등과 같은 대수롭지 않은 행동의 미세한 발달에서도 찾아볼 수 있다. 단순한 언어를 습득한 아이는 습득한 언어를 매우 열심히 사용하지만, 거기에 그대로 머물러 있지는 않는다. 적절한 환경에 있을 경우, 이 아이는 더 새롭고 더 긴 단어와 더 복잡한 문장으로 나아가려는 소망을 자발적으로 보인다. 다만 좌절, 실패, 비난, 조롱 등이 뒤따르면, 이 아이는 고착되거나 퇴행한다. 이때, 복잡한 병리적 역동과 신경증적 절충안이 나타나, 욕구들은 여전히 존재하지만 충족되지 못한 상태로 있게 된다. 심지어 욕구와 능력의 상실이 나타나기도 한다.[5]

우리의 다양한 동기가 위계적으로 정립되어 있다는 원리에 덧붙여서, 우리가 마지막으로 다룰 것은 주관적 방략, 즉 개인을 '건강한' 성장의 방향으로 인도하고 지도하는 방략이다. 동기의 위계적 구조에 관한 원리는 모든 연령대에 적용된다. 자신에게 즐거운 일들을 발견할 수 있는 능력을 회복하는 것이 성인기에서조차 희생된 자기를 재발견할 수 있는 최선의 방법이다.

성인이 다음과 같은 두 가지 사실을 발견하는 데 치료 과정이 도움을 준다. 첫째, (억압된) 어린 시절 필요로 한 타인의 승인을 성인기에는 똑같은 형태와 정도만큼 필요로 하지 않는다. 둘째, 타인을 상실할지도 모른다는 공포는 나약하고, 무기력하며 버림받는 것에 대한 두려움을 동반하는데, 성인기에는 이러한 공포가 어릴 때만큼 사

---

5 나는 이러한 일반적인 원리를 리비도의 단계적 발전에 관한 프로이트 이론에 적용할 수 있다고 생각한다. 구강기의 유아는 입을 통해서 대부분의 즐거움을 얻는다. 특히 지금까지 무시된 즐거움은 완성(mastery), 효율(efficiency), 통제(control), 자기 표현(self expression), 의지(volition)의 즐거움이다. 이 시기의 유아가 효율적으로 잘 할 수 있는 유일한 것이 빠는 것임을 우리는 기억해야 한다. 다른 모든 일에서 유아는 무능하고, 무기력하다. 내가 생각하는 것처럼, 빠는 행위가 자기 존중감(즉 완성)의 최초의 근원이라면, 유아가 지배의 즐거움을 경험할 수 있는 유일한 방법이 빠는 행위다.

그러나 아이는 곧 완성과 통제를 위해서 또 다른 능력을 발달시킨다. 여기서 내가 의미하는 것은 항문의 통제만이 아니다. 항문의 통제가 틀린 것은 아니지만 내 생각엔 과대하게 평가되고 있는 것 같다. 이동성과 감각 능력 또한 이른바 '항문기' 동안에 충분히 발달하여 희열 및 완성되고 있다는 느낌을 준다. 그러나 여기서 우리에게 중요한 것은 구강기의 유아가 구강에 대한 자신의 통달을 한껏 발휘한 다음 그것에 싫증을 느끼게 된다는 점이다. 이는 유아가 우유만 먹으면 질리게 되는 것과 마찬가지다. 자유선택 상황에서, 유아는 복잡한 활동과 맞을 위해서 수유를 단념하는 경향이 있고, 혹은 어쨌거나 수유 관련 상황에 발달적으로 '더 수준 높은' 행동을 첨가하는 경향이 있다. 충분한 만족, 자유로운 선택, 위협의 부재 상황에서 유아는 스스로 구강기를 단념하고 그 시기를 벗어나 '성장'한다. 너무나 많은 경우 암시되는 것처럼, 유아는 아무런 자극 없이도 이 층으로 올라가고 강요하지 않아도 성숙한다. 유아는 이전에 누렸던 즐거움에 싫증을 느끼게 되고, 더 수준 높은 즐거움을 찾아 성장한다. 그러나 위험, 위협, 실패, 좌절 혹은 스트레스의 영향이 있을 때만이, 유아는 퇴행하고 고착하는 경향이 있다. 그러한 경우에만 유아는 성장보다는 안전을 선호한다. 확실히, 만족의 포기와 지연 그리고 좌절을 견딜 수 있는 능력 또한 강해지기 위해서는 필수적이다. 우리는 무절제한 만족이 위험하다는 것을 알고 있다. 그러면서도 주된 원리는 기본 욕구를 충분히 만족시키는 것이고, 이러한 제한 조건들을 충족시키는 것은 두 번째 문제다.

실적이거나 정당하지 않다. 타인의 중요성은 아동보다는 성인에게서 더 적을 수 있고 그럴 수밖에 없다.

우리의 최종 공식은 다음과 같은 요소들을 포괄하고 있다.

1) 건강하게 자발적인 아동은 내부에서 우러나는 자발성에서 그리고 자신의 내적 존재(Being)에 대한 반응으로서, 경이로움과 흥미를 지닌 채 외부 환경에 접근해 자신의 모든 기술(skill)들을 표현한다.
2) 두려움 때문에 경직되지 않는 한, 아동은 과감해질 수 있을 만큼 충분히 안전하다고 느낀다.
3) 이러한 과정에서 아동은 자신에게 희열을 경험하게 해주는 것들을 우연히 만날 수 있고, 조력자가 이러한 사건을 제공해줄 수도 있다.
4) 아동은 이러한 즐거움을 두려움 없이 선택하고 선호할 만큼 충분히 안전하고 또한 자기를 수용해야 한다.
5) 아동이 희열을 느끼게 해주는 경험들을 스스로 선택할 수 있다면, 그는 물리거나 싫증날 때까지 이러한 경험들을 반복적으로 할 가능성이 있다.
6) 이 시점에서, 아동은 동일한 영역에서 (다시 말하지만, 대범해질 수 있을 만큼 충분히 안전하다고 느낀다면) 더 복잡하고 다양한 경험과 성취를 지향하는 경향을 보인다.
7) 그러한 경험은 확신(확실히 "나는 이것을 좋아해, 저것을 좋아하지는 않아"), 능력, 통달, 자기 신뢰, 자기 존중 등에 대한 인식에서

지속적으로 발전하고 있음을 의미할 뿐만 아니라, 자신에 대한 피드백 효과도 가지고 있다.

8) 인생을 구성하고 있는 일련의 끊임없는 선택 속에서, 일반적으로 선택을 안전(혹은 더욱 폭넓게는 방어)과 성장 간의 선택으로 도식화할 수 있다. 그리고 이미 안전한 아동에게 안전은 불필요하기 때문에, 안전의 욕구를 충족시킨 아동은 성장을 택할 것이라고 기대할 수 있다. 그런 아동만이 대담해질 수 있다.

9) 아동이 자신의 본성과 일치하는 선택을 하고 그러한 본성을 발달시킬 수 있으려면, 자신을 위한 올바른 선택 기준으로서 희열과 싫증을 직접 경험할 수 있는 기회를 가져야 한다. 대안적인 기준은 타인의 소망에 근거하여 선택하는 것이다. 이러한 일이 발생할 때, 자기 상실이 일어난다. 또한 타인의 소망에 근거할 경우, 아동의 선택은 안전에만 국한하게 되는데, 왜냐하면 아동은 (보호와 사랑 등에 대한 상실의) 두려움 때문에 즐거움에 대한 자신의 선택 기준을 신뢰하지 않게 된다.

10) 선택이 정말 자유스럽고 아동이 무능하지 않다면, 이런 경우 아동은 일반적으로 앞으로 발전하는 선택을 할 것이라고 우리는 기대할 수 있다.[6]

11) 우리가 파악할 수 있을 정도로 장기적인 목적에서 볼 때, 건강한 아동이 즐거워하고 자신들의 취미에 맞는 일이 그들에게 가장 유익하다는 증거들이 종종 있다.

12) 이러한 과정에서, 비록 최종적인 선택은 아동이 하는 것이지만, 그러면서도 환경(부모, 치료자, 교사)이 다양한 측면에서 중

요하다.

 (a) 환경이 안전, 소속감, 사랑, 존경과 같은 아동의 기본적인 욕구를 충족시킬 수 있기 때문에, 아동은 안전하고, 자율적이고, 흥미롭고, 자발적이라고 느낄 수 있고, 그래서 과감히 미지의 것들을 선택할 수 있다.

 (b) 환경이 제공하는 또 다른 도움은, 긍정적인 측면에서 성장 지향적인 선택을 더 매력 있고 덜 위험하게 만들 수 있고, 퇴행적인 선택을 덜 매력적이고 부담이 크게 만들 수 있다는 것이다.

13) 이러한 방식으로, 존재의 심리학과 성숙의 심리학은 타협할 수 있으며, 오로지 자기 자신으로 존재하는 아동만이 앞으로 나아가면서 성장할 수 있다.

---

6 한 개인이 실제로는 충족되지 못한 자신의 기초적인 욕구가 충족되었고 혹은 그러한 욕구가 존재하지 않는다고 (퇴행, 부정, 반동 형성 등으로) 자신을 납득시키고자 할 때, 일종의 거짓 성장(pseudo-growth)이 아주 빈번하게 일어난다. 그 후로 아동은 끝없이 높은 수준의 욕구를 향해 나아가지만, 이것은 매우 취약하고 불안한 기초에 근거하고 있다. 나는 이것을 "충족되지 못한 욕구를 무시함으로써 발생하는 거짓 성장"이라고 부른다. 그러한 욕구는 무의식적인 힘(반복되는 강박적 충동)으로 영원히 지속된다.

제5장

지식에 대한 욕구와 두려움

이 장은 1961년, 터프츠 대학에서 한 강의의
일부를 수정한 것이다.

지식에 대한 두려움, 지식에 대한 회피, 지식이 주는 고통과 위험

우리의 입장에서 볼 때, 프로이트의 가장 위대한 발견은 대부분의 심리적 질병이 주로 자신에 대해, 즉 자신의 감정, 충동, 기억, 능력, 잠재력, 그리고 자신의 운명을 아는 것을 두려워하기 때문에 발생한다는 것이다. 자기를 아는 것에 대한 두려움은 외부 세계에 대한 두려움과 유사하고 또 이와 병행할 때가 아주 많다는 사실을 우리는 알게 되었다. 즉 내적 문제와 외적 문제는 심층적으로 서로 유사하고 연관되어 있는 경향이 있다. 따라서 우리는 지식에 대한 두려움을 전반적으로 논하고자 하며, 내부에 대한 두려움과 외부에 대한 두려움을 너무 엄격하게 구분하지는 않을 것이다.

일반적으로 이러한 종류의 두려움은 자기 존중감, 자기애, 자기 존경심을 지켜준다는 점에서 방어적이다. 우리는 자신을 경멸하도록 만들거나, 자신에 대하여 열등함, 허약함, 무가치함, 사악함, 수치스러움 등을 느끼도록 만드는 어떠한 지식도 두려워하는 경향이 있다. 우리는 억압이나 이와 유사한 방어기제를 사용해서 자기 및 자기의 이상적 이미지를 보호한다. 이러한 방어기제들은 본질적으로 일종의 기법들인데, 우리는 이러한 기법을 이용해서 불쾌하거나 위험한 진실을 의식적으로 회피한다.

'저항(resistance)'은 심리 치료 장면에서 드러나는 고통스런 진실을 지속적으로 회피하여 지각하지 않으려고 쓰는 책략 그리고 진실을 보게 하려는 치료자의 노력에 반항하는 방법 모두를 일컫는다. 치료자가 사용하는 모든 기법은 진실을 드러내는 다양한 방법이거나 혹은 진실을 견딜 수 있을 만큼 환자를 강하게 만드는 방법들이다. ("자신에게 완벽하게 정직하기 위해서는 자신이 할 수 있는 노력을 최대한 기울여야 한다." -프로이트)

그러나 우리가 회피하고자 하는 또 다른 종류의 진실이 있다. 우리는 자신의 정신병리에 단단히 고착되어 있을 뿐만 아니라, 개인적 성장을 회피하는 경향도 있다. 왜냐하면 이것 역시 또 다른 종류의 두려움과 공포를 야기하고, 나약하고 부적절하다는 느낌을 갖게 하기 때문이다.(31) 그래서 우리는 또 다른 종류의 저항, 즉 자신의 가장 훌륭한 점이나 재능, 가장 강한 충동, 최상의 잠재력과 창조성 등을 부인하는 현상을 찾아볼 수 있다. 간단히 말해서, 이것은 자신의 위대함을 거부하려는 노력, 즉 자기 확신을 두려워하는 것이다.

아담과 이브 신화에는 만지지 말아야 할 위험한 지식의 나무가 등장한다. 이와 유사하게, 대부분의 문화권에서도 궁극적 지식은 인간이 접근할 수 없는 신의 영역이라고 생각한다. 대부분의 종교는 (물론 다른 논지들과 함께) 반지성주의적인 논지를 지니고 있다. 그래서 몇몇 종교는 지식보다는 신념, 믿음, 혹은 경건함을 더 선호하는 경향이 있다. 또한 어떤 지식은 너무 위험해서 제대로 다룰 수 없기 때문에, 그러한 지식을 금지하거나 특별한 소수에게만 국한해야 한다는 생각을 선호하는 경향이 있다. 대다수 문화권에서는 신의 비밀을 들추어 그에게 도전한 사람들은 아담과 이브, 프로메테우스, 오이디푸스처럼 무거운 처벌을 받았다. 또한 이러한 처벌을 통해 다른 모든 사람들에게 신에 도전하지 말라고 경고해왔다.

이를 아주 간단히 말하면, 우리 내부에 존재하는 정확히 신과 같은 특성들에 대해서 우리는 양가적인 감정을 가지고 있다. 즉 그러한 특성에 매혹되기도 하면서 동시에 그러한 특성을 두려워하기도 하고, 추구하기도 하면서 동시에 방어적으로 거부하기도 한다. 이것이 바로 인간이 직면한 가장 기본적인 딜레마 가운데 하나로, 우리는 미물이면서 동시에 신이다.(178)

우리의 위대한 창조자들, 즉 신과 같은 사람들은 모두 무언가를 창조할 때나 (낡은 것을 반박하는) 새로운 것을 주장할 때처럼 가장 고독한 순간에 필요한 용기를 지니고 있다. 이것은 고난과 도전 앞에서 혼자 힘으로 과감히 앞으로 나아가는 힘이다. 두려운 순간을 진심으로 이해할 수는 있지만, 그렇다 해도 창조가 가능하려면 반드시 극복해야 한다. 따라서 자신에게서 위대한 재능을 발견하는 것은 큰 기쁨을 가져다주지만 동시에 위험, 책임감, 지도자로서의 의무, 전적으로 혼자라는 것 등에 대한 두려움을 야기한다. 가령 대통령 당선자들이 우리에게 보고한 두려움, 비참함, 심지어 공포 등 여러 복잡한 느낌에 대해서 생각해보라.

소수의 전형적인 임상 사례들은 우리에게 많은 것을 가르쳐준다. 첫 번째는 여성을 치료할 때 매우 흔하게 나타나는 현상이다.(131) 많은 훌륭한 여성이 직면하고 있는 문제는 지능과 남자다움을 무의식적으로 동일시한다는 것이다. 그들은 조사하고, 탐구하고, 알고자 하고, 주장하고, 발견하는 것 모두가 여성다움을 해친다고 생각한다. 특히 이러한 행동이 남성성이 떨어지는 자신의 남편을 위협할 때 더욱 그렇게 생각한다. 많은 문화와 종교는 여성이 지식을 추구하거나 공부하는 것을 금지해왔다. 내 생각에, 이러한 행동은 여성을 (가학-피학적인 의미에서) 연약한 상태로 간직하려는 소망에 그 역동적인 뿌리를 두고 있다. 예를 들면 여성은 신부나 목사가 될 수 없다.[1](103)

소심한 남성 역시 탐구적인 호기심을 어떤 식으로든 다른 사람에게 도전하는 것이라고 생각하는 경향을 가지고 있다. 즉 지식과 진실을 추구하면 자신이 감당할 수 없는 방식으로 자기를 주장하게 되고, 대범해지고, 강해지기 때문에, 더 나이 많고 더 힘센 사람들의 분노를 사게 되리라 생각한다. 아동들 역시 호기심에 차서 탐구하는 것이 신이나 매우 강력한 성인들의 특권을 침해하는 것이라고 생각할 수 있다.

물론 상호 보완적인 태도를 지닌 성인들을 찾아보기는 매우 어렵다. 왜냐하면 종종 그들은 자녀의 끝없는 호기심, 특히 성적인 문제와 관련된 호기심을 적어도 성가신 것으로, 때로는 심지어 위협적이거나 위험한 것으로 여기기 때문이다. 자녀의 호기심을 인정하고 허용하는 부모는 여전히 드물다.

---

[1] 《존재의 심리학》이 처음 출판된 이래로 분명 몇 가지 일들은 달라졌다. 여성도 국교회파의 (Episcopal) 전통 내에서 신부로서 서품을 받을 수 있게 되었으며, 신교의 몇몇 교파에서는 목사로 안수를 받을 수 있게 되었다. 또한 유대교 내 개혁 및 보수 교파에서도 여성이 목사로 안수를 받을 수 있게 되었다. 여성 심리학을 진지하게 받아들인 최초의 심리학자가 매슬로라는 사실에 주목할 만한 가치가 있다. 일례로 그의 초기 논문들을 볼 것. 〈여성의 지배력, 성격과 사회적 행동(Dominance Personality, and Social Behavior in Women)〉, 《사회심리학술지(Journal of Social Psychology)》(1939, 10, pp. 3~39), 〈여성의 자기 존중감(우월감)과 성(Self-Esteem (Dominance-Feeling) and Sexuality in Women)〉, 《사회심리학술지》(1942, 16, pp. 259~294).

착취당하고, 짓밟히고, 열등한 소수자나 노예에게서 이와 유사한 것을 찾아볼 수 있다.[2] 그들은 너무 많이 아는 것과 자유롭게 탐구하는 것을 두려워한다. 이런 행동은 그들의 주인을 화나게 만들 수 있다. 거짓 어리석음(pseudo-stupidity)을 지향하는 방어적인 태도가 이러한 집단에서는 매우 일반적이다. 어떤 경우든, 상황의 역동성 때문에 착취자나 압제자가 호기심이나 학습 그리고 지식을 자기 부하들에게 일깨워줄 것 같지는 않다. 너무 많이 아는 사람은 반역하기 쉽다. 착취하는 사람과 착취당하는 사람 모두에게 지식은 훌륭하고, 친절하고, 적응 잘하는 노예와는 부합하지 않는 것으로 보일 수밖에 없다. 그런 상황에서 지식은 위험한 것이다. 정말 위험한 것이다. 열등하거나, 종속적이거나, 자기 존중감이 낮은 사회적 지위가 알려는 욕구를 억제하게 만든다. 지도자 원숭이는 주로 직접적이고 강렬하게 응시하는 방법을 사용해 자신의 지배력을 확립한다.(103) 직급이 낮은 동물들의 특징은 자신의 시선을 떨어뜨리는 것이다.

---

2 매슬로가 이러한 말들을 사용한 시기는 1961년도로, 1960년대의 시민 권리 운동이 가장 맹렬하게 막 일어나려는 시기였다. 1920년대와 1930년대에 성인기를 맞은 유대인으로서 매슬로는, '짓밟히고, 열등한 소수자나 노예', 특히 미국 흑인들과 오랫동안 강렬한 일체감을 느껴왔다. 1968년 잡지 기사용 인터뷰에서 매슬로는, 자신이 "비유대계 이웃 속에서 작은 유대 소년으로 자랐으며, 그것은 마치 모두가 백인인 학교에 처음으로 등록한 흑인과 같은 것이었다"고 언급했다.(M. H. Hall, 〈매슬로와의 대화(A Conversation with Abraham H. Maslow)〉, 《오늘의 심리학(Psychology Today)》, 1968, p. 37) 1967년 7월 30일자 일기 도입부에서 매슬로는 시민 권리 운동과 관련해서 "우리는 필수적으로 기본적 욕구 충족의 위계적 단계를 모두 거쳐야만 한다. 그리고 이것은 정의, 진실 등의 미덕은 말할 것도 없이 안전, 형제애, 존엄 그리고 자기 존중감을 의미한다"라고 언급했다.(리처드 로리 ed., 《매슬로 학술지》 2 vol., Monterey, CA : Brooks/Cole, 1979, vol. 2, p. 810)

불행하게도, 이러한 역동성은 교실 상황에서조차 종종 나타난다. 정말 영리한 학생, 열심히 질문하고 탐구하는 학생, 특히 교사보다 더 영리한 학생은 기강을 위협하고 교사의 권위에 도전하는 사람으로서 '똑똑한 녀석'으로 보이기 일쑤이다.

'안다는 것(knowing)'은 무의식적으로 지배, 관리, 통제, 심지어 경멸을 의미할 수 있는데, 이러한 점을 관음증 환자에게서도 찾아볼 수 있다. 마치 자신의 눈이 강간을 위한 지배의 도구인 양, 이런 사람들은 자신이 벌거벗은 여성을 지배하는 힘을 가진다고 느낄 수 있다. 이런 의미에서, 많은 남자들은 매춘부들을 엿보고 여자들을 대담하게 응시하면서, 자신의 눈으로 그녀들의 옷을 벗기는 것이다. 성서에 나오는 '안다는 것'이라는 말을 성적으로 '안다는 것'과 동일하게 사용한 것은 이 말을 은유적으로 사용한 또 다른 예다.

무의식적 수준에서, 지식을 일종의 남성의 성적 특성처럼 관입하고 관통하는 것으로 이해할 경우, 신비스런 일이나 미지의 것들을 엿보는 아이들, 여성성은 적극적으로 아는 것과 불일치한다는 점을 경험하는 여성들, 지식은 지배자의 특권이라는 패배자의 생각, 지식은 신의 관할 영역을 침범하는 것이기 때문에 위험하고 분노를 살 수 있다는 신앙인들의 불안 등에서 찾아볼 수 있는 오래되고 갈등적인 여러 복합적 감정들을 이해하는 데 도움이 될 수 있다. 안다는 것은 자기를 긍정하는 하나의 행위이다.

불안 감소와 성장을 위한 지식

나는 지금까지 우리가 알아야 할 필요성을 언급하면서, 지식 그 자체를 위해서 그리고 지식과 이해가 주는 순수한 기쁨과 원초적인 만족을 위해서라는 이유를 제시했다. 지식은 사람을 더욱더 위대하고, 현명하고, 풍부하고, 강하고, 발전하고, 성숙하게 만든다. 지식은 인간의 잠재력을 실현하고, 가능성으로 가득 찬 인간의 운명을 실현하는 것을 의미한다. 그때 우리는 만발한 꽃이나 노래하는 새와 같은 존재가 된다. 이것이 바로 사과나무가 어떠한 투쟁이나 노력 없이 자신의 내적 본성의 표현으로서 사과를 맺는 방법이다.

그러나 우리는 또한 호기심과 탐구가 안전보다는 더 높은 수준의 욕구라는 것, 즉 안전하고, 걱정 없고, 두려움을 피하려는 욕구가 호기심보다는 더 우세하고 강력하다는 것을 알고 있다. 원숭이와 아이 모두에게서 이러한 현상을 매우 광범위하게 찾아볼 수 있다. 어린 아이는 낯선 상황에서 자신의 어머니에게 들러붙어 있는 특성을 보인다. 그 다음, 어머니 무릎에서 조금씩 내려와 사물을 탐색하는 모험을 하게 된다. 만약 어머니가 사라져 아이가 두려움을 느끼게 되면, 안전이 회복될 때까지 호기심은 사라진다. 아이는 오로지 안전한 피난처가 있을 때만 탐험을 시작한다.

할로우(Harlow)의 새끼 원숭이도 마찬가지다.[3] 두려움을 야기하는

---

[3] 해리 할로우(Harry Harlow, 1905~1981)는 위스콘신 대학에서 매슬로의 지도교수였다. 1968년과 1969년에 발표한 고전적 연구에서, 할로우는 붉은털원숭이(Rhesus monkey) 새끼를 어미 원숭이 대신 두 가지 형태의 대리모와 함께 키웠다. 어미 원숭이를 본떤 철사만 가지고 만든 대리모에게는 돌출된 고무 젖꼭지가 있어서 새끼 원숭이는 이 젖꼭지를 이용해 우유를 먹을 수 있었다. 또 다른 형태의 대리모는 철사로 만든 대리모와 비슷했지만, 우유가 나오는 젖꼭지가 없었으며, 부드럽고, 포근한 보풀이 있는 천으로 싸여 있었다. 비록 새끼 원숭이는 우유를 먹기 위해 철사로 된 대리모에게로 갔을지라도, 그 외의 다른 측면에서의 애

것이 있으면 그것이 무엇이든 간에 이 원숭이는 대리모에게로 되돌아갔다. 새끼 원숭이들은 대리모에게 붙어 있으면서, 먼저 주변을 살펴보고 그 다음에 위험을 감수하는 행동을 한다. 만약 대리모가 그곳에 없으면, 새끼 원숭이는 몸을 공처럼 둥글게 감은 채로 낑낑거리며 신음 소리를 낸다. 할로우의 동영상이 이러한 점을 매우 분명하게 보여준다.

성인들은 자신의 불안과 공포를 다루고 훨씬 더 교묘하게 그러한 것들을 잘 드러내지 않는다. 불안이나 공포에 완전히 압도당하지 않는 한, 성인들은 이러한 정서를 억압하고 심지어 그 존재를 부정하기까지 한다. 종종 성인들은 자신이 두려워하고 있다는 것을 알지 못한다.

그러한 불안에 대처할 수 있는 방법이 많이 있는데, 그 중 몇몇은 인지적인 것이다. 불안한 사람들에게 낯설고, 파악하기 어렵고, 불가사의하고, 불분명하고, 예기치 못한 것들은 모두 위협적으로 보이기 쉽다. 그러한 것들을 친숙하고, 예측 가능하고, 관리할 수 있고, 통제할 수 있는, 가령 두렵지 않고 해롭지 않은 것으로 만드는 한 가지 방법은 그것을 알고 이해하는 것이다. 그래서 지식은 성장 지향적인 기능뿐만 아니라 불안 감소 기능, 즉 안정된 상태를 유지하도록 도와주

착, 즉 할로우가 '접촉 위안(contract comfort)'이라고 명명한 애착을 위해서는 천으로 된 대리모에게로 달려가 단단히 매달렸다. 해리 할로우, 〈사랑의 본질(The Nature of Love)〉, 《미국 심리학자들(American Psychologist)》(1958, 13, 673~685) ; 해리 할로우와 짐머만(R. R. Zimmerman), 〈새끼 원숭이의 정서적 반응(Affectionate Responses in the Infant Monkey)〉, 《사이언스(Science)》(1959, 130, 421~432)를 볼 것.

는 보호적 기능도 한다.

외현적인 행동들은 서로 비슷할 수도 있지만, 그런 행동의 동기는 극히 다를 수 있고, 주관적인 결과 역시 매우 다르다. 한밤중에 아래층에서 나는 알 수 없는 무서운 소리 때문에 두려움에 휩싸인 가정주부가 손에 총을 든 채로 그 소리의 정체를 파악한 후 아무것도 아니라는 것을 알았을 때처럼, 우리는 지식을 통해 안도의 한숨을 내쉬고 긴장 감소를 경험한다.

한편, 어린 학생이 현미경으로 신장의 미세한 구조를 처음 보았을 때, 혹은 교향곡의 구조, 복잡한 시나 정치 이론의 의미를 갑자기 이해하게 되었을 때, 이 학생은 깨달음, 기쁨, 심지어 황홀함을 경험한다. 학생의 이러한 경험은 앞서 언급한 가정주부의 경험과는 매우 다르다. 후자의 경우 사람들은 더 위대하고, 똑똑하고, 강하고, 충만하고, 유능하고, 성공적이고, 이해력이 뛰어나다고 느낀다. 우리의 감각기관이 더 유능해지고, 우리의 눈이 갑자기 더 예민해지고, 우리의 귀가 계속 열려 있다고 가정해보자. 우리는 이러한 체험을 할 수도 있다. 이런 일이 교육과 심리 치료에서 일어날 수 있는 것들이다. 그리고 실제로 종종 일어나고 있다.

초대형 인간 서커스, 위대한 철학, 종교적 구조, 정치적·법적 시스템, 다양한 과학, 심지어 문화 전체와 관련해서 동기를 이런 식으로 논의하는 것을 볼 수 있다. 단순하게, 아주 단순하게 말하면, 이러한 것들은 지식의 욕구와 안전의 욕구가, 그 정도는 다르지만, 함께 가져온 결과물이다. 때로 우리는 안전의 욕구를 만족시키기 위해 대부분의 인지적 욕구를 불안 감소에 이용할 수 있다. 불안하지 않은 사람은 더 대담하고, 더 용기 있고, 지식 그 자체를 위해 탐구하고, 그에 관한 이론을 만들 수 있다. 성장욕구가 진실이나 사물의 진정한 본질에 접근할 가능성을 훨씬 많이 가지고 있다고 가정하는 것은 확실히 합리적이다. 안전을 위한 철학이나 종교 그리고 과학이 성장을 위한 철학이나 종교 혹은 과학보다 더 맹목적일 가능성이 높다.

지식에서 도피하는 것은 곧 책임감에서 도피하는 것
불안하고 소심한 사람은 호기심이나 알고 이해하려는 욕구를 불안을 감소하기 위한 수단으로 이용한다. 또한 호기심이 없다는 것은 불안과 공포를 가지고 있다는 적극적 혹은 소극적 표현일 수 있다. (이 경우는 사용하지 않아서 발생하는 호기심의 소멸(atrophy)과는 다르다.) 즉 우리는 불안을 감소시키기 위해 지식을 추구할 수도 있고 회피할 수도 있다. 프로이트의 용어를 쓴다면 무관심, 학습 곤란, 거짓 어리석음은 모두 방어적 행위가 될 수 있다. 지식과 행동은 서로 매우 밀접하게 관련되어 있다는 점에 모두가 동의한다. 더 나아가 나는 확신하건대, 지식과 행동은 서로 유사할 때가 매우 많고, 소크라테스의 방식대로 말하면 동일하기까지 하다. 우리가 충분히 그리고 완벽하게 알고 있는 경우에는 적합한 행동이 자동적이고 반사적으로 뒤따르게 된다. 이때 선택은 아무런 갈등 없이 완전히 자발적으로 이루어진다. 그러나 (32)를 보라.

고차원적인 수준에서 건강한 사람, 즉 손쉽게 완전히 기능하면서 옳고 그름과 선과 악에 대한 판단 능력을 보여주는 사람들에게서 이러한 점을 찾아볼 수 있다. 그러나 또 다른 수준에서, 이러한 점을 어린 아이(혹은 어른의 마음속에 숨겨져 있는 아이)에게서 찾아볼 수 있다. 어린 아이에게 특정 행동을 머릿속으로 생각하는 것은 곧 그 행동을 한 것과 다름없다. 정신분석에서는 이를 '전능한 사고'라고 부른다. 즉 자신의 아버지가 죽기를 바란다면, 그 아이는 자신이 아버지를 실제 죽인 것처럼 무의식적으로 반응할 수 있다. 사실, 성인용 심리 치료가 갖는 기능 가운데 하나는 이러한 유아기적 동일성(사고=행동)을 해체하여, 마치 행동으로 실행한 것 같은 유아기적 사고에 대해 죄의식을 느끼지 않도록 하는 것이다.

어떤 경우든 간에, 이처럼 지식과 행동 사이의 밀접한 관련성은 행동에 대한 두려움만큼이나 지식에 대한 두려움, 즉 지식이 가져올 결과에 대한 두려움, 지식에 따른 위험한 책임에 대한 두려움을 깊이 이해하는 데 도움을 준다. 때로 모르는 것이 더 좋을 수 있는데, 왜냐하면 알고 있을 경우, 우리는 행동해야만 하고 모험을 해야만 하기 때문이다. 이것은 다음과 같이 말하는 사람과 어느 정도 유사하고, 또한 관련성이 있다. "내가 굴을 좋아하지 않는 것이 너무 기뻐요. 왜냐하면 내가 굴을 좋아했다면 그걸 먹었을 테고, 그 다음부터 굴을 싫어하게 되었을 테니까요."

다하우 근처에 살고 있는 독일인의 경우, 무엇이 일어나고 있는지 모르는 것이, 앞을 볼 수 없는 것이, 그리고 어리석음을 가장한 상태로 있는 것이 확실히 더 안전하다. 왜냐하면 알고 있을 경우에 그들은 그것과 관련해서 무엇인가를 해야만 하고, 하지 않을 경우 겁쟁이라는 죄의식을 느껴야 하기 때문이다.

아이들 역시 이러한 책략, 즉 다른 사람들에게는 너무나 명백한 사실, 가령 자기 아버지는 경멸할 만큼 나약하다거나 자기 어머니는 자기를 사랑하지 않는다는 것 등을 보지 않으려고 거부하거나 부정하는 방식을 쓴다. 이러한 종류의 지식은 그 아이가 불가능한 행동을 하도록 요구한다. 모르는 편이 더 낫다.

어떤 경우든, 우리는 이제 불안과 인지에 대해 충분히 알게 되었다. 그래서 많은 철학자와 심리학자가 수세기 동안 지지해온 극단적인 입장, 즉 모든 인지적 욕구는 불안에 의해 발생하며, 단지 불안을 줄이기 위한 노력에 불과하다는 입장을 거부할 수 있게 되었다. 수년 동안 이러한 입장은 그럴듯하게 보였지만, 지금은 동물과 아동에 관한 우리의 실험이 이 이론을 반박하고 있다. 왜냐하면 이러한 실험들에서 나온 결과에 따르면, 일반적으로 불안은 호기심과 탐구심을 죽이고, 이러한 특성들은 상호 양립할 수 없으며, 특히 불안이 극단적으로 클 때 그러하다. 인지적 욕구는 안전하고 불안하지 않은 상황에서 가장 분명하게 나타난다.

한 저서가 이러한 상황을 근사하게 요약하고 있다,

신념체계가 가지는 훌륭한 점은 그것이 두 가지 일, 즉 가능한 한 세상을 이해하고, 필요로 하는 한 세상으로부터 자신을 방어하는 일을 동시에 수행하는 데 도움이 되도록 만들어져 있다는 점이다. 인간은 자신이 원하는 방식으로 보고, 기억하고, 생각하기 위해서 인지적 기능을 선택적으로 왜곡한다고 주장하는 사람들과 우리는 의견을 같이하지 않는다. 대신에 인간은 자신이 필요한 정도까지만 그렇게 한다는 견해를 우리는 지지한다. 왜냐하면 비록 고통스럽고 때로는 강하고 때로는 약하지만, 사

실을 있는 그대로 보고자 하는 욕구에 의해서 우리 모두는 동기화되기 때문이다.(146, p. 400)

요약

우리가 지식에 대한 욕구를 제대로 이해하고 있다면, 그러한 욕구가 지식에 대한 두려움, 불안, 안전에 대한 욕구와 통합되어 있다는 것이 매우 분명하게 보일 것이다. 우리는 궁극적으로 후퇴와 진보의 변증법적 관계 속에서 두려움과 용기 사이를 오가며 투쟁을 하게 된다. 두려움을 증가시키는 모든 심리적·사회적 요인들은 알고자 하는 욕구를 감소시킨다. 따라서 용기, 자유, 대범함을 허용하는 요인들은 알고자 하는 우리의 욕구를 해방시킨다.

제3부

성장과 인지

Growth and Cognition

제6장

절정경험 속에서의 존재에 대한 인지

이 장은 1956년 9월 1일 미국심리학회 내 성격 및 사회 심리학 분과 회장 역임 당시 발표한 연설을 수정하고 대폭 확장한 것이다. 여기서 매슬로는 처음으로 절정경험이라는 주제를 언급했고, 이 주제에 관한 자신의 모든 아이디어를 발표했다. 매슬로 자신도 이 글이 자신이 쓴 가장 훌륭하고 중요한 글이라고 생각했다. 매슬로가 언급한 절정경험에 관한 더 많은 정보는 '책을 펴내면서'에서 찾을 수 있다.

이 장과 다음 장은 대학생 190명에게 다음 질문을 해서 응답을 받고 약 80명을 개별적으로 면담해서 얻은 첫 번째 결론이자, 그 내용을 인상적이고 이상적으로 '합성한 사진' 혹은 조직화한 것이라고 할 수 있다.

당신의 인생에서 가장 좋았던 하나 혹은 다수의 경험을 생각해보기 바랍니다. 아마도 사랑하는 순간, 음악이나 책이나 그림을 보고 '감동을 받은' 순간을, 또는 어떤 대단히 창조적인 순간에 경험한 가장 행복했던 순간들, 황홀했던 순간들, 환희의 순간들. 이러한 순간들을 먼저 나열해주기 바랍니다. 그 다음, 당신은 그러한 순간에 다른 때와는 달리 어떤 느낌을 받았는지, 그 순간에 어떤 식으로 다른 사람이 되었는지를 말해주기 바랍니다. (다른 연구 대상자들에게는 세상이 어떻게 다르게 보이는지를 기술하도록 질문했다.)

어떤 참가자도 이와 관련된 모든 특성을 보고하지는 않았다. 나는 부분적인 반응들을 모두 합해서 하나의 '완벽한' 종합적 특성을 만들었다. 게다가 50명가량의 사람들이 이전에 출판한 내 논문을 읽고, 절정경험에 관한 개인적인 보고서를 자발적으로 보내왔다. 마지막으로 나는 신비주의, 종교, 예술, 창조성, 사랑, 그 밖의 것들에 관한 광대한 문헌들을 참조했다.

자기실현하는 사람들은 성숙, 건강, 자기 완성에서 높은 수준에 도달하게 된다. 그들은 우리에게 많은 것을 가르쳐줄 수 있는데, 때로 그들은 다른 부류의 사람처럼 보이기도 한다. 그러나 인간 본성의 최고 수준 그리고 인간 본성의 최대 가능성과 열망을 탐색하는 것은 너무도 새로운 일이기 때문에 어렵고 힘든 작업이다. 나는 이 연구를 하면서, 그동안 소중히 간직해온 원리들을 계속해서 무너뜨렸고, 겉으로 보이는 모순과 자가 당착 및 모호함에 끊임없이 대처해왔다. 또한 오랫동안 입증되어왔고, 확고하게 믿어왔으며, 의심의 여지 없이 분명한 것으로 여겨지는 심리학 법칙들이 무너지는 소리를 종종 들어왔다. 때로 이러한 법칙들은 아무런 법칙도 아니었다. 단지, 미약하면서도 만성적으로 가지고 있는 정신병리와 두려운 상태, 발육 정지, 정신 장애 및 미성숙 상태에서 살아가는 데 필요한 규칙일 뿐이었다. 우리는 종종 이처럼 비정상적이고 병적인 상태를 인식하지 못한다. 그 이유는 대부분의 다른 사람들도 우리와 동일한 질병을 가지고 있기 때문이다.

과학적 해결책이 나오기 오래전에 이루어진 연구에는 빠진 것들이 있다. 이번에 미지의 것을 연구하게 된 계기는 이에 대한 불만족과 불편함 때문이다. 과학적 이론화의 역사를 보면, 이와 같은 계기는 아주 흔하고 매우 전형적이다. 예를 들어, 자기실현하는 사람들을 연구하면서 내가 직면한 첫 번째 문제 중 하나는 동기적 측면에서 그들의 삶이 내가 그동안 배운 모든 것과 중요한 차이가 있음을 어렴풋하게나마 깨닫게 된 점이다. 처음에 나는 삶에 대한 그들의 동기가 문제에 대처하기 위한 것이 아니라 자신을 표현하기 위한 것이라고 기술했다. 그러나 이것은 전반적으로 보아 그렇게 옳은 것은 아니었다.

그 다음 나는 이들이 동기화된 것이 아니라 비동기화 혹은 (얻고자 노력하는 것 이상으로) 상위동기화되었다고 지적했다. 그러나 사람들은 어떤 동기 이론을 수용하느냐에 따라 크게 영향을 받기 때문에, 이 말은 도움을 주는 것만큼이나 문제도 야기했다. 나는 3장에서 이를 구분했는데, 이러한 과정이 존재(Being)와 발달(Becoming)을 명확히 구분해주지 못했기 때문에, 도움이 되긴 하지만 충분할 만큼 분명하지는 않다. 이 장에서 나는 (존재의 심리학을 구축할 수 있는) 새로운 기법을 제안하고자 한다. 이 새로운 기법은 최대로 발달된 사람과 그 외 대다수 사람들 간의 동기적·인지적 삶에서 보이는 차이를 어떤 식으로든 글로 기술하고자 노력한 이전의 세 가지 시도들을 포함하고 있으며, 또한 그러한 시도들을 일반화하고 있다.

처음에는 자기실현하는 사람의 애정 관계에 대한 연구에서, 그 다음에는 그 외의 다른 사람들의 애정 관계에 대한 연구에서 그리고 마지막으로, 이론적·미학적·철학적 문헌들에 대한 연구에서, 존재(Being)의 상태(일시적이고, 상위동기화된, 얻고자 노력하지 않고, 자기중심적이지 않은, 목적이 없는, 그 자체로 정당한, 완벽함과 목표 달성의 궁극적 경험과 상태)에 대한 이러한 분석이 이루어졌다. 3장에서 기술한 것처럼, 처음에는 사랑을 두 종류(D-사랑과 B-사랑)로 나눌 필요가 있었다.

나는 B-사랑(혹은 다른 사람 또는 사물의 존재에 대한 사랑) 상태에 있는 사람들이 특별한 종류의 인지적 특징을 가지고 있다는 사실을 깨닫게 되었다. 내가 가지고 있는 심리학적 지식으로는 이러한 인지적 특징들을 예견할 수 없었다. 그러나 그 후에 나는 미학과 종교와 철학에 대한 몇몇 연구자들이 이러한 측면을 아주 잘 기술하고 있음을 알게 되었다. 나는 이것을 존재에 관한 인지(Cognition of Being) 또는 간단히 B-인지라고 부르겠다. 이것은 개인의 결핍욕구에 근거한 인지, 즉 내가 D-인지라고 부르는 것과는 대조적이다. B-사랑을 하는 사람들은 자신이 사랑하는 사람을 통하여 남들이 보지 못하는 실체를 볼 수 있다. 다시 말해 그는 더욱더 예민하고 정확하게 지각할 수 있다.

나는 이 장에서 B-사랑에 대한 경험, 부모가 되는 경험, 신비적 또는 광활함에 대한 경험, 자연에 대한 경험, 미학적 지각, 창조적 순간, 치료적 또는 지적 통찰력, 오르가슴 경험, 특정 운동에서 성취를 맛보는 등의 순간에 기본적으로 나타나는 인지적 현상들을 한마디로 일반화하고자 하다. 이러한 순간 그리고 최상의 행복감과 완성감을 느끼는 또 다른 순간들을 나는 절정경험이라고 부를 것이다.

이 장은 정상적으로 아픈 사람뿐 아니라 완전하게 기능하는 건강한 사람을 다룬다는 점에서, 미래에 관한 '긍정적 심리학(positive psychology)' 또는 '정통 심리학(orthopsychology)'적 태도를 보인다. 따라서 이것은 '보통 사람들에 대한 정신병리학으로서의 심리학'과 상반되지 않는다. 이 심리학은 기존의 심리학을 초월할 수 있다. 또한 아픈 사람과 건강한 사람, 결핍 및 발달(Becoming)과 존재(Being), 이 모두를 포함하는 더 포괄적이고 광범위한 구조에서 기존의 모든 발견을 이론적으로 통합하는 것이 가능하다. 이러한 심리학은 수단보다는 목적, 즉 궁극적 경험, 궁극적 가치, 궁극적 인지 그리고 목적으로서의 인간에 관심을 두고 있기 때문에 나는 이를 존재의 심리학(Being-psychology)이라고 부르기로 했다.

오늘날의 심리학은 가지고 있는 것보다는 가지고 있지 못한 것, 성취한 것보다는 얻고자 노력하는 것, 충족보다는 좌절, 획득된 기쁨보다는 기쁨의 추구, 거기에 존재하는 것보다는 거기에 도달하기 위해 노력하는 것들을 주로 연구해왔다. 모든 행동이 동기를 지니고 있다는 정의가 잘못되었음에도, 모든 사람이 이러한 정의를 최우선적인 원리로 받아들인다는 것은 이러한 사실을 암암리에 보여준다.

절정경험에서의 B-인지

지금부터 매우 광범위한 의미에서의 '인지'라는 용어를 사용해, 일반적인 절정경험에서 나타나는 인지적인 특징들을 하나씩 간결하게 요약해서 제시하고자 한다.

1) B-인지 상태에서 대상을 경험할 때, 사람들은 그 대상을 전체로서 그리고 완전한 개체로서 보고, 관계적 측면이나 가능한 유용성, 편의와 목적을 떠나 지각하는 경향이 있다. 마치 그 대상을 우주에 존재하는 모든 것으로, 존재의 모든 것으로, 우주와 동일한 것으로 지각한다.

   이것은 D-인지와 대조적인데, D-인지는 인간의 인지적 경험 대부분을 포괄한다. 인간의 이러한 경험은 다음에 기술하는 것처럼 부분적이고 불완전하다.

   우리는 여기서 모든 만물이 하나의 완전체로 되어 있다는 19세기의 절대적 이상주의를 떠올리게 된다. 부족한 인간이 이러한 완전체를 결코 포괄하거나 지각하거나 인식할 수 없기 때문에, 실제 인간은 필연적으로 존재(Being)의 일부분만을 인식할 뿐 그 전체를 인식할 수 없다.

2) B-인지는 그 지각 대상에게만 모든 주의를 기울인다. 이것을 '총체적 주의'라고 부를 수 있다.(샤텔(147)도 볼 것) 내가 여기서 말하고자 하는 것은 매혹이나 몰입과 매우 유사하다. 이러한 주의 상태에서는 전경(혹은 지각의 대상)은 그야말로 전경이 되고, 결과적으로 배경은 사라지거나 적어도 대수롭지 않게 지각된다. 이것은 마치 전경이 다른 모든 것에서 분리되어 있는 것과 같고, 세상이 잊혀버린 것처럼, 한동안 지각 대상만이 존재의 모든 것처럼 보인다.

우주 전체를 한꺼번에 포용할 때는 그렇지 않을 때와는 다른 종류의 새로운 지각 법칙이 나타난다. 이러한 법칙은 존재를 총체적으로 지각하는 경우에도 적용된다.

이러한 종류의 지각은 일반적인 지각과는 매우 대조적이다. 보통의 경우, 특정 지각 대상은 그와 관련된 다른 모든 대상들과 함께 주의를 끌게 된다. 이 대상은 세상의 다른 모든 것들과의 관계에서 그리고 세상의 일부로서 지각된다. 전형적인 전경-배경 관계에서는 서로 다른 방식이기는 하지만 전경과 배경 모두가 주의를 끈다. 더 나아가, 일반적으로 대상을 그 자체라기보다는 하나의 구성원으로서, 더 큰 범주에 포함된 하나의 예로서 인식한다. 나는 이런 종류의 지각을 '범주화한' 지각이라고 기술했다.(97, 14장) 또한 이러한 지각은 일종의 분류로서, 구분하고 이름을 붙여 한두 개의 파일 캐비닛에 집어넣는 것과 같기 때문에, 지각 대상인 사물이나 사람의 모든 측면을 완전하게 지각하는 것이 아님을 지적했다.

인지는, 그 대상을 특정 연속선상의 어떤 위치에 올려놓는데, 이런 일은 우리가 보통 알고 있는 것보다 훨씬 더 많이 발생한다. 인지는 일종의 자동적인 비교, 판단, 평가를 포함한다. 인지는 ~보다 더 높은, ~보다 더 못한, ~보다 더 훌륭한, ~보다 더 큰 등의 의미를 내포한다.

B-인지를 비교하지 않는 인지, 평가하지 않는 인지, 혹은 판단하지 않는 인지라고 부를 수도 있다. 도로시 리(88)가 몇몇 원시 민족의 지각 방식이 우리와 다르다는 것을 기술할 때, 그녀가 의미하는 바와 내가 여기서 의미하는 바가 동일하다.

한 사람을 그 존재 자체로 지각할 수 있다. 마치 그 사람이 속한 범주의 유일한 구성원인 것처럼, 그를 독특하고 특이한 존재로 지각할 수 있다. 우리가 한 개인을 독특하게 지각한다고 말할 때 의미하는 바가 바로 이것이며, 모든 임상가가 달성하고자 하는 것 역시 이러한 지각이다. 그러나 이러한 지각을 하는 것은 매우 어려운 일로, 일반적으로 우리가 인정하는 것보다 훨씬 더 어렵다. 그러나 이것은 일시적일 뿐이기는 해도 가능한 일이며, 절정경험에서 이러한 지각적 특징들이 나타난다.

건강한 어머니는 자신의 자녀를 사랑으로 바라보기 때문에, 그들이 지닌 독특성의 대부분을 이러한 관점에서 지각한다. 그녀의 아이는 이 세상 어느 누구와도 같을 수 없다. (적어도 어머니 자신이 게젤(Gesell)의 발달 기준이나 이웃 아이와의 비교에 초연할 수 있는 만큼) 그 아이는 경이롭고, 완전하며, 매혹적인 존재가 된다.

또한 특정 대상 전체를 구체적으로 지각한다는 것은 '관심'을 가지고 그 대상을 지각한다는 것을 의미한다. 대상에 '관심'(126)을 가짐으로써, 그 대상에 지속적으로 주의를 기울여서 반복적으로 탐구하게 된다. 이러한 주의와 탐구는 대상이 가진 모든 측면을 지각하는 데 필수 요소다. 엄마가 자신의 아이를 반복해서 응시할 때, 연인이 서로를 바라볼 때, 또는 감정가가 그림을 관찰할 때 보이는 세밀한 관심은 지각해야 할 것을 부당하게 생략해버리는 일상적인 범주적 지각보다 더 완벽한 지각을 가능케 한다.

이런 식으로 몰입하고, 집중하고, 완전하게 주의를 기울여 인지하면, 그 대상의 세세한 점들과 다양한 측면들을 이해할 수 있을 것이다. 이러한 인지는 일상적인 관찰을 통한 인지와는 대조적이다. 후자의 경우, 대상에 대한 경험의 골격만을 제공해주기 때문에, 대상의 몇몇 측면만을 선택적으로 골라서 '중요함'과 '중요하지 않음'의 관점에서 본다. (그런데 아이나 연인을 보는 데 '중요하지 않은' 부분이 있을까?)

3) 부분적으로는 인간이 외부 대상에 대한 자신의 지각을 결정하고 창조하지만, 인간의 관심사와 관련된 지각과 무관한 지각을 구분할 수 있다. 자기실현하는 사람들은 자기 자신들 및 여타 모든 사람들과 무관하게 세상을 있는 그대로 지각하는 능력을 더 많이 가지고 있다. 보통 사람도 절정경험과 같은 최고조의 순간에 있을 때에는 이러한 지각적 특성을 보인다. 이런 순간

에 있는 사람은 자연을, 인간을 위해 존재하는 놀이터가 아니라 있는 그대로 그리고 그 자체를 위해 존재하는 것으로 지각할 가능성이 크다. 그러한 사람은 인간의 목적을 자연에 투사하지 않기 위해 자신을 손쉽게 억제할 수 있다. 다시 말해 그러한 사람은 자연을 이용해야 할 것, 두려워해야 할 것, 또는 어떤 인간적인 방식으로 반응해야 할 것으로 보기보다는 자연을 존재하는 그 자체('목적')로 지각할 수 있다.

미 그 자체의 세계 혹은 위협, 위험, 병리의 세계를 역사적 슬라이드를 통해 보여줄 수 있는 현미경을 한 예로 들어보자. 우리가 현미경을 통해 본 것이 종양이라는 사실을 잊을 수 있을 때에만, 그 종양을 아름답고 장엄한 조직으로 볼 수 있다. 모기 그 자체를 목적으로 본다면, 모기도 경이로운 존재다. 전자 현미경으로 본 바이러스는 매우 경이로운 대상이다(또는 적어도 그들과 인간과의 관련성을 잊어버리면, 그럴 수 있다).

B-인지는 그 대상을 인간과 무관한 것으로 만들기 때문에, 대상 그 자체의 본질을 볼 수 있게 한다.

4) B-인지와 일반적인 인지의 차이점 중 하나는 반복적으로 B-인지를 할 때 지각이 풍부해진다는 점이다. 오늘날 내 연구가 이러한 차이점을 보여주고 있긴 하지만 확신할 수는 없다. 사랑하는 사람의 얼굴이나 좋아하는 그림을 보면서 매혹되는 경험을 반복적으로 하면, 우리는 그러한 대상을 더욱더 좋아하게 되고, 다양한 의미에서 그러한 대상의 더 많은 측면들을 보게 된다. 우리는 이것을 대상 내부에 존재하는 풍요로움이라고 부를 수

있다.

그러나 이러한 경험은 반복적인 경험을 통해서 나타나는 더 일반적인 효과들, 가령 권태, 친숙성 효과, 주의 상실과 같은 경험과는 큰 대조를 이룬다. 내 경험에 따르면, (비록 내가 증명하려고 시도하지는 않았지만) 예리하고 민감한 사람들에게 훌륭한 그림을 반복적으로 보여주면, 그들은 이 그림을 더욱 아름답다고 지각하고, 반대로 불량한 그림을 반복적으로 보여주면, 그들은 이 그림을 더욱 추하다고 지각했다. 동일한 원리가 가령 좋은 사람과 나쁜 사람, 잔인하거나 비열한 사람에게도 적용되는 것 같다. 좋은 사람을 반복적으로 보면 그들을 더 좋게 보게 되지만, 나쁜 사람을 반복적으로 보면 그들을 더 나쁘게 보게 된다.

이처럼 대상을 더 일상적으로 지각할 때, 대개 처음에는 대상을 유용성과 위험성 여부로 단순하게 범주화한다. 그러나 대상을 반복해서 지각할수록 이러한 범주화는 점점 더 무의미해진다. 대개 불안이나 D-동기가 일상적인 지각을 결정하는데, 이미 지각의 초기 단계에 대상을 지각하는 목적을 달성하게 된다. 따라서 그 후에는 그 대상을 지각해야 할 욕구가 없어지게 된다. 즉 사람이나 사물을 범주화했기 때문에 더는 그 대상을 지각해야 할 필요성이 없다. '빈곤함'은 반복적인 경험에서 나타난다. '풍부함' 또한 반복적인 경험을 통해 나타난다. 더군다나, 반복적으로 보는 과정에서 지각 대상의 빈곤함뿐만 아니라 보는 사람의 빈곤함도 나타난다.

사랑하지 않을 때보다는 사랑할 때 그 대상이 가지고 있는 내재적 특성들을 더 깊이 있게 지각할 수 있다. 사랑은 그 대상에 몰입하게 만들고 따라서 그 대상을 '관심'을 가지고 열중해서 반복적으로 지각하게 한다. 다른 사람들은 볼 수 없지만, 연인들은 서로의 잠재력을 볼 수 있다. 흔히 우리는 '사랑이 눈을 멀게 한다'고 말하지만, 특정 상황에서는 사랑할 때 더 깊이 지각할 수도 있음을 고려해야 한다. 물론 이 말은 아직 실현되지 않은 잠재력을 지각할 수 있음을 의미한다.

이러한 문제를 연구하는 것은 보기보다 어렵지 않다. 전문가들이 실시하는 로르샤흐(Rorschach) 검사* 역시 아직 실현되지 않은 가능성을 파악하는 것이다. 이러한 생각은 원론적으로 검증 가능하다.

5) 나는 미국 심리학이나 더 광범위하게는 서양 심리학이 자민족 중심적인 학문이라고 생각한다. 이 심리학은 인간의 욕구, 두려움, 이해 관계가 그들의 지각을 결정한다고 가정한다. 지각에 대한 이러한 '새로운 관점'은 인지가 항상 동기를 가지고 있다는 가정에 기초하고 있다. 이것은 또한 전통적인 프로이트 학파의 관점이기도 하다.(137) 이러한 관점은 또한 인지가 상황에 대처하기 위한 도구적 장치이기 때문에 어느 정도는 반드시 자

---

* 1921년 스위스의 정신병리학자 H. 로르샤흐가 정신병 진단과 성격 연구를 목적으로 고안한 검사법이다. 좌우 대칭적인 모호한 도형 10장으로 되어 있으며 5장은 검정, 2장은 검정과 빨강, 3장은 각종 색깔로 되어 있는데 각각 진하고 흐림이 있다. 잉크가 떨어져 번진 것처럼 자연스럽게 만들어진 그림을 사용하므로 잉크 블롯 검사(ink-blot test)라고도 한다.

기중심적이라는 가정을 내포하고 있다. 이러한 관점은 이해 관계가 걸려 있을 때 사람들은 자신에게 유리한 쪽에서 세상을 지각하고, 핵심적이고 결정적인 자아를 중심으로 경험을 조직화한다고 가정한다. 이것은 미국 심리학의 오래된 관점이다. 이른바 '기능주의 심리학'은 널리 인정받는 다윈주의 관점에서 많은 영향을 받았는데, 이 심리학 역시 모든 능력을 유용함과 '생존 가치'라는 관점에서 보는 경향이 있다.

나는 또한 이러한 관점을 자민족 중심적이라고 생각한다. 왜냐하면 이 관점은 분명히 서구인의 세계관을 무의식적으로 표현한 것이기 때문이다. 게다가 이러한 관점은 골트슈타인, 머피, C. 불러, 헉슬리, 소로킨(Sorokin), 와츠(Watts), 노스럽(Northrop), 앙얄 이외의 많은 학자들은 말할 것도 없고 동양, 특히 중국, 일본, 인도 출신의 철학자, 신학자와 심리학자 들의 연구를 지속적이고도 끈질기게 무시해왔기 때문이다.

나의 연구 결과에 따르면, 자기실현하는 사람들이 일상적으로 지각할 때나 평범한 사람들이 가끔 하는 절정경험 속에서 지각할 때, 그들은 비교적 자아를 초월하고, 망각하고, 제거한다. 이러한 지각은 동기, 이해 관계, 소망, 욕구를 가지고 있지 않고 이기적이지 않으며 초연하다. 이러한 지각은 자기중심적이기보다는 대상 중심적이다. 즉 자아가 아니라 대상을 중심으로 지각적 경험이 조직화된다. 이것은 마치 그런 사람들이 대상 그 자체의 독립적 실체를 지각해서 지각자라는 위치에 의존하지 않는 것과 같다.

미학적 경험이나 사랑의 경험을 할 때만이 실제로 자기가 사라질 정도로 대상에 몰입하고 빠져들 수 있다. 소로킨처럼 미학, 신비주의, 모성과 사랑을 연구하는 학자들의 주장에 따르면, 절정경험에서는 지각자와 지각 대상자가 일치한다. 즉 둘은 새로운 더 큰 전체, 상위의 하나로 통합된다. 이 말은 감정이입과 동일시에 관한 몇몇 정의를 이러한 방향에서 연구해볼 수 있음을 우리에게 상기시켜준다.

6) 절정경험은 그 자체로서 타당하고 정당한 순간, 다시 말해 그 자체로서 본질적 가치를 지닌 순간이다. 절정경험은 그 자체가 목적으로, 수단이 아닌 목적으로서의 경험이라고 부를 수 있다. 이런 경험은 매우 가치 있고 많은 것을 깨닫게 해주는 경험이기 때문에, 이 경험을 정당화하려는 어떠한 시도도 그 소중함과 가치를 떨어뜨린다. 사랑의 경험, 신비한 경험, 미학적 경험, 창조적 경험, 그리고 넘치는 통찰력을 보고한 내 연구 대상자들에 따르면, 절정경험의 이러한 특징들은 보편적이다.

특히 치료적 상황에서 이루어지는 통찰의 순간에 이 점이 더욱 명백해진다. 치료를 받는 사람은 통찰에 대항하여 스스로를 방어하기 때문에, 정의상 그 사람이 이러한 통찰을 수용하기란 고통스러운 일이다. 통찰이 의식의 세계로 들어올 경우, 때로 그 사람은 무너진다. 그러나 이러한 사실과는 관계 없이 사람들은 보편적으로 절정경험이 장기적인 면에서 볼 때 가치 있고 바람직한 것이라 여긴다. 심지어 보는 것이 고통스럽다고 해도 보지 못하는 것보다는 낫다.(172) 본질적으로 그 자체로서 타당하고 정당한 이러한 경험은 고통을 가치 있는 것으로 만든다. 미학, 종교, 창조성, 사랑을 연구하는 많은 사람들은 한결같이 이러한 경험들이 본질적으로 가치 있을 뿐만 아니라, 가끔 발생해서 삶을 가치 있게 만든다고 이야기한다. 신비주의자들은 인생에서 두세 번 일어날지 모르는 위대한 신비 체험이 매우 큰 가치가 있다고 주장해왔다.

 서양, 특히 미국 심리학자들에게 이러한 경험은 일상적인 삶의 경험과는 매우 대조적이다. 행동은 목적을 달성하기 위한 수단과 같은 것이며, 많은 연구자들이 '행동'과 '도구적 행동'을 서로 같은 말이라고 여긴다. 모든 것은 미래의 목적을 달성하기 위한 것이고, 무언가를 성취하기 위한 것이다.

 존 듀이는 자신의 가치 이론에서(38a) 이러한 태도를 견지하고 있다. 이 이론에서 듀이는 목적은 없고 목적을 달성하기 위한 수단만이 있을 뿐이라고 주장했다. 이 말 역시 목적의 존재를 시사하고 있기 때문에 아주 정확한 표현은 아니다. 듀이가 암시하는 바를 더욱 정확히 표현하면, 한 수단은 다른 수단을 위한 수단이고, 계속해서 그 다른 수단은 또 다른 수단을 위한 수단이기 때문에 영원히 수단만이 있을 뿐이다.

 내가 연구한 사람들에게 절정경험은 너무나 즐거운 경험이었기 때문에, 그들 삶의 궁극적 목적이 되었고, 그들의 삶을 궁극적으로 타당하고 정당하게 해주는 경험이 되었다. 심리학자들이 이러한 경험을 그냥 지나치거나 심지어 그런 존재를 모르는 것, 더 나쁜 경우 객관주의적 심리학이 이런 경험을 과학적 연구가 가능한 대상에서 미리 배제하는 것은 매우 이해하기 어려운 일이다.

7) 내가 연구한 모든 일반적인 절정경험에서는 시간과 공간에 대한 방향감각이 없었다. 이러한 순간에 있는 사람들은 주관적으로 시간과 공간에서 벗어나 있다고 말하는 편이 정확할 것이다. 창조적인 순간에 빠져 있을 때 시인이나 화가는 자신의 주변 환경과 시간의 흐름을 잊기 쉽다. 그들이 이러한 경험에서 깨어났을 때, 시간이 얼마나 흘렀는가를 판단하는 것은 불가능하다. 종종 그들은 자신이 어디에 있는지를 다시 확인하기 위해, 멍한 상태에서 벗어나려고 고개를 흔들어야 한다.

그러나 내 연구 대상자들, 특히 연인들은 이런 경험보다는 시간의 연속성을 완전히 망각한 경험을 더 많이 보고했다. 황홀함을 느낄 때는 마치 하루가 일 분처럼 무서울 정도로 빠르게 흘러갈 뿐만 아니라, 매우 열정적으로 보낸 일 분이 하루나 일년처럼 느껴지기도 한다. 이것은 마치 시간이 멈춰 있기도 하며 동시에 매우 빠른 속도로 흐르기도 하는 그런 다른 세상에 살고 있는 것과 같다.

우리가 알고 있는 일반적인 범주적 지식에서 보면, 이것은 말할 필요도 없이 모순이고 역설이다. 그러나 연구 참가자들이 실제로 이러한 내용을 보고했기 때문에, 우리로서는 반드시 고려해야 할 사실들이다. 시간에 대한 이와 같은 경험을 실험적으로 연구할 수 없는 이유를 나는 모르겠다. 분명히 절정경험을 할 때의 시간의 흐름에 대한 판단은 매우 부정확하다. 상황에 대한 인식 역시 일상의 삶보다 훨씬 더 부정확하다.
8) 나의 연구 결과가 가치의 심리학에 대하여 갖는 의미가 매우 난해하면서도 일률적이지 않기 때문에, 이것을 보고해서 어떻게든 이해시키고자 노력할 필요가 있다. 결론부터 말하자면, 절정경험이란 좋고 바람직한 것이지 결코 나쁘거나 바람직하지 않은 경험이 아니다. 이런 경험은 본질적으로 정당하다. 이 경험은 완벽하고 완전하며 부족한 것이 없다. 이 경험은 그 자체만으로 충분하다. 우리는 이러한 경험을 본질적으로 필요한 것, 피할 수 없는 것으로 느낀다. 이런 경험은 좋은 것이고, 마땅히 그래야 한다. 경외와 경이, 놀람, 겸손, 심지어 공경, 찬사와 경건함을 가지고 이러한 경험을 대하게 된다. 사람들은 때때로 신성한 단어를 사용하여 이런 경험에 대한 인간의 반응을 기술한다. 존재라는 의미에서 볼 때, 이런 경험은 유쾌하고 '훌륭한' 것이다.

이것이 가지는 철학적 함의는 어마어마하다. 논의를 위해서, 절정경험의 순간에 본질적인 실체를 더 분명하게 볼 수 있고, 그것의 핵심을 더 깊게 볼 수 있다는 주장을 받아들인다면, 이것은 많은 철학자들과 신학자들이 주장한 바와 거의 동일하다. 그들의 주장에 따르면, 존재 전체가 최상의 상태에 있을 때, 그리고 그것을 올림포스 산처럼 높은 곳에서 바라볼 때, 존재 전체는 오직 중립적이거나 선하다. 그리고 악, 고통 또는 위협은 부분적인 현상일 뿐이며, 세상을 하나의 전체로 통합해서 보지 못하고 자기중심적이며 매우 낮은 관점에서 보는 데서 오는 결과이다. (물론 이것이 악, 고통 또는 죽음을 부인하는 것은 아니며, 오히려 이들과 조화를 이뤄 이들의 필요성을 이해하고자 하는 것이다.)

달리 말해, 절정경험을 다수의 종교가 지니고 있는 '신'에 대한 개념의 한 측면과 비교할 수 있다. 존재 전체를 포괄해서 볼 수 있기 때문에, 그것을 이해할 수 있는 신은 틀림없이 존재 전체를 좋고, 정의롭고, 피할 수 없는 것으로 볼 것이고, '악'을 제한적이거나 이기적인 시각과 이해에서 나온 결과로 볼 것이다.

이런 의미에서 우리가 신과 같을 수 있다면, 우리 역시 전체적으로 이해해서 비판하거나, 책망하거나, 실망하거나, 충격을 받거나 하지 않을 것이다. 우리가 경험할 수 있는 유일한 정서들은 동정심, 자비, 친절, 그리고 아마도 다른 사람의 부족함에 대한 슬픔이나 존재에 대한 즐거움일 것이다. 또한 이것은 자기실현하는 사람들이 때때로 세상에 반응하는 방식 그리고 우리 모두가 절정의 순간에 반응하는 방식과 정확히 일치한다.

모든 심리 치료자는 이러한 방식으로 자신의 환자에게 반응하고자 노력한다. 물론 이처럼 신과 같고, 전체적으로 인내하며, 존재를 즐기고 수용하는 태도를 갖기란 너무나 어려워서, 아마도 가장 완전한 형태에 다다르는 것이 불가능할지도 모른다는 것을 우리는 인정해야 한다. 그러나 우리는 이것이 상대적 문제임을 알고 있다. 우리는 이런 경험에 더 가까이 접근할 수도 있고 덜 가까워질 수도 있다. 그러므로 이러한 경험이 드물고, 일시적이며, 완전치 않다고 해서 그 현상 자체를 거부하는 것은 어리석은 짓이다. 이런 의미에서 우리는 결코 신이 될 수는 없지만, 더욱 신처럼 되거나 신처럼 되지 못할 수 있고, 더욱 자주 혹은 드물게 그렇게 될 수 있다.

어쨌든 이러한 경험은 일상적인 인지나 반응과는 매우 다르다. 일상사에서 우리는 수단-가치, 이를테면 유용성, 바람직함, 악함, 선함, 목적에 대한 적합성을 방패 삼아 살아간다. 우리는 평가하고, 통제하고, 판단하며, 책망하거나 승인한다. 우리는 무엇과 함께 웃기보다는 무엇에 대하여 웃는다. 우리는 개인적인 관점에서 경험에 반응하고, 우리 자신과 우리의 목적에 근거하여 세상을 지각하기 때문에, 세상을 우리의 목적을 달성하기 위한 수단 이상으로 보지 않는다. 이는 세상에 초연해 있는 것과는 반대된다. 즉 우리는 세상을 진정으로 지각하는 것이 아니라, 세상 속에서 자신을 또는 자신 속에서 세상을 지각하는 것이다. 따라서 우리는 결핍동기화된 방식으로 지각함으로써 오직 결핍 가치들만을 지각할 수 있다.

이것은 세상 전체를 지각하는 것 또는 절정경험 속에서 세상 전체를 대신하는 그 일부분을 지각하는 것과는 다르며, 이렇게 세상 전체를 지각할 경우에만 우리는 우리 자신의 가치가 아닌 세상의 가치를 지각할 수 있다. 나는 이것을 존재의 가치 또는 간단히 B-가치라고 부른다. 이는 로버트 하트만의 '본질적 가치'(59)와 유사하다.

내가 이 시점에서 말할 수 있는 존재 가치들은 다음과 같다.

- 전체성(일체성, 통합, 하나가 되는 경향, 상호 연관성, 단순함, 조직, 구조, 이분법의 초월, 질서)
- 완전성(필수, 의로움, 당연함, 필연성, 적합성, 정의, 완전, '당위성')
- 완성(종료, 최종, 정의, '종결됨', 실현, 종결과 완결, 운명, 죽음)
- 정의(공평함, 질서정연함, 합법성, '당위성')
- 생동감(과정, 죽지 않음, 자발성, 자기 조절, 완전한 기능)
- 풍부함(분화, 복잡성, 복잡한 관련성)
- 단순성(정직, 솔직, 본질, 추상적, 본질적, 주된 구조)
- 아름다움(의로움, 형식, 생동감, 단순함, 풍부함, 전체성, 완전성, 완성, 독특함, 정직)
- 선함(의로움, 바람직함, 당위성, 정의, 자비, 정직)
- 독특성(특이성, 개인성, 비교할 수 없음, 새로움)
- 애쓰지 않음(편안함, 긴장, 경쟁 또는 어려움의 결여, 우아함, 완전하고 아름다운 기능)
- 놀이(재미, 기쁨, 즐거움, 쾌활함, 유머, 풍부함, 애쓰지 않음)
- 진실, 정직, 실체(솔직, 단순성, 풍부함, 당위성, 아름다움, 순수하고 깨끗하고 때문지 않은, 완전성, 본질)
- 자체로 충분함(자율성, 독립성, 자기 자신이 되기 위해서 다른 사람을 필요로 하지 않음, 스스로 결정함, 환경의 초월, 분리, 자기 자신의 원칙에 따른 삶)

이러한 가치들은 분명 상호 배타적이지 않다. 즉 서로 분리된 별개의 것이 아니라 서로 중복되고 통합되어 있다. 이러한 가치들은 궁극적으로 존재의 일부분이라기보다는 존재의 모든 측면들이다. 예를 들어 아름다운 사람이나 아름다운 그림을 볼 때, 완전한 성 관계나 완전한 사랑을 경험할 때, 혹은 통찰력, 창조성, 자녀 분만 등을 경험할 때 등 다양한 존재의 가치들이 인지의 최전방에 위치하게 된다.

절정경험은 진선미라는 오래된 세 요인이 하나로 통합되어 있음을 실증할 뿐만 아니라 그 이상을 보여준다. 내가 다른 저서에서 보고한 연구 결과에 따르면(97) 우리 문화 속의 평범한 사람들에게는 진선미가 서로 강력하게 연관되어 있지만, 신경증적인 사람에게는 이러한 연관성이 상대적으로 떨어진다. 발달되고 성숙한 인간, 자기실현적이고 완전히 기능하는 사람들에 한해서, 이 세 가지 요인은 서로 매우 강력하게 연관되어 있고, 모든 실용적 목적을 성취하기 위해서 하나로 통합되어 있다. 내가 여기서 덧붙이고 싶은 말은 이런 현상이 보통 사람들의 절정경험 속에서도 나타난다는 것이다.

이러한 결과가 사실로 밝혀진다면, 이는 모든 과학적 사고를 이끄는 하나의 기본 원칙, 즉 지각이 더 객관적이고 개인과 무관해질수록, 그러한 지각은 가치와 점점 더 분리된다는 원칙을 직접적으로 분명하게 반박하는 것이다. 학자들은 사실과 가치를 서로 상반되고 상호 배타적인 것으로 취급해왔다. 그러나 그 반대가 사실일 수 있다. 왜냐하면 나의 연구 결과에 따르면, 가장 탈자아적이고, 객관적이고, 비동기적이고, 수동적인 인지는 가치를 직접적으로 지각할 것을 요구하고, 가치를 사실과 분리하지 않고 실제 '사실'을 가장 심오하게 지각할 때 '존재'와 '당위'가 통합되기 때문이다. 이러한 순간에는 경이, 감탄, 경외감과 인정, 즉 가치가 섞여 있다.¹

9) 일반적인 경험은 인간의 변화와 상대적인 욕구뿐 아니라 문화와 역사를 반영하고 있다. 이러한 경험은 시간과 공간 속에서 조직된다. 이러한 경험은 더 큰 전체의 일부분이기 때문에, 그러한 전체와 참조의 틀에 대응하여 상대적으로 존재한다. 일반적인 경험은 인간에 의존하지 않고서는 어떠한 실체도 가질 수 없기 때문에, 인간이 없어지면 그러한 경험도 사라진다. 그러면 경험을 조직하는 참조의 틀이 인간의 이해 관계에서 상황적 요구로 바뀌고, 시간적으로 현재에서 과거나 미래로 바뀌고, 공간적으로 여기에서 저기로 바뀐다. 이러한 의미에서, 경험과 행동은 (사람과 상황에 따라) 상대적이다.

이러한 관점에서 볼 때, 절정경험은 조금 더 절대적이고 조금 덜 상대적이다. 이 같은 의미에서의 절정경험은 내가 위에서 지적한 바와 같이, 시간과 공간을 초월할 뿐만 아니라 배경에서 절정경험을 분리해 그 자체로서 지각하게 한다. 절정경험은 상대적으로 인간의 동기와 이해 관계에서 벗어나 있다. 또한 우리가 절정경험을 지각할 때, 그러한 경험은 본래 '저기에'

---

1 나는 '밑바닥 경험(nadir experiences)'이라고 부를 수 있는 경험들에 대한 인식, 가령 노화와 죽음의 불가피성, 개인으로서의 궁극적 고독과 책임, 자연의 냉엄함, 무의식적 본성 등에 대한 다소 고통스럽고 절망적인 인식을 탐색하려는 어떠한 노력도 하지 않았으며, 내 연구 참가자들도 이러한 점을 자발적으로 얘기한 것이 없다.

존재하고 있던 것처럼, 인간과 독립적으로 그리고 인간의 삶을 초월해서 지속적으로 존재하는 어떤 실체를 지각하는 것과 같다.

상대적·절대적 문제를 언급하는 것은 확실히 어렵고 과학적으로도 매우 위험한 일이기 때문에 나는 이 문제가 의미론적 함정을 내포하고 있음을 알고 있다. 그러나 내 연구 대상자들이 보고한 내용을 볼 때, 나는 이러한 차이를 보고하지 않을 수 없다. 우리 심리학자들은 궁극적으로 이러한 차이에 대해 합의를 해야 할 것이다. 연구 참가자들이 본래 말로 표현할 수 없는 경험들을 기술하고자 할 때, 그들은 이러한 말을 사용한다. 그들은 '절대적' 및 '상대적'인 것에 대해 말한다.

되풀이해 말하자면 우리 역시 이런 유의 어휘를 사용하고픈 유혹을 받는다. 예를 들면 예술적 견지에서 중국 꽃병은 아마도 그 자체로 완벽하고 족히 2000년은 됐으면서도, 지금 이 순간에는 참신하며 중국 것이라기보다는 보편적인 것이 될 수 있다. 비록 이것이 시간이나 그것을 만든 문화 또는 보는 사람의 미적 기준에 따라 상대적일 수 있다 하더라도, 이는 어느 정도 절대적이다. 모든 종교, 모든 시대, 모든 문화권의 사람들이 그들의 신비한 체험을 거의 동일한 단어들로 기술하는 것은 별 의미가 없다. 분명 올더스 헉슬리(68a)는 절정경험을 "영원한 철학(Perennial Philosophy)"이라고 불렀다. 가령 브루스터 기슬린(Brewster Ghiselin, 54a)이 엮은 명시선집에 등장하는 작가들은 비록 시인, 화학자, 조각가, 철학자, 수학자 등 다양하지만 자신들의 창조적 순간을 거의 같은 용어로 기술했다.

절대적이라는 개념이 갖는 난점은 거의 언제나 정적(靜的)이라는 의미를 내포하고 있다는 것이다. 내 연구 참가자들의 경험으로 볼 때 분명히 꼭 그래야 하는 것도 아니고 불가피한 것도 아니다. 아름다운 대상이나 사랑받는 사람의 얼굴, 또는 아름다운 이론은 움직이고 변화하는 과정 속에 있다. 그러나 엄밀히 말해 지각 과정에서 이러한 주의력의 변동이 생긴다. 지각은 무한히 풍부해질 수 있으며, 대상의 한 측면에서 다른 측면으로 이동하여 그 측면을 집중적으로 지각할 수 있다. 훌륭한 그림은 하나가 아닌 많은 구조를 가지고 있기 때문에, 그 그림을 다양한 방식으로 보면서 얻는 다양한 기쁨을 통해 미학적 체험을 계속할 수 있다. 또한 그것을 한순간에는 상대적으로 보고, 또 다른 순간에는 절대적으로 볼 수도 있다. 우리는 이러한 지각이 상대적인지 절대적인지를 가지고 싸울 필요가 없다. 둘 다 가능하다.

10) 일반적으로 인지는 매우 능동적인 과정이다. 특성상, 인지는 지각자가 결정하고 선택한다. 지각자는 지각할 것과 지각하지 않을 것을 선택해서 자신의 욕구, 두려움, 관심과 연결하는 방식으로 인지를 조직하고 조정하고 재조정한다. 한마디로 지각자는 인지를 가지고 작업을 한다. 인지는 에너지를 소모하는 과정이다. 인지는 경계, 조심, 긴장을 포함하며 따라서 힘이 드는 과정이다.

물론 완벽하게 그러하다고 볼 수는 없지만, B-인지는 능동적이기보다는 수동적이고 수용적이다. 동양 철학자들, 특히 노자와 도교 철학자들이 이와 같은 일종의 '수동적' 인지를 가장 잘 기술하고 있다. 크리슈나무르티(Krishnamurti, 85)의 문구가 내가 발견한 사실을 가장 잘 기술해준다. 그는 이러한 인지를 '선택적이지 않은 인식(choiceless awareness)'이라고 했다. 또한 우리는 이를 '소망에 기초하지 않은 인식(desireless awareness)'이라고 할 수도 있다.

'무위'라는 도교적 개념이 내가 이야기하고자 하는 바, 즉 지각이 인위적인 노력을 필요로 하지 않고 적극적이기보다는 명상적이라는 점을 말해준다. 무위는 경험을 중시하고, 간섭하지 않고, 요구하기보다는 수용한다. 그래서 지각 대상을 있는 그대로 놓아둔다. 나는 또한 여기서 프로이트의 '자유롭게 떠다니는 주의력'을 떠올리게 된다. 이러한 주의력 역시 능동적이기보다는 수동적이고, 자기중심적이기보다는 무아의 특성을 가지고 있고, 긴장 상태보다는 몽롱한 상태에 있고, 성급하기보다는 느긋하다. 이러한 주의력은 무엇을 하고자 하는 것이 아니라 그냥 물끄러미 응시하는 것이고, 경험에 모든 것을 맡기는 것이다.

또한 존 쉴린(John Shlien)은 최근(1956년)에 수동적 듣기와 능동적이고 적극적 듣기 간의 차이에 관한 유용한 기록을 남겼다.(155) 자신이 기대하거나 요구하는 것이 아니라 환자가 실제 말한 것을 듣고자 한다면, 훌륭한 치료자는 판단하기보다는 수용적으로 경청할 수 있어야 한다. 환자에게 강요하지 말고, 자연스럽게 말이 흘러나오도록 해야 한다. 그러한 경우만이 환자가 한 말의 윤곽과 패턴을 이해할 수 있다. 그렇지 않으면 치료자 자신의 이론에 부합되고 치료자 자신이 듣고자 하는 것만을 들을 수 있을 뿐이다.

사실, 수용적이고 수동적으로 경청할 수 있는 능력은, 어느 학파에 속하는 사람이든 간에, 훌륭한 치료자와 형편없는 치료자를 명확하게 구분해주는 기준이라고 말할 수 있다. 좋은 치료자란 개개인을 분류하거나 범주화하지 않고 그 자체를 있는 그대로 지각할 수 있다. 형편없는 치료자는 백년 동안의 임상 경험을 통해 발견한 것들을 이 일을 시작할 때 배운 이론에 근거해 반복적으로 확증할 뿐이다. 바로 이러한 의미에서, 치료자가 40년 동안 똑같은 실수를 반복할 수 있고, 그것을 '풍부한 임상적 경험'이라고 부를 수 있음을 사람들은 지적해왔다.

마찬가지로, 널리 알려지지는 않았지만, 로렌스(D. H. Lawrence) 등의 낭만주의자들은 B-인지의 이러한 특징이 의지적이라기보다는 자연적이라고 기술했다. 일반적으로 인지는 매우 의지적이기 때문에, 노력을 필요로 하며 미리 준비하고 예상하는 특성을 지니고 있다. 절정경험에서는 의지가 인지에 관여하지 않는다. 의지는 정지 상태에 있으며, 요구하는 것이 아니라 수용한다. 우리는 절정경험을 내 마음대로 좌지우지할 수는 없다. 그것은 단지 우리에게 일어날 뿐이다.

11) 무언가 굉장한 것 앞에 있을 때처럼, 사람들은 절정경험 앞에서 경이, 경외, 존경, 겸손, 수용과 같은 정서적 반응을 보인다. 때

로, 이러한 반응에는 (유쾌한 두려움이지만) 압도당하고 있다는 두려움의 기색도 들어 있다. 내 연구 대상자들은 절정경험을 "내게 너무 과해요" "내가 감당할 수 있는 것 이상이에요" "그건 너무나 대단해요"라는 식의 말로 표현했다.

절정경험은 어떤 강렬하고 찌르는 듯한 느낌을 주는데, 울거나 웃거나 혹은 이 둘 모두를 야기할 수도 있다. 또한 역설적이지만 절정경험은 고통과도 유사한데, 이러한 고통은 바람직한 것으로 종종 '달콤한' 고통이라고 일컫는다.

더 심하게는 절정경험이 죽음에 대한 좀 독특한 생각을 불러일으킬 수도 있다. 나의 연구 대상자뿐만 아니라 다양한 절정경험에 대해 글을 쓰는 학자들 역시 죽음에 대한 경험, 즉 죽음에 대한 갈망과 유사한 것들을 보고하고 있다. 전형적인 표현들을 보면, "너무나 경이로워요. 내가 그것을 견딜 수 있을지 모르겠어요. 내가 지금 죽을 수도 있는데 그래도 아무 문제 없어요" 같은 것들이 있다. 아마도 이러한 경험은 절정경험의 일부기도 하고, 절정에서 일상적인 존재의 상태로 내려가기 싫어하는 마음의 표현이기도 할 것이다. 또한 이러한 경험은 아마도 어마어마한 경험 앞에서 느끼는 초라함, 왜소함, 무가치함의 표현일 수도 있다.

12) 어렵지만 그래도 우리가 반드시 다뤄야 하는 또 다른 문제는 사람들이 세상을 서로 다르게 지각하고 있다는 점이다. 특히 신비적 체험이나 종교적 체험, 철학적 체험에 관한 일부 보고에 따르면, 세계 전체가 하나의 단일체로 보이고 풍요롭게 살아 있는

하나의 실체로 보인다. 특히 사랑 경험이나 미학적 경험과 같은 또 다른 종류의 절정경험 속에서는, 세상의 작은 한 부분이 그 순간에는 마치 세상의 모든 것처럼 지각된다. 두 경우 모두 단일체에 대한 지각이 이루어진다. 그림이나 사람 혹은 이론에 대한 B-인지는 그러한 존재(Being)의 전체 특성들을 모두 포함한다. 왜냐하면 아마도 B-인지의 순간에는 그 대상을 존재하는 것의 전부로 지각하기 때문일 것이다.

13) 추상화하고 범주화하는 인지는 구체성, 본연의 특성, 독특함을 있는 그대로 볼 수 있는 인지와는 본질적으로 다르다. 나는 이러한 의미에서 추상적 및 구체적이라는 용어를 사용한다. 이 용어는 골트슈타인의 용어와 크게 다르지 않다. 우리가 인지하는 대부분(주의하기, 지각하기, 기억하기, 생각하기, 학습하기)은 구체적이라기보다는 추상적이다. 즉 우리는 인지적인 삶 속에서 대부분을 범주화하고, 도식화하고, 분류하고, 추상화한다. 우리는 우리의 내부 세계를 지각할 때보다 외부 세계의 본질을 지각할 때, 그 세계를 있는 그대로 지각하는 정도가 낮아진다. 샥텔(147) 역시 자신의 고전적 논문 〈아동기 기억상실증과 기억의 문제(Childhood Amnesia and the Problem of Memory)〉에서 지적한 것처럼, 대부분의 경험은 우리의 범주체계, 구성과 조직체계를 통해 걸러지게 된다.

    나는 자기실현하는 사람들을 연구하면서 그들에게 구체성을 포기하지 않은 채 추상화할 수 있는 능력과 추상성을 포기하지 않고 구체화할 수 있는 능력이 있음을 발견했다. 나는 이 연구를 통해 이러한 인지적 차이를 알게 되었다. 이것은 골트슈타인이 한 말과 크게 다르지 않은데, 왜냐하면 나는 이 연구에서 구체적 지각과 추상적 지각을 왔다 갔다 하는 현상을 발견했기 때문이다. 그 후로 나는 구체성을 지각할 수 있는 예외적인 능력이 굳이 자기실현하는 사람이 아니더라도 훌륭한 예술가나 임상가에게도 있음을 발견했다. 최근에는 평범한 사람들에게도 절정의 순간에는 이와 같은 능력이 존재함을 알게 되었다. 이러한 상태에서는 일반인들도 지각 대상의 구체적이고 독특한 본질을 파악할 수 있다.

예를 들어 노스럽(127a) 같은 사람은 이러한 유의 개체 중심적인 지각을 미학적 지각의 핵심이라고 관습적으로 말해왔기 때문에, 구체적 지각과 미학적 지각은 거의 같은 말이 되었다. 대부분의 철학자와 예술가에게는, 한 사람의 내적 독특성을 구체적으로 지각하는 것은 그를 미학적으로 지각하는 것과 같다. 나는 광범위한 어법을 더 좋아한다. 이처럼 대상의 독특한 본성을 지각하는 것이 미학적 경험뿐 아니라 모든 절정경험의 특징이라는 것을 나는 이미 증명했다고 생각한다.

대상의 모든 모습과 특성을 동시에 또는 연속적으로 빠르게 지각하는 것이 B-인지에서 이루어지는 구체적 지각이라고 이해하면 유용하다. 본질적으로 추상화는 한 대상이 갖고 있는 특정 측면만을 선택하는 것인데, 그러한 측면은 우리에게 유용하고, 우리를 위협하며, 우리와 친숙하거나 우리의 언어적 범주에 맞는 것들이다. 가령 비반티(Vivanti) 이후의 많은 다른 철학자들처럼, 화이트헤드(Whitehead, 303. 304)와 베르그송(Bergson) 역시 이러한 점을 매우 분명히 하고 있다. 추상화가 유용하다면, 바로 그만큼 추상화는 거짓된 것이다. 한마디로, 대상을 추상적으로 지각한다는 것은 그 대상의 구체적 측면들을 지각하지 않는다는 것을 의미한다. 분명히 추상화는 어떤 속성을 선택하고, 다른 속성을 거부하고, 또 다른 속성을 창조하거나 왜곡하는 것을 의미한다. 우리는 특정 대상을 우리가 원하는 것으로 만든다. 우리는 그 대상을 창조하고 제조한다. 더군다나 우리는 대상을 추상화할 때, 그 대상의 모습을 우리의 언어체계에 연결하려는 경향성을 강하게 가지고 있다.

이 점은 매우 중요한데, 왜냐하면 이러한 경향성이 특별한 문제를 야기하기 때문이다. 프로이트의 관점에서 볼 때, 언어는 무의식보다는 의식, 정신적 실체보다는 외부적 실체를 다루기 때문에, 일차적 과정(primary processes)이라기보다는 이차적 과정(secondary processes)이다. 시적 언어나 서사적 언어가 이러한 부족함을 어느 정도 수정할 수는 있으나, 경험에 대한 최종 분석에서는 그런 경험의 많은 부분들을 말로 표현할 수가 없다.

그림이나 사람에 대한 지각을 예로 들어보자. 우리가 그러한 대상을 충만하게 지각하기 위해서는 분류하고, 비교하고, 평가하고, 요구하고, 사용하려는 경향성과 반드시 싸워야만 한다. 가령 우리가 이 사람은 외국인이라고 말하는 바로 그 순간, 우리는 그 사람을 분류하는 하나의 추상적 행위를 하게 된다. 그래서 그 사람을 이 세상 전체에서 어느 누구와도 다른 독특하고 통합적인 인간으로 보게 될 가능성은 어느 정도 사라진다. 벽에 걸린 그림에 가까이 가서 그 예술가의 이름을 읽는 바로 그 순간, 우리는 그 그림의 독특성을 정말 있는 그대로 볼 수 있는 가능성을 상실하게 된다. 그리고 우리가 '알고 있다'고 말하는 것, 가령 경험을 개념이나 단어 또는 관계의 체계 속으로 배치하는 것 때문에, 충만하게 인지할 수 있는 가능성이 어느 정도는 사라지게 된다.

허버트 리드(Herbert Read)에 따르면, 아동에게는 '순수한 눈', 즉 무언가를 봤을 때 그것을 처음 보듯이 볼 수 있는 능력이 있다(아동은 종종 그것들을 처음으로 본다). 이런 상황에서 아이는 낯선 대상이 가지는 모든 속성을 동등하게 중요시하기 때문에, 그 대상을 경이롭게 응시하고, 그것의 모든 측면을 살펴보고, 모든 특성을 수용할 수 있다. 아이는 그 대상을 조직하지 않는다. 그저 응시할 뿐이다. 아이는 칸트릴(Cantril, 28, 29)과 머피(122, 124)가 언급한 방식으로 경험의 질들을 맛본다.

비슷한 상황에서, 우리 성인들도 대상을 추상화하거나, 명명하거나, 배치하거나, 비교하거나, 연결하지 않는 바로 그만큼, 그림이나 사람이 가진 다양한 측면을 점점 더 많이 보게 된다. 나는 특히 말로 표현할 수 없는 것들을 지각할 수 있는 능력을 강조하고자 한다. 말로 표현하고자 노력할 때, 그것을 변화시키고, 다른 무엇으로 만들고, 그것과 비슷한 다른 어떤 것, 유사하지만 그 '자체'와는 다른 어떤 것으로 만들게 된다.

다양한 절정경험에서 나타나는 인지는 그 특성상 부분을 초월해서 전체를 지각하는 능력을 가지고 있다. 그렇기 때문에, 한 사람이 다른 사람을 최대한 완전하게 볼 수 있다. 자기실현하는 사람이 다른 사람들을 더 빈틈없이 지각하고 그들의 본질이나 핵심을 꿰뚫어볼 수 있다는 사실은 그다지 놀라운 것이 아니다.

이상적인 치료자는 적어도 상당히 건강한 사람이어야 한다고 내가 확신하는 이유가 바로 이 때문이다. 생각컨대, 이상적 치료자가 전문가로서 갖추어야 할 필수 조건은 미리 가정하지 않은 채 다른 사람의 전체적이고 독특한 특성을 이해할 수 있는 능력이다. 나는 이러한 종류의 지각적 통찰력에는 설명할 수 없는 개인차가 있음을 인정한다. 그러면서도 나는 이상적 치료자에 대한 이러한 견해를 옹호하고, 또한 치료 경험 그 자체가 다른 사람의 존재(Being)를 인지하는 일종의 훈련이라는 견해를 지지한다. 또한 이러한 견해는 내가 임상적 훈련의 일부로서 미학적 지각과 창조성에 대한 훈련이 바람직할 수 있다고 주장하는 이유를 설명해준다.

14) 인간이 더 높은 수준으로 성숙될 때 수많은 이분법, 양극화, 갈등을 하나로 융합하거나 초월하거나 해소할 수 있다. 자기실현하는 사람들은 이기적이면서도 이기적이지 않은, 제멋대로이면서도 조화로운, 개인적이면서도 사회적인, 이성적이면서도 비이성적인, 다른 사람들과 융합되어 있으면서도 그들에게 초연하다는 특성을 동시에 가지고 있다. 나는 연속하는 직선의 양 끝이 서로에게 정반대이고 가능한 한 가장 멀리 있다고 생각했

다. 그러나 이러한 일직선은 결국 원이나 나선형이 되어, 그 극단이 하나로 합해진다. 그리하여 나는 대상에 대한 충만한 인지가 이러한 경향성을 강하게 지니고 있음을 알게 되었다.

우리가 존재(Being) 전체를 이해하면 할수록, 비일관적이고, 상반되고, 명백하게 모순되는 특성들이 동시에 존재한다 하더라도 그것을 더욱더 너그럽게 봐줄 수 있다. 이처럼 대상이 불일치되는 특성들을 가지고 있다고 지각하는 것은 그 대상을 부분적으로 인지했기 때문에 생긴 결과이며, 그 대상을 전체적으로 인지할 때 이러한 지각은 사라지게 된다.

신경증적인 사람을 신과 같은 눈으로 보면 훌륭하고, 복잡하고, 심지어 아름다운 단일체로 볼 수도 있다. 이때 우리가 일반적으로 알고 있는 갈등, 모순, 분열을 불가피하고, 필수적이며, 심지어 운명적인 것으로 지각할 수 있다. 다시 말해 신경증적인 사람을 완전히 이해하게 되면, 그 사람 내면의 것을 각자 필요한 자리에 위치시킴으로써 그를 미학적으로 지각하고 인식하는 것이 가능하다. 그 사람의 모든 갈등과 분열은 일종의 지혜 또는 통찰이 된다. 우리가 징후를 건강을 향한 압력으로 보거나, 신경증을 그 순간에 개인적 문제를 해결할 수 있는 가장 건강한 방안으로 볼 때, 심지어 건강과 질병이라는 두 개념이 합해짐으로써 그 경계가 모호해질 수도 있다.

15) 절정 상태에 있는 사람들은 앞서 내가 언급한 의미에서 신과 같다. 뿐만 아니라 이런 사람들은 일상적으로 매우 보잘것없어 보이는 세상이나 사람들조차 완전하게, 사랑하는 마음으로, 비난

하지 않고 동정적으로, 그리고 기꺼이 수용한다는 점에서 신과 같다.

신학자들은 전지전능하고 사랑으로 가득한 하나님이라는 개념으로 이 세상 죄와 악과 고통을 없애려는 불가능한 일에 오랫동안 힘써왔다. 사랑과 용서로 가득한 하나님이라는 개념을 선과 악에 대한 보상과 처벌의 필요성과 조정하고자 할 때 또 다른 어려움이 발생했다. 하나님은 어떤 식으로든 처벌해야 하고 또한 처벌하지 말아야 하며, 용서하기도 하고 책망하기도 해야 한다.

자기실현하는 사람들을 연구하고, B-지각(B-perception)과 D-지각(D-perception)처럼 매우 다른 유형의 지각을 비교하면, 이러한 딜레마를 자연스럽게 해결하는 데 도움이 되리라 생각한다. 일반적으로 B-지각은 한순간 발생했다가 사라지는 현상이다. 이러한 B-지각은 절정 상태에서 높은 곳에 있는 것과 같으며, 가끔씩 발생하는 성취와도 같은 것이다. 사람들은 대부분의 시간을 결핍된 방식으로 지각하는 것 같다. 즉 그들은 비교하고, 판단하며, 승인하고, 관계를 맺고, 이용한다. 이 말은 우리가 특정 타인을 두 가지 방식으로 번갈아가면서 지각할 수 있음을 의미한다. 때로 그 사람이 마치 우주의 전체인 것처럼, 한동안 그의 존재(Being)를 지각하는 것이다. 그러나 이보다 훨씬 더 자주, 우리는 그 사람을 전체의 일부분으로 지각해서, 나머지 부분과 매우 복잡한 방식으로 연결되어 있다고 본다.

그 사람에 대하여 B-지각을 할 때 우리는 모든 것을 사랑하고, 용서하고, 수용하고, 칭송하고 이해하고, 있는 그대로 즐거워할 수 있다. 그러나 이러한 특성들은 분명히 말해 신에 관한 대부분의 개념들 속에 내포된 특성들이다(즐거움은 예외적이다. 이상하게도 대부분의 신에 대한 개념에는 이러한 특성들이 들어 있지 않다). B-지각을 할 때 우리는 이러한 측면에서 신과 같이 될 수 있다. 예를 들면 평상시에는 두려워하고, 비난하고 심지어 증오하는 살인자, 동성연애자, 강간범, 착취자, 겁쟁이 등 모든 유형의 사람을 치료할 때, 우리는 그들을 사랑, 이해, 수용, 용서하는 방식으로 대할 수 있다.

때로 대부분의 사람은 타인이 자기를 B-인지적으로 보아주기를 원하는 것처럼 행동하는데, 이러한 현상은 내게 매우 흥미롭다.(9장 참조) 사람들은 타인이 자기를 범주화하고, 분류하고, 집단으로 묶으려 할 때 분개한다. 사람들은 자신을 한 개인이 아닌 웨이터나 경찰관 또는 '귀부인'으로 딱지 붙이는 것에 불쾌해한다. 모든 사람은 다른 사람이 자기를 충만하고, 풍부하고, 복잡한, 그러한 존재 자체로 인정하고 수용해주기를 바란다. 이런 식으로 자기를 수용해주는 사람을 찾지 못하면, 때로는 인간적이고 때로는 초자연적인 신과 같은 형상을 만들어서 이러한 욕구를 투사하는 경향을 강하게 보이게 된다.

내 연구 대상자들이 '실체'를 그 자체로 정당하게 존재하는 것으로 수용하는 방식에서 '악의 문제'에 대한 또 다른 해답을 찾아볼 수 있다. 실체는 인간을 위한 것도, 인간에 반하는 것도 아니다. 그것은 단지 인간과는 무관하게 그렇게 존재하고 있는 것이다. 사랑으로 가득하고, 영적이고, 전능하며, 세상을 창조한 인격화된 하나님을 필요로 하는 사람들만이 사람을 해칠 수 있는 지진과 화해해야 한다는 문제에 직면하게 된다. 지진을 자연스럽게, 인간과 무관하게, 있는 그대로 받아들이고 지각할 수 있는 모든 인간에게, 지진은 어떤 윤리나 가치의 문제를 야기하지 않는다. 왜냐하면 지진이 그들을 괴롭히기 위해서 '의도적으로' 발생한 것이 아니기 때문이다.

그런 사람들은 악을 인간 중심적으로 정의하는 것에 찬성하지 않는다. 그들은 단순히 계절과 폭풍을 수용하는 것처럼 악을 수용한다. 원론적으로, 홍수나 호랑이가 해를 입히기 바로 직전에도, 그 아름다움에 찬사를 보낼 수 있고 심지어 그것을 즐길 수도 있다. 물론, 자신에게 해를 끼치는 인간의 행동에도 이와 같은 태도를 보이기란 너무나 어려운 일이다. 그러나 그 또한 때때로 가능하고, 인간이 성숙해질수록 더욱 가능해진다.

16) 절정의 순간에 이루어지는 지각은 범주적이지 않고, 대신에 개인적 특성에 기초하는 경향이 매우 강하다. 사람, 세계, 나무, 예술 작품 등 지각 대상이 무엇이든지 간에, 그러한 대상을 독특하게 지각하고, 그 대상이 속하는 범주의 유일한 사례로 지각한다.

이러한 지각은 우리가 일반적으로 세상을 다루는 보편적인 방식과 대조를 이룬다. 평소에 우리는 본질적으로 세상을 일반화하고, 아리스토텔레스식으로 다양한 부류로 구분한다. 이러한 분류에서 특정 대상은 특정 부류의 한 사례나 표본이 된다.

만일 분류라는 것이 없다면, 유사, 평등, 닮음과 차이 같은 개념은 아무 쓸모가 없다. 공통점이 전혀 없는 두 대상을 비교할 수는 없다. 더군다나 두 대상이 공통점을 가지고 있다는 것은 빨간 특성, 둥근 특성, 무거운 특성처럼 필연적으로 특성을 분리해서 발췌한다는 것을, 즉 추상화한다는 것을 의미한다.

그러나 우리가 사람을 추상화하지 않고 지각한다면, 모든 특성을 필수적인 것으로 생각하고 동시에 지각한다면, 우리는 더 분류할 필요가 없다. 이러한 관점에서 보면 모든 사람, 모든 그림, 모든 새나 꽃은 그들이 속한 부류에서 유일한 구성 요인이기 때문에, 그들을 개별적으로 독특하게 지각해야 한다. 대상의 모든 측면을 기꺼이 알고자 할 때, 더욱 타당하게 지각할 수 있다.

17) 절정경험의 한 측면으로, 순간적이긴 하지만 두려움, 불안, 억제, 방어와 통제, 금욕, 지연, 자제가 전혀 존재하지 않는다. 이때 해체와 분리에 대한 두려움, '본능'에 압도당할 수 있다는 두려움, 죽음과 정신병에 대한 두려움, 걷잡을 수 없는 쾌락과 정서에 굴복할 수 있다는 두려움 모두가 당분간 사라지거나 정지한 상태로 있는 경향이 있다. 이것은 또한 지각에 대해 더 개방적임을 의미한다. 왜냐하면 두려움은 지각을 왜곡하기 때문이다.

이러한 절정경험을 완전한 만족, 완전한 표현, 완전한 기쁨이나 즐거움이라고 할 수 있다. 그러나 이러한 절정경험이 이 '세상 속에서' 이루어지기 때문에, 이것을 프로이트의 '쾌락 원리'와 '현실 원리'가 통합된 것이라고 할 수 있다. 따라서 이러한 절정경험은 일상적인 이분법적 개념들을 심리적으로 한 차원 높게 해결한 예라고 할 수 있다.

그래서 우리는 이러한 경험을 자주 하는 사람에게서 무의식적 세계에 대한 '침투성', 즉 무의식적 세계에 근접해 있고 개방적이며, 그러한 세계를 상대적으로 덜 두려워하는 특성을 발견하게 된다.

18) 이처럼 다양한 절정경험 상태에 있는 사람은 더욱 통합되어 있고, 더욱 개성적이며, 더욱 자발적이고, 더욱 표현적이고, 더욱 여유 있고, 애쓰지 않으며, 더욱 용기 있고 강력하다.

그러나 이러한 것들은 이전 페이지에서 기술한 B-가치의 목록과 거의 같거나 유사하다. 내부와 외부 간에는 역동적 유사성 또는 병렬성이 존재하는 것으로 보인다. 즉 세상의 본질적인 존재(Being)를 지각하는 사람은 동시에 자신의 존재(자신의 완전함, 자기 자신이 되는 것)에 더 가까워질 수 있다. 이러한 상호작용은 양 방향으로 일어나는 것 같다. 어떤 이유에서든 그 사람이 자신의 존재나 자신의 완전함에 근접할수록, 세상의 B-가치를 더욱 용이하게 볼 수 있기 때문이다. 그 사람이 더욱더 통합될수록, 세상을 더욱 통합적으로 볼 수 있게 된다. 그 사람이 B-놀이를 좋아할수록, 세상에 존재하는 B-놀이를 더 많이 볼 수 있다. 그 사람이 더욱더 강해질수록, 세상의 강함과 힘을 더욱 잘 볼 수 있게 된다. 우울증이 세상을 더 나쁘게 보도록 하고 그 반대도 그런 것처럼, 내부와 외부는 서로 상대방이 있기 때문에 가능하다. 사람과 세상이 모두 더 완전해질수록(또는 이

둘이 함께 완전함을 잃어갈수록), 이 둘은 서로 닮아간다.(108, 114)

아마도 이것은 연인들의 통합, 우주적인 경험 속에서 세상과 하나 되기, 위대한 철학적 통찰 속에서 경험하게 되는 전체의 일부분이라는 느낌 등이 의미하는 것과 같을 것이다. 또한 전체성, 독특성, 생동감 등의 B-가치처럼, '훌륭한' 그림의 구조가 지닌 몇몇 특성은 훌륭한 인간이 지니고 있는 특성과 동일하다는 일부 자료(180) 역시 타당하다.

19) 많은 사람들에게 더 친숙한 정신분석이라는 또 다른 참조의 틀에서 이 모두를 간단하게 설명하면 몇몇 독자에게 도움이 될 것이다. 이차적 과정은 무의식과 전의식 외부에 존재하는 현실 세계를 다룬다.(86) 논리, 과학, 상식, 훌륭한 적응, 문화 적응, 책임, 계획, 합리주의는 모두 이차적 과정에서 보이는 기법들이다. 일차적 과정은 신경증 환자와 정신병자에게서 처음 나타났으며, 그 후 아동에게 또 최근에는 건강한 사람들에게서도 나타났다.

무의식적 활동을 지배하는 규칙은 꿈에서 가장 명확하게 볼 수 있다. 프로이트 이론에서는 소망과 두려움이 가장 기본적인 동기다. 적응 잘하고, 책임감 있고, 상식 있는, 즉 현실 세계에서 매우 잘 지내는 사람은 평소에는 한편으로 무의식과 전의식을 무시하고, 거부하고, 억압하는 방식으로 무의식적 작업을 해야 한다.

내가 이러한 사실을 깊이 깨닫게 된 계기는 내 연구 대상자 중에서 자기실현하는 사람들이 매우 성숙하면서도 한편 매우 유치하다는 것을 확인하면서부터. 나는 그것을 "건강한 유치함""이차적 순진함"이라고 명명했다. 크리스(Kris, 84) 및 자아 심리학자들 또한 이것이 "자아에 유익한 퇴행"임을 인정하면서, 건강한 사람들에게서 찾아볼 수 있을 뿐만 아니라 심리적 건강의 '필요 조건'이라고 보았다. 그리고 마침내 정신분석학자들은 영감 또는 훌륭한 (일차적) 창조성이 부분적으로는 무의식, 가령 건강한 퇴행, 실세계에 대한 일시적 외면에서 출현한다는 점에 동의한다.

지금 내가 여기서 말하고자 하는 것은 자아(ego), 원초아(id), 초자아(super-ego),* 이상적 자아(ego-ideal)의 통합, 의식, 전의식, 무의식의 통합, 일차적·이차적 과정의 통합, 쾌락 원리와 현실 원리의 통합, 최상의 성숙을 위해 두려움 없이 건강하게 퇴행하기, 그리고 모든 수준에서 이루어지는 한 개인의 진정한 통합 등이다.

자기실현에 대한 재정의

다시 말해, 어떠한 절정경험이든 그러한 경험을 하는 사람이면 누구나 할 것 없이 자기실현하는 사람들에게서 나타나는 특성들을 일시적이지만 상당히 많이 보인다. 즉 그 순간 그들은 자기실현하는 사람이 된다. 원한다면 우리는 절정경험을 성격의 일시적 변화라 생각할

---

* 프로이트의 성격 이론에 따르면, 성격은 현실 환경에 적응하도록 행동하는 자아(ego), 본능적 욕구에 의하여 행동하는 원초아(id), 사회적 규범과 내면화된 가치, 도덕에 따라 행동하는 초자아(super-ego) 등 세 가지로 이루어져 있다.

수 있고, 정서적·인지적·표현적 상태 그 이상이라고 생각할 수 있다. 절정경험은 가장 행복하고 가장 감동적인 순간일 뿐만 아니라 최대한 성숙되고, 개별화되고, 충만한, 다시 말해 가장 건강한 순간이다.

이러한 점에 근거해서 자기실현을 재정의함으로써, 자기실현이 가지고 있는 정적이고 유형론적인 결점을 제거할 수 있다. 또한 자기실현이 마치 예순 살이 되었을 때 극소수 사람만이 들어가고 나머지는 들어가지 못하는 일종의 판테온(Pantheon)*과 같은 것이 되지 않도록 할 수 있다. 한 사람의 힘이 특히 효율적이고 더욱 유쾌한 방법으로 합해지고, 그 사람이 더욱더 통합적이며 덜 분열적이 되고, 더욱더 경험에 개방적이고, 더 개성적이 되며, 더욱더 완벽하게 표현적이거나 자발적이 되거나 완전하게 기능하고, 더욱더 창조적이며 유머러스해지고, 더욱더 자기 초월적이 되고, 자신의 욕구에서 독립적이 되는 것 등의 특징을 지닌 에피소드나 대분출로 자기실현을 정의할 수 있다. 이러한 에피소드 속에서 그는 더욱 자기 자신이 될 수 있고, 자신의 잠재력을 더욱 완벽하게 실현할 수 있고, 자기 존재의 핵심에 더욱 가까워지며, 더욱더 완전한 인간이 된다.

이론상으로 이러한 현상이나 에피소드는 누구에게나 삶의 모든 시기에 발생할 수 있다. 이러한 에피소드는 평범한 사람들에 비해 자신이 더 자기실현하고 있다고 말하는 사람들에게서 더 빈번하고, 더 강하게, 그리고 더 완벽하게 발생하는 것 같다. 이러한 점에서 볼 때,

---

* 한 나라 위인들의 무덤이나 기념비가 있는 전당 또는 한 국민이 믿는 모든 신.

자기실현은 성취나 실패의 문제가 아니라 정도와 빈도의 문제기 때문에, 이용 가능한 연구 방법에 근거해 더 용이하게 자기실현을 탐구할 수 있다.

우리는 대부분의 시간을 자기실현하는 흔치 않은 연구 대상자를 찾는 일에 더는 얽매일 필요가 없다. 이론상으로 우리는, 적어도 대부분 사람들의 삶에서, 특히 예술가, 지성인, 특별히 창조적인 사람들, 신앙심이 깊은 종교인, 심리 치료나 중요한 성장 경험을 통해 큰 통찰을 경험한 사람들의 삶에서 자기실현 에피소드를 찾을 수 있다.

외적 타당도에 대한 질문
지금까지 나는 하나의 주관적 경험을 경험주의적인 방식으로 기술했다. 그러한 경험이 외부 세계와 어떠한 관련성을 갖느냐는 전적으로 또 다른 문제이다. 왜냐하면 그 지각자가 더 진실하고 전체적으로 지각한다고 믿을 뿐 그 사람이 실제 그렇게 하고 있는지 보여줄 만한 증거가 없기 때문이다. 이러한 믿음의 타당도를 판단하는 기준은 보통 지각되는 사물이나 사람 또는 창조된 결과물에 놓여 있다. 따라서 원론적으로, 타당도의 문제는 상관 연구로 해결할 수 있는 간단한 문제이다.

그러나 어떠한 의미에서 예술을 지식이라고 말할 수 있는가? 확실히, 미학적 지각은 본질적으로는 그 자체로서 타당한 것이다. 사람들은 미학적 지각을 가치 있고 훌륭한 경험이라고 느낀다. 그러나 몇몇 환상이나 환각 역시 마찬가지다. 더 나아가, 나에게는 감동적이지 않은 그림을 남들은 감동적으로 보고 미학적 경험을 할 수도 있다. 우리가 사적인 경험을 넘어서게 되면, 타당도의 외적 기준이라는 문제가 남게 되고, 다른 모든 지각의 경우도 마찬가지다.

사랑에 대한 지각, 신비적 체험, 창조적 순간, 통찰의 찰나 역시 마찬가지라고 말할 수 있다.

사랑하는 사람은 그 사랑의 대상이 되는 사람에게서 다른 어느 누구도 볼 수 없는, 그리고 두 번 다시 볼 수 없는 것들을 보게 된다. 또한 사랑하는 사람은 이러한 자신의 내적 경험이 가지는 본질적 가치를 의심하지 않고, 이러한 경험이 자신, 자신이 사랑하는 사람 그리고 이 세상에 미치는 긍정적 영향의 본질적 가치에 대해서 아무 의심도 하지 않는다. 아이에 대한 어머니의 사랑을 예로 들면, 이러한 점이 더 분명해진다.

사랑은 잠재성을 지각할 뿐만 아니라 그것을 실현시키기도 한다. 사랑이 없다면 분명 잠재성은 억압되고 심지어 사라지게 될 것이다. 개인적 성장을 위해서는 용기, 자기 신뢰, 심지어 대범함까지도 필요하다. 친구나 애인, 부모의 사랑이 없다면 반대 결과, 즉 자기 의심, 불안, 무가치하다는 느낌, 조롱거리가 될 것이라는 생각 등 성장과 자기실현을 억제하는 모든 요인이 나타난다.

경험할 만한 가치가 있든 없든 이와는 상관없이, 모든 성격 및 심리 치료적 경험이 증명하는 사실에 따르면, 사랑은 인생을 실현하고, 사랑이 아닌 것은 인생을 무의미하게 만든다.(17)

여기서 머튼(Merton)이 말한 것처럼, "이러한 현상이 어느 정도로 자기 충족적 예언*에 의한 것인가?" 하는 복잡하고 순환적인 질문이 발생한다. 자신의 아내가 아름답다는 남편의 확신이나 자신의 남편이 용감하다는 부인의 견고한 신념이 어느 정도는 실제 아름다움이나 용기를 창조해낸다. 이것은 이미 존재하는 것을 지각하는 것이라기보다는 신념에 의해 존재하게 된 것이다. 모든 사람이 아름답고 용감할 수 있는 가능성을 지니고 있다는 사실에 근거해볼 때 우리가 이러한 신념을 잠재성에 대한 지각의 한 예라고 볼 수 있을까? 만일 그렇다면, 이것은 특정한 누군가가 앞으로 위대한 바이올리니스트가 될 가능성을 지각하는 것과는 다른데, 왜냐하면 이러한 가능성은 누구에게나 보편적으로 적용되는 가능성이 아니기 때문이다.

그러나 심지어 이 모든 복잡성을 넘어 이러한 모든 문제를 객관적이고 과학적인 영역으로 가지고 오려는 사람들에게조차 여전히 의문점들은 남는다. 다른 사람에 대한 사랑은 환상을 가져오며 존재하지 않는 성질과 잠재성을 지각하게 만든다. 따라서 이것은 진정으로 지각된 사실이 아니라, 보는 사람의 마음속에서 만들어진 것이다. 그러므로 이것은 욕구, 억압, 거부, 투사와 합리화 체계에서 영향을 받는다.

사랑이 아닌 것보다는 사랑이 더욱더 민감하게 지각할 수 있게 한다면, 사랑은 또한 눈을 멀게 할 수도 있다. 그러면 사랑이 언제 지각을 민감하게 하고 언제 눈을 멀게 하는가라는 쉽지 않은 연구 문제가 남는다. 나는 성격적 수준에서 관찰한 것을 이미 보고한 바 있

---

* 한 개인이 자신에 대한 타인들의 타당하지 않은 기대를 충족시키는 방향으로 생각하거나 행동하는 현상을 일컫는다. 예를 들면 교사가 특정 학생이 공부를 잘 것이라고 사실과 다른 기대를 가지고 있을 때, 그 학생이 교사의 이러한 기대에 부응하여 궁극적으로 공부를 잘하는 학생으로 변화할 수 있다.

는데, 이 문제에 대해 사랑하는 관계이든 그렇지 않든 간에 이것이 지각자의 심리적 건강에 달려 있다고 대답할 수 있다. 다른 모든 것들이 같을 때, 더 건강할수록 세상을 더 정확하게 지각하고 통찰한다. 이러한 결론은 통제하지 않은 관찰의 결과이기 때문에, 통제된 연구에서 검증할 필요가 있는 가설이라고 생각해야 한다.

일반적으로 우리는 미학적이고 지성적인 창조성의 분출 및 통찰 경험을 하면서 이와 유사한 문제에 직면하게 된다. 두 가지 경우 모두, 이러한 경험을 외적으로 검증하는 것이 현상학적으로 자신이 확신하는 것과 완전하게 일치하지는 않는다. 훌륭한 통찰력도 실수할 수 있고, 위대한 사랑도 사라질 수 있다. 절정경험 순간에 만든 시(詩)가 이후의 불만족스러움 때문에 버려질 수도 있다. 앞으로 두각을 나타낼 물건을 창조하는 것이나, 나중에 냉정하고, 객관적이며, 비판적인 검사에서 실패로 드러날 물건을 창조하는 것이나 주관적으로는 모두 같다고 느껴진다. 언제나 창조적인 사람은 이러한 사실을 잘 알고 있기 때문에, 자신이 경험하는 훌륭한 통찰의 순간도 절반 정도밖에는 성공하지 못하리라 생각한다. 모든 절정경험이 B-인지와 같다고 느끼지만, 정말 모두가 그런 것은 아니다. 그러나 적어도 가끔씩은 더 명쾌하고 효과적인 인지를 더욱더 건강한 사람들에게서 그리고 더욱더 건강한 순간에 발견할 수 있다. 가령 몇몇 절정경험은 B-인지와 같다.

내가 전에 제안한 원칙에 따라, 자기실현하는 사람이 그렇지 않은 사람들에 비하면 더욱더 효율적이고 충만한 상태에서 동기적 경향 없이 현실을 지각할 수 있고 또한 지각한다면, 우리는 그들을 생물학적 연구에 사용할 수 있을지도 모른다.

광산에서 가스를 탐색할 때, 다른 생물은 민감함이 떨어지므로 카나리아를 이용한다. 마찬가지로 우리는 자신의 눈을 통해서보다는 더 민감하고 더 지각적인 자기실현하는 사람들을 통해서 사실을 더 잘 알 수 있다. 같은 맥락에서 우리가 일시적으로 자기실현을 할 때, 절정경험 속에서 지각적으로 가장 민감한 우리 자신을 이용할 수도 있다. 왜냐하면 이때 우리는 일상적인 순간보다 실체의 본질을 더 잘 볼 수 있기 때문이다.

마지막으로, 내가 지금까지 이야기한 인지적 경험은 분명 관습적이고, 회의적이며, 신중한 과학적 절차의 대체물이 될 수는 없어 보인다. 이러한 인지가 아무리 효과적이고 현명하다 하더라도, 그리고 이러한 인지가 특정 종류의 진실을 밝혀내는 유일한 방법 혹은 최고의 방법으로 인정받는다 하더라도, 통찰의 순간 후에는 아직도 여전히 우리에게 검증, 선택, 기각, 지지, (외적) 타당도와 같은 문제들이 남아 있다. 그러나 절정경험에서의 인지와 일상적인 인지를 적대적이거나 배타적인 관계로 보는 것은 어리석은 듯하다. 개척민들과 이주민들이 그렇듯이, 이 둘은 분명 서로를 필요로 하며 보완하는 관계에 있다.

절정경험의 여파

다양한 절정경험을 할 때 나타나는 인지가 외부적으로 타당한가에 대한 문제에서 그런 경험이 당사자에게 어떠한 영향을 미치는가에 대한 문제를 완전히 분리할 수 있다. 또 다른 의미에서 이 문제를 절정경험을 타당화하는 문제라고도 말할 수 있다.

나는 지금 당장 제시할 수 있는 통제된 연구 자료를 가지고 있지는 않다. 다만, 그러한 효과가 있다는 것을 내 연구 대상자들이 전반적으로 동의했으며, 창조성, 사랑, 통찰력, 신비적 체험과 미학적 경험을 연구하는 모든 사람들이 동의했다. 이러한 점에 근거해서, 나는 적어도 다음과 같이 검증 가능한 명제나 주장을 제시할 수 있다고 생각한다.

1) 절정경험은 두드러진 증상을 제거한다는 엄격한 의미에서 약간의 치료적 효과를 가질 수 있고 또한 가지고 있다. 신비적 혹은 바다처럼 드넓은 경험에 대해서 적어도 내가 알고 있는 두 보고서, 즉 심리학자의 보고서와 인류학자의 보고서에 따르면, 그러한 경험은 너무나 심오해서 그 후로도 계속해서 신경증적 증상을 제거한다. 물론 이러한 변화의 경험은 인간의 역사에 많이 기록되어 있지만, 내가 아는 한 결코 심리학자나 정신과 의사의 주의를 끌지는 못했다.
2) 절정경험은 자신에 대한 관점을 건강한 방향으로 변화시킨다.
3) 절정경험은 타인에 대한 관점 및 자신과 타인의 관계를 다양한 방식으로 변화시킨다.
4) 절정경험은 세상에 대한, 세상의 측면에 대한 혹은 세상의 일부분에 대한 자신의 관점을 어느 정도 영속적으로 변화시킨다.
5) 절정경험은 자신을 더욱 창조적이고, 자발적이고, 표현적이고, 개별적으로 만든다.

6) 사람들은 절정경험을 매우 중요하고 바람직한 사건으로 기억하고 있으며 그것을 재현하고자 노력한다.

7) 심지어 자신의 삶이 단조롭고, 진부하고, 고통스럽고, 불만족스럽더라도, 사람들은 삶이 가치 있다고 생각한다. 왜냐하면 자신의 눈으로 흥분, 정직, 놀이, 진선미, 의미가 존재하는 것을 보았기 때문이다. 즉 삶 그 자체가 정당해지고, 자살과 죽음을 소망하지 않게 된다.

특정 사람에 따라, 그리고 절정경험을 통해 해결하거나 새롭게 바라볼 수 있게 된 특정 문제에 따라, 특별하고 개별적인 많은 효과들이 있었다.

지구로 귀환하기 전에 개인적으로 정의한 천국을 방문하는 것에 절정경험을 비유할 수 있다면, 나는 앞서 언급한 모든 영향을 일반화할 수 있고, 그러한 영향에 대한 느낌을 주고받을 수 있다고 생각한다. 이때, 다소 보편적이면서 다소 개인적인, 절정경험의 바람직한 영향이 매우 확실해질 것이다.[2]

그리고 예술가들, 예술 교육자들, 창조적인 선생님들, 종교적이고 철학적인 이론가들, 사랑스런 남편들, 어머니들, 치료자들, 그 밖의

---

2 콜리지(Coleridge)의 다음 진술과 비교해보라. "만일 한 사람이 꿈속에서 천국을 통과한 다음, 그의 영혼이 이미 그곳에 있다는 징표로서 꽃을 받았다면, 그리고 그가 꿈에서 깼을 때 그의 손에 꽃이 쥐어져 있다면, 오호! 그 다음은?" 슈나이더(E. Schneider), 《사무엘 테일러 콜리지 : 시와 산문 선집(Samuel Taylor Coleridge : Selected Poetry & Prose)》 (Schneider, ed., Rinehart, 1951, p. 477).

많은 사람들이 미학적 경험, 창조적 경험, 사랑 경험, 신비적 경험, 통찰 경험 및 또 다른 절정경험의 이러한 영향을 전의식적으로 당연하게 여길 뿐 아니라, 공통적으로 기대하고 있다는 점 또한 강조하고 싶다.

전체적으로, 이러한 좋은 영향들을 이해한다는 건 너무나 쉬운 일이다. 설명하기가 조금 더 어려운 점은 일부 사람들에게선 절정경험의 뚜렷한 효과를 찾아볼 수 없다는 것이다.

제7장
절정경험:정체성에 대한 민감한 경험

이 장은 1960년 10월 5일 뉴욕에서 정신분석발전학회가 주최한 '캐런 호니 기념 정체성과 소외에 관한 모임'에서 한 강의를 수정한 것이다. 대부분의 주제(이 경우에는 '정체성')를 성격과 연결하여 그 주제를 자신의 아이디어로 포장할 수 있는 매슬로의 능력을 보여주는 좋은 예가 바로 이 장이다.

정체성(identity)에 대한 정의를 찾고자 할 때 우리가 기억해야 할 점은 그러한 정의와 개념이 어떤 미지의 곳에 존재하고 그래서 우리가 발견하기만 하면 되는 그런 것은 아니라는 점이다. 우리는 단지 그러한 정의를 부분적으로는 발견하고 부분적으로는 창조한다.

부분적으로는, 우리가 정체성이라고 말할 수 있는 것이면 무엇이든지 정체성이 될 수 있다. 물론, 이에 앞서 먼저 정체성이라는 말이 지니고 있는 기존의 다양한 의미들을 민감하게 파악하고 수용해야 한다. 그러면 우리는 곧바로 여러 저자가 서로 다른 사실과 서로 다른 기능에 정체성이란 용어를 사용하고 있음을 알 수 있다. 또한 우리는 특정 저자가 정체성이란 말을 무슨 의미로 사용하는지를 이해하기 위해서 그 말과 관련된 기능들을 알아야 한다. 비록 정체성이란 말의 의미가 모든 학자들에게 어느 정도 유사하거나 중복되기도 하지만(오늘날 정체성이라는 말이 '의미하는' 것은 아마도 이러한 유사한 특성들일 것이다), 이 말은 다양한 치료자, 사회학자, 자아 심리학자, 아동 심리학자에게 서로 다른 의미를 지닌다.

나는 절정경험의 또 다른 기능을 언급하고자 하는데, 절정경험 속에서 '정체성'은 사실적이고, 이치에 닿고, 유용한 여러 의미를 가지고 있다. 그러나 이러한 것들이 정체성의 참된 의미라고 주장할 생각은 없다. 단지 정체성을 또 다른 각도에서 바라볼 수 있다는 점을 주장하는 것이다. 내 생각에, 사람들은 절정경험 속에서 자신들의 정체성과 가장 일치하고, 자신의 진정한 자아에 가장 근접하고, 가장 개성적이고 독특한 존재가 된다. 따라서 나는 절정경험이 깨끗하고 오염되지 않은 자료를 제공해주는 매우 중요한 원천이라고 생각한다. 가령 절정경험 속에서는 정체성을 최소한으로 창조하고 최대한으로 발견할 수 있다.

독자들은 모든 '개별적' 특성들이 실제로는 전혀 개별적인 것이 아니라, 중복하기, 동일한 것을 서로 다른 방식으로 말하기, 은유적 의미에서 동일한 의미를 나타내기 등과 같은 다양한 방식으로 서로 중복되어 있음을 분명히 알 수 있을 것이다. (원자론적 혹은 환원적 분석과 대조되는 '총체적 분석'에 관한 이론에 관심이 있는 독자들은 97, 3장을 참조하기 바란다.)

나는 정체성을 상호 배타적인 개별적 요소들로 분리해서 기술하지는 않을 것이다. 오히려 정체성을 이리저리 돌려가면서 서로 다른 방향에서 바라봄으로써, 또는 감식가가 훌륭한 그림을 주의 깊게 바라보는 것처럼, (전체적으로) 정체성을 (이런저런 측면에서 바라봄으로써) 총체적인 방식으로 정체성을 기술하고자 한다. 어느 한 '측면'에 대한 논의는 다른 '측면들'을 부분적으로 설명해줄 수 있다.

1) 다른 때보다도 절정경험을 할 때, 사람들은 자신에 대하여 더 통합된 (단일화된, 전체적인, 모든 부분이 하나로 맞춰진) 느낌을 갖는다. 또한 절정경험을 하는 사람들은 다른 사람들도 (다음에 기술한) 다양한 방식으로 더 통합되어 있는 것으로 본다. 즉 그들은 덜 분리되거나 덜 해체되어 있고, 자신과 덜 대립하고, 자신

에게 더 우호적이고, 자신이 경험하는 주관적 자아와 남들이 보는 객관적 자아가 덜 분리되어 있고, 하나의 목표에 더 집중되어 있고, 더 조화롭게 조직화되어 있고, 자신의 모든 부분이 더욱 효율적으로 조직화되어 매우 원활하게 기능하고, 내부적 갈등이 더 적고, 더 많이 협동하여 상승 효과를 내는 것으로 보인다.[1] 통합 및 통합의 조건들이 갖는 또 다른 측면들은 조금

---

[1] 이것은 치료자에게 특별한 관심사다. 왜냐하면 통합은 모든 치료의 주된 목표 중 하나일 뿐 아니라, 이른바 '치료적 분리'와 관련된 매력적인 문제기 때문이다. 치료는 통찰에서 시작되기 때문에, 경험과 관찰이 동시에 이루어져야 한다. 예를 들면 정신증적인 사람은 전적으로 경험을 하고 있으면서도 자신을 그러한 경험에서 충분히 분리하여 그 경험을 객관적으로 보지 못하기 때문에, 자신의 경험을 통해 나아지지 못한다. 이 정신증적인 사람은 신경증적인 사람이 전혀 접근할 수 없는 무의식적 상태에 있을 때조차 그러하다. 그러나 치료자 역시 똑같이 역설적인 방식으로 분리되어야 한다. 왜냐하면 치료자는 환자를 수용하는 동시에 수용해서는 안 되기 때문이다. 즉 치료자는 환자에게 '무조건적인 긍정적 관심'을 주어야 하고(143) 환자를 이해하기 위해 그와 동일시해야 하며, 모든 비판과 평가에서 한 발 물러서야 하고, 환자의 '인생관'을 경험해야 하고, '나-너의 만남(I-Thou encounter)' 속에서 그와 일체가 되어야 하며, 아가페적(Agapean) 의미에서 그를 사랑해야 한다. 하지만 다른 한편, 치료자는 환자를 암묵적으로 인정하지 않고, 수용하지 않으며, 그와 동일시하지 않는다. 왜냐하면 그 환자를 향상시키고 전에 비해 더 나은 사람으로, 즉 지금의 모습과 다른 어떤 사람으로 만들고자 하기 때문이다. 분명한 것은 이러한 치료적 분리가 도이치와 머피(Deutsch & Murphy, 38)의 치료 기법의 근간을 이룬다는 것이다.

앞서 언급한 '나-너의 만남'이라는 구절은 유대인 철학자 마틴 부버(Martin Buber, 1878~1965)가 자신의 책에서 언급했다.(《나와 너(I and Thou)》(Edinburgh : T & T Clark, 1937 ; also New York : Collier Books, 1986) 바로 뒤에 나오는 '아가페적'이란 용어는 그리스 용어 아가페(Agape)에서 나온 것으로, 이 말은 신약성서 그리스어판에 종종 등장하는데, 인간에 대한 신의 사랑 혹은 한 인간에 대한 다른 인간의 순결하고, 보살핌을 주는 이타적인 사랑을 의미한다.

하지만 다중 성격의 경우에서처럼, 또 다른 치료적 목표는 환자와 치료자 모두에게서 그러한 성격을 조화로운 단일체로 통합하는 것이다. 이를 달리 말하면, 자아를 점점 더 순수하게 경험하면서 동시에 언제나 전의식적 상태에서조차 그러한 자아를 자신이 관찰하는 것이라고 할 수 있다. 우리는 절정경험 내에서 더욱 순수하게 자아를 경험하게 된다.

후에 논의할 것이다.

2) 한 사람이 더욱 순수하고 완전하게 자기 자신이 될수록, 그 사람은 세상과 그리고 이전에는 자기가 아니었던 것들과 더 융화될 수 있다.[2] 예를 들면 사랑하는 사람들은 둘이기보다는 더욱 하나로 되어가고, 나-너(I-Thou)의 일체화가 더욱 가능해지고, 창조자는 자신이 창조한 작품과 하나가 되고, 어머니는 자식과 일체감을 느끼고, 감상자는 음악이나 그림 혹은 춤이 되고 (그러한 대상들은 감상자가 되고), 천문학자는 (멀리 떨어진 곳에서 망원경을 통해 심연을 가로지르며 별을 자세히 바라보는 것이 아니라 오히려) 저 멀리 외계에 있는 별과 함께 존재한다.

즉 정체성, 자율성, 또는 자아 그 자체를 초월하는 것이 바로 그것을 최대로 성취하는 것이다. 이럴 때, 사람들은 비교적 자기 본위에서 벗어날 수 있게 된다.[3]

3) 절정경험 상태에 있는 사람은 자신의 모든 능력을 최상의 상태

---

[2] 나는 나 자신이 절정경험을 '가리키는' 용어를 사용하고 있음을 알고 있다. 이러한 용어는 자신의 절정경험을 억압하지 않고, 억제하지 않고, 부인하거나 거절하거나 두려워하지 않는 사람들에게만 그 의미를 전달할 수 있을 것이다. '절정 상태에 있지 않은 사람'에게도 이러한 용어의 의미를 전달하는 것이 가능하긴 하지만, 매우 힘들고 지루한 일이 될 것이다.

[3] 내 생각에, 이것이 의미하는 바를 자의식, 자기 인식, 자기 관찰의 상실이라고 칭할 때 의사소통하기가 더 쉽다. 우리가 일반적으로 지니고 있는 이러한 자의식과 같은 특성들은, 우리가 절정경험의 높은 수준에 있든지 아니면 영화나 소설, 축구 경기에 심취해서 자신의 경미한 고통, 외모, 걱정에서 해방된 낮은 수준에 있든지 상관없이, 모든 몰입, 관심, 집중, 주의 산만, 자신에게서의 이탈을 감소시킨다. 이러한 자의식의 상실은 사실상 언제나 유쾌한 체험이다.

에서 최대한으로 사용하기 때문에, 일반적으로 자신이 최고의 권능 상태에 있는 듯한 느낌을 갖는다. 로저스(145)의 멋진 문구를 빌리면, 그런 사람은 자신이 "완전하게 기능한다고(fully-functioning)" 느낀다. 절정경험을 하는 사람은 다른 어느 때보다도 자신이 더 지적이고, 더 예리하게 지각하고, 더 재치 있고, 더 강하고, 더 우아하다고 느낀다. 그런 사람은 최상의 상태에 있고, 최적의 준비 상태에 있으며, 최상의 모습을 갖추고 있다.

이러한 점들을 스스로 주관적으로 느낄 뿐만 아니라 다른 사람들도 관찰할 수 있다. 또한 그는 더는 자신과 싸우거나 자신을 억제하느라 노력을 허비하지 않는다. 근육끼리도 더는 서로 싸우지 않는다. 일상적인 상황에서 우리는 행동을 수행하는 데 우리 자신의 능력 일부를 쓰고, 이러한 행동 수행을 위한 능력을 억제하는 데 나머지 일부 능력을 허비해버린다. 그러나 절정경험에서는 허비가 없다. 즉 모든 능력을 단지 행동을 위해 사용한다. 이때 사람들은 마치 댐이 없는 강과 같다.

4) 이는 완전하게 기능할 때 나타나는 약간 색다른 특성으로, 최상의 상태에 있는 사람들은 애쓰지 않고 손쉽게 기능한다. 보통 때는 노력하고, 긴장하고, 애써야 하는 일들이 절정경험에서는 애쓰거나, 일을 한다거나, 힘들다는 느낌 없이 '저절로 이루어진다.' 이와 함께, 종종 사람들은 우아하다는 느낌을 경험하고 우아한 모습을 갖게 된다. 이런 상황에서는 '잘되거나' 또는 '최상의 상태로 있으면서' 애쓰지 않고 원활하고 쉽게 완전히 기능한다.

이때 사람들은 마치 자신이 무엇을 하고 있는지 정확하게 알고 있는 것처럼 그리고 전심전력으로, 아무런 의심이나 애매함, 망설임, 약간의 물러섬도 없이 그 일을 하는 것처럼, 자신의 일에 대한 확신과 정당성을 차분하게 경험한다. 이때는 목표물을 스쳐 맞히거나 약하게 맞히는 일 없이, 오로지 최대한 강하게 가격할 뿐이다. 위대한 운동선수, 예술가, 창조자, 지도자, 정치인 들이 최상의 상태에서 기능할 때 이러한 행동 방식을 보여준다.

(이러한 특징이 이전의 정체성 개념과 분명하게 관련되지는 않는다. 그러나 나는 이러한 특징을 '진정한 자기가 되는 것'의 부수적 현상으로서 정체성 개념에 포함시켜야 한다고 생각한다. 이러한 특징은 연구할 수 있을 만큼 충분히 외부적으로 드러나 있고 대중적이기 때문이다. 또한 이러한 특징을 연구함으로써, 일종의 신과 같은 유희 행위(유머, 장난, 미련함, 어리석음, 놀이, 웃음)를 완전히 이해할 수 있다. 나는 이러한 유희 행위를 정체성이 갖는 가장 고상한 B-가치 가운데 하나라고 생각한다.)

5) 절정경험 상태에 있는 사람들은 자신의 행위나 지각과 관련해서 다른 때보다도 스스로를 더 책임 있고, 더 능동적이고, 더 창조적인 주체라고 생각한다. 그들은 자신이 주체자라는 강력한 인식을 가지고 있으며, (이끌리고, 결정되고, 무기력하고, 의존적이고, 수동적이고, 약하고, 지배를 받기보다는) 더욱 자기 결정적이라고 생각한다. 그들은 자신이 더 많은 '자유의지'와 책임감과 결단력을 지닌 자기 운명의 지배자이며 주체자라고 생각한다.

또한 남들의 눈에 보이는 그들의 모습은 단호하고, 강하고,

한결같고, 방해를 무시하거나 극복할 가능성이 크고, 자신을 강하게 확신하고, 자기를 저지하려는 시도가 소용없다는 인상을 주기가 쉬운 사람이다. 그들은 자신의 가치 혹은 자신이 결정한 것은 무엇이든 할 수 있는 자신의 능력을 의심하지 않는 것처럼 보인다. 남들에게 그들은 신뢰할 만하고, 믿음직스럽고, 의지할 수 있고, 훌륭한 사람으로 보인다. 책임감을 성취하는 이 위대한 순간을 종종 치료 과정이나 성장, 교육, 결혼 등에서 발견할 수 있다.

6) 절정경험 상태에 있는 사람은 방해물, 금지, 경계, 공포, 의심, 통제, 보류, 자기 비난, 억제 같은 특성에서 매우 자유롭다. 이러한 특성들은 자기 가치, 자기 수용, 자기애와 자기 존중의 부정적 측면들일 수 있다. 또한 이것들은 주관적이면서 동시에 객관적 현상으로, 주관적 및 객관적 방식으로 기술할 수 있다. 물론 이러한 특성들은 단순히 앞에서 이미 제시한 특성들과 다음에 제시할 특성들의 서로 다른 '측면'일 뿐이다.

원론적으로, 이러한 특성들을 경험적으로 검증할 수 있다. 왜냐하면 객관적으로 이것들은 함께 서로를 돕는 근육이 아니라 서로 경쟁하는 근육이기 때문이다.

7) 따라서 절정경험 상태에 있는 사람은 더 자발적이고, 더 표현적이며, 더 순수하게 행동하고 (교활하지 않고, 순박하고, 정직하고, 진실하고, 천진하고, 순진하고, 꾸밈없고, 경계하지 않고, 방어하지 않고), 더 자연스럽고(단순하고, 느긋하고, 서두르지 않고, 평온하고, 거짓 없고, 변함없고, 특별한 의미에서 원시적이고 즉각적이고), 덜 억제

하고 더 자유롭게 표현한다(자동적이고, 충동적이고, 반사적이고, '본능적이고', 억제하지 않고, 자의식이 약하고, 생각 없고, 부주의하다).⁴

8) 그래서 절정경험 상태에 있는 사람들은 특별한 의미에서 더욱 '창조적'이다.(10장 참조) 자기 확신의 증가와 자기 의심의 감소 덕분에, 그들은 대립적이지 않고 도교적인 방식으로 또는 형태주의 심리학자들이 말하는 융통성 있는 방식으로 인식하고 행동한다. 즉 그들은 (자기중심적이거나 자기 의식적이기보다는) 문제 상황이나 혹은 그렇지 않은 상황 '바깥 거기에' 존재하는 본질적 측면이나 요구에 따라, 그리고 과제, 의무(프랭클, 44, 45) 혹은 게임의 본질 그 자체에 근거해서 인지하고 행동한다. 따라서 그들의 인지와 행동은 즉각적이고, 즉석에서 이루어지고, 즉흥적이며, 무(無)에서 만들어지고, 예측할 수 없고, 새롭고, 신선하고, 진부하지 않고, 위선적이지 않고, 소박하고, 습관적이지 않다.

어떤 종류든 미리 계획을 세운다는 측면에서, 그들은 자신들의 인지와 행동을 덜 준비하고, 덜 계획하고, 덜 설계하고, 사전에 덜 숙고하고, 덜 연습하고, 사전에 덜 궁리한다. 따라서

---

4 진정한 정체성의 이러한 측면은 매우 중요하고 무수히 많은 함축적 의미를 가지고 있을 뿐만 아니라, 이러한 측면을 설명하고 전달하는 데 너무나 많은 어려움이 있다. 그래서 나는 진정한 정체성과 의미적으로 약간 겹치는 동의어 일부를 아래에 덧붙이고자 한다. 비의도적인, 자발적인, 자유로운, 비강제적인, 생각이 없는, 신중하지 않은, 충동적인, 거리낌 없는, 적극적인, 자기를 드러내는, 솔직한, 꾸미지 않는, 개방된, 은폐하지 않는, 가장하지 않는, 거짓되지 않은, 직설적인, 소박한, 인위적이지 않은, 태평한, 신뢰로운 등이다. 나는 여기서 '순수한 인지(innocent cognition)', 직관, B-인지 등의 문제를 제쳐놓기로 했다.

그들의 인지와 행동은 불시에 출현하고 새롭게 창조되지 과거에서 비롯되지는 않는다. 따라서 여기에는 열심히 추구하기 위한 목적이나 소망 혹은 충족시키기 위한 욕구가 존재하지 않는다.

9) 달리 표현하면, 이 모든 것은 독특성, 개성 또는 개별성의 극치이다. 원론적으로, 모든 사람이 서로 다르다면 절정경험에서의 그들의 모습은 매우 다를 것이다. 여러 측면에서 (즉 역할이라는 측면에서) 사람들을 서로 교환할 수 있다면, 절정경험 상태에서는 그런 역할들이 사라짐으로써 사람들의 교환 가능성은 최소화된다. 사람들의 본질이 무엇이든 간에, '독특한 자기'라는 말이 무엇을 의미하든지 간에, 절정경험 상태에서 사람들은 더욱 더 그러한 모습이 된다.

10) 절정경험 상태에 있는 사람은 바로 지금 여기 존재하고(133) 여러 의미로 볼 때 과거와 미래에서 가장 자유로우며, 경험 '그 자체 속에' 존재한다. 예를 들면 그런 사람은 다른 때보다 지금 더욱 귀담아 들을 수 있다. 이때야말로 가장 관습적이지 않고 기대하는 바가 가장 적으므로, (현재 상황과 결코 동일할 수 없는) 과거 상황에 근거한 기대 없이, 또는 (현재 그 자체를 목적이 아닌 오직 미래를 위한 수단으로 본다는 의미에서) 미래에 대한 계획에 근거하고 있는 희망이나 우려 없이 순수하게 귀담아 들을 수 있기 때문이다. 또한 그런 사람은 자신의 욕구를 초월하기 때문에 공포, 증오, 소망과 관련된 전례를 밟을 필요가 없다. 더군다나 그런 사람은 여기에 존재하는 것을 평가하기 위해서 여기에 존재하는 것을 여

기에 존재하지 않는 것과 비교할 필요가 없다.(88)

11) 절정경험 상태에 있는 사람들은 정신적으로 더 순수해지고, 세상의 법칙에 덜 지배받는 존재가 된다.(13장 참조) 즉 정신의 내적 법칙과 비정신적 실체의 법칙이 서로 다를 때, 그런 사람들은 후자보다는 전자의 법칙에 따라 결정한다. 이 말이 모순적이거나 역설적으로 들리겠지만, 사실은 그렇지 않다. 하지만 만약 그렇다 하더라도, 어쨌든 이것은 절정경험을 하는 사람에게는 특정한 의미를 갖는 것으로 받아들여야 할 것이다.

자신과 타인을 있는 그대로 동시에 받아들일 때, 타인에 대한 B-인지의 가능성이 최대화된다. 즉 자신을 존경하고 사랑하는 것과 타인을 존경하고 사랑하는 것은 서로를 가능케 하고, 지지하고, 강화한다. 가령 자기가 아닌 것(non-self)이 그 자체로 존재하도록 허용하고, 마음대로 작동하도록 허용하고, 나의 법칙이 아니라 그 자체의 법칙에 따라 살도록 허용하는 것처럼, 자기가 아닌 것을 놓아둠으로써 우리는 그것을 가장 잘 통제할 수 있다. 내가 아닌 것(non-me)이 나를 지배하는 것을 거부하고, 내가 아닌 것의 법칙에 따라 사는 것을 거부하며, 오직 내 안의 법칙과 규칙에 따라 살 것을 고집함으로써, 내가 아닌 것에서 자유로워질 때, 우리가 가장 순수하게 자기 자신이 될 수 있는 것과 같다. 이렇게 될 때, 내적 정신(나)과 외적 정신(타인)은 결국 크게 다르지 않고, 분명한 사실은 이 둘이 서로 대립적이지 않다는 점이다. 결국, 내적 정신의 법칙과 외적 정신의 법칙 둘 다 매우 흥미롭고 유쾌하며 심지어 하나로 통합하고 융합할 수 있다.

미로같이 혼란스런 이러한 말들을 독자들이 이해하는 데 도움을 줄 수 있는 가장 좋은 예가 B-사랑을 하는 두 사람 간의 관계다. 뿐만 아니라 다른 모든 절정경험도 이러한 예가 될 수 있다. 분명히 자유, 독립, 파악, 해방, 신뢰, 의지, 의존, 실체, 타인, 분리 등의 말들은 모두 이와 같은 (내가 B-영역이라 부르는) 이상적 대화의 수준에서는 매우 복잡하고 풍부한 의미를 갖는다. 그러나 일상생활의 D-영역, 결핍, 요구, 욕구, 자아 보존의 D-영역 및 이분법, 양극단, 분열의 D-영역에서는 그렇지 않다.

12) 무엇을 얻고자 애쓰거나 필요로 하지 않는다는 점을 우리가 연구하는 대상, 즉 절정경험을 하는 사람의 특성(또는 성격 구조의 특성)으로 여길 때 이론적으로 유리한 점들이 있다. 앞서 기술한 다양한 방식으로 그리고 제한된 몇 가지 의미에서, 절정경험 상태에 있는 사람에게서는 동기가 사라지는데(또는 추동이 사라지는데), 특히 결핍욕구라는 관점에서 그렇다. 이런 측면에서, 절정경험을 하는 사람은 가장 고귀하고 진실한 정체성을 가지고 있다고 할 수 있다. 즉 얻고자 애쓰지 않고, 필요로 하지 않고, 바라지 않는, 가령 일반적인 욕구와 추동을 초월한 것과 같다. 그런 사람은 단지 그 자체로 존재할 뿐이다. 그런 사람은 무엇을 얻고자 하는 노력이 덧없다는 사실을 즐긴다.

나는 자기실현하는 사람에 대하여 이 같은 내용을 이미 기술한 바 있다. 그의 모든 것은 의지와 노력 및 목적 없이 저절로 표출되어 나온다. 그런 사람의 행동은 고통이나 불쾌, 죽음을 회피하기 위한 것이 아니고, 미래의 목표를 달성하기 위한 것도 아니다. 또한 그의 행동은 안정 상태를 유지하기 위한 것도 아니고 욕구를 충족시키기 위한 것도 아니다. 대신 그런 사람은 전적으로 행동 그 자체만을 위해서 행동한다. 그의 행동과 경험은 수단이 아니라 그 자체로 정당하고 그 자체가 목적이다.

나는 이런 수준에 있는 사람을 신과 같은 존재라 부른다. 왜냐하면 우리는 대부분의 신을 욕구나 소망이 없고, 결핍되고 결여된 것도 없고, 모든 면에서 만족하는 존재라고 생각해왔기 때문이다. '최고의' '최상의' 신은 소망 없이 행동한다고 우리는 생각해왔다.

이러한 생각은 바라는 것 없이 행동하는 사람들을 이해하고자 할 때 매우 도움이 될 수 있다. 예를 들면 신과 같은 유머와 유희에 관한 이론, 권태에 관한 이론, 창조성에 관한 이론 등을 만들 때, 이러한 생각이 그 빛을 밝혀줄 수 있다. 인간의 태아 역시 욕구를 가지고 있지 않다는 사실은 11장에서 논의한 상위 열반과 하위 열반 간의 혼동을 유발하기에 충분하다.

13) 종종 절정경험에서의 표현과 의사소통은 시적이고, 신비하고, 서사적인 경향이 있다. 이러한 말이 그러한 상태에 있는 존재를 표현하기에 가장 자연스런 언어인 것 같다. 이러한 사실을 내 연구 대상자와 나 자신에게서 최근에야 깨달았기 때문에, 이 점에 대해서 많은 것을 얘기할 수는 없다. 15장 또한 관련성이 있다. 이러한 사실이 정체성 이론에 대하여 함축하는 바는

더욱 참된 사람들은 바로 그렇기 때문에 시인, 예술가, 음악가, 예언자 등이 되기가 쉽다는 것이다.[5]

14) 모든 절정경험을 데이비드 레비(90)가 말하는 행위의 완결로, 형태주의 심리학자들의 종결로, 완전한 오르가슴에 관한 라이히식의 패러다임 상에서[6] 또는 완전한 발산, 카타르시스, 정점, 절정, 극치, 비움이나 종료(106)로 이해하면 유익할 수 있다. 이와 대조적인 것으로, 종결되지 않은 문제에 대한 집착, 부분적으로 빈 가슴이나 전립선, 불충분한 내장 운동, 울음으로 날려 버릴 수 없는 슬픔, 식이요법하는 사람이 배고픔에 대해 부분적으로 갖고 있는 질린 마음, 결코 완벽하게 깨끗한 적이 없는 부엌, 보류된 성교, 표현할 수 없는 분노, 연습하지 않은 운동선수, 벽에 비뚤어지게 걸려 있지만 바로잡을 수 없는 그림, 감내해야만 하는 어리석음이나 비효율성 또는 부정 행위 등이 있다. 모든 독자들은 이러한 사례를 통해서 완결의 중요성을 현

---

[5] "시는 가장 행복하고 가장 훌륭한 사람이 경험하는 가장 행복하고 가장 훌륭한 순간을 기록한 것이다."—셸 리(P. B. Shelley)

[6] 여기서는 빌헬름 라이히(Wilhelm Reich, 1897~1957)를 지칭한다. 그는 무소속의 독자적 정신분석가로서, 억압된 성적 에너지를 완전하고 찬란한 오르가슴을 통해서 해소할 수 있는 능력이 심리적 건강에 근본적으로 필요한 조건이라고 주장했다. 이러한 그의 아이디어에 어떤 장점이 있든지 간에, 그러한 장점들은 궁극적으로 무색해지고 말았다. 왜냐하면 신경증에서 암에 이르기까지 모든 종류의 질병을 치료하는 약으로서 '오르곤 상자(orgone boxes; 우주에 충만한 일종의 성적 에너지의 축압기)'를 시장에서 팔려고 한 그의 노력 때문이다. 라이히의 좀 기이한 이론들을 간단하게 소개한 책자로 그의 사후에 나온 《선집: 오르곤학(Selected Writings: An Introduction to Orgonomy)》(New York: Farrar, Straus and Cudahy, 1960)이 있다.

상학적으로 이해할 수 있을 것이고, 얻고자 애쓰지 않음, 통합, 이완 및 앞서 이야기한 모든 것들을 충분히 이해하는 데 (절정경험에 대한) 이러한 관점이 도움을 주는 이유 역시 현상학적으로 이해할 수 있을 것이다. 세상에서 볼 수 있는 완전함은 완전무결, 정의, 아름다움, 수단보다는 목적 등을 의미한다.(106) 외부 세계와 내부 세계는 어느 정도 비슷한 모습을 띠고 있고 변증법적으로 서로 관련되어 (서로에게 '원인'으로 작용하고) 있기 때문에, 우리는 좋은 사람과 좋은 세상이 어떻게 서로를 만드는지 더 잘 이해할 수 있다.

이것이 정체성과 어떤 관련성이 있는가? 어떤 의미에서 진정한 사람은 그 자체로 완성된 혹은 합목적적 존재다. 확실히, 그런 사람은 주관적인 합목적성, 완성 또는 완벽성을 늘 경험한다. 그리고 진정한 사람은 이러한 점들을 세상에서도 발견한다. 절정 상태에 있는 사람만이 완전한 정체성을 성취할 수 있다고 밝혀질지도 모른다. 즉 절정에 있지 않은 사람은 항상 불완전하고, 불충분하며, 얻고자 애쓰고, 무언가가 부족하고, 목적보다는 수단 속에서 살아간다. 진정성과 절정경험 간의 상관관계가 완벽하지는 않다고 하더라도, 나는 이 둘 사이에 적어도 정적인 관계가 있다고 확신한다.

신체적·정신적 긴장 및 불완전함에 대한 집착을 고려할 때, 그러한 긴장과 집착이 평온함, 평화로움, 심리적 안녕과는 물론이고 신체적 안녕과도 양립할 수 없다고 보는 편이 맞을 것 같다. 또한 여기서 우리는 이해하기 어려운 발견들, 즉 많은 사람들이 보고한 자신의 절정경험이 어떤 식으로든 (아름다운) 죽음과 유사하다는 사실, 역설적이게도 가장 절실한 삶 속에 죽음에 대한 열망이나 자발성이 있다는 사실을 이해할 수 있는 단서를 찾을 수 있다. 랭크(76, 121)가 암시하듯이, 모든 완벽한 완성이나 결말은 은유적으로, 신화적으로, 원시적으로 죽음일 수 있다.

15) 나는 매우 강력하게 특정 종류의 유희가 B-가치 중의 하나라는 생각을 한다. 이렇게 생각하는 이유들 중 일부는 이미 언급한 바 있다. 가장 중요한 이유 중 하나로, 절정경험의 당사자들이나 그들을 관찰하는 사람들도 (그 사람이 내적으로 직접 체험하거나 외부 세계에서 관찰한 경우 모두) 절정경험 속에서 그러한 유희가 매우 자주 나타나는 것으로 보고하고 있다.

이러한 B-유희(B-playfulness)를 기술하기는 매우 어렵다. 왜냐하면 영어는 (일반적으로 '더 높은 수준의' 주관적 경험을 기술할 수 없는 것처럼) B-유희를 기술하기에 너무 부족하기 때문이다. 확실히 B-유희는 모든 적대감을 초월하면서 무한한, 신과 같은, 기분 좋은 특성을 가지고 있다. B-유희를 쉽게 행복한 즐거움, 유쾌한 충만함이나 환희로 부를 수 있다. B-유희는 (D-동기화되지 않은) 풍요나 잉여와 같이 넘쳐나는 성질을 가지고 있다. 지배와 종속이라는 양극성을 초월하면서 왜소한(약한) 인간과 거대한(강한) 인간 모두에게 하나의 오락 또는 환희가 된다는 의미에서, B-유희는 실존적이다. B-유희는 그 자체에 특정 승리감을 내포하고 있으며, 때로는 해방감도 가지고 있다. B-유희는 성숙한 동시에 순진하다.

    B-유희는 궁극적이고, 이상향적이고, 심리적으로 건강하고 (Eupsychian),[7] 마르쿠제(93)와 브라운(19)이 말한 의미에서 선험적이다. 또한 B-유희를 니체적(Nietzschean)이라고 부를 수도 있다.

    본질적으로 B-유희에 대한 정의는 그 일부분으로 손쉬움, 노력하지 않음, 우아함, 행운, 금지와 억제 및 의심에서의 해방, B-인지를 동반한 (B-인지에 대한 것이 아닌) 유희, 자기중심과 수단 중심의 초월, 시공간과 역사 및 지역주의에서의 초월을 내포한다.

    마지막으로 미, 사랑, 창조적 지성이 그렇듯이, B-유희 역시 그 자체가 통합자 역할을 한다. B-유희가 이분법적 사고로 풀 수 없는 많은 문제를 해결할 수 있다는 의미에서 그렇다. 문제를 해결하는 방법이 그것을 즐기는 것임을 가르쳐주기 때문에, B-유희는 인간이 처한 상황을 해결할 수 있는 좋은 방법 가운데 하나가 된다. B-유희 덕택에 우리는 동시에 D-영역과 B-영역에 존재할 수 있고, 동시에 세르반테스처럼 돈키호테와 산초 판자가 될 수 있다.

16) 절정경험 동안이나 그 후에 나타나는 주된 특징으로, 사람들은

---

7 매슬로는 '이상향적인(utopian)'이라는 말을 연장하여 (훌륭한, 좋은, 진실한 등을 의미하는 그리스어의 접두사 eu-를 이용해) '심리적으로 건강한(eupsychian)'이라는 용어를 만들었다. 이러한 연장의 핵심은 인간이 가지고 있는 기본적 욕구의 실체를 이해하고 고려하는 그만큼 인간의 삶과 사회가 완전해질 수 있다는 점이다.

자신들이 운이 좋고, 축복받고, 은총받고 있다고 느낀다. "나는 이런 경험을 할 만한 자격이 없어요." 이것은 드물지 않은 반응 중 하나다. 절정은 계획에 의한 것이 아니고, 미리 설계해서 야기할 수 있는 것도 아니다. 즉 절정은 우연히 발생할 뿐이다. '즐거움'이 우리를 놀라게 한다.(91 a) 따라서 놀랐다거나, 예상하지 못했다거나, '재발견을 한 것은 달콤한 충격'이라는 식의 반응이 매우 빈번하다.

결과적으로 사람들은 감사하는 마음을 공통으로 갖게 되는데, 종교가 있는 사람은 신에게, 그렇지 않은 사람은 운명, 자연, 사람들, 과거, 현재, 세상, 그리고 이처럼 경이로운 일이 발생할 수 있도록 도와준 모든 것에 감사한다. 이러한 감사함은 예배, 감사, 숭배, 찬미, 헌납 및 종교적 행위와 매우 쉽게 부합하는 또 다른 반응으로 넘어간다. 초자연적이든 자연적이든 상관없이 모든 종교 심리학은 분명히 이러한 현상을 고려해야 하고, 종교의 기원에 관한 모든 자연주의적 이론도 마찬가지다.

이처럼 감사하는 마음은 모든 사람과 사물에 대한 포용적 사랑, 세상은 아름답고 훌륭하다는 인식, 종종 세상을 위해 뭔가 선한 일을 하고 싶다는 충동, 보답하고 싶은 열망 혹은 심지어 의무감으로 나타나거나 이러한 반응들을 이끌어내는 일이 자주 있다.

마지막으로, 여기서 우리는 자기실현하는 사람들, 진정한 사람들이 보이는 겸손과 자부심에 이론적으로 접근할 수 있다. 운이 좋은 사람은 그 행운이 전적으로 자신의 공적에서 비롯되었다고 생각하는 일이 거의 없다. 경외감을 느끼는 사람과 감사하는 사람도 마찬가지다. 그들은 "내가 이것을 받을 자격이 있는가?"라고 자문한다. 그들은 겸손과 자부심을 단일하고, 복잡하고, 상위에 있는 단일체로 통합함으로써, 즉 (어떤 의미에서는) 자부심을 갖고 그리고 (어떤 의미에서는) 겸손함을 보임으로써, 자부심과 겸손이라는 이분법을 해결한다. (겸손함이 함께하는) 자부심은 오만이나 편집증적인 것이 아니며, (자부심이 함께하는) 겸손함은 자기 학대가 아니다. 단지 자부심과 겸손함을 이분하는 것만이 이 둘을 병리적인 것으로 만든다. B-감사 덕택에, 우리는 영웅과 겸손한 하인을 하나로 통합할 수 있다.

맺는 말

나는 2번에서 다룬 바 있는 주된 역설을 강조하고 싶다. 우리는 이러한 역설을 이해하지 못한다 하더라도 이와 직면해야만 한다. 정체성의 목표(자기실현, 자율성, 개별화, 호니의 진정한 자기, 진정성 등)는 정체성 그 자체가 궁극적 목표이면서, 동시에 과도기적 목표, 통과의례, 정체성을 초월하기 위해서 내디디는 한 걸음처럼 보인다. 이 말은 정체성의 기능이 곧 정체성 그 자체를 제거하는 것이라고 말하는 것과도 같다.

달리 말하면 우리의 목표가 자기 초월과 자기 소멸, 자의식과 자기 관찰의 중단, 세상과의 융합과 동일시(브뤼케(Brucke, 21)), 일체론(homonomy, 앙얄(6))이라는 동양적 목표라면, 대부분의 사람들에게 이러한 목표를 달성하기 위한 최선의 방법은 정체성 및 강력한 실제

자아를 성취하고, 금욕주의보다는 기본 욕구를 만족시키는 것이다.

나의 젊은 연구 대상자들이 절정경험에 관해 두 종류의 신체적 반응을 보고하는 경향이 있다는 사실이 아마도 이러한 이론과 관련이 있을 것이다. 하나의 반응은 흥분과 강렬한 긴장이고("마치 위아래로 점프하고, 큰 소리로 외쳐대는 듯한, 격렬한 기분을 느낍니다"), 다른 하나는 이완, 평화로움, 조용함, 정지된 느낌이다. 예를 들면 아름다운 섹스 경험이나 심미적 체험 혹은 창조적 흥분 후에, 다음과 같은 두 가지 모두가 가능하다. 즉 하나의 반응은 지속적인 강한 흥분, 불면, 수면 욕구 결여, 심지어 식욕 상실, 변비 등이고, 또 하나의 반응은 완전한 이완, 휴지 상태, 숙면 등이다. 이것이 무엇을 의미하는지는 나도 알지 못한다.

제8장

B-인지의 몇 가지 위험들

―

이 장은 쿠르트 골트슈타인을 기리기 위해서
《개인심리학술지》에 처음으로 수록되었다.

이 장의 목표는 자기실현과 관련해서 널리 퍼져 있는 오해들을 바로잡는 것이다. 흔히들 자기실현을 마치 인간들이 자신의 모든 문제를 초월하여 평온하거나 환희에 가득한 초인간적 상태에서 '영원히 행복하게 사는' 정적이고 비현실적이고, '완벽한' 상태라고 잘못 생각하고 있다. 앞에서도 지적했듯이(97) 이것은 경험적으로 보아 사실이 아니다.

이러한 사실을 더욱더 분명히 하기 위해, 나는 자기실현을 성격 발달과 같은 것으로 기술하고 싶다. 이런 성격 발달을 통해, 사람들은 발육 초기의 결핍 문제와 삶에서의 신경증적(유치하고, 공상적이며, 무익하거나 '비현실적인') 문제에서 자유로울 수 있다. 그래서 사람들은 인생에서의 '진정한' 문제들(본질적이고 궁극적으로는 인간의 문제들, 완전한 해결법이 없고 피할 수 없는 실존적인 문제들)과 직면하여 끈기 있게 씨름할 수 있다. 즉 이것은 문제의 부재가 아니라, 일시적 또는 비현실적인 문제에서 진정한 문제로 옮겨가는 것을 의미한다. 충격을 주려는 목적에서 나는 자기실현하는 사람을 심지어 자기를 수용하고 통찰력을 지닌 신경증적인 사람으로 부를 수도 있다. 왜냐하면 이 말의 의미를 '인간의 본래 상태를 이해하고 수용하는 것', 가령 인간 본성의 '단점'을 부정하려고 애쓰는 대신 그러한 단점을 용감하게 직시하여 수용하고 심지어 즐기는 것과 같은 것으로 볼 수 있기 때문이다.

가장 성숙한 사람들 역시 (혹은 특별히 그러한 사람들이) 직면하는 문제가 바로 이러한 진정한 문제들이다. 나는 앞으로 이러한 문제들, 가령 진정한 죄의식, 진정한 슬픔, 진정한 외로움, 건강한 이기심, 용기, 책임, 타인에 대한 책임 등과 같은 진정한 문제들을 다루고 싶다.

물론 진실을 모르는 것보다는 알면서 경험하는 본질적 만족과는 별도로, (질적으로뿐만 아니라) 양적으로 더 높은 수준의 성격 발달이 있다. 통계적으로 말하면, 대부분 인간의 죄의식은 진정한 죄의식이라기보다는 신경증적인 죄의식이다. 신경증적 죄의식에서 자유로워질 때, 진정한 죄의식이 남아 있을 가능성이 있다 해도 죄의식은 절대적으로 감소하게 된다.

이뿐만 아니라, 고도로 발달한 성격은 절정경험을 더 많이 하고, 그러한 절정경험은 (비록 '강박적' 또는 고전적인 유형의 자기실현에는 적용되지 않겠지만) 더욱 심오해 보인다. 즉 더욱 완전한 인간이 된다는 것은 (심지어 더 고차적인) 문제와 고통을 여전히 가지고 있음을 의미하지만, 그러면서도 그러한 문제와 고통은 양적으로 적어지고, 즐거움은 양적·질적으로 더 커지는 것이 사실이다. 한마디로, 개인적으로 더 높은 발달 수준에 도달하면, 그런 사람은 주관적으로 한결 더 풍요롭다.

자기실현하는 사람은 보통 사람들에 비해 내가 B-인지라고 부르는 특정한 종류의 인지를 하는 데 더 유능한 것으로 밝혀졌다. B-인지는 본질, '존재함', 본질적 구조와 역동성, 어떤 사물이나 사람, 혹은 모든 것이 현재 가지고 있는 가능성에 대한 인식이라고 6장에서 기술한 바 있다. B-인지(B=존재)는 D-인지(D=결핍욕구에 의한 동기화), 인간 중심적 인지나 자기중심적 인지와는 대조적이다. 자기실현이 문제가 없다는 것을 의미하지 않는 것처럼, B-인지 역시 인지의 한 측면으로서 특정한 위험성을 가지고 있다.

B-인지가 갖는 위험성들

1) B-인지가 지닌 주된 위험성은 행동을 불가능하게 만들거나 적어도 우유부단하게 만든다는 점이다. B-인지에는 판단, 비교, 비난 또는 평가가 존재하지 않는다. 또한 B-인지에는 의사 결정도 없다. 왜냐하면 의사 결정은 곧 행동에 대한 준비 상태인데, B-인지는 '있는 그대로 놔두기'와 같이 수동적인 사색이다. 이처럼 B-인지는 감상 그리고 불간섭적인 상태를 의미하기 때문이다.

누군가가 풍부한 이해를 통해 얻게 되는 희열을 경외하고, 찬양하고, 감탄하면서, 아무런 저항 없이 술을 마시고 암이나 박테리아를 깊이 생각할 때, 실제 그 사람이 하는 것은 아무것도 없다. 분노, 공포, 상황을 개선하고자 하는 욕망, 파괴하거나 죽이려는 욕망, 비난, 인간 중심적 결론('이것은 나에게 나쁘다' 또는 '이것은 나의 적이고 나를 해칠 것이다')들은 모두 정지하게 된다. 옳고 그름, 선과 악, 과거와 미래, 이 모든 것은 B-인지와 관련성이 없으며, 동시에 B-인지에서는 작용하지 않는다.

실존주의적 의미에서 볼 때, B-인지는 이 세상에 존재하는 것이 아니다. 심지어 일반적인 의미에서도 B-인지는 인간적인 것이 아니다. 즉 B-인지는 신과 같은 것이고, 동정적이고, 비활동적이고, 간섭하지 않는 것이고, 아무것도 하지 않는 것이다.

인간 중심적 의미에서 B-인지는 친구나 적과 아무 관련성이 없다. 행동, 결정, 판단, 처벌, 비난, 미래를 위한 계획이 가능한 경우는 오직 B-인지가 D-인지로 전환될 때뿐이다.(88)

그러므로 주된 위험성은 B-인지가 행동과 양립할 수 없는 순간에 존재한다는 것이다.[1] 그러나 우리는 대부분의 시간을 세상 속에서 살기 때문에, 행동(방어적 혹은 공격적 행동, 또는 관찰 대상자라기보다는 관찰자라는 의미에서 이기적인 자기중심적 행동)은 필수적이다.

'존재', 그 자체라는 관점에서 볼 때, 호랑이는 (파리, 모기, 박테리아가 그러하듯이) 살 권리가 있다. 그리고 바로 이 지점에 피할 수 없는 갈등이 존재한다. 호랑이에 대한 B-인지가 호랑이를 죽이는 것에 반대한다 하더라도, 자기실현에 대한 요구 때문에 반드시 호랑이를 죽여야 할 필요도 있다. 즉 어느 정도의 이기심과 자기 보호, 불가피한 폭력 및 잔인한 행동의 가능성은 심지어 실존적으로 자기실현이라는 개념에서도 본질적이고 필수적이다. 따라서 자기실현은 필수적인 측면으로서 B-인지뿐만 아니라 D-인지도 필요로 한다.

이것은 갈등, 실질적인 결정, 선택이 자기실현이라는 개념에 필수적으로 포함되어 있음을 의미한다. 이것은 싸움, 투쟁,

---

[1] 이와 유사한 경우를 오래된 유명한 실험에서 찾을 수 있다.(129a) 뇌의 '만족 중추'를 자극했을 때 흰 쥐는 행동을 멈추고, 마치 그러한 경험을 '음미하는 것'처럼 보인다. 약물을 복용하여 행복한 경험을 하고 있는 사람들 역시 조용하고 비활동적인 경향을 보인다. 꿈에 대한 어렴풋한 기억을 잡아두기 위해서는 움직이지 않는 것이 최선이다.(69)

고군분투, 불확실성, 죄의식, 후회가 자기실현의 '필수적인' 현상임을 의미한다. 이것은 자기실현이 사색과 행동 둘 다를 필연적으로 포함하고 있음을 의미한다.

오늘날 사회에서는 어느 정도 노동 분화가 가능하다. 사색가들이 해야 할 행동을 다른 누군가가 대신할 수 있다면, 그들은 자신의 일에서 해방될 수 있다. 자신이 먹을 스테이크용 소고기를 얻기 위해 스스로 소를 죽일 필요는 없다. 골트슈타인(55, 56)은 이것을 널리 일반화된 형태로 지적한 바 있다. 그의 뇌 손상 환자들이 제거되지 않고 파멸적인 불안 없이 살아갈 수 있는 것은 다른 사람들이 이들을 보호해주고, 이들이 할 수 없는 일을 대신해주기 때문이다. 마찬가지로, 적어도 자기실현이 전문화된 종류의 것인 한, 다른 사람들이 자기실현을 허용하고 도와주기 때문에, 그것이 전반적으로 가능하다. (나의 동료 월터 토만은 전문화된 사회일수록 원만한 자기실현 가능성이 점점 더 낮아진다고 강조한다.)

아인슈타인이 생의 말년에 고도로 전문화된 사람이 될 수 있었던 것은 그의 아내, 프린스턴 대학, 그리고 그의 친구들이 있었기 때문이다. 다른 사람들이 그를 대신해서 일했기 때문에, 아인슈타인은 다재다능함을 포기하고 자기실현을 할 수 있었다. 사막의 섬에 혼자 있었다면, 그는 아마도 골트슈타인식의 자기실현('세상이 허락한 자신의 능력으로 최선을 다하는 것')을 했을지는 모르지만, 어쨌든 그가 실제로 달성한 전문화된 자기실현을 성취하지는 못했을 것이다. 그리고 어쩌면 자기실현 그 자체가 전적으로 불가능했을지도 모른다. 가령 그는 죽었거나, 자신의 명백한 무능력 때문에 불안해하고 열등감을 느꼈거나, 그의 삶은 D-욕구 수준의 삶으로 전락했을지도 모른다.

2) B-인지와 사색적 이해가 갖는 또 다른 위험성은 이로 인해 우리의 책임감, 특히 타인을 도와야 하는 책임감이 적어질 수 있다는 것이다. 극단적인 사례로 유아를 들 수 있다. '있는 그대로 놔두기'는 유아의 성장을 방해하거나 심지어는 유아가 죽도록 방치하는 것을 의미한다. 우리는 또한 아동, 성인, 동물, 토양, 나무와 꽃에도 책임이 있다. 외과의사가 아름다운 종양을 보고 절정의 경이로움을 느끼며 어찌할 바를 모른다면 환자를 죽일지도 모른다. 만약 우리가 홍수를 찬양한다면, 우리는 댐을 건설하지 않을 것이다.

이것은 행동을 하지 않아서 고통받는 사람들뿐만 아니라 사색가 자신에게도 적용된다. 왜냐하면 확실히 그런 사람은 자신이 행동하지 않고 사색만 해서 타인에게 나쁜 영향을 주었다는 사실에 죄의식을 느끼기 때문이다. (사색가는 타인들을 이런저런 방식으로 '사랑하기' 때문에 그들에 대한 미안함을 느낄 수밖에 없다. 즉 사색가는 자신의 '형제들'을 사랑한다. 이는 곧 그들의 자기실현을 걱정한다는 의미인데, 그들이 죽음이나 고통과 직면할 경우 이러한 자기실현을 성취하지 못할 수도 있다.)

이러한 딜레마의 가장 좋은 예를 학생들에 대한 교사의 태도, 자녀에 대한 부모의 태도, 환자에 대한 치료자의 태도에서 찾아볼 수 있다. 여기서는 각각의 관계가 독특하다는 것을 쉽게 알 수 있다. 그러나 우리는 또한 성장을 촉진해야 하는 교사의(부모의, 치료자의) 책임 때문에 발생하는 불가피한 일들을 직시해야 한다. 예를 들면 한계 정하기, 훈육하기, 처벌하기, 쉽게 만족하지 않기, 일부러 좌절시키는 사람 되기, 적개심을 야기하고 유지하기 등의 문제들이 있다.

3) 행동의 억제 그리고 책임감의 상실은, 가령 "될 대로 되겠지. 세상은 그대로야. 세상은 이미 결정되어 있는걸. 나는 세상에 아무것도 해줄 수 없어"와 같은 운명론을 가져온다. 이것은 자발성과 자유 의지의 상실이고, 결정론이라는 좋지 못한 이론이고, 분명 모든 사람의 성장과 자기실현에 해롭다.

4) 비활동적 사색은 분명 그것 때문에 고통받는 사람들에게 오해를 받을 만하다. 그들은 비활동적 사색에는 애정이나 관심, 동정이 없다고 생각할 것이다. 비활동적 사색은 그것 때문에 고통받는 사람들의 자기실현을 향한 성장을 중단시킬 뿐만 아니라 그들의 성장을 퇴보시킬 것이다. 왜냐하면 비활동적 사색은 그것 때문에 고통받는 사람들에게 세상과 사람들은 나쁘다고 '가르칠' 수 있기 때문이다. 결과적으로, 사람에 대한 그들의 사랑, 존경, 신뢰가 퇴보한다. 이것은 특히 아이들, 청소년, 약한 성인들에게 세상이 더욱 악화된다는 것을 의미한다. 그들은 '있는 그대로 놔두기'를 무시, 애정 결핍, 혹은 심지어 멸시라고 해석한다.

5) 앞서 언급한 특수한 경우처럼, 순수한 사색은 글 쓰지 않기, 돕지 않기, 가르치지 않기를 수반한다. 불교도들은 불타와 보살

을 구분한다. 붓타는 타인과는 상관없이 오로지 자신만을 위해서 깨달음에 성공한 경우이고 보살의 경우, 자신은 깨달음을 얻었지만 다른 사람들이 깨달음을 얻지 못하는 한 자신의 구원은 여전히 불완전하다고 생각한다. 자신의 자기실현을 달성하려면, B-인지라는 천국에서 벗어나 타인들을 돕고 가르쳐야 한다고 말할 수도 있다.(25)

부처의 깨달음이 순전히 개인적이고 사적인 것인가? 아니면 그 깨달음은 필연적으로 타인과 세상의 것인가? 글쓰기와 가르침은 (항상은 아니지만) 종종 지극한 행복이나 무아지경과는 거리가 있다. 이 말은 타인들이 천국에 도달하도록 돕기 위해 자신의 천국을 포기한다는 것을 의미한다.

"당신이 그것에 대해 말하는 그 순간, 그것은 더는 존재하지 않고 더는 진실도 아니다"(가령 그것을 경험하는 유일한 길은 그것을 경험하는 것이지, 그것을 말로 표현할 수는 없기 때문에, 어쨌든 그것을 말로는 절대 기술할 수 없다)라고 말하는 선불교도들이나 도교 신자들이 옳은가?

물론 양측 다 어느 정도는 옳다. (이런 이유 때문에, 이 질문이 바로 영원히 해결할 수 없는 실존적 딜레마가 된다.) 내가 타인들과 공유할 수 있는 오아시스를 발견한다면, 나 혼자서 그 오아시스를 즐겨야 할까, 아니면 타인들을 그곳으로 인도하여 그들의 목숨을 살려야 할까? 조용하고, 사람이 없고, 사유물이기 때문에 아름다운 요세미티 계곡을 발견한다면, 그것을 그대로 유지해야 할까, 아니면 그 계곡의 아름다움을 훼손하거나 심지어 파괴할지도 모르는 위험을 무릅쓰고 국립공원으로 만들어 수백만이 감상할 수 있도록 해야 할까? 내 개인 소유의 해변을 그 사람들과 공유하고 따라서 비사유지로 만들어야 하는가? 생명을 존중하고 살생 행위를 혐오하기 때문에, 아기가 굶어 죽어가는 동안에도 소가 살찌도록 놔두는 인도인들은 얼마나 정당한가? 굶어 죽어가는 아이들을 방치하는 가난한 나라에서 나는 어느 정도로 음식을 즐겨야 하는가? 나도 굶어 죽어야 하는가? 훌륭하고, 명쾌하고, 이론적이고, 더 중요한 답은 없다. 답이 무엇이든 간에, 어쨌든 어느 정도 후회는 남는다. 자기실현은 이기적이어야 하는 동시에 이타적이어야 한다. 따라서 자기실현에는 선택, 갈등, 후회의 가능성이 있다.

　(선천적 개인차의 원리와 결합된) 노동 분화의 원리는 아마도 (완전한 답은 아닐지라도) 더 나은 답을 찾는 데 도움이 될 것이다. 다양한 종교적 명령 속에서 어떤 사람들은 '이기적 자기실현'이라는 소명을 느끼고, 어떤 사람들은 '훌륭한 자기실현하기'라는 소명을 느끼는 것처럼, 아마도 사회는 호의로서 (그래서 죄의식을 해소하면서) 일부 사람들에게 온전한 사색가라는 '이기적 자기실현자'가 될 것을 요구할 수 있다. 타인들에게 보여줄 수 있는 좋은 사례로서, 하나의 교시로서, 세상과 동떨어진 순수한 사색의 존재 가능성에 대한 증거로서, 그 사회는 순수한 사색가를 지지하는 것이 가치가 있다고 가정할 수 있다. 우리는 소수의 위대한 과학자, 예술가, 작가, 철학자 들에게 그렇게 한다. 우리는 그들에게 가르치기, 글쓰기, 사회적 책임을 면제해

준다. '순수한' 이유에서뿐만 아니라, 우리에게 이익을 가져다 줄 것이라 믿으면서 그렇게 도박을 한다.

또한 이러한 딜레마는 신경증적 죄의식과 구별하기 위해 내가 명명한 '진정한 죄의식'(프롬의 '인본주의적 죄의식')이라는 문제를 복잡하게 만든다. 진정한 죄의식은 자기 자신, 자신의 운명, 자신의 본성에 대해 진실하지 않을 때 생긴다. 모우러(Mowrer, 199)와 린드(92)를 보라.

그러나 여기서 우리는 "자신에게만 진실하고 타인에게는 진실하지 않을 때 어떤 종류의 죄의식이 생기는가?"라는 또 다른 문제를 제기하게 된다. 이미 살펴보았듯이, 자신에게 진실한 것은 타인에게 진실한 것과는 때로 본질적·필수적으로 충돌한다. 하나를 선택하는 것이 가능하고 또한 필수적이다. 그리고 그 선택이 거의 완벽하게 만족스러울 수는 없다.

골트슈타인이 가르쳐주었듯이, 당신이 자신에게 진실하기 위해 타인에게 진실해야만 한다면(55) 그리고 아들러가 말한 것처럼, 사회적 관심이 정신 건강에서 본질적이고 결정적인 측면이라면(8) 이 세상은 틀림없이 자기실현하는 사람이 타인을 구하기 위하여 자신의 일부를 희생하는 것을 유감스러워할 것이다.

다른 한편, 사색가가 타인보다는 자신에 대한 진실을 더 우선시한다면 순수한(그리고 이기적인) 사색가들은 우리를 도울 생각이 일체 없기 때문에 글을 쓰거나 그림을 그리거나 교훈을 주지 않을 것이다. 그리고 우리는 이 점에 대해서 안타까워할 것이다.

6) B-인지는 모든 것을 수용하게 만들고, 일상적인 가치를 제거하고, 특정한 것을 선호하지 않게 해주고, 엄청난 관용을 유발한다. 왜냐하면 누구나 고유한 존재라는 관점에서 볼 때, 모든 사람을 그 자체로 완전한 존재로 보기 때문이다. 이때 평가, 비난, 판단, 불만, 비판, 비교는 모두 적용되지 않고 핵심에서 벗어난다.(88) 무조건적인 수용은 가령 치료자, 사랑하는 사람, 교사, 부모, 친구에게는 필수 조건이지만, 판사, 경찰관 또는 행정가에게는 분명 이것만으로는 충분하지 않다.

여기서 함의하는 두 가지 대인 간 태도가 서로 양립할 수 없다는 것을 우리는 이미 알고 있다. 대부분의 심리 치료사들은 자신들의 환자들을 징계하거나 처벌하는 역할을 떠맡으려고 하지 않을 것이다. 또한 많은 관리자, 행정가 또는 장군들은 자신들이 명령하고, 면직하거나 처벌해야 하는 사람들을 위해 모든 치료적인 혹은 개인적인 책임을 떠맡으려고 하지 않을 것이다.

거의 모든 사람에게 이러한 딜레마가 생기는 이유는 다양한 순간에 그들이 '치료자'와 '경찰관' 둘 다의 역할을 해야 할 필요성이 있기 때문이다. 딜레마가 존재한다는 것조차 인식하지 못하는 보통 사람들보다는 이 두 역할을 더 심각하게 고려하는 인간적인 사람이 때로 이 딜레마 때문에 더 많은 고통을 겪으리라 예상할 수 있다.

이런저런 이유 때문에, 지금까지 살펴본 자기실현하는 사람은 일반적으로 보통 사람보다 이 두 가지 기능을 더욱더 잘 통합할 수 있다. 그들은 더 동정적이고 더 이해심이 많으면서도 더 많은 의분을 느낄 때가 자주 있다. 이용 가능한 몇몇 자료에 따르면, 보통 사람에 비해 자기실현하는 사람이나 건강한 대학생들은 정당한 분노나 반대를 더 철저하고 더 확실하게 표현한다.

분노, 반대, 분개할 수 있는 능력이 동정을 통해 이해할 수 있는 능력을 보완해주지 않는다면 모든 정서가 무미건조해지고, 사람들에 대한 반응이 메마르고, 분노할 수 없게 되고, 진정한 능력과 기술과 우수성과 훌륭함을 구별할 수 없게 되고 선호할 수 없게 된다. 우리가 만약 많은 심리 치료사들이 사회적 관계에서 지나치게 중립적이면서 반응적이지 않고, 지나치게 메마르고, 지나치게 평온하고, 지나치게 차분하다는 일반적인 인상을 액면 그대로 받아들일 수 있다면, 이것은 전문적으로 B-인지를 하는 사람들이 직업적으로 성취를 하는 데 위험요소가 될 수 있다.

7) 타인에 대한 B-인지는 그 사람을 '완전한' 존재로 인식하는 것과 같은데, 그는 이것을 매우 쉽게 오해할 수 있다. 우리가 알고 있는 것처럼 무조건적으로 수용받는 것, 완전하게 사랑받는 것, 완전히 인정받는 것은 사람을 대단히 강하게 만들고, 성장을 촉진하고, 매우 치료적이고 심리적으로 건강하게 만든다. 그러나 우리는 또한 수용과 사랑과 인정에 대한 이러한 태도를 비현실적이고 완벽주의자적인 기대에 맞추어 살아가려는 견딜 수 없는 요구로 오해할 수도 있다는 것을 알아야 한다. 더 무가

치하고 더 불완전하다고 느낄수록, 그리고 '완전함'과 '수용'이라는 말을 오해할수록, 이러한 태도를 더 부담스러워하게 될 것이다.

물론 실제로 '완전함'이란 말은 두 가지 의미를 가지고 있는데, 하나는 존재(Being)의 영역에서의 의미이고, 다른 하나는 결핍, 노력, 발달(Becoming)의 영역에서의 의미이다. B-인지에서 '완전함'은 그 사람의 모든 것을 전적으로 사실적으로 지각하고 수용하는 것을 의미한다. D-인지에서 '완전함'은 필연적으로 잘못된 지각과 착각이라는 의미를 내포하고 있다. 첫 번째 의미에서 볼 때 살아 있는 모든 인간은 완전하다. 두 번째 의미에서는 누구도 완전하지 못하며 완전해질 수도 없다. 즉 우리는 어떤 사람을 B-완전한(B-perfect) 존재로 볼 수 있지만, 그 사람은 우리가 자기를 D-완전한(D-perfect) 존재로 보고 있다고 오해할 수 있고, 그래서 우리는 그가 마치 우리를 놀리고 있는 것처럼 불편함과 무가치함과 가책을 느낄지도 모른다.

B-인지 능력을 더 많이 가진 사람일수록 B-인지되는 것을 더 수용하고 즐길 수 있음을 논리적으로 유추할 수 있다. 또한 그러한 오해의 가능성이 있기 때문에, 타인을 완전히 이해하고 수용할 수 있는 B-인지의 사람은 그러한 오해를 피할 만한 전략을 구사해야 한다는 어려운 문제에 직면해 있음을 예상할 수 있다.

8) B-인지가 수반하는 최후의 전략적 문제는, 과도한 심미주의의 가능성으로, 지금 이 문제를 이야기하려 한다. 종종 삶에 대한

심미적 반응은 삶에 대한 실용적이고 도덕적인 반응과 본질적으로 상충한다(나이 든 사람들은 스타일과 실속 사이에서 갈등한다). 따라서 추한 것을 아름답게 묘사할 가능성이 있고 진선미를 부적절하고 추하게 제시할 가능성이 있다. (진선미를 진실하고, 선하고, 아름답게 제시한다면 아무런 문제가 없으므로 이는 논외로 했다.)

이러한 딜레마는 역사에서 많이 논의되어왔기 때문에, 여기서는 단지 다음과 같은 점만을 지적할 것이다. 즉 B-수용(B-acceptance)과 D-승인(D-approval)을 혼동할 수 있는 덜 성숙한 사람에게 더 성숙한 사람이 갖는 사회적 책임이라는 문제가 이 딜레마와 관련되어 있다. 가령 동성애[2], 범죄, 무책임을 감동적이고 아름답게 제시하는 것은 심오한 이해에서 비롯되는데, 이것이 경쟁을 조장하는 것으로 잘못 이해될 수 있다. 사람들을 위협하고 쉽게 현혹하는 세상에 살고 있는 B-인지의 사람들에게 이것은 감수해야 할 부가적 책임이다.

경험적 결과

나의 자기실현 연구에 참가하는 사람들에게서 B-인지와 D-인지 간의 관계는 어떠했는가?(97) 그들은 어떻게 사색과 행동을 연결했는가? 그 당시에는 이러한 질문들이 내게 이런 형태로 떠오르지는 않

---

[2] 한 개인의 견해는 그를 둘러싸고 있는 문화에 의해 조건화되고, 자신보다는 타인들의 맹점이 눈에 더 잘 띈다는 점을 처음으로 인정한 사람이 매슬로였다. 이 단락에 나오는 말들은 1959년에 쓰여졌다.

앉지만, 나는 다음과 같은 인상들을 회고적으로 보고할 수 있다.

무엇보다도, 처음에 말한 것처럼 내 연구 참가자들은 일반적인 사람들보다 B-인지, 순수한 사고, 이해 능력에서 더 우수했다. 이것은 학위논문의 연구 주제가 될 수 있을 것으로 보인다. 왜냐하면 모든 사람들이 때로 B-인지, 순수한 사색, 절정경험 등을 할 수 있는 것으로 여겨지기 때문이다.

둘째로, 내 연구 참가자들은 모두 한결같이 효율적인 행동과 D-인지를 할 수 있는 능력을 더 많이 지니고 있었다. 이것은 미국에 있는 연구 대상자를 선정하면서 따라온 부수적 현상일 수 있고, 또는 심지어 이들을 선발한 사람이 미국인이었다는 사실에 따른 부산물일 수도 있음을 인정해야 한다. 어쨌든 나는 내 연구에서 불교의 스님과 같은 사람들을 만난 적이 없음을 말하고 싶다.

셋째로, 나의 회고적 관점에 따르면, 가장 완전하게 인간적인 사람들은 많은 시간을 이른바 일상적인 삶, 즉 쇼핑하기, 먹기, 공손하기, 치과에 가기, 돈 생각하기, 까만 신발과 갈색 신발 중 신중하게 선택하기, 덧없는 문학책 읽기 등의 삶에 보낸다. 비록 그들은 이해심이 있어서 덜 강력하고 미약한 반응을 보이기는 해도 그들 역시 평범하고 따분한 일에 짜증내고 악행에 충격받을 것이라고 예상할 수 있다.

절정경험, B-인지, 순전한 사색은 이들의 상대적 빈도가 어떻든 간에, 절대적 수치의 측면에서 자기실현하는 사람들에게조차 예외적인 경험으로 보인다. 더 성숙한 사람들이 항상 혹은 대부분의 시간을 좀 다른 방식으로, 가령 수단과 목적, 피상적인 것과 심오한 것을 더 명확하게 구별할 수 있는 방식으로 살아간다고 해도, 다시 말해 일반적으로 더 명료하고, 더 자발적이며, 더 표현적이고, 그들이 사랑하는 사람들과 더 깊이 있게 관계하는 방식으로 더 수준 높게 살아간다고 해도, 이것은 사실로 보인다.

따라서 여기서 제기하는 문제는 즉각적이기보다는 궁극적 문제이고 실용적이기보다는 이론적인 문제다. 그러나 이러한 딜레마는 인간 본성의 발전 가능성과 한계를 규정하기 위한 이론적 노력 이상으로 중요하다. 이러한 딜레마는 진정한 죄의식, 진정한 갈등, 이른바 '진정한 실존적 정신병리학'의 근본 원인이기 때문에, 우리는 당연히 개인적 문제로서 그러한 딜레마와 계속해서 씨름해야만 한다.

제9장

범주화되는 것에 대한 저항

이 장에서 제시한 내용은 하인츠 워너(1890~1964)에게 헌정하는 논문의 형태로 1960년에 처음 발간되었다. 제8장은 쿠르트 골트슈타인을 기념하기 위해서 썼는데, 골트슈타인과 함께 워너는 심리학에 대한 '유기체적' 접근으로 저명한 인물 가운데 한 사람이었다.

프로이트 학파의 개념체계에서 저항은 지속적인 억압을 의미한다. 그러나 샥텔(147)이 이미 언급한 것처럼, 관념이 의식 수준에 쉽게 도달할 수 없는 데는 억압이 아닌 다른 원인이 있다. 어떤 종류의 인식은 아이에게만 가능한데, 단순히 이러한 인식이 성장 과정에서 '망각'된다고 말할 수 있다. 나 역시 무의식적이고 전의식적인 일차적 과정의 인지에 대한 미약한 저항을 금지된 충동, 욕구, 소망에 대한 훨씬 더 강한 저항과 구분하고자 했다.(100) 개념적 발달에 의하면, '저항'이라는 개념을 확장하여 대략적으로 '이유가 무엇이든 간에 통찰을 얻으며 겪는 어려움'으로 (물론 정신박약, 구체적인 성(性) 차로의 환원, 그리고 심지어 셀던(Sheldon) 유형의 체질적 결정 요인과 같은 체질적 무능력을 제외하고) 정의하는 것이 바람직하다.

치료 상황에서 환자들은 자신이 범주화되거나 분류되는 것에 건강한 반감을 보인다. 왜냐하면 이러한 범주화는 자신의 개성, 독특성, 모든 타인과의 차이점들, 특별한 정체성 등을 박탈하기 때문이다. 여기서 나는 '저항'의 또 다른 출처를 이러한 반감에서 찾을 수 있다고 주장한다.

나는 이미 앞(97, 4장)에서 범주화를 값싼 형태의 인지, 가령 더욱 신중하고 개별적으로 지각하고 사고하기 위한 노력을 불필요하게 만드는 비인지적이고, 신속하고, 손쉬운 목록의 작성이라고 기술한 바 있다.

한 사람을 분류체계에 배치하는 것은 그 사람 자체를 아는 것에 비해 에너지를 덜 소모한다. 왜냐하면 전자의 경우 아기, 웨이터, 스웨덴 사람, 정신분열 환자, 여성, 장군, 간호사 등과 같이 그 사람이 속한 범주의 추상적 특징 하나만을 지각하면 되기 때문이다. 범주화는 그 사람 자체가 아니라 그 사람이 속해 있고 표본이 되는 범주를 강조하는 것이다. 즉 차이보다는 유사성을 강조한다.

나는 같은 책(97)에서 매우 중요한 사실, 즉 범주화는 범주화의 대상이 되는 사람에게는 매우 불쾌한 경험인데, 그 이유는 자신의 개별성을 부인하거나 자신의 개별적 특질, 차별적이고 독특한 정체성에 주의를 기울이지 않기 때문이라는 사실을 언급한 적이 있다.

1902년에 윌리엄 제임스가 한 유명한 말이 이러한 점을 분명하게 해준다.

> 지식인이 하나의 대상을 가지고 하는 첫 번째 일은 그것을 다른 것들과 함께 묶어서 분류하는 것이다. 그러나 그 대상이 우리에게 매우 중요하고 우리의 헌신적 애정을 불러일으킬 때, 우리는 그러한 대상이 분명 독자적이고 독특하다고 느낀다. 만약 우리가 아무런 고심도 하지 않고 미안한 마음도 없이 하나의 게를 갑각류로 분류해서 그런 식으로 취급하는 것을 그 게가 듣는다면, 아마도 그 게는 개인적인 분노에 휩싸이게 될 것이다. "나는 그런 게가 아니야"라고 그 게는 말할 것이다. "나는 나, 다만 나 자신일 뿐이야." (70a, p. 10)

나는 현재 멕시코와 미국에서 남성성과 여성성의 개념에 관한 연구(105)를 진행하고 있는데, 이런 식의 범주화가 유발하는 분노의 한 가지 실례를 이 연구에서 찾아볼 수 있다.[1] 대부분의 미국 여성들은 멕시코에 적응한 후 처음에는, 여성으로서 매우 높이 평가받고, 어딜 가든 남자들의 휘파람과 한숨으로 소동이 일어나고, 모든 연령대의 남성들이 자신을 열렬히 갈망하고, 자신이 아름답고 소중한 존재로 인정받는다는 사실에 매우 즐거워했다. 많은 미국 여성들은 종종 자신들의 여성성에 양가적인 감정을 가지고 있기 때문에, 이러한 멕시코에서의 경험은 매우 만족스럽고 치료적인 경험이 될 수 있다. 즉 이러한 경험을 통해서 그들은 자신이 더욱 여성적이라고 느끼고, 자신의 여성성을 기꺼이 즐김으로써 스스로를 더 여성스러워 보이도록 만든다.

그러나 시간이 흐름에 따라, 이러한 경험을 통해 그 여성들이 (적어도 그들 중 일부가) 느끼는 즐거움은 감소했다. 그들은 멕시코 남성들이 모든 여성을 소중하게 여기고, 젊은 여성과 늙은 여성, 아름다운 여성과 아름답지 않은 여성, 총명한 여성과 총명하지 않은 여성을 거의 차별하지 않는다는 것을 알게 되었다. 더욱이 (여성이 자신과의 데이트를 거절하면 커다란 상처를 받고 정신과 치료를 받아야 할 지경인) 젊은 미국 남성과는 대조적으로, 멕시코 남성은 거절을 매우 침착하게, 너무나 침착하게 받아들인다는 것을 알게 되었다. 멕시코 남성은 이러한 거절을 별로 개의치 않는 듯 보이고 재빨리 또 다른 여성에게로 돌아선다.

---

1 이 단락과 다음 단락에서 언급한 내용은 1950년대 후반에 관찰한 것들이다.

그러나 멕시코 남성의 이러한 행동이 구체적인 한 여성에게 의미하는 바에 따르면, 한 인간으로서 그녀 자신이 그 남자에게 특별하게 소중한 존재는 아니라는 점, 그 남자가 하는 모든 노력은 여성들을 향한 것이지 그녀를 향한 것이 아니라는 점, 그래서 한 여성은 다른 여성과 거의 동등하고 서로 교환 가능하다는 것이다. 그녀는 자신이 가치 없는 존재임을 깨닫게 된다. 즉 가치 있는 것은 '여성'이라는 범주인 것이다. 그리고 마침내 그녀는 우쭐함보다는 모욕감을 느끼게 된다. 왜냐하면 그녀는 자신의 성별이 아니라, 한 사람으로서 그리고 자기 자신에 대한 가치를 인정받기를 원하기 때문이다. 물론 여성이라는 신분이 개인이라는 신분보다 더 우세하다. 예를 들면 여성성에 대한 요구가 우선적으로 나타나고, 이러한 요구가 충족되었을 때 개별성에 대한 요구가 전면에 드러난다. 그 사람을 '여성'이라는 집단이 아니라 한 특별한 사람으로 간주할 때 여성의 낭만적 사랑, 일부일처제와 자기실현 등 모든 것을 인정할 수 있다.

범주화되는 데서 발생하는 분노의 또 다른 예를 들어보자. 청소년들이 "오 그건 네가 통과해야 할 단계에 지나지 않아. 너는 결국 그 단계에서 벗어나게 될 거야"라는 말을 들었을 때, 보통 그들은 심하게 화를 낸다. 그 특정 아이에게는 비극적이고, 현실이고, 특이한 것을 비록 그것이 다른 수많은 사람들에게 발생했고 앞으로도 발생한다 해도 비웃어서는 안 된다.

마지막 예는 다음과 같다. 정신과 의사는 앞으로 자신의 치료를 받을 수도 있는 환자에게 "당신의 문제는 당신 나이 정도가 되면 나타나는 전형적인 것입니다"라고 말하며 그녀와의 첫 번째 면담을 매우 간결하고 서둘러서 마쳤다. 이 환자는 매우 화가 났고, 나중에 '무시당하고' 모욕당한 기분이었다고 보고했다. 그녀는 마치 아이처럼 취급받는다는 기분을 느꼈다. "나는 견본이 아닙니다. 나는 나지 다른 누구도 아닙니다."

이러한 점들을 고려하면 우리는 고전적 정신분석학에서의 저항 개념을 확장하는 데 도움을 받을 수 있다. 상태가 나아지는 것에 대한 저항 혹은 불쾌한 진실을 지각하지 않으려는 저항처럼, 관습적으로 저항을 단지 신경증적 방어로만 취급했기 때문에, 우리는 종종 저항을 바람직하지 않은 어떤 것, 극복하고 분석해서 없애야 할 어떤 것으로 취급해왔다. 그러나 앞의 예들이 보여주듯이, 질병으로 취급해온 것이 때로는 건강한 것이거나 또는 적어도 질병은 아닐 수 있다.

때때로 치료자가 겪는 환자와의 어려움, 치료자의 해석에 대한 환자의 수용 거부, 환자들의 분노와 저항 및 고집은 범주화되는 것에 대한 거부에서 비롯되는 것이 거의 분명하다. 따라서 이러한 저항은 개인적 독특성, 정체성 또는 자아에 대한 공격이나 무시에 대항하여 이러한 것들을 주장하고 보호하기 위한 것으로 볼 수 있다. 이러한 반응은 개인의 존엄성을 보존해줄 뿐만 아니라 서투른 정신 치료법, 교과서적 해석, '조악한 분석', 과도하게 지적이거나 미숙한 해석 또는 설명, 무의미한 추상화나 개념화, 환자에 대한 존경심이 없음을 시사하는 모든 행위에서—이와 유사한 취급에 대해서는 오코늘(O'Connell, 129)을 볼 것— 개인을 보호하는 기능을 한다.

황급히 치료적 효과를 보려는 풋내기 치료사, 개념체계를 암기한 다음 그러한 개념들을 거쳐 지나가는 것이 치료라고 생각하는 '교과서 보이', 임상 경험이 없는 이론가, 그저 분류체계를 외운 다음 기숙사에 있는 사람들에게 그들이 속한 범주를 말해주는 심리학 전공 학부생이나 대학원생, 이러한 사람들이 바로 범주화하는 사람들로서, 환자들은 이들에 대항하여 자신들을 보호해야 한다. 이 사람들은 심지어 첫 번째 만남에서조차 "당신은 항문기에 고착된 사람입니다" 또는 "당신은 모든 사람을 장악하고자 노력하고 있을 뿐입니다" 또는 "당신은 나와 잠자리를 함께하기를 원하고 있습니다" 또는 "당신은 정말로 당신 아버지의 아이를 갖고 싶어합니다" 등과 같은 말을 아무 생각 없이 내뱉는다.[2] 이러한 범주화에 정당하게 대항하기 위한 자기 방어적 반응을 고전적 의미에서의 '저항'이라고 명명하는 것은 이 개념을 오용한 또 다른 예에 지나지 않는다.

다행히 인간을 치료하는 데 책임을 지고 있는 사람들이 이런 식의 범주화에 상반되는 반응들을 보이고 있다. 현명한 치료자들이 분류학적이고 '크레펠린식(Kraepelinian)의'[3] 또는 '주립병원' 정신의학에서 전반적으로 등을 돌리고 있다는 점에서 이러한 반응을 찾아볼 수 있

---

[2] 치료자가 건강하지 못할 때, 지쳐 있을 때, 선입견을 가지고 있을 때, 불안할 때, 환자에게 관심이 없고 힘이 들 때, 성급할 때, 심지어 최고의 치료사들조차 (구체적이고, 개별적이고, 환자 중심적인 경험적 언어 대신에) 범주화하는 경향성이 확실히 점점 더 강해지고 있다. 따라서 자신의 감정이 환자에게 전이되고 있는지를, 즉 역전이(countertransference)되고 있는지를 정신분석학자들이 지속적으로 점검할 때, 범주화 경향성을 점검하는 것도 도움이 될 수 있다.

[3] 여기서 언급한 사람은 에밀 크레펠린(Emil Kraepelin, 1856~1926)으로, 19세기 말과 20세기 초에 영향력 있는 정신과 의사였다. 그는 매우 다양한 형태의 정신병을 잘 정돈된 진단적 범주로 분류하고자 노력했다. 크레펠린은 조울증적 정신병(manic-depressive psychosis)과 정신분열증(schizophrenia)을 세심하게 구분한 것으로 유명하다.

다. 기존 치료자들의 주된 업무, 때로는 유일한 업무는 한 개인을 진단해서 특정 부류에 배치하는 것이었다. 그러나 경험한 바에 의하면, 진단은 치료를 위해서라기보다는 법적이고 행정적인 이유 때문에 더더욱 필요하다. 이제는 심지어 정신병원에서조차도 교과서적인 증상을 보이는 환자는 존재하지 않는다는 점이 갈수록 더 분명해지고 있다. 병원 관계자 회의에서 진단의 목록은 점점 더 길어지고, 더 풍부해지고, 더 복잡해지는 반면, 진단명은 더 단순해지고 있다.

만일에 심리 치료가 주된 목적이라면, 지금 깨달은 것처럼 환자를 한 부류의 구성원이 아닌 독특하고 유일무이한 사람으로 접근해야 한다. 사람을 이해한다는 것은 그 사람을 분류하거나 범주화하는 것과는 다르다. 한 사람을 이해한다는 것은 치료에서 필수적인 조건이다.

요약

종종 인간은 남들이 자기를 범주화하거나 분류하는 것에 분개한다. 왜냐하면 그들은 이를 자신의 개별성(자기, 정체성)을 부정하는 것으로 보기 때문이다. 인간은 가능한 다양한 방식으로 자신의 정체성을 재주장하는 반응을 보일 것이라고 예상할 수 있다. 심리 치료에서는 이러한 반응을 개인적 존엄성에 대한 주장이라고 공감하고 이해해야 한다. 어쨌든 몇몇 치료 형태에서는 이러한 개인적 존엄성이 심각한 공격을 받고 있다. 그러한 자기 방어적 반응들을 (질병을 보호하는 작전이라는 의미에서) 저항이라고 부르지 말든가 혹은 저항이라는 개념이 자신을 알아가는 과정에서 부딪히는 다양한 어려움을 포괄할 수 있도록 그 개념을 확장해야 한다. 더 나아가, 이러한 저항은 자신을 서투른 심리 치료에서 보호할 수 있는 장치라고 말할 수 있다.[4]

---

[4] 이 논문을 치료자와 환자 간의 의사소통에 관한 전반적인 문제를 다룬 기고문으로도 읽을 수 있다. 훌륭한 치료자는 자신의 보편적인 지식을 개별 사례에 적용해서 사용해야 한다는 문제에 직면한다. 치료자가 사용하는 개념적인 틀, 치료자에게 경험적으로 풍부하고 의미 있을 수 있는 개념적인 틀은 그런 개념적인 형태로는 환자에게 아무런 쓸모가 없다. 통찰 치료는 무의식적인 내용을 발견, 경험, 범주화하는 것 이상이다. 대개 통찰 치료는 모든 종류의 전적으로 의식적인, 그러나 이름이 붙여지지 않은, 그래서 서로 떨어져 있는 주관적 경험들을 하나의 개념 아래 묶는 일이기도 하다. 가령 환자는 "오 하느님! 나는 항상 어머니를 사랑한다고 생각했는데, 사실은 내가 어머니를 미워하고 있었군요!"와 같은 진정한 통찰을 얻으면서 '아하(Aha)' 경험을 할 수 있다. 그러나 가령, "그래서 당신이 말하는 불안의 의미가 바로 그것이군요!"와 같이, 환자는 무의식적인 내용과는 무관하게 그러한 경험을 할 수 있다(위, 목구멍, 다리, 심장에서의 이런저런 경험들처럼, 환자가 전적으로 인식하고 있지만 결코 명명한 적이 없는 경험들을 언급하는 것). 이러한 점들을 고려하면 치료자를 훈련할 때도 도움이 될 수 있다.

제4부

창조성
Creativeness

제10장

자기실현하는 사람의 창조성

매슬로는 자기실현에 관한 초기 논문에서 자기실현하는 사람의 '창조성'을 매우 간단하게 언급한 바 있다. 이 장은 매슬로가 1959년 2월 28일 미시간 주립대학에서 한 강연을 수정한 것으로, 이 주제를 확장하기 위한 그의 첫 번째 시도다. 창조성에 관한 이후의 연구는 매슬로 사후에 출판된 논문 모음집 《인간 본성에 대한 심층적 연구(The Farther Reaches of Human Nature)》(New York, Viking Press, 1971), 4, 5, 6, 7장에 실려 있다.

진정 건강하고, 고도로 발달하고 성숙한, 자기실현하는 사람을 연구하는 순간, 나는 무엇보다도 창조성에 관한 내 생각을 바꿔야 했다. 우선적으로 나는 건강, 천재성, 재능, 생산성이 모두 동일하다는 고정관념을 포기해야 했다. 내 연구 대상자의 상당수가 여기서 기술하고자 하는 특별한 의미에서는 건강하고 창조적인 사람이었다. 그러나 일반적인 의미에서 그들은 생산적이지도 않았고, 위대한 재능이나 천재성을 가지고 있지도 않았으며, 시인, 작곡가, 발명가, 예술가 혹은 창조적인 지식인도 아니었다. 인간의 가장 훌륭한 재능을 가진 사람들 중에서 예를 들어 바그너, 반 고흐나 바이런처럼 몇몇은 확실히 심리적으로 건강한 사람이 아니었다. 분명히, 훌륭한 재능을 가진 사람들 중에서 어떤 사람은 심리적으로 건강하고 또 어떤 사람은 그렇지 않았다.

 내가 즉시 내린 결론은 위대한 재능이 훌륭하고 건강한 성격과는 서로 그다지 관련이 없을 뿐만 아니라, 이러한 사실에 대해서 우리가 아는 것이 거의 없다는 점이다. 예를 들면 훌륭한 음악적 재능과 수학적 재능은 후천적이기보다는 선천적인 특성이 더 강하다는 증거들이 있다.(150) 분명한 점은, 심리적 건강과 특별한 재능은 별개로서, 서로서로 미약한 관련성만이 있을 수도 있고 아무런 관련성이 없을 수도 있다는 점이다. 또한 심리학자들은 처음부터 천재와 같은 유형의 특별한 재능에 대하여 아는 것이 거의 없다는 점을 시인해야 할지도 모른다. 나는 이 점을 더 언급하지 않겠다. 대신, 모든 사람에게 선천적인 것으로, 심리적인 건강과도 관련되어 있는 것으로 보이는, 더욱 보편적인 창조성에 관한 이야기로 국한하겠다.

나는 대부분의 사람들과 마찬가지로 나 역시 창조성을 생산성 측면에서 생각해왔음을 곧 알게 되었다. 또한 내가 모든 화가와 시인과 작곡가는 창조적인 삶을 영위한다고 무의식적으로 가정함으로써, 창조성을 특정한 관습적인 영역에서 이루어지는 인간의 노력에 무의식적으로 국한했음을 알게 되었다. 이론가, 예술가, 과학자, 발명가, 작가 들은 창조적일 수 있다. 그 밖의 사람들은 누구도 그렇게 될 수가 없다. 나는 창조성이 오로지 특정 전문 직업인들만의 특권이라고 무의식적으로 가정해왔다.

그러나 내가 연구한 다양한 사람들이 이러한 나의 가정을 부수어버렸다. 예를 들면 교육받지 못하고, 가난한 가정주부이며, 어머니인 한 여성은 관습적으로 창조적이라고 생각하는 이러한 일들 중 어떤 것도 하지 않았지만, 요리사, 어머니, 아내, 가정주부로서 정말 훌륭했다. 그녀는 적은 돈만으로 늘 가정을 아름답게 가꾸었다. 그녀는 완벽한 여주인이었다. 그녀가 준비한 식사는 연회 수준이었다. 리넨 제품, 은 제품, 유리 제품, 도자기, 가구에 대한 그녀의 기호에는 나무랄 데가 없었다. 그녀는 이 모든 영역에서 독창적이었고, 새로웠으며, 창의적이었고, 기발했다. 나는 그녀를 창의적인 사람이라고 부를 수밖에 없었다.

일류 수프가 이류 그림보다 더 창조적일 수 있고, 일반적으로 요리, 양육 혹은 가정관리가 창조적일 수 있다. 반면에 시(詩)가 반드시 그럴 필요는 없기 때문에 창조적이지 않을 수도 있다는 점을 나는 그녀에게서 그리고 그녀와 비슷한 사람에게서 배웠다.

내가 연구한 또 한 명의 여성은 가장 포괄적인 의미에서 사회봉사라고 부르기에 안성맞춤인 일에 헌신적이었다. 즉 개인적인 방식으로뿐만 아니라, 혼자 할 때보다 더 많은 사람들을 도와줄 수 있는 조직에서, 그녀는 부상자들을 치료하고 탄압받는 사람들을 도와주었다.

또 다른 사람은 심리 치료사였는데, 그는 순수한 임상가로서, 글도 쓰지 않고 이론을 만들거나 연구를 하지도 않았지만, 다른 사람들이 창조적으로 될 수 있도록 도와주는 (일상적인) 일에 즐거워했다. 마치 자신의 환자 개개인이 이 세상에 존재하는 유일한 사람인 양, 이 의사는 전문용어를 쓰지 않고 기대나 선입견 없이, 순진하고 순수하게 그러나 도교적인 의미에서 지혜롭게 환자들을 대했다. 각 환자는 독특한 인간으로서 전적으로 새로운 문제를 가지고 있었기에 이러한 문제를 완전히 새로운 방식으로 이해하고 해결해야 했다. 심지어 이 의사가 매우 어려운 환자들의 경우에도 대성공을 이룬 것으로 미루어볼 때, 그가 일을 (고정관념적이거나 전통적인 방식이 아닌) 창조적으로 한다는 것을 알 수 있다.

또 다른 사람을 통해서, 나는 사업체를 세우는 것이 창조적인 행위가 될 수 있음을 알게 되었다. 완벽한 태클이 소네트(혹은 14행으로 된 정형시)만큼이나 아름다운 산물이 될 수 있고, 창조적인 취지에서 동일하게 접근할 수 있음을 한 운동선수를 통해서 배웠다.

나는 역량 있는 한 첼리스트를 (창조적인 음악, 창조적인 작곡가와 연결지었기 때문에) 무심코 창조적인 사람이라고 생각했는데, 실제로는 그녀가 다른 사람이 작곡한 것을 잘 연주하는 사람일 뿐이라는 것을 문득 깨닫게 되었다. 보통의 연기자나 '코미디언'들과 마찬가지로, 이 첼리스트도 대변인이었다. 장식장을 잘 만드는 사람, 훌륭한 정원사나 옷을 잘 만드는 사람이 진정한 의미에서 더 창조적일 수 있다. 거의 모든 역할이나 일은 창조적일 수도 있고 그렇지 않을 수도 있기 때문에, 나는 각 사례에 개별적인 판단을 내려야만 했다.

달리 표현하면, 나는 '창조적'(및 '미학적')이라는 말을 성과물뿐만 아니라 사람들의 성격, 활동, 진로, 태도에도 적용할 수 있음을 알게 되었다. 권위 있고 관습적으로 인정받는 시, 이론, 소설, 실험이나 그림이 아닌 다른 많은 결과물에 대하여, 나는 '창조적'이라는 말을 적용하게 되었다.

그 결과 나는 '특별한 재능으로서의 창조성'과 '자기실현으로서의 창조성'을 구별할 필요가 있음을 알게 되었다. 자기실현으로서의 창조성은 더 직접적인 성격을 띤 것으로, 특정한 유머처럼 삶의 전반에서 폭넓게 드러났다. 이러한 창조성은 가령 집안 살림, 가르치기 등 모든 것을 창조적으로 생각하는 경향성과 유사해 보였다. 종종 이러한 창조성의 본질적인 측면은 특별한 통찰력으로, 우화에서 왕이 옷을 입고 있지 않다는 것을 알아차린 아이가 그 한 예라고 할 수 있다 (이 예는 또한 결과물로서의 창조성에 대한 인식을 반박한다).

그러한 사람들은 보편적이고, 추상적이고, 유형화되고, 범주화되고, 등급으로 분류된 것 말고도, 새롭고, 자연 그대로이고, 구체적이고, 독특한 것들을 볼 수 있다. 그 결과, 그러한 사람들은 개념, 추상화, 기대, 신념과 고정관념 등의 언어화된 세계에서보다는 실재하는 자연 세계에서 훨씬 더 많이 생활하는 반면, 대부분의 사람들은 언어화된 세계를 실세계와 혼동하면서 살아간다.(97, 14장) 로저스의 '경험에 대한 개방성'이라는 문구가 이 점을 잘 표현하고 있다.(145)

나의 연구 대상자들은 모두 일반인들에 비해 비교적 더 자발적이고 '자연스럽게' 행동하면서 자신을 덜 통제하고 억제했기 때문에, 행동에 대한 제재나 자기 비판을 줄이면서 편하고 자유롭게 행동하는 것처럼 보였다. 다른 사람의 비웃음을 두려워하지 않으면서 자신의 아이디어와 충동을 숨기지 않고 표현할 수 있는 능력은 자기실현으로서의 창조성이 갖는 본질적인 측면의 하나임이 밝혀졌다. 건강한 심리가 갖고 있는 이러한 측면을 기술하기 위해서, 로저스는 "완전히 기능하는 사람(fully functioning person)"이라는 멋진 문구를 사용했다.(145)

또 다른 발견은 자기실현으로서의 창조성이 전적으로 행복하고 안전한 아동과 많은 측면에서 유사하다는 점이다. 이러한 창조성은 자발적이고, 노력할 필요가 없고, 순수하고, 손쉽고, 고정관념과 진부한 생각에서 자유롭다. 또한 이것은 주로 '순수하게' 지각할 수 있는 자유, 그리고 '순수하고' 억제하지 않는 자발성과 표현력으로 이루어져 있는 것처럼 보였다. 거기에 무엇이 있어야 한다든지, 거기에 무엇이 있음에 틀림없다든지, 거기에 무엇이 늘 있어 왔다든지 하는 우선적인 기대 없이, 거의 대부분의 아이들은 자유롭게 지각할 수 있다. 그리고 거의 대부분의 아이들은 미리 계획을 세우거나 의도하지 않아도 노래, 시, 무용, 그림, 놀이나 게임을 즉석에서 만들어낼 수 있다.

  내 연구 대상자들이 창조적이라는 말은 바로 이처럼 아이와 같다는 점에서 그렇다는 말이다. 어쨌거나 나의 연구 대상자들이 어린 아이는 아니었기 때문에(그들은 모두 50대와 60대였다), 오해를 피하기 위해서 이렇게 얘기하겠다. 그들은 아이와 같은 두 가지 중요한 측면을 가지고 있었다. 즉 그들은 틀에 박혀 있지 않고 '경험에 개방적'이었으며, 분명히 자발적이고 표현적이었다. 아이들이 순수하다면, 내 연구 대상자들은 산타야나(Santayana)가 명명한 "제2의 순수함"을 지니고 있었다. 그들의 순수한 지각과 표현은 세상 물정에 밝은 마음과 결합되어 있었다.

  어쨌든 이 모든 말로 미루어볼 때 우리는, 인간의 본성으로서 선천적인 특성, 태어날 때는 모든 혹은 대부분의 사람이 지니고 있었지만 문화에 동화되면서 거의 사라지거나 묻혀 있거나 억압된 잠재력, 이 두 가지를 다루고 있는 것 같다.

  나의 연구 대상자들은 창조성이라는 개념을 더욱 그럴듯하게 만드는 또 다른 특성이 일반 사람들과 달랐다. 자기실현하는 사람들은 알려진 것이 없는 모호하고 어려운 문제를 상대적으로 덜 두려워한다. 종종 그들은 긍정적인 의미에서 그러한 일에 매력을 느끼는데, 가령 그러한 문제를 선택해서 해결하고자 애쓰고, 그 문제에 대해 깊이 생각하고 몰두한다. 내가 기술한 내용을 여기서 인용해보겠다.(97, p. 206)

  "자기실현하는 사람들은 미지의 것들을 무시하거나, 부정하거나, 그것에서 도망치거나, 그것을 알고 있는 것처럼 가장하지 않는다. 또한 모르는 것을 성급하게 조직화하거나, 이분법적으로 구분하거나, 유형화하지 않는다. 그들은 친숙한 것에 집착하지 않는다. 골트슈타인의 뇌 손상 환자와 강박적인 신경증 환자들과는 달리, 그들이 진실을 추구하는 이유는 확실성, 안전, 명확성과 질서 등에 대한 비생산적 욕구를 충족하기 위한 것이 아니다. 객관적 상황이 전적으로 요구한다면, 그들은 기분 좋게 (과학, 예술, 혹은 인생 전반에서 어떤 순간에라도) 난잡하고, 지저분하고, 무질서하고, 혼돈스럽고, 막연하고, 어정쩡하고, 불확실하고, 불분명하고, 대략적이고, 부정확하고, 틀릴 수 있다.

"따라서 판단을 보류해야 할 필요가 있을 때 생기는 의구심, 망설임, 불확실성 등은 대부분의 사람들에게는 심각한 고통이지만, 어떤 사람들에게는 유쾌하고 자극적인 도전이 될 수 있다."

나는 내가 관찰한 한 가지 사실 때문에 오랫동안 곤혹스러워했지만, 지금은 제자리를 잡아가기 시작했다. 나는 관찰한 사실에 입각해서 자기실현하는 사람을 이분법적으로 판단할 수 없다고 기술했다. 간단히 언급하면, 모든 심리학자들은 서로 대립되고 반대되는 것들이 연속선상의 양극단에 위치하는 것이 당연하다고 생각했다. 그러나 나는 이것을 다른 식으로 봐야 한다고 생각하게 되었다.

내가 고민한 첫 번째 이분법을 예로 들면, 나는 내 연구 대상자들이 이기적인지 이타적인지를 판단할 수가 없었다. (여기서 우리가 얼마나 자연스럽게, 이것 아니면 저것(either-or)이라는 판단에 빠져드는지 생각해보라. 내가 문제시하려는 사고방식은, 하나가 많으면 다른 하나는 적다는 것을 의미한다.)

그러나 나는 순전히 사실을 근거로 이러한 아리스토텔레스적 논리 방식을 포기했다. 내 연구 대상자들은 어떤 의미에서는 매우 이타적이었지만, 또 어떤 의미에서는 매우 이기적이었다. 그리고 건강한 이기주의에 관한 고전적인 논문에서 프롬이 기술한 것과 매우 유사하게(50) 모순된다기보다는 사리에 맞고 역동적인 단일체 혹은 통합체 속에서 이 둘은 서로 융합되어 있었다. 내 연구 대상자들은 서로 상반되는 것들을 그러한 방식으로 통합하고 있었다. 그래서 나는 이기심과 이타심을 서로 양립할 수 없고 배타적이라고 보는 것은 성격 발달 수준이 낮을 때 나타나는 특징임을 깨닫게 되었다.

또한 내 연구 대상자들은 다른 많은 이분법적 판단들을 하나로 통합하고 있었다. 예를 들면 본능과 이성이 동일한 결론에 도달하듯이, 인지 대 욕구(감성 대 이성, 소망 대 사실)는 욕구로 구조화된 인지가 되었다. 의무는 즐거운 일이 되었고, 즐거운 일은 의무와 융합되었다. 일과 놀이의 구분이 모호하게 되었다. 이타적 행위가 이기적으로 즐거운 일일 때, 어떻게 이기적 쾌락주의가 이타주의의 반대가 될 수 있는가? 이런 사람들은 많은 사람들 가운데서 가장 성숙하면서도 동시에 가장 어린아이 같았다. 이들은 가장 강한 자아(ego)를 가지고 있고, 가장 개인주의적이면서 동시에 가장 쉽게 자아를 버리고, 자기를 초월하고, 문제 중심적으로 될 수 있는, 정확히 그런 사람이었다.(97, pp. 232~234)

그런데 훌륭한 화가들이 하는 일 역시 정확히 이런 것이다. 그들은 서로 어울리지 않는 색과 어울리지 않는 형태를 조화롭게 만들 수 있고, 모든 종류의 부조화를 통일시킬 수 있다. 혼란스럽고 비일관적인 사실들이 실제로는 동일한 집단에 속한다는 것을 우리가 깨닫게 하려고 위대한 이론가들이 하는 일 역시 마찬가지다. 위대한 정치가, 위대한 치료자, 위대한 철학자, 위대한 부모, 위대한 발명가 역시 매한가지다. 이러한 사람들 모두가 통합하는 사람들인데, 이들은 분리되어 있고 심지어 반대되는 것들조차 하나로 통합할 수 있다.

여기서 우리는 통합할 수 있는 능력, 개인적 수준에서 통합의 정도, 이 세상에서 자신이 하는 것이 무엇이든 그것을 통합할 수 있는 능력을 이야기하고 있다. 창조성이 구성하고, 종합하고, 일체화하고, 통합하는 것이니만큼, 부분적으로 창조성은 바로 그만큼 개인의 내적 통합성에 달려 있다.

나는 이 모든 것이 왜 그러한가를 이해하려고 노력해왔다. 그리고 내 연구 대상자들이 상대적으로 두려움이 없다는 사실에서 그 주된 원인을 찾았다. 확실히 그들은 문화에 덜 동화되어 있었다.

즉 그들은 다른 사람들이 말하거나, 요구하거나, 비웃는 것을 덜 두려워하는 것 같았다. 그들은 다른 사람들을 덜 필요로 했으며, 그렇기 때문에 그 사람들에게 덜 의존함으로써, 그들을 덜 두려워하고 그들에게 덜 적대적일 수 있었다. 그러나 아마도 가장 중요한 점은 그들이 자신의 충동과 감정과 생각 등의 내적인 특성들을 두려워하지 않는다는 점이다.

그들은 보통 사람들보다 자기를 더 수용했다. 이처럼 심층적 자기를 인정하고 수용하면서 그들은 세상의 진정한 본질을 용감하게 지각할 수 있었고, 더 자발적으로 (덜 통제적이고, 덜 억제적이며, 덜 계획적이고, 덜 '의지적이고', 덜 고의적으로) 행동할 수 있었다. 자기 자신의 생각이 '어리석고', 바보 같고, 기이할 때라도, 그들은 이러한 생각을 덜 두려워했다. 그들은 감정의 홍수에 빠지도록 자신을 내버려둘 수 있다. 이와는 대조적으로, 평범하거나 신경증적인 사람은 두려움을 피하려 하는데, 이러한 두려움의 많은 부분이 자신의 내부에 대한 두려움이다. 이러한 사람들은 통제하고, 금지하고, 억제하고, 억압한다. 그들은 자신의 심층적 자기를 거부하고, 다른 사람들 역시 거부할 것이라고 생각한다.

실제 내가 말하고자 하는 요점은 내 연구 대상자들의 창조성이 그들의 전체성과 통합성에서 나온 부수적 현상이라는 점, 그리고 자기를 수용한다는 것은 이러한 전체성과 통합성을 가지고 있음을 함축한다는 점이다. 보통 사람들에게서는 내면에 심층적으로 존재하는 힘과 그것을 방어하고 통제하려는 힘 사이에 내란이 발생하는데, 내 연구 대상자들은 이러한 갈등을 해결한 것 같고, 그들에게 이러한 두 종류의 힘은 덜 분열된 것처럼 보인다. 결과적으로 그들은 자기 자신의 더 많은 부분을 사용할 수 있고, 즐길 수 있고, 그것을 창조적인 목적에 이용할 수 있다. 그들은 자기 자신에게서 스스로를 보호하는 데 시간과 에너지를 덜 낭비한다.

앞 장에서 보았듯이, 절정경험에 대한 우리의 지식은 이러한 결론을 지지해주고 풍요롭게 해준다. 절정경험은 통합되고 통합하는 것에 대한 경험으로, 세상을 통합적으로 지각하는 것과 어느 정도 유사하다. 절정경험을 할 때는 경험에 대한 개방성, 자발성과 표현력이 증가한다. 또한 개인 내부에서 이루어지는 이러한 통합이 더욱 심층적 자기를 수용하게 하고, 그러한 자기를 더 많이 이용할 수 있도록 하기 때문에, 깊이 자리잡은 이러한 창조성의 원천(84)을 더 잘 이용할 수 있게 된다.

일차적·이차적 창조성 및 통합된 창조성

우리가 목적하는 바를 달성하는 데 고전적 프로이트 이론은 거의 소용이 없고, 심지어 부분적으로는 우리의 자료가 그의 이론을 반박하고 있다. 과거뿐만 아니라 지금도 프로이트 이론은 본질적으로 원초아 심리학(id psychology)으로, 본능적 충동 및 그러한 충동의 소멸을 연구한다. 또한 프로이트 학파의 기본적 논지는 궁극적으로 충동과 그러한 충동에 대한 방어 사이에 놓여 있는 것으로 보인다. 그러나 (놀이, 사랑, 열정, 유머, 상상력 및 환상뿐만 아니라) 창조성의 근원을 이해하는 데 억압된 충동보다 훨씬 더 결정적인 요인이 이른바 일차적 과정*인데, 이것은 본질적으로 욕구적이라기보다는 인지적이다. 우리가 인간의 심층 심리가 가지고 있는 이러한 측면에 주의를 기울이는 순간, 정신분석학적 자아 심리학(ego psychology)—크리스(84), 밀러(Miller, 113), 에렌츠바이(Ehrenzweig, 39), 융의 심리학(74)—과 미국의 자기 및 성장 심리학(self-and-growth psychology, 118) 사이에 상당한 일치점이 있음을 발견하게 된다.

평범하고, 상식적이고, 적응 잘하는 사람이 정상적으로 적응한다

---

* 일차적 과정은 심리적인 현상으로서 개체가 언젠가 자신의 기본적인 욕구를 만족시켜준 특정 대상물의 심상을 창조하여 긴장을 감소시키는 것이다. 이차적 과정은 지각, 학습, 기억, 현실 검증 등을 포함하는 자아(ego)의 인지적·지각적 기술을 의미한다.

는 말에는 인지적·욕구적 측면에서 깊은 내면에 존재하는 인간 본성의 상당 부분을 지속적으로 그리고 성공적으로 억제해왔다는 의미가 들어 있다. 현실 세계에 잘 적응하려면 사람은 분열될 수밖에 없다. 즉 자신의 내부에 존재하는 많은 것들이 위험을 초래하기 때문에, 사람들은 그러한 존재에 등을 돌린다. 그러나 분명한 건, 그렇게 하는 사람 역시 많은 것을 잃어버리고 있다는 점이다. 왜냐하면 이러한 심층적인 것들 또한 우리의 모든 즐거움, 사랑하고 웃을 수 있는 능력, 그리고 우리에게 가장 중요한 능력인 창조할 수 있는 능력의 원천이기 때문이다.

스스로를 자신의 내부에 존재하는 지옥에서 보호하면, 자신의 내부에 존재하는 천국에서도 자신을 배제하는 결과를 초래한다. 극단적인 예로, 강박적인 사람은 단호하고, 여유 없고, 완고하고, 냉담하며, 통제되어 있고, 조심스럽기 때문에, 웃거나 놀이를 하거나 사랑할 수 없고, 어리석거나 남을 신뢰하거나 어린아이처럼 순수할 수 없다. 그의 상상력, 통찰력, 부드러움, 감수성은 모두 사라지거나 왜곡되는 경향이 있다.

정신분석이 심리 치료의 한 기법으로서 추구하는 궁극적 목표는 통합이다. 정신분석은 성격의 근본적 분열을 통찰을 통해 치료하고자 하는데, 이로써 억압된 것들이 의식적 혹은 전의식적 수준으로 전환될 수 있다. 그러나 여기서 우리는 창조성의 심층적 근원을 연구하여 새로운 변화를 만들어낼 수 있다. 일차적 과정과 우리의 관계가, 받아들일 수 없는 소망과 우리의 관계와 모든 측면에서 동일한 것은 아니다. 내가 발견한 가장 중요한 차이는 일차적 과정이 금지된 충동만큼 위험하지는 않다는 것이다. 대개의 경우 우리는 일차적 과정을 무의식적으로 억압하거나 검열하는 것이 아니고, 망각하거나 외면하거나 은폐한다. 왜냐하면 우리는 혹독한 현실에 적응해야 하는데, 이러한 현실은 잔치, 시, 연극이 아니라, 우리에게 의도적이고 실용적인 노력을 하도록 요구하기 때문이다. 달리 말하면 풍족한 사회에서는 일차적 사고 과정에 대한 저항이 상대적으로 훨씬 덜하다.

교육 과정은 억압된 '본능(instinct)'을 해소하는 데 거의 기여하지 못하는 것으로 알려져 있다. 내 생각에 교육 과정은 일차적 과정을 의식적이고 전의식적인 삶에 수용하고 통합하는 데 큰 역할을 한다. 원론적으로 미술, 시, 무용 교육이 이러한 측면에서 크게 기여할 수 있다. 또한 역동적 심리학 교육도 마찬가지다. 예를 들면 도이치와 머피는 일차적 과정의 언어를 가지고 '임상적 면담'을 실시했는데 (38) 이러한 면담을 일종의 시(詩)라고 볼 수 있다. 매리언 밀너(Marion Milner)의 뛰어난 저서 《그릴 수 없는 것에 대하여(On Not Being Able to Paint)》가 내가 말하고자 하는 점을 완벽하게 보여주고 있다.(113)

내가 지금까지 말하고자 한 창조성을 가장 잘 보여주는 예는 이른바 '훌륭한' 예술 작품이 아니라, 재즈나 어린아이의 그림에서처럼 즉흥적인 연주나 작품이다.

무엇보다도 훌륭한 작품은 훌륭한 재능을 필요로 하는데, 앞서 살펴본 것처럼, 이것은 분명히 우리의 관심과는 무관하다. 둘째, 훌륭한 작품은 영감, 좋은 착상, 절정경험을 필요로 할 뿐만 아니라 많은 노력, 장기간의 훈련, 혹독한 비판, 완벽주의적인 기준을 필요로 한다. 달리 말하면, 의도적인 것은 자연 발생적인 것 다음에 온다. 비판은 완전한 수용 다음에 온다. 직관 다음에 엄밀한 사고가 뒤따라온다. 과감성 다음에 조심성이 온다. 현실 검증은 환상과 상상 다음에 이루어진다.

이제 다음과 같은 의문이 생긴다. '이것이 사실일까?' '다른 사람들도 이것을 이해할 수 있을까?' '이것은 체계적일까?' '이것은 논리적으로 타당할까?' '이것이 실세계에서 작용할 수 있을까?' '내가 이것을 증명할 수 있을까?'

즉 비교, 판단, 평가, 냉정함, 과거의 잘못을 따져보는 생각, 선택과 거부가 이루어진다.

이러한 질문에 모두 그렇다고 대답하면, 이차적 과정이 일차적 과정을 이어받고, 개별적 특성이 보편적 특성을 이어받고, 남성적 특성이 여성적 특성을 이어받는다. 이제 더는 자발적으로 내면으로 되돌아가지 않고, 영감이나 절정경험에서 필요한 수동성과 수용성 대신에 활동, 통제 그리고 노력이 나타난다. 한 사람에게 절정경험은 우연히 발생하지만, 위대한 결과물을 만들어내는 것은 바로 그 사람이다.

엄격히 말해서, 나는 오로지 이러한 일차적 측면만을 연구해왔는데, 통합된 사람은 이러한 측면을 손쉽게 보이거나 혹은 그 사람 내부의 일시적인 일체감을 자발적으로 표현한다. 자신의 심층적인 것들을 이용할 수 있을 때, 자신의 일차적 사고 과정을 두려워하지 않을 때 이러한 측면이 나타난다.

이차적 과정보다는 일차적 과정에서 발생하고, 그러한 과정을 더 많이 사용하는 창조성을 나는 '일차적 창조성(primary creativity)'이라고 부른다. 주로 이차적 사고 과정에 기초한 창조성을 나는 '이차적 창조성(secondary creativity)'이라고 부른다. 후자는 이 세상의 창조물 대부분을, 가령 교량, 주택, 새로운 자동차, 심지어 많은 과학적 실험과 많은 저작을 포괄한다. 이러한 모든 생산물은 본질적으로 다른 사람들의 아이디어를 통합하고 발전시킨 것이다. 이것은 전방의 특공 대원과 후방 헌병의 차이, 개척자와 이주민의 차이와 유사하다. 이러한 두 가지 유형의 사고 과정 모두를 잘 결합하거나 혹은 바람직한 순서로 사용하는 창조성을 나는 '통합된 창조성(integrated creativity)'이라고 부른다. 그리고 예술, 철학 혹은 과학의 위대한 산물들이 이러한 창조성에서 나온다.

결론

내 생각에, 이 모든 발전은 결국 창조성 이론에서 통합(혹은 자기 일관성, 일체성, 전체성)의 역할이 얼마나 중요한지 강조한다고 요약할 수 있다. 이분법적 판단을 해결하여 더 포괄적이고 수준 높은 일체성을 확립하는 것은 분열된 자기를 치료하여 더 통합된 자기를 만드는 것과 같다. 내가 지금까지 언급한 분열은 한 사람의 내부에서 일어나기 때문에, 이러한 분열은 그 사람의 한 부분이 다른 부분과 대립하는 내란과도 같다. 자기실현으로서의 창조성과 관련된 모든 경우에, 이러한 창조성은 금지된 충동과 소망을 억압적으로 통제할 때보다는, 일차적 과정과 이차적 과정을 통합할 때 더 즉각적으로 나타나는 것 같다. 물론 이처럼 금지된 충동에 대한 두려움 때문에 생긴 방어기제들이 모든 심층적 욕구에 대항하여 전면적이고 무차별적인 광란의 전쟁을 벌일 수도 있다. 그러나 원론적으로, 반드시 무차별적일 필요는 없어 보인다.

요약하면, 무엇보다도 자기실현으로서의 창조성은 성취보다는 성격을 더 강조함으로써, 성취를 성격에서 비롯되는 부수적인 현상, 즉 이차적인 것으로 간주한다. 이러한 창조성은 대담함, 용기, 자유, 자발성, 명쾌함, 통합, 자기 수용 같은 성격적인 자질을 강조한다. 이러한 자질 때문에, 자기실현으로서의 창조성은 일반적인 성격이 될 수 있으며, 창조적인 삶, 창조적인 태도, 창조적인 사람에게서 그러한 창조성이 드러난다.

또한 나는 문제 해결이나 성취적 특성보다는 자기실현으로서의 창조성이 갖는 표현적 혹은 존재론적 특성을 강조한 바 있다. 쾌활한 사람이 자신의 쾌활함을 목적이나 의도 없이, 심지어 의식하지 않고 '내뿜듯이', 자기실현으로서의 창조성도 저절로 나오고, 발산하고, 모든 삶에 영향을 준다. 이러한 창조성은 햇빛처럼 뿜어져 나온다. 그러한 창조성은 도처에 퍼져 있다. 그것은 (성장할 수 있는) 것들을 성장하게 만들고, 바위처럼 성장할 수 없는 것들에게는 효력이 없다.

마지막으로 나는, 창조성에 대하여 널리 인정받고 있는 개념을 해체하고자 시도하면서도 훌륭하고, 명쾌하게 정의되고, 분명한 대안적 개념을 제시할 수 없었음을 잘 알고 있다. 자기실현으로서의 창조성은 정의하기가 어려운데, 왜냐하면 무스타카스(118)가 제안한 것처럼, 이 개념은 때때로 건강 그 자체와도 같아 보이기 때문이다. 그리고 가장 충만한 인간성의 달성이나 인간으로 '존재하는 것(being)'

을 통해 자기실현이나 건강을 정의해야 하기 때문에, 자기실현으로서의 창조성은 본질적인 인간성과 거의 같거나, 본질적인 인간성의 필수 요건 혹은 특징인 것처럼 보인다.

제5부

가치관
Values

제11장

심리학적 사실과 인간의 가치관

이 장은 1957년 10월 4일 MIT에서 열린 '인간 가치에 대한 새로운 지식'이라는 주제의 학술대회에서 한 강의를 수정하고 확장한 것이다. '책을 펴내면서'는 가치관에 관한 매슬로의 이론을 근본적이고 개념적인 차원에서 검증하고 있다. 매슬로의 1963년 논문 〈사실과 가치의 융합(Fusion of Facts and Values)〉, 《미국정신분석학술지》(1963, 23, pp. 117~131) 및 매슬로 저 《인간 본성에 대한 심층적 연구》 8장을 볼 것.

수천 년 동안 인문학자들은 인간 외부에 존재하는 권위에 의존하지 않고 인간 자체의 본성에 근거한, 자연적이고 심리적인 가치 이론을 구축하려고 노력해왔다. 이러한 이론들이 역사 전체를 통해서 많이 제시되었지만, 다른 모든 이론들처럼 이러한 이론도 대규모 실용적 목적을 달성하는 데는 모두 실패했다. 지금까지 있었던 수만큼의 악한과 신경증 환자가 오늘날에도 여전히 존재하고 있다.

이와 같이 부적합한 이론들 중 대다수는 한두 가지 심리적 가정에 근거하고 있다. 실질적으로 이러한 가정들 모두가 최근의 지식으로 볼 때 사실과 다르고, 부적합하고, 불완전하고, 또 한편 부족한 점이 많다는 것을 오늘날에는 증명할 수 있다. 그러나 지난 수십 년 동안 과학 심리학과 예술 심리학이 진보하면서 열심히 노력하면 심리학의 실용적 목적이라는 오래된 소망을 실현할 수 있다는 자신감을 우리는 처음으로 갖게 되었다.

우리는 오래된 이론들을 어떻게 비판할 수 있는지 알고 있다. 우리는 앞으로 다가올 이론들의 모습을 희미하게나마 파악하고 있고, 무엇보다도 지식의 간극을 메우기 위해서 나아가야 할 방향과 해야 할 일을 알고 있다. 그래서 우리는 다음과 같은 오래된 질문에 대답할 수 있다. "어떤 삶이 훌륭한 삶인가? 어떤 사람이 훌륭한 사람인가? 사람들이 훌륭한 삶을 소망하고 선호할 수 있도록 그들을 어떻게 가르칠 수 있을까? 어떻게 키워야 아이들이 건강한 성인으로 자랄 수 있는가?" 등. 즉 우리는 과학적인 윤리학이 어떻게 가능한지, 또한 그러한 윤리를 세우기 위해 어떻게 해야 하는지 알고 있다고 생각한다.

지금부터 우리는 가까운 미래에 반드시 달성해야 하는 이론적·실용적 발전과 더불어, 장래성이 있는 일련의 증거와 연구, 그리고 그것이 과거나 현재의 가치 이론과 어떤 연계성을 갖는지 간단히 논의할 것이다. 그러한 증거와 연구를 결정적인 것으로 보기보다는 어느 정도 가능성이 있는 것으로 판단하는 편이 더 안전하다.

자유선택에 관한 실험들 : 항상성

수백 건의 실험에 의하면, 동물들에게 상당히 많은 종류의 음식들 중에서 자신이 원하는 것을 자유롭게 선택할 수 있는 기회를 주면, 모든 동물이 자신에게 가장 유익한, 즉 현재 자신의 몸이 가장 필요로 하는 음식을 먼저 선택하는 선천적 능력을 지니고 있음을 알 수 있다. 이러한 신체의 지혜는 종종 평상시와는 다소 다른 상황에서도 나타나는데, 가령 아드레날린을 투여받은 동물들은 자신의 음식 선택을 재조정하여 생명을 유지할 수 있다. 임신한 동물들은 뱃속 태아가 필요로 하는 것을 충족시키는 방향으로 자신의 음식 선택을 훌륭하게 조정해나간다.

이러한 지혜가 결코 완벽하지는 않다는 것을 우리는 알고 있다. 예를 들어 몸이 비타민을 필요로 할 때, 식욕은 이러한 사실을 효과적으로 반영하지 못한다. 하등 동물들은 고등 동물이나 인간에 비해 유해물질에서 자신을 더 효과적으로 보호한다. 선호하는 것과 관련지어 말하자면, 과거에 형성된 습관이 원활한 신진대사를 위해 현재 필요로 하는 것을 능가할 수 있다.(185) 그리고 인간에게서, 특히 신경증적인 인간에게서는 비록 그들이 이러한 몸의 지혜를 완전히 상실하지는 않는다고 해도, 여러 종류의 힘이 이러한 지혜를 오염시킬 수 있다.

유명한 항상성 실험들에서 밝혀진 것처럼(27) 이러한 보편적 원리는 음식 선택뿐 아니라 몸이 원하는 다른 모든 것에도 적용된다.

모든 유기체는 우리가 25년 전에 생각했던 것보다 더 자기 통제적이고, 더 자기 조절적이고, 더 자율적이라는 점이 매우 분명해 보인다. 유기체는 상당한 신뢰를 받을 만한 가치가 있다. 실제로 음식 선택, 이유 시기, 수면 시간, 배변 훈련 시기, 필요한 활동, 그리고 그 밖의 많은 일들에서 아기의 이러한 내적 지혜를 신뢰할 수 있음을 우리는 꾸준히 배우고 있다.

그러나 더욱 최근에는, 특히 신체적·정신적으로 병든 사람을 통해서 우리는 선택을 잘하는 사람과 그렇지 못한 사람이 있다는 것을 배우게 되었다. 우리는 특히 정신분석을 통해 선택 행동의 이면에 숨어 있는 원인들에 관해 많이 배웠으며, 그러한 원인들을 존중할 필요가 있음을 알게 되었다.

이와 관련해서 놀라운 실험 하나가 있는데(38b) 이 실험은 가치 이론에 대해 많은 것을 시사한다. 병아리들에게 자신의 음식을 선택할 수 있는 기회를 제공했을 때, 자신에게 유익한 음식을 선택할 수 있는 능력은 천차만별이었다. 우수한 선택자들은 열등한 선택자들보다 더 힘세고, 더 크고, 더 지배적이 되었는데, 이것은 그들이 주어진 것들 가운데 최상의 선택을 한다는 것을 의미한다. 그 다음, 우수한 선택자가 택한 음식을 열등한 선택자가 먹도록 했을 때, 비록 우수한 선택자와 같은 수준에는 도달하지 못했지만, 그들도 더 강해지고, 더 크고 건강해졌으며, 더 지배적이 되었다. 즉 열등한 선택자들에게 더 유익한 것이 무엇인지를 선택하게 했을 때, 열등한 선택자 자신보다 우수한 선택자들이 그러한 선택을 더 잘했다.

나는 인간에게서도 이와 유사한 실험 결과가 나올 수 있다고 생각한다(이러한 생각을 지지하는 임상적인 자료는 엄청나게 많다). 만약 그렇다면, 우리는 모든 이론을 상당 부분 재구성해야 할 것이다. 인간의 가치 이론에 관한 한, 사람들을 선별하지 않은 채 그들의 선택을 단순히 통계적으로 기술하는 데 그친 모든 이론은 부적합하다. 우수한 선택자와 열등한 선택자, 건강한 사람과 병든 사람 모두가 한 선택을 단순히 평균 내는 것은 무익하다. 건강한 사람의 선택과 기호와 판단만이 인간에게 장기적으로 유익한 것이 무엇인지를 이야기해줄 수 있다.

뇌가 손상된 사람은 치명적인 신경쇠약을 방지하는 데 유용한 선택을 한다. 아드레날린을 주입한 동물은 자신을 죽음에서 보호하는 데 유익한 선택을 하는데, 이러한 선택은 건강한 동물에겐 죽음을 가져올 수 있다. 마찬가지로, 신경증 환자들의 선택은 주로 신경증을 악화시키지 않고 안정적으로 유지하는 데 무엇이 유익한지를 알려줄 수 있다.

나는 쾌락주의적 가치 이론과 윤리 이론의 대부분을 좌초시킨 주된 장애물이 바로 이러한 선별의 문제라고 생각한다. 병리적으로 동기화된 쾌락을 건강하게 동기화된 쾌락과 합해서 평균을 낼 수는 없다.

더군다나, 셀던(153)과 모리스(Morris, 110)가 입증한 것처럼, 모든 윤리 규범은 병아리와 쥐뿐만 아니라 인간에게도 존재하는 선천적 차이를 다뤄야만 할 것이다. 어떤 가치는 모든 (건강한) 사람들에게 공통적인 것이 아니라, 특정 유형의 사람이나 특별한 개인에게만 존재한다. 내가 기본 욕구라고 부르는 것은 모든 사람에게 공통적으로 존재하기 때문에 공유된 가치다. 그러나 개인에게 독특한 욕구는 개인마다 독특한 가치를 만들어낸다.

개인들 사이의 선천적 차이는 자기, 문화 및 세계와의 관계에서 선호하는 방식, 즉 가치를 만들어낸다. 이에 관한 연구들은 임상가들이 보편적으로 경험하는 개인차를 지지할 뿐만 아니라, 그러한 경험에 의해 지지를 받기도 한다. 가치에 대한 이러한 관점은 민족학적 자료에도 적용된다. 즉 민족학에서는 문화적 다양성을 이해하기 위해, 각각의 문화가 인간이 선천적으로 가질 수 있는 가치관 중에서 일부분만을 선택해서 그들을 착취, 억압, 승인, 거부한다고 가정한다. 이것은 또한 (생물학적) 기관이 시스템상 스스로를 표현하고자 한다는, 즉 기능하고자 한다는 생물학적 자료와 이론 그리고 자기실현 이론과도 일치한다.

근육질의 사람은 자신의 근육을 사용하길 좋아한다. 이런 사람이 자신의 근육을 사용하는 것은 조화롭고, 억제하지 않고, 만족스럽게 기능하고 있다는 주관적인 느낌을 확보하는 데 필수적이다. 이러한 느낌은 자기 표현에 필수적인 심리적 건강을 확보하는 데 매우 중요한 측면이다. 지능이 높은 사람은 지능을 이용해야 하고, 눈이 있는 사람은 자신의 눈을 사용해야 하며, 사랑할 수 있는 능력이 있는 사람은 사랑하고픈 충동과 욕구를 가짐으로써 자신이 건강하다고 느낄 수 있다. 능력은 자기를 사용해달라고 끈질기게 요구하고, 그러한 능력을 충분히 사용한 경우에만 이러한 요구가 멈춘다. 말하자면 능력은 욕구인 동시에 본질적 가치다. 재능이 다른 만큼, 가치 또한 그만큼 다르다.

기본 욕구 및 기본 욕구의 위계적 배열

지금까지 충분히 증명된 바에 따르면, 인간은 본질적인 특성의 일부로서 생리적인 욕구뿐만 아니라, 전적으로 심리적인 욕구도 가지고 있다. 이러한 욕구는 질병과 개인적인 불행을 피하기 위해 최대한 환경에서 충족시켜야 하는 결핍 상태로 볼 수 있다. 이러한 욕구를 기본 욕구 혹은 생물학적 욕구라고 부를 수 있으며, 소금, 칼슘 또는 비타민 D에 대한 욕구에 비유할 수 있다. 그 이유는 다음과 같다.

1) 그러한 욕구가 결핍된 사람은 그러한 욕구의 충족을 끝없이 갈망한다.
2) 그러한 욕구가 결핍된 사람은 병들고 활기를 잃는다.
3) 그러한 욕구를 충족시켜, 결핍 때문에 생긴 질병을 치료할 수 있다.
4) 그러한 욕구를 지속적으로 충족시켜 질병을 미리 예방할 수 있다.

5) 건강한 (충족된) 사람은 이러한 결핍을 보이지 않는다.

이러한 욕구나 가치는 서로 연결되어 있으며, 강도와 우선권에서 위계적이고 발달적인 방식으로 되어 있다. 예를 들면 사랑보다는 안전이 더 강하고, 더 긴박하며, 더 중요한 욕구이고, 음식에 대한 욕구도 보통 다른 욕구에 비해 더 강력하다. 또한 이러한 모든 기본 욕구는 총체적 자기실현을 달성하려면 거쳐야 할 단순한 단계들이라고 할 수 있다. 자기실현은 그 아래로 나머지 모든 욕구들을 포괄하고 있다.

이러한 사실을 고려하면, 수세기 동안 철학자들이 비효율적으로 해결하고자 했던 가치와 관련된 많은 문제들을 해결할 수 있다. 인류에게는 유일한 궁극적인 가치, 즉 모든 사람이 추구하는 먼 장래의 목표가 있는 것처럼 보이는데 다양한 책의 저자들은 이러한 목표를 자기실현, 자기 인식, 통합, 심리적 건강, 개별화, 자율성, 창조성, 생산성 등 여러 가지 말로 지칭했다. 그럼에도 모든 저자들은 이러한 목표가 사람들이 자신의 잠재력을 실현하는 것, 즉 사람들이 완전히 인간다워지고, 가능한 모든 것이 되는 것이라는 데 동의한다.

그러나 우리가 이러한 자신들의 궁극적인 목적을 알고 있지 못한 것 또한 사실이다. 관찰하고 연구하는 우리 심리학자들은 매우 다양한 자료들을 통합하고 설명하려고 이러한 개념을 만들었다. 특정 사람에 관한 한, 그 자신이 알고 있는 모든 것은 자신이 사랑을 간절히 원하고 있다는 것, 그리고 자신이 생각하기에, 사랑을 하게 되면 영원히 행복하고 만족스러우리라는 것뿐이다. 사랑에 대한 욕구가 충족된 후에도 자신이 계속 다른 것을 추구하리라는 사실을 그 사람은 미리 알지 못한다. 또한 하나의 기본적인 욕구를 충족시키면, 더 높은 수준의 또 다른 욕구가 자신의 의식을 지배하게 되리라는 사실을 미리 알지 못한다. 그렇기 때문에 그 사람에 관한 한, 위계적으로 구조화된 욕구 중에서 특정 기간 그 사람을 지배하는 욕구가 무엇이든 간에, 그 욕구는 이 사람의 절대적이고 궁극적인 가치, 즉 인생 그 자체가 된다. 따라서 이와 같은 기본적인 욕구 혹은 가치는 궁극적인 목적이면서 동시에 하나의 궁극적인 목적을 향해 나아가는 단계라고 볼 수 있다. 인생에서 하나의 궁극적인 가치가 있는 것은 사실이다. 마찬가지로 우리가 서로 복잡하게 관련된 위계적이고 발달적인 가치 시스템을 가지고 있는 것 또한 사실이다.

또한 이러한 사실은 존재(Being)와 발달(Becoming) 간에 표면적으로 존재하는 상반된 모순을 해결하는 데 도움을 준다. 사실 인간은 궁극적인 인간성을 향해 끊임없이 노력하는데, 실제로 이러한 노력은 그 자체가 또 다른 유형의 발달과 성장이다. 우리는 마치 지금까지 결코 도달할 수 없었던 어떤 상태에 도달하기 위해 영원히 노력할 수밖에 없는 운명을 타고 태어난 듯하다. 다행스럽게도 우리는 이제 이러한 운명이 사실이 아니라는 것을, 혹은 적어도 이것만이 유일한 진리는 아니라는 것을 알고 있다.

이러한 진리와 통합될 수 있는 또 다른 진리가 있다. 우리는 훌륭한 발달(Becoming)에 대한 보상을 일시적이나마 절대적인 존재(Being)의 상태, 즉 절정경험을 통해서 반복적으로 얻는다. 기본 욕구의 충족은 우리에게 많은 절정경험을 제공하는데, 각각의 경험은 절대적인 희열을 느끼게 하고, 그 자체로서 완벽하며, 삶을 정당화하기 위해 그 무엇도 필요로 하지 않는다. 이 말은 천국이 인생의 끝 그 너머 어딘가에 존재한다는 생각을 거부하는 것 같다. 말하자면 천국은 우리가 인생을 살면서 고단한 일상의 삶으로 되돌아가기 전까지 당분간 그 속으로 들어와 즐길 수 있도록 우리를 기다리고 있는 곳이다. 그리고 우리가 한 번이라도 그 속에 있어본 적이 있으면, 우리는 그것을 영원히 기억할 수 있고, 이러한 기억을 먹고 살면서 스트레스를 견딜 수 있다.

이것뿐만 아니라, 성장하는 순간순간은 절대적인 의미에서 그 자체로 가치 있고 즐거운 일이다. 성장의 순간들이 태산만큼 거대한 절정경험은 아니더라도, 적어도 그러한 순간들은 작은 구릉만 한 절정경험, 절대적이고 그 자체로서 정당한 희열의 어렴풋한 체험, 그리고 존재에 대한 일시적인 체험일 수는 있다. 존재(Being)와 발달(Becoming)은 서로 모순되거나 배타적인 것이 아니다. 접근과 도달은 모두 그 자체로서 가치 있는 것이다.

나는 여기서 (성장과 초월의) 전방에 존재하는 천국과 후방에 존재하는 (회귀하는) 천국을 구분하고 싶다. 비록 많은 임상가들이 혼동하고 있지만, '수준 높은 열반(high Nirvana)'[1]과 '수준 낮은 열반(low Nirvana)'은 매우 다르다.(또한 170 참조)

---

[1] 니르바나(Nirvana)는 산스크리트어로, 본래는 램프나 촛불의 소멸 혹은 꺼짐을 의미한다. 불교에서 니르바나는 소망의 소멸, 환상의 제거, 특히 개인적 자기나 자아에 대한 환상의 제거를 통해 얻어지는 의식의 최고 형태와 자유로운 초월적 상태를 의미한다. 여기서 매슬로는 이 말을 불교적인 의미가 아니라 단지 '절정경험' 대신 사용하고 있다.

자기실현 : 성장

나는 또 다른 책에서 건강한 성장 혹은 자기실현의 경향성이라는 개념을 지지하는 모든 증거를 개관했다.(97) 이러한 증거들은 부분적으로는 연역적인 증거들이다. 왜냐하면 우리가 이러한 개념을 가정하지 않는다면, 인간 행동의 많은 부분이 이치에 맞지 않기 때문이다. 분명히 존재해왔지만 지금까지는 볼 수 없었던 행성을 발견하는 것과 같은 원리에 근거하면, 대다수의 관찰된 사실들을 이해할 수 있다.

또한 수많은 검사 자료뿐만 아니라, 임상 및 성격과 다소 직접적으로 관련된 증거들이 이러한 믿음을 지지하고 있다.(참고문헌 참조) 간단히 말해 일반적으로는 자기실현이나 심리적 건강을 지향하고, 구체적으로는 자기실현의 모든 하위 측면들을 지향하는, 그러한 방향으로의 성장에 대한 욕구나 경향성이 인간 내부에 존재하고 있음을 지지해주는 적어도 하나의 사례가, 즉 이치에 맞고 이론적이면서 경험적인 사례가 존재해왔음을 우리는 이제 확실히 주장할 수 있다. 자기실현의 여러 하위 측면은, 가령 통합된 성격, 자발적 표현, 충만한 개성과 정체성, 진실을 외면하기보다는 제대로 보기, 창조성, 뛰어남, 그리고 그 밖의 다수의 것들인데, 그 사람의 내부에는 이러한 것들을 지향하도록 만드는 압력이 있다. 즉 그 사람은 더욱더 충만한 존재를 향해서 열심히 나아간다. 이 말은 대부분의 사람이 훌륭한 가치, 평온, 친절, 용기, 정직, 사랑, 이타심, 선량함이라 부르는 것들을 향해 열심히 나아간다는 것을 의미한다.

여기서 주장하는 것과 주장하지 않는 것이 무엇인지 그 한계를 정하는 일은 매우 까다로운 문제다. 나 자신의 연구에 국한해서 볼 때, 나의 대다수 연구들은 말하자면 '성공한' 성인들의 경우에 근거한다. 나는 중도 탈락한 사람들, 즉 성공하지 못한 사람들에 대한 정보를 거의 가지고 있지 못하다. 올림픽 메달 수상자들에 대한 연구를 통해서 인간이 그렇게 빨리 달리고, 그렇게 높이 뛰고, 그처럼 무거운 무게를 들어 올리는 것이 원론적으로 가능하고, 우리가 식별만 잘하면 갓 태어난 아이도 그렇게 할 수 있다고 결론을 내리는 것이 전적으로 타당하다. 그러나 이러한 실질적 가능성이 우리에게 통계나 확률 및 발생 가능성을 말해주지는 않는다. 불러가 정확하게 강조했듯이, 이런 상황은 자기실현하는 사람들의 상황과 거의 동일하다.

더군다나 완전한 인간성과 건강을 지향하는 경향성이 인간이 가지는 유일한 경향성은 아님을 세심하게 주목할 필요가 있다. 4장에서 살펴본 것처럼, 우리는 그러한 사람에게서조차 죽음에 대한 소망과 두려움, 방어 및 퇴행 등의 경향성을 찾아볼 수 있다.

그러나 비록 소수일지라도 매우 발달해 있고 성숙하며 심리적으로 매우 건강한 사람들을 직접 연구하면서, 그리고 보통 사람들이 경험하는 절정의 순간이나 그들이 자기실현하는 일시적 순간을 연구하면서 우리는 가치에 관해 많은 것을 배울 수 있다. 왜냐하면 그런 사람들은 정말 경험적이고 이론적인 측면에서 가장 충만한 사람들이기 때문이다. 예를 들면 그들은 인간으로서 갖는 자신의 능력, 특히 인간을 규정짓는, 가령 자신을 원숭이와 구별케 해주는 능력을 보유하고 발달시킨 사람들이다. (이것은 훌륭한 인간을 정의하는 문제에 대한 하트만(59)의 가치론적 접근과 일치한다. 하트만은 훌륭한 사람이란 '인간(human being)'이라는 개념을 규정짓는 특성들 가운데 더 많은 특성을 가지고 있는 사람이라고 보았다.) 발달적인 관점에서 볼 때, 그러한 사람들이 더 완전하게 발달한 까닭은 그들의 성장이 미성숙하거나 불완전한 수준에 고착되어 있지 않기 때문이다. 분류학자가 가장 전형적인 나비를 고르고, 내과의사가 신체적으로 가장 건강한 사람을 고르는 일보다 더 신비롭고, 더 중요하고, 더 긴박한 문제는 없다. 분류학자와 내과의사 모두 전형적인 사례로서 '완전하거나 성숙한 혹은 최상의 견본'을 찾고 있으며, 나 역시 마찬가지다. 원론적으로 하나의 사례가 거쳤던 순서를 다른 사례들도 거치기 마련이다.

우리는 완전한 인간성을 '인간적'이라는 개념적 정의를 실현한 정도로, 가령 인간이라는 종의 전형으로 정의할 수 있다. 뿐만 아니라 이것을 기술적으로, 목록을 만들어서, 측정 가능한 방식으로, 그리고 심리적으로 정의할 수 있다. 몇몇 연구와 무수히 많은 임상적 경험을 통해, 우리는 이제 완전히 발달한 사람 그리고 잘 성장하고 있는 사람의 특성들을 어느 정도는 이해할 수 있게 되었다. 이러한 특성들을 객관적으로 기술할 수도 있을 뿐만 아니라, 주관적으로도 가치 있고, 유쾌하며, 자신감을 준다.

전형적으로 건강한 사람의 특성 중에서 객관적으로 기술할 수 있고 측정할 수 있는 특성에는 다음과 같은 것들이 있다.

1) 사실을 더욱 명료하고 효율적으로 지각.
2) 경험에 대한 개방성의 증가.
3) 자신에 대한 통합성, 전체성 및 일체성의 증가.

4) 자발성과 표현성 증가, 완전히 기능하기, 생동감.

5) 진정한 자기, 확고한 정체성, 자율성과 독특성.

6) 자기의 객관성, 공정성 및 초월성 증가.

7) 창조성 회복.

8) 구체성과 추상성을 통합할 수 있는 능력.

9) 민주적 성격 구조.

10) 사랑할 수 있는 능력 등.

이 모든 것은 나중에 연구해서 탐구하고 확인해볼 필요가 있지만, 분명한 점은 이러한 연구가 가능하다는 것이다.

뿐만 아니라 사람들은 자기실현을 달성했음을 혹은 자기실현을 달성하기 위해 훌륭히 성장하고 있음을 주관적으로 확인하고 강화한다. 여기에는 삶에 대한 열망, 행복감, 평온함, 기쁨, 차분함, 책임감, 자신의 스트레스와 불안과 걱정을 다스릴 수 있다는 자신감 등이 있다. 성장이 아니라 두려움에 휩싸인 삶, 자기 배신, 고착, 퇴행 등의 주관적인 신호들은 불안, 절망, 권태, 향유할 수 없는 무능력, 내재적 죄의식, 내재적 수치심, 목적 상실, 공허감, 정체성 결여 등과 같은 느낌이다.

이러한 주관적인 반응 역시 연구 대상이 될 수 있다. 우리는 그러한 반응을 연구할 수 있는 임상적 기법들을 가지고 있다.

나는 자기실현하는 사람들이 자유롭게 선택한 것들(이러한 자유선택 상황에서만 다양한 가능성 중에서 진정한 선택을 할 수 있다)을 기술적으로 연구할 수 있다고 생각한다. 이러한 선택은 있는 그대로의 자연적인 가치체계로서, 가령 관찰자가 지닌 '과학적'이어야 한다는 식의 소망과는 완전히 무관하다. 나는 "건강한 사람들이 이것 아니면 저것을 선택해야 한다"고 말하는 것이 아니라, "그들이 자유선택 상황에서 무엇을 선택하는지 관찰한다"고 말하고 싶다. 이것은 "가장 훌륭한 사람들은 어떠한 가치관을 가져야 하는가?" 혹은 "그들의 가치관은 어떠해야 하는가?"라는 질문보다는 "가장 훌륭한 사람들은 어떠한 가치관을 가지고 있는가?"라고 질문하는 것과 같다. (이를 "훌륭한 사람에게 가치 있고 유쾌한 것이 진정으로 가치 있고 유쾌한 것이다"라는 아리스토텔레스의 믿음과 비교해보기 바란다.)

더군다나 나는 이러한 연구 결과를 대부분의 사람들에게 일반화할 수 있다고 생각한다. 왜냐하면 대부분의 사람들(아마도 모든 사람들)에게는 자기실현을 지향하는 경향이 있고(이것은 심리 치료, 특히 무의식에 숨겨진 것들을 드러내는 심리 치료에서 가장 분명하게 드러난다), 적어도 원론적으로는 나에게 (그리고 다른 사람들에게) 모든 사람들이 자기실현할 수 있는 역량을 가지고 있는 것처럼 보이기 때문이다.

현존하는 다양한 종교를 인간이 가진 소망, 예를 들어 자신들이 되고 싶고 될 수 있는 것에 대한 표현이라고 한다면, 이 역시 모든 사람들이 자기실현을 갈망하거나 지향하는 경향성이 있다는 주장을 뒷받침한다고 할 수 있다. 왜냐하면 자기실현하는 사람들의 진정한 특징에 대하여 우리가 기술한 내용이 종교가 독려하는 이상들과 많은 점에서 유사하기 때문이다. 예를 들면 자기 초월, 진선미의 융합, 타인에 대한 봉사, 지혜, 정직과 자연스러움, 이기적이고 사적인 동기의 초월, '수준 높은' 소망을 위한 '수준 낮은' 소망의 포기, 관대함과 친절함의 증가, 목적(평온함, 차분함, 평화)과 수단(돈, 권력, 지위)의 손쉬운 구분, 적대감, 잔인함 및 파괴성의 감소라는 점들에서 서로 유사하다. (하지만 결단력, 정당한 분노와 격분, 자기 주장 등은 크게 증가할 수 있다.)

1) 모든 자유선택 실험, 역동적 동기 이론의 발달, 심리 치료를 검토해서 매우 혁명적인 한 가지 결론을 얻을 수 있다. 바로 우리의 가장 심층적 욕구 자체는 위험하거나 사악하거나 나쁘지 않다는 것이다. 이러한 결론은 인간 내부에 존재하는 고전적인 것과 현대적인 것, 개별적 특성과 보편적 특성, 과학적인 것과 시적인 것, 이성과 충동, 일과 놀이, 언어적인 것과 언어적이지 않은 것, 성숙함과 유치함, 남성적인 것과 여성적인 것, 성장과 퇴행 사이의 분열을 해결할 수 있는 새로운 가능성을 열어준다.

2) 인간 본성에 관한 우리의 철학이 이렇게 변한 것과 마찬가지로, 문화를 좌절과 통제뿐만 아니라 욕구 충족 수단으로 보는 관점이 주류가 되어 사회적으로 빠르게 증가하고 있다. 개인과 사회의 이해 관계는 필연적으로 상호 배타적이고 적대적이라는, 혹은 문명화는 기본적으로 인간의 본능적 충동을 통제하고 감시하기 위한 메커니즘이라는, 거의 모든 사람들이 가지고 있는 이러한 그릇된 생각을 이제 우리는 거부할 수 있다.(93) 건강한 문화의 주된 기능이 모든 사람의 자기실현을 촉진하는 것이라고 새롭게 정의됨에 따라, 이러한 오래된 격언들 대부분이

사라지고 있다.

3) 건강한 사람만이, 특정 경험에 대한 '기본적인 욕구'가 클 경우에 그런 경험을 향한 충동이나 소망 그리고 그 경험을 통해 얻는 주관적 희열 역시 크다(이러한 높은 관련성은 궁극적으로 그런 사람들에게 유익하다). 건강한 사람만이 자신에게 유익한 일을 지속적으로 소망하고, 그러한 일을 진심으로 즐길 수 있다. 그러한 사람들은 선행을 즐기기 때문에, 선행을 하는 것 자체가 보람된 일이다. 건강한 사람들은 옳은 일을 자발적으로 하는 경향이 있다. 그들은 그러한 일을 하기를 원하고, 할 필요성을 느끼고, 그러한 일을 즐기고, 인정하고, 앞으로도 계속 즐길 것이므로.

사람들이 심리적으로 병들어 있을 때, 이처럼 긍정적으로 상호 연결된 하나의 존재 혹은 네트워크가 분열과 갈등 상태로 전락한다. 그래서 이들이 하고자 하는 일은 자신에게 해로운 일이 된다. 그 일을 한다고는 해도 즐기지는 못한다. 즐긴다 해도 그 일을 인정하지는 않기 때문에, 그 일을 즐긴다는 것 자체가 독이 되거나 얼마 가지 못한다. 이런 사람은 처음에 즐기던 것들을 나중에는 즐기지 못하게 된다. 자신의 욕구와 소망과 기쁨은 삶을 영위하기 위한 좋은 안내자가 되어주지 못한다. 따라서 이들은 스스로를 미궁에 빠뜨리는 자신의 충동과 기쁨을 불신하고 두려워하며 그러기에 갈등, 분열, 우유부단함 등에 사로잡혀 있다. 한마디로, 이런 사람은 내란에 쌓여 있다.

철학적 이론에 관한 한, 이러한 발견은 많은 역사적인 난관과 모순을 해결해준다. 쾌락주의적(hedonistic) 이론은 건강한 사람들에게는 적합하다. 그러나 병적인 사람에게는 그렇지 않다. 진선미는 서로 어느 정도 관련성이 있지만, 오직 건강한 사람들에게만 그러한 관련성이 매우 강하게 나타난다.

4) 소수의 사람들에게만 자기실현은 어느 정도 달성되어 있는 일정한 '상태'이다. 그러나 대부분의 사람에게 자기실현은 소망하고, 동경하고, 욕구하고, 바라지만 아직 달성하지는 못한 '어떤 것'이며, 임상적으로 이것은 건강, 통합, 성장 등을 향한 욕구로 드러난다. 투사적 검사들에서도 이러한 경향성이 분명한 행동이라기보다는 잠재적인 형태로 발견되고 있다. 이것은 마치 초기 질병이 표면으로 출현하기 전에 X레이가 먼저 발견할 수 있는 것과 같다.

이 말은, 심리학자들에게는 사람들의 현재 모습과 미래 모습이 공존하고 있기 때문에, 존재(Being)와 발달(Becoming) 사이의 이분법적 구분을 해소할 수 있음을 의미한다. 잠재력은 앞으로 존재하게 될 것이고 혹은 존재할 수 있는 것일 뿐만 아니라 현재 존재하고 있는 것이다. 자기실현은 목표가 존재하기 때문에 가치 있고, 아직 실현되지 않았을 때조차 실재한다. 인간은 현재 존재하는 모습과 되고 싶은 모습을 동시에 가지고 있는 존재이다.

성장과 환경

인간은 선천적으로 더 충만한 존재가 되려는 그리고 자신의 인간성을 더 완전하게 실현하려는 내적인 압력을 지니고 있다. 이때 압력이라는 의미는 한 알의 도토리가 참나무가 되도록 압력을 받는다고 말할 때, 혹은 호랑이가 호랑이다워지고 말이 말다워지도록 압력을 받고 있다고 말할 때의 의미와 일반적으로 그리고 과학적으로 정확히 동일하다.

인간이라는 존재가 어쨌거나 궁극적으로 인간답게 될 수밖에 없는 존재로 이미 만들어져 있는 것은 아니며, 그저 배운다고 해서 인간답게 되는 것도 아니다. 환경의 궁극적인 역할은, 인간이 환경의 잠재력이 아닌 자기 자신의 잠재력을 실현하도록 허용하거나 도와주는 것이다. 환경이 인간에게 어떤 잠재력이나 재능을 부여하지는 않는다. 인간은 아직 발달되지 않은 팔다리를 가지고 있는 것처럼, 인간이 지닌 잠재력과 재능 역시 불완전하고 발달되지 않은 형태로 존재한다. 창조성, 자발성, 자기다움, 진실성, 타인에 대한 관심, 사랑할 수 있는 능력, 진리에 대한 갈망은 모두 팔다리, 뇌, 눈과 마찬가지로 인간이라는 종에게 있는 아직 발달되지 않은 잠재력들이다.

이 말이 기존에 축적된 자료들과 대립하지는 않는다. 그 자료들에 따르면, 인간성을 규정짓는 이러한 심리적 잠재력을 실현하기 위해서는 가족 그리고 문화와 더불어 사는 것이 절대적으로 필요하다. 그러나 교사나 문화가 인간을 창조하지는 않는다. 그것이 인간 내부에 사랑하는, 탐색하는, 철학하는, 상징화하는 혹은 창조하는 능력을 심어놓는 것은 아니다. 대신에 그것은 태아 속에 존재하는 것이 실현되도록 허용하거나, 촉진하거나, 육성하거나, 도와준다. 동일한 어머니가 동일한 문화에서 아기를 키우는 것과 똑같은 방식으로 새끼 고양이나 강아지를 키운다고 해서, 이 동물들을 인간으로 만들 수는 없는 법이다. 문화는 태양과 음식과 물이다. 그것은 씨앗이 아니다.

'본능' 이론

자기실현, 자기, 진정한 인간성 등을 연구해온 일련의 학자들은 자신들의 주장, 즉 인간은 자기실현을 위한 경향성을 가지고 있다는 주장을 매우 공고하게 확립했다. 함축적으로, 그들은 사람들에게 자신의 본성에 충실하고, 자신을 신뢰하고, 진실하고, 자발적이고, 정직하게 표현하고, 행동의 근원을 깊은 내면에 존재하는 자신의 본성에서 찾으라고 권한다.

그러나 이것은 물론 이상적인 조언이다. 이 학자들이 충분히 경고해주지 않은 점은 대부분의 어른이 어떻게 자신의 본성에 충실할 수 있는지 모른다는 사실, 그리고 그들이 자신을 '표현'할 경우, 그것이 자신뿐만 아니라 타인에게 불행을 가져올 수도 있다는 사실 등이다. "왜 나는 남들처럼 나 자신을 신뢰하고 표현할 수 없는가?"라고 묻는 강간범이나 가학적인 변태 성욕자에게 우리가 해줄 말이 있어야 한다.

같은 부류에 속하는 학자들이 간과한 것이 몇 가지 있다. 이 학자들은 진정한 본성에 바탕을 둔 인간 행동이 훌륭하고, 선하고, 옳은 행동이라는 생각을 분명하지는 않지만 어느 정도 넌지시 드러내고 있다. 이들에게 매우 분명한 것은 이러한 내부의 핵심, 즉 진정한 자기는 선하고, 신뢰할 만하고, 윤리적이라는 점이다. 이러한 주장을 인간이 자기실현한다는 주장과 분명하게 구분할 수 있기 때문에, 이 주장을 분리해서 증명할 필요가 있다. (나는 그렇게 할 수 있을 것으로 생각한다.) 더군다나 이 학자들은 모두, 가령 이러한 내적 핵심이 어느 정도 선천적인가 하는 본성과 관련된 중요한 점들을 언급하지 않았다. 또한 이러한 내적 핵심을 제외하고 그들이 말한 나머지 모든 것들은 옛 이론들의 재탕인데, 그들은 이러한 점들에 대한 언급을 매우 명백하게 회피해왔다.

다시 말해, 우리는 '본능' 이론, 혹은 내가 선호하는 명칭으로 말하면 기본 욕구 이론과 맞붙어 씨름해야 한다. 즉 근본적이고, 내재적이고, 부분적으로는 유전적으로 결정되는 욕구, 충동, 소망 그리고 내가 말하는 인간의 가치관 문제와 씨름해봐야 한다. 우리는 생물학적 게임과 사회학적 게임을 동시에 할 수는 없다. 우리는 문화가 모든 것을 결정한다는 것 그리고 인간은 유전적으로 물려받은 본성이 있다는 것을 모두 주장할 수는 없다. 하나는 나머지 다른 하나와 부합할 수 없다.

이러한 본능의 영역에 존재하는 모든 문제들 가운데 우리가 가장 모르고 있지만 가장 많이 알아야 할 문제가 공격성, 적대감, 증오 및 파괴성에 관한 문제이다. 프로이트 학파는 이것이 본능이라고 주장한다. 대다수의 역동적 심리학자들은, 이것은 직접적으로 본능적인 것이 아니라, 본능적이거나 기본적인 욕구가 좌절될 때 항상 나타나는 반응이라고 말한다.

이러한 현상에 대해 가능한 또 다른 해석은 (나는 이러한 해석이 더 낫다고 믿는다) 심리적 건강이 향상되거나 악화될 때 달라지는 분노의

질을 강조한다.(103) 상대적으로 더 건강한 사람들의 분노는 과거부터 축적되었다기보다는 (현재의 상황에 대한) 반응이다. 즉 이들의 분노는 실제적이고 현존하는 어떤 것, 가령 부정이나 착취나 공격에 대한 사실적이고 효과적인 반응이지 다른 사람이 오래전에 지은 죄 때문에 무고한 사람에게 그릇되게 복수하려는 감정이 아니다. 심리적으로 건강하다고 해서 분노가 사라지지는 않는다. 대신 그것은 단호함, 자기 주장, 자기 보호, 정당한 분노, 악에 대한 투쟁과 같은 형태를 띤다. 또한 건강한 사람은 정의를 위해 싸울 때 보통 사람들보다 더 효과적으로 싸우는 경향이 있다.

한마디로 말하면 건강한 공격성은 개인적 강인함과 자기 주장의 형태를 띤다. 건강하지 못한 사람이나 불행한 사람 혹은 착취당한 사람의 공격성은 적의, 가학성, 맹목적 파괴성, 지배, 잔인함 등의 기미를 보인다.

다시 말해, 앞서 언급한 논문에서 볼 수 있듯이(103) 이러한 문제를 쉽게 연구할 수 있을 것으로 보인다.

통제와 한계의 문제

일반적인 사람들에 비해 자기실현적이고, 정직하고, 진실한 사람들은 별 어려움 없이 자기 수양을 한다. 인간의 내적 요인들로 도덕성을 설명하고자 하는 이론가들이 직면하는 또 하나의 문제가 바로 이러한 차이점을 설명하는 것이다.

건강한 사람들은 의무와 오락을 같은 것으로 생각하고, 일과 놀이, 자기 이익과 이타심, 개인주의와 사심 없음 역시 같은 것으로 생각한다. 우리는 그들이 이런 경지에 있음을 알지만, 어떻게 그러한 경지에 도달했는지는 모른다. 나의 강력한 직관에 따르면, 그토록 진실하고 전적으로 인간적인 사람들은 많은 사람들이 도달하고자 하는 곳에 도달한 사람이다. 그러나 매우 소수의 사람들, 가령 백 명 중에 하나나 둘만이 이러한 목표를 달성한다는 슬픈 사실을 우리는 직시해야 한다.

원론적으로, 모든 사람이 훌륭하고 건강한 사람이 될 수 있기 때문에, 우리는 인간에게 희망을 가질 수 있다. 그러나 우리는 또한 슬픔을 느끼는데, 왜냐하면 실질적으로는 훌륭한 사람이 되는 것은 매우 소수이기 때문이다. 왜 어떤 사람은 이러한 목표를 달성하고 또 어떤 사람은 그렇게 못하는지 알려면, 자기실현하는 사람들의 인생사를 연구해서 그들이 어떻게 그러한 위치에 도달했는지를 탐구해야 한다.

우리는 기본 욕구의 충족이 건강한 성장의 주된 선행 조건이라는 사실을 이미 알고 있다. (종종 신경증은 비타민 결핍증처럼 결핍 때문에 생긴 질병이다.) 그러나 우리는 또한 무절제한 탐닉과 만족이 그 자체로 위험한 결과, 가령 정신병리적 성격, '구강기적 성격', 무책임성, 스트레스에 대한 무능력, 버릇 없음, 미성숙, 특정 성격 장애 등을 초래할 수 있음을 알고 있다. 연구 결과는 드물지만 축적된 수많은 임상적·교육적 경험에 따르면, 어린 아동에게 필요한 것이 욕구 충족만은 아니라는 점을 우리는 제대로 추론할 수 있다. 이 아동은 물리적 세계가 자신의 욕구 충족에 어떤 한계를 가하는지 배워야 하며, 다른 사람들, 심지어 자신의 부모도 욕구를 충족시키려 한다는 사실, 즉 부모가 자신의 목적을 달성하는 데 필요한 수단만은 아니라는 사실도 배워야 한다. 이것은 통제, 지연, 한계, 자제, 좌절을 인내하고 수련하는 것을 의미한다. 우리는 자기 수양이 되어 있고 책임감 있는 사람에게만 "원하는 대로 하라. 그러면 모든 것이 제대로 될 것이다"라고 말할 수 있다.

퇴행적 힘:정신병리

우리는 또한 성장을 방해하는 것이 무엇인지에 관한 문제를 직시해야 한다. 즉 우리는 성장의 중단과 소멸, 고착, 퇴행, 방어의 문제, 한마디로 정신병리의 유혹 또는 흔히 말하는 악의 문제에 직면해 있다.

왜 그토록 많은 사람들은 진정한 정체성을 결여하고 있어서, 스스로 결정하고 선택할 수 있는 힘을 지니지 못하는 것일까?

1) 강한 본능적 힘을 가진 다른 동물들과는 대조적으로, 인간의 자기실현을 향한 충동과 경향성은 비록 본능적이라 하더라도 매우 약하다. 그렇기 때문에 이러한 충동은 습관이나 혹은 충동에 대한 잘못된 문화적 태도, 외상적 사건, 잘못된 교육 등에 의해 매우 쉽게 소멸될 수 있다. 따라서 다른 종에 비해 인간에게는 선택과 책임감 문제가 훨씬 더 민감하다.

2) 서구 문화에는 역사적으로 결정된 특별한 경향성이 있다. 바로 인간의 본능적 욕구, 이른바 인간의 동물적 본능을 나쁘거나 사악하다고 가정하는 경향성이다. 그 결과, 이러한 인간의 원초적 본능을 통제하고, 금지하고, 억제하고, 억압하려는 긴박

한 목적을 달성하기 위해서 많은 문화적 기관들이 세워지게 되었다.

3) 사람에게는 하나가 아닌 두 종류의 힘이 존재한다. 건강을 향해 앞으로 나아가도록 하는 압력뿐만 아니라, 질병과 나약함을 향해 뒤쪽으로 물러서도록 하는, 두려워하고 퇴행하게 하는 압력이 있다. 우리는 '수준 높은 열반'을 향해 앞으로 나아갈 수도 있고, '수준 낮은 열반'을 향해 뒤로 퇴행할 수도 있다.

내 생각에, 과거 및 현재의 가치 이론과 윤리 이론이 지닌 주된 결함은 정신병리와 심리 치료에 관한 지식을 충분히 가지고 있지 못하다는 사실이다. 역사를 통틀어, 학식 있는 사람은 선행이 주는 보람, 선함의 아름다움, 심리적 건강함과 자기실현이 갖는 본질적 바람직함을 인류 앞에 펼쳐 보여왔다. 그러나 대부분의 사람은 자기 앞에 펼쳐져 있는 행복과 자기 존중의 세계에 들어가는 것을 고집스럽게 거부한다.

이제 교사들에게 남은 것은 짜증, 안달, 환멸, 그리고 호된 꾸지람, 훈계와 무기력밖에 없다. 엄청나게 많은 사람들이 쌍수를 들고 원죄나 본질적 악에 관해 이야기해왔으며, 인간은 오로지 인간을 초월하는 힘에 의해서만 구원받을 수 있다고 결론지었다.

또한 역동적 심리와 정신병리에 관한 이해를 도와줄 수 있는 문헌들이 엄청나게 많다. 이러한 문헌들은 인간의 허약함과 두려움에 대한 정보의 보고(寶庫)이다. 인간이 왜 잘못을 저지르는지, 왜 스스로 불행과 자기 파괴를 야기하는지, 왜 타락하고 병이 드는지에 대해 우리는 많은 것을 알고 있다. 이러한 지식에 바탕을 두고 통찰해볼 때, 인간의 사악함은 (전부는 아니더라도) 대개 인간의 나약함이나 무지함에서 비롯되는데, 그러한 것들을 용서할 수 있고, 이해할 수 있고, 치료할 수 있다.

심리 치료 전문가들은 분명 매일같이 인간의 본성을 변화, 개선시키고 있으며, 사람들이 더욱 강하고, 선하고, 고결하고, 창조적이고, 친절하고, 사랑하고, 이타적이고, 평온할 수 있도록 도와주고 있다. 그런데 그토록 많은 학자와 과학자, 철학자와 신학자 들이 인간 본성에 관한 이러한 사실들을 완전히 무시하고 있다는 것을 내가 알고부터는 이러한 사실들이 때로 재미있기도 하고, 때로 슬프기도 했다. 이러한 특성들은 자신을 더 잘 알고 더 많이 수용함으로써 얻을 수 있는 결과 가운데 몇 가지에 불과하다. 정도 차이는 있겠지만, 다른 많은 결과들이 나올 수 있다.(97, 144)

이 주제는 너무나 복잡하기 때문에 여기서 언급하기에는 어려움이 많다. 내가 할 수 있는 것은 가치 이론에 대한 결론 몇 가지를 이끌어내는 것이 전부다.

1) 자기를 아는 것은 자기를 개선하는 데 유일하지는 않지만 주된 방법처럼 보인다.
2) 자기를 아는 것과 자기를 개선하는 것은 대부분의 사람에게는 매우 어렵다. 이것은 보통 엄청난 용기와 장기간의 노력을 필요로 한다.
3) 능숙하고 전문가적인 치료자의 도움이 이러한 과정을 훨씬 더

용이하게 만들지만, 그것이 결코 유일한 방법은 아니다. 치료를 통해 배운 많은 것들을 교육, 가정 생활, 사람들의 생활 지도에 적용할 수 있다.

4) 정신병리와 치료에 관한 연구를 통해서만이 두려움, 퇴행, 방어, 안전의 힘을 제대로 존중하고 평가할 수 있다. 이러한 힘을 존중하고 이해함으로써, 쉽게 자신과 타인이 건강하게 성장할 수 있도록 도울 수 있다. 헛된 낙관주의는 머지않아 환멸과 분노와 무기력으로 바뀐다.

5) 요약하면, 건강을 지향하는 경향성을 이해하지 않고서는 절대 그들의 취약성을 이해할 수 없다. 그렇지 않으면 우리는 모든 것을 병적인 것으로 만드는 실수를 범하게 된다. 그러나 또한 우리는 인간의 취약성을 이해하지 못한 채 결코 인간의 강인함을 이해하거나 도울 수 없다. 그렇지 않으면 우리는 인간의 합리성을 지나치게 낙관적으로 믿는 실수를 범하게 된다.

다른 사람들이 더욱 인간답게 살 수 있도록 우리가 도와주고자 한다면, 그들 스스로 자기를 실현하려고 노력하고 있을 뿐만 아니라, 그들이 자기실현을 피하고 두려워하고 혹은 자기실현하기에 무능하다는 점 역시 우리는 깨달아야 한다. 우리가 질병과 건강 사이의 이러한 변증법적 관계를 완전히 이해했을 때만이, 우리는 그들이 건강한 삶을 살 수 있도록 도울 수 있다.

제12장

가치, 성장, 건강

이 장은 1960년 10월 10일 정신분석학회가 주관한 가치 심포지엄에서 발표한 논문을 수정하고 확장한 것이다.

따라서 나의 주장은 다음과 같다. 원론적으로 우리는 인간의 가치관에 대하여 기술적이고 사실적인 지식체계를 구축할 수 있다. '존재'와 '당위적 존재'가 상호 배타적으로 대립한다는 오래된 생각은 부분적으로 사실과 다르다. 우리가 개미, 말, 참나무, 혹은 화성인의 가치관을 연구할 수 있는 것처럼, 우리는 인간이 가지고 있는 지고한 가치나 목표도 연구할 수 있다. 인간이 진보할 때 그들이 어떠한 가치를 지향하는지, 갈망하는지, 애써 추구하는지, 그리고 그들이 병적인 상태에 있을 때 어떠한 가치를 상실하는지 우리는 (발명하거나 창조하는 것이 아니라) 발견할 수 있다.

그러나 우리는 일반인들을 건강한 사람과 그렇지 못한 사람으로 구분할 수 있을 경우에만 인간의 지고한 가치관에 대한 연구를 효과적으로 수행할 수 있음을 보아왔다(어쨌건 역사적으로 이 시기에 그리고 우리가 사용할 수 있는 제한적인 기법을 사용해서). 신경증적인 사람이 갈망하는 것과 건강한 사람이 갈망하는 것을 합하여 평균낸다고 해서 유용한 결과물을 얻을 수는 없다. (최근에 한 생물학자는 발표했다. "나는 유인원과 문명화된 인간 사이의 연결고리를 발견했다. 그것은 바로 우리들이다!")

내가 보기에, 인간이 가지고 있는 가치들은 내부의 특성이 밖으로 드러난 것일 뿐만 아니라 창조되거나 재구성된 것이기도 하다. 또한 이러한 가치들은 인간 본성에 내재되어 있는 본능이며, 문화적 발달

뿐 아니라 생물학적·유전적인 것에 근거하기 때문에, 나는 이러한 가치들을 발명하거나, 투사하거나, 소망하기보다는 기술하려고 한다 ("이러한 방식은 발견한 것에 대하여 책임지지 않음을 가정한다"). 이러한 방식은 가령 사르트르와는 전적으로 다른 방식이다.

더 직접적으로 말하면 나는 지금은, 아프든 건강하든, 늙었든 젊었든 상관없이 다양한 사람들이 다양한 상황에서 자유롭게 선택하는 것 혹은 선호하는 것들을 연구하고자 한다. 물론 우리는 이런 연구를 할 수 있는 권리를 갖고 있는데, 그것은 우리가 흰 쥐, 원숭이 혹은 신경증 환자의 자유선택을 연구할 수 있는 연구자로서의 권리를 가지고 있는 것과 마찬가지다. 이러한 어법은, 가치와 관련이 없거나 가치에 대한 초점을 흐리게 하는 많은 논쟁들을 피하게 해준다. 또한 이러한 어법은, 인간 가치에 대한 연구가 본질적으로 과학적이라는 것을 강조함으로써, 이런 연구에 주어지는 어떤 특권을 모두 제거한다는 장점이 있다. (어쨌든 '가치'라는 개념이 곧 낡은 개념이 되리라는 게 내 믿음이다. 이 개념은 너무나 많은 의미와 너무나 많은 잡다한 것들을 포괄하고 있으며, 너무나 긴 역사를 가지고 있다. 더군다나, 보통 아무 생각 없이 이 말을 여러 용도로 사용하여 혼란을 야기하기 때문에, 나는 이 용어를 통째로 폐기하고픈 유혹을 종종 받는다. 일반적으로는 더 구체적이고 그래서 덜 혼란스러운 동의어를 사용하는 것이 가능하다.)

'해야 한다(ought)'와 '할 필요가 있다(should)'를 동반하는 질문은 이미 은연중에 검증되지 않은 가치를 포함하고 있기 때문에 편향되어 있다. 그래서 더 사실적이고 기술적인 접근(더 '과학적' 접근)을 하면, '언제?' '어디서?' '누구에게?' '얼마나?' '어떤 조건 하에서?'

등등 더 경험적인 형태의 질문, 가령 경험적으로 검증할 수 있는 질문으로 질문 형태가 전환된다는 장점이 있다.[1]

다음으로 내가 알고 있는 주요 가설들에 따르면, 이른바 고귀한 가치, 영원한 미덕 등은 대략적으로 우리가 비교적 건강한(성숙한, 발달한, 자기실현한, 개별화된 등) 사람이라고 부르는 사람들이 좋은 상황에서, 즉 가장 강력하고 최상인 상태에서 자유롭게 선택한 것들과 같다는 것이다.

혹은 이것을 더욱 기술적으로 표현하면, 그러한 사람들은 자신들이 강하다고 느낄 때, 그리고 진정으로 자유선택이 가능할 때 거짓된 것보다는 참된 것, 악한 것보다는 선한 것, 추한 것보다는 아름다운 것, 분열보다는 통합, 슬픔보다는 기쁨, 죽음보다는 삶, 틀에 박힌 생각보다는 독특성 등등 내가 이미 B-가치라고 기술한 것들을 자발적으로 선택하는 경향이 있다.

우리는 이러한 B-가치들을 선택하는 경향이 미약하고 희미하게나마 모든 혹은 대부분의 사람에게 있을 수 있다는 부수적인 가설을 세우는 것이 가능하다. 즉 이러한 B-가치들은 인류에게 보편적인 가치로 건강한 사람들에게서 가장 분명하고 정확하게 그리고 가장 강력하게

---

[1] 또한 이러한 질문은 가치에 대한 이론적이고 의미론적인 논의의 특징이라고 할 수 있는 순환성에서 탈출할 수 있는 한 가지 방법이다. 예를 들어 한 만화에서 인용한 보석 같은 말을 들어보자. "선이 악보다 더 좋은데, 왜냐하면 선이 더 훌륭하기 때문이다."

이러한 질문은 니체의 언명 "그대 자체로 존재하라" 혹은 키에르케고르의 언명 "진정한 자기로 존재하라" 혹은 로저스의 언명 "자유롭게 선택할 수 있을 때 인간은 무엇을 추구하는가" 등을 검증 가능한 말로 표현한 것이다.

나타난다. 또한 건강한 사람들에게서 나타나는 이런 차원 높은 가치들은 (불안이 부추긴) 방어적 가치 혹은 내가 이후에 건강한-퇴행적 혹은 '타성적(coasting)'[2]이라고 언급한 가치들과는 전혀 별개의 것이다.

또 하나의 매우 그럴듯한 가설은 이렇다. 대체로 건강한 사람들이 선택하는 것은 생물학적인 측면에서는 확실히 '그들에게 유익하고' 다른 측면에서도 그럴 수 있다('그들에게 유익하다'는 말은 '그들 자신 및 다른 사람들의 자기실현에 기여한다'는 것을 의미한다). 또한 건강한 사람들에게 유익한 것(그들이 선택한 것)은 궁극적으로는 덜 건강한 사람들에게도 유익할 것이며, 건강한 사람들이 선택할 것을 덜 건강한 사람들이 선택하여, 그들도 더 나은 선택을 하는 사람이 될 수 있다. 달리 말해 건강한 사람은 건강하지 못한 사람들에 비해 선택을 더 잘하는 사람들이다.

또 다른 함의를 도출하기 위해서 이 말을 바꿔보면, 우리 중에서 최고의 사람들이 선택한 것이면 무엇이든 관찰한 다음, 그들이 선택한 것이 인류에게 최상의 것이라고 받아들일 때 어떤 결과가 나타날지 살펴보자는 것이다. 다시 말해 재미 삼아 그들을 생물학적 시금석으로, 즉 우리 자신보다 더 민감한 사람으로, 우리에게 무엇이 유익한지를 우리 자신보다 더 빨리 파악하는 사람으로 생각할 때 어떤 일이 발생하는지 살펴보자. 이 말은, 충분한 시간이 주어지면 우리도 궁극적으로는 그들이 신속하게 선택한 것을 선택하리라 가정하는 것

---

[2] 이 말은 리처드 파슨(Richard Farson) 박사가 제시했다.

이다. 혹은 우리가 그들의 선택이 현명했음을 조만간 깨닫고, 그들과 동일한 선택을 하게 된다고 가정하는 것이다. 혹은 우리가 희미하게 지각하는 것을 그들은 날카롭고 분명하게 지각한다고 가정하는 것이다.

나는 절정경험을 할 때 인식하는 가치가 대체로 앞서 말한 선택 상황에서의 가치와 동일하다는 또 다른 가설을 말하고 싶다. 내가 이런 가설을 내세우는 이유는, 선택 상황에서의 가치는 단지 가치의 한 종류일 뿐이라는 점을 알려주기 위해서다.

마지막으로, 우리 중에서 최고의 사람들이 선호하고 추구하는 B-가치들이 '훌륭한' 예술 작품, 전체적으로 자연, 혹은 훌륭한 외부 세계를 기술하는 가치들과 어느 정도 동일하다고 나는 가정한다. 내가 생각하기에, 사람들 내부에 존재하는 B-가치들은 세상에서 지각되는 동일한 가치들과 어느 정도 닮았으며, 이러한 내적 가치와 외적 가치는 서로를 고양하고 강화하는 역동적 관계에 있다.(108, 114)

여기서 하나의 함의를 찾아보자. 이러한 가정들은 높은 차원의 가치가 인간 본성에 존재하기 때문에 높은 차원의 가치를 인간 본성에서 찾을 수 있음을 주장하는 것이다. 이것은 오래되고 관습적인 믿음, 즉 최고의 가치는 초자연적인 신 혹은 인간 본성을 제외한 어떤 근원에서만 나올 수 있다는 믿음과 정확하게 대조된다.

인간성(human-ness)에 대한 정의

우리는 이러한 주장들 속에 정말로 이론적·논리적 난제들이 내재해 있다는 것을 솔직히 인정하고 그러한 점들을 해결하기 위해 씨름해야 한다. 하나의 정의에 포함되어 있는 각각의 요소들은 정의될 필요가 있다. 또한 우리는 이런 주장을 연구하면서 우리 자신이 이러한 순환적 논법의 가장자리에 있음을 발견하게 된다. 우리는 당분간 몇몇 순환적 논법을 수용해야만 할 것이다.

우리는 인간성에 관한 기준에 비추어서만 '훌륭한 인간'을 정의할 수 있다. 또한 이러한 기준은 정도의 문제라는 점이 거의 확실한데, 가령 어떤 사람들은 다른 사람들에 비해 더 인간적이고, '훌륭한' 사람이지만 전형적으로 '훌륭한' 사람은 매우 인간적이다. 이 문제는 이처럼 정도의 문제가 될 수밖에 없다. 왜냐하면 인간성을 정의하는 특성들이 너무나 많고 각각의 특성은 필수적이지만, 어느 한 가지 특성만으로는 인간성을 정의하는 데 충분하지 않기 때문이다. 게다가 이처럼 규정짓는 특성들 가운데 많은 특성 자체가 정도의 문제를 다루기 때문에, 인간과 동물을 완벽하게 혹은 정확하게 구분해내지 못한다.

이 지점에서 우리는 로버트 하트만(59)의 공식이 매우 유용함을 알게 된다. 훌륭한 인간(혹은 호랑이나 사과나무)이 훌륭한 정도는 그가 '인간'(혹은 호랑이나 사과나무)이라는 개념을 실현하거나 충족시키는 정도만큼이다.

어떤 관점에서 보면, 이것은 정말로 매우 간단하고, 우리가 무의식적으로 늘 사용하는 해결책이다. 새로 어머니가 된 여성이 의사에게 "내 아이가 정상인가요?"라고 물으면, 그 의사는 실랑이를 벌이지 않고도 이 여성이 하는 말의 의미를 알 수 있다. 동물원 주인이 호랑이를 사려 할 때는 '훌륭한 전형', 즉 호랑이의 특성을 분명하게, 그리고 완벽하게 발달시킨, 정말로 호랑이다운 호랑이를 사고자 한다. 무릎 위에 두기 위해 꼬리감는원숭이(cebus monkey)를 사려 할 때, 나 역시 '훌륭한 전형', 즉 상당히 원숭이다운 원숭이, 특이하거나 이상하지 않고 멋진 꼬리감는원숭이를 얻고자 한다. 만일 내가 우연히 어떤 동물에게 물건을 쥘 수 있는 꼬리가 없다는 것을 발견했을 때, 그 동물이 호랑이인 경우에는 상관없지만, 원숭이라면 훌륭한 꼬리감는 원숭이가 될 수는 없을 것이다. 훌륭한 사과나무, 훌륭한 나비의 경우도 마찬가지다.

분류학자는 새로운 종의 '전형'으로 박물관에 전시된 것, 즉 종 전체의 대표적 예가 되는 것, 자신이 구할 수 있는 최선의 사례, 그 종을 규정짓는 모든 특징 중에서 가장 성숙하고, 가장 완벽하고, 가장 전형적인 것을 선택한다. '훌륭한 르누아르 작품' 하나를 선택할 때나 '루벤스의 최고 작품'을 선택할 때도 동일한 원리가 적용된다.

정확히 이러한 의미에서, 우리는 인간이라는 종 내에서 최선의 사례, 즉 모든 측면에서 인간 종에 부합하는, 인간의 모든 재능을 잘 발달시킨, 완전히 기능하는, 그리고 어떤 분명한 질병, 특히 핵심적이고 결정적으로 필요한 특징들을 손상시킬 만한 어떠한 질병도 가지고 있지 않은 사람을 선택할 수 있다. 이러한 사람을 '가장 완벽하게 인간적인' 사람이라고 부를 수 있다.

아직까지는 인간성을 정의하는 게 그다지 어려운 문제는 아니다. 그러나 미인대회의 심사위원이 되었을 때, 한 무리의 양을 살 때, 애완용 개를 살 때 제기되는 부가적인 어려움을 고려해보라. 첫째, 여기서 우리는 심리생물학적 결정 요인들을 압도하고 제거할 수 있는 문화적 기준이 인위적이라는 문제에 직면하게 된다. 둘째, 우리는 인위적이고 보호받는 삶, 즉 교화라는 문제에 직면하게 된다. 여기서 우리는 인간, 특히 뇌가 손상된 사람들이나 어린아이들처럼 가장 많은 보호가 필요한 사람들은 어떤 측면에서 이미 길들여져 있다고 할 수 있음을 기억해야 한다. 셋째, 우리는 낙농업자의 가치관과 암소의 가치관을 구분할 필요성이 있다.

인간의 본능적 성향은 변변치 못하기 때문에 문화적인 힘보다 훨씬 미약하다. 따라서 인간의 심리생물학적 가치들을 밖으로 꺼내기란 언제나 어려운 일이다. 그것이 어렵든 쉽든 간에, 원론적으로는 그렇게 하는 것이 가능하다. 또한 그렇게 하는 것이 필요하고, 심지어 결정적이기까지 하다.(97, 7장)

따라서 우리의 주된 연구 문제는 "건강한 선택자를 선발하는 것이다." 의사들이 신체적으로 건강한 유기체를 지금 바로 선택할 수 있듯이, 실용적인 목적을 위해서라면 우리도 지금 당장 이 일을 훌륭하게 수행할 수 있다. 여기서 직면하게 되는 크나큰 어려움은 이론적인 것으로, 건강을 정의하고 개념화하는 문제가 그것이다.

성장 가치, 방어적 가치(불건전한 퇴행), 그리고 건강한-퇴행적 가치 ('타성적' 가치)

정말 자유로운 선택 상황에서 성숙하거나 건강한 사람들은 진선미뿐만 아니라 퇴행적이면서 생존에 필수적인, 그리고/혹은 항상적인 가치들, 가령 평온과 고요, 수면과 휴식, 포기, 의존과 안전, 현실에서의 보호와 구원, 셰익스피어에서 탐정소설로의 퇴보, 환상 속으로의 도피, 심지어 죽음(평온)에 대한 소망 등에 가치를 부여한다. 이러한 가치들을 성장 가치와 건강한-퇴행적 가치 혹은 타성적 가치로 분류할 수 있다. 성숙하고, 강하고, 건강한 사람일수록 성장 가치를 더 추구하는 반면, 타성적 가치를 덜 필요로 하고 덜 추구한다. 하지만 이러한 사람에게도 여전히 이 두 가지 모두가 필요하다. 이러한 두 가지 유형의 가치는 항상 변증법적 관계 속에서 역동적 평형 상태, 즉 구체적 행동을 만들어낸다.

기본 동기들은 가치의 위계적 구조를 생성하고, 가치들은 이러한 위계적 구조에서 수준 높은 욕구와 수준 낮은 욕구, 강한 욕구와 약한 욕구, 필수적인 욕구와 임의적인 욕구 등으로 서로서로 얽혀 있다.

이러한 욕구들은 이분법적이라기보다는 통합된 위계적 구조 속에 배열되어 있다. 즉 이 욕구들은 서로서로 의존해 있다. 특별한 재능을 실현하려는 이른바 높은 수준의 욕구가 생기기 위해서는, 비활동적 상태에 있다 하더라도 결코 사라지지 않는 이른바 안전의 욕구가 지속적으로 충족되어야 한다. (비활동적이라는 말은 충분한 음식을 섭취하고 난 후 배고픔에 대한 욕구 수준을 의미한다.)

이것은 낮은 수준의 욕구로 퇴행하는 과정이 하나의 가능성으로서 늘 존재한다는 것을 의미한다. 또한 이러한 퇴행 과정은, 병리적이거나 병적일 때뿐만이 아니라 유기체 전체를 통합하는 데도 절대적으로 필요하고, '높은 수준의 욕구'가 존재하고 기능하는 데 반드시 선행되어야 하는 것으로 인식해야 한다. 안전은 사랑을 위한 필수적인 선행 조건이고, 사랑은 자기실현을 위한 선행 조건이다.

따라서 건강한 퇴행적 가치의 선택은 이른바 '높은 수준의 가치' 처럼 '정상적이고', 자연스럽고, 건강하고, 본능적인 것으로 봐야 한다. 또한 이러한 동기들은 분명히 서로 변증법적인 관계 속에서 존재한다(혹은 그들은 두 갈래로 나뉘어 있기보다는 위계적으로 통합되어 있다는 말을 나는 선호한다). 마지막으로, 대다수 사람들이 대부분의 시간을 보낼 때, 낮은 수준의 욕구와 가치가 높은 수준의 욕구와 가치보다 더 우세하다는 사실을, 가령 낮은 수준의 욕구와 가치는 강력한 퇴행적 힘을 발휘한다는 명백하고 기술적인 사실을 우리는 반드시 논해야 한다. 꾸준히 높은 수준의 가치를 (좋은 혹은 매우 좋은 생활 조건 하에서만) 더욱 빈번하게 선택하고 선호하는 사람들은 오로지 가장 건강하고, 성숙하고, 발달한 사람들뿐이다. 이것은 대개의 경우 사실이다. 왜냐하면 그들은 낮은 수준의 욕구를 충족시켰기에, 그러한 욕구들이 휴면과 비활동 상태에 있게 되고 따라서 그러한 욕구들이 퇴행적인 힘을 발휘하지 않기 때문이다. (분명, 욕구 충족에 관한 이러한 가정들은 세상이 매우 선한 곳이라고 가정할 때만 사실이 된다.)

진부한 표현을 빌리자면, 인간의 높은 수준의 동기는 낮은 수준의 동기를 자신의 토대로서 필요로 하고 그것 없이는 붕괴하기 때문에, 높은 수준의 동기는 낮은 수준의 동기에 의존해 있다고 말할 수 있다. 즉 인간 전체를 볼 때, 하나의 초석으로서 낮은 수준의 본성을 우선적으로 충족시키지 않는 한, 높은 수준의 본성은 상상할 수도 없다. 게다가 인간의 수준 높은 본성은 훌륭한 혹은 매우 훌륭한 현재와 과거의 환경에 달려 있다.

여기서 함축하는 것은 인간의 수준 높은 본성, 이상, 야망과 능력은 본능의 자제가 아닌 본능 충족에 달려 있다는 것이다. (물론 내가 지금까지 이야기한 '기본 욕구'는 고전적 프로이트 학파에서 말하는 '본능'과는 다르다.) 심지어 같다 하더라도, 인간 본성에 대한 나의 설명 방식은 프로이트의 본능 이론을 재검증해야 할 필요가 있음을 지적해준다. 이 일은 매우 오랫동안 지연되어왔다. 다른 한편, 인간 본성에 대한 나의 이러한 설명은 삶과 죽음의 본능에 대한 프로이트의 은유적 이분법과 어느 정도 유사하다. 구체적인 어법은 수정하더라도, 우리는 프로이트의 기본적인 은유를 사용할 수 있을 것이다. 실존주의자들은 진보와 후퇴, 높은 수준과 낮은 수준의 욕구 간에 일어나는 이러한 변증법을 다른 방식으로 설명하고 있다. 나는 이러한 설명 방식들에서 큰 차이는 발견할 수 없었다. 예외적으로, 나는 나 자신의 설명 방식을 경험적이고 임상적인 자료에 더 근접하고 검증 가능하도록 만들려고 애쓰고 싶다.

인간에 대한 실존주의의 딜레마
가장 완전한 인간성을 가진 사람조차도 인간의 기본적인 난제, 즉 피조물에 불과하면서 동시에 신과 같은, 약하면서 동시에 강한, 유한하면서도 동시에 무한한, 단지 동물에 불과하면서도 동시에 동물을 초월하는, 성인이면서도 동시에 아동인, 두려워하면서도 동시에 용기 있는, 진보하면서도 동시에 퇴행하는, 완전함을 갈망하면서도 동시에 그것을 두려워하는, 벌레 같으면서도 동시에 영웅으로 존재하는 등등의 난제를 결코 면제받지는 못했다. 이것이 바로 실존주의자들이 우리에게 끊임없이 말하려는 것이다. 이러한 딜레마와 그 안의 변증법적인 관계가 정신 역동과 심리 치료에 관한 모든 궁극적인 시스템의 근거가 된다는 증거로 미루어볼 때, 나는 우리의 의견도 실존주의자들과 같을 것이라 생각한다. 뿐만 아니라 나는, 그것이 모든 사실적인 가치 이론에서도 기본이 된다고 생각한다.

그러나 아리스토텔레스의 논리 형식("A와 A가 아닌 것은 서로 전적으로 다르고, 상호 배타적이다. 너는 둘 중 하나를 선택할 수 있다. 그러나 둘 다를 가질 수는 없다")에 근거해서 양분하고, 분할하고, 분리하는 3천 년이나 이어져온 우리의 오랜 습관을 버리는 것은 대단히 중요하고 심지어 결정적이다. 어렵겠지만 우리는, 원자적으로 생각하지 말고 전체적으로 생각하는 방식을 배워야 한다. 앞서 언급한 모든 '상반되는 것'들은 사실 위계적으로 통합되어 있으며, 특히 건강한 사람들에게 더욱 그렇다. 그래서 치료의 타당한 목적 중 하나는 외관상 양립할 수 없을 만큼 반대되는 것들을 양분하거나 분할하는 대신 통합하는 방향으로 나아가도록 하는 것이다. 우리에게 존재하는 신과 같은 기질에는 동물적인 욕구가 남아 있으며 그러한 욕구를 필요로 한다. 우리의 성인기는 유년기를 거부하는 것뿐만이 아니라 유년기의 좋은 가치를 포용하는 것이고, 유년기에 기초해서 구축된다. 궁극적으로, 양분하면 병적으로 되고, 병적으로 되면 양분하게 된다. (골트슈타인(55)의 분리(isolation)에 대한 설득력 있는 개념과 비교해보라.)[3]

가능성으로서의 내재적 가치

내가 언급한 바와 같이 우리는 부분적으로는 가치를 자신들 내부에서 발견한다. 그러나 또한 우리는 부분적으로는 그러한 가치를 창조하거나 선택한다. 우리가 살아가면서 추구할 가치를 이끌어내는 유일한 방법이 발견만은 아니다. 자신을 탐색했을 때 매우 분명한 어떤 것, 한쪽 방향만을 가리키는 손가락이나, 하나의 방법만으로 충족시킬 수 있는 욕구를 발견하는 것은 매우 드문 일이다. 거의 모든 욕구나 능력 그리고 재능은 다양한 방식으로 충족될 수 있다. 이러한 다양성은 제한되어 있으면서도 여전히 다양하다. 재능 있는 음악가는 클라리넷을 가지고 있을 때만큼 플루트를 가지고도 똑같이 행복할 수 있다. 위대한 지성인은 화학자나 심리학자로서만큼이나 생물학자로서 똑같이 행복할 수 있다. 선의를 가진 사람들에게도 전념해야 할 매우 다양한 목표나 의무가 있고, 이 다양한 일들은 동등한 만족감을 제공해준다. 인간 본성의 내적 구조는 뼈처럼 단단하기보다는 연골처럼 유연하다고 말할 수도 있다. 혹은 장애물을 이용해 인간 본성을 훈련하고 안내할 수 있고, 심지어 과일나무처럼 버팀목을 가지고 훈련하고 안내할 수도 있다.

  훌륭한 검사자나 치료자가 한 사람의 재능, 능력, 욕구가 무엇인지를 전체적으로 빨리 파악해서, 가령 매우 근사한 직업 지도를 그에게 제공할 수 있다 하더라도, 여전히 선택과 포기라는 문제는 남아

---

[3] 쿠르트 골트슈타인(1878~1965)은 신경정신병리학자였으며, 뇌를 손상당한 환자가 그러한 손상에 어떻게 대처하는지를 연구한 것으로 유명하다. 이러한 연구에 근거하여 그는 더욱 보편적인 심리학 이론을 확립하여, 유기체는 개별적으로 작동하는 부분들의 합이 아니라 통합되고 유기적으로 연결된 전체로서 기능하는 경향을 가지고 있음을 강조했다. 그 결과 정신병리와 그 밖의 여러 형태의 심리적 역기능 대부분은 개인의 특정한 측면, 특질, 혹은 성향이 전체에서 분리되어 파괴적인 기능을 하기 때문이라는 견해를 내놓았다. 또한 제3장 골트슈타인에 대한 원주를 보기 바란다.

있다.

더군다나, 성장하고 있는 사람이 주어진 기회나 문화적 칭찬 혹은 비난 등에 따라서 자신이 선택할 수 있는 운명의 범위를 희미하게나마 알게 될 때, 그리고 가령 의사가 되는 일에 점차 전념하게 될 때, 자기 노력과 자기 창조라는 문제가 발생한다. 수련, 성실, 쾌락의 지연, 자기 강제, 모방과 자기 훈련, 이 모든 것이 필수적인데, 심지어 '천부적인 의사'조차 마찬가지다. 그가 아무리 자신의 일을 좋아한다고 해도, 전체적인 일을 위해서는 견뎌야 할 잡일들이 남아 있기 마련이다.

다른 식으로 말해보자. 의사가 되어 자기실현을 하겠다는 것은 열등한 의사가 아니라 훌륭한 의사가 되겠다는 것을 의미한다. 확실히, 이러한 이상은 부분적으로는 자신이 창조한 것이고, 부분적으로는 문화가 준 것이고, 부분적으로는 자신의 내부에서 발견된 것이다. 그 사람이 생각하는 훌륭한 의사의 모습은 자기 자신의 재능, 능력과 욕구만큼이나 결정적으로 중요하다.

심층적 내부를 보여주는 치료들이 가치를 발견하는 데 도움이 될까?

하트만(61, p. 51, 60, 85)은 정신분석적 발견에서 합당한 도덕적 명령을 도출해낼 수 있다고 생각하지 않는다.[4] 여기서 '도출된(derived)'이라는 말은 무엇을 의미할까? 나는 정신분석 및 환자의 내적 욕구를 드러내주는 여타 치료법들이 내면적이고, 생물학적이고, 본능적인 인간 본성의 핵심을 단순히 밝히거나 노출시킨다고 주장하고 싶다. 취약할지라도 내재적이면서 생물학적으로 기초한 가치라고 할 수 있는 특정한 선호와 갈망이 이러한 핵심의 일부분이다. 모든 인간 본성의 핵심에는 기본 욕구가 들어 있고, 사람들의 타고난 재능과 능력도 마찬가지다. 이러한 것들은 '의무'나 '도덕적 명령'이 아니고, 적어도 오래된 외부적 의미에서 볼 때 더더욱 그러하다. 이러한 것들이 인간 본성에 내재해 있기 때문에, 거부되거나 좌절되었을 경우 정신병리, 즉 악을 만들어낸다. 이는 정신병리와 악이 서로 동의어는 아니지만, 확실히 서로 겹치는 부분이 있기 때문이다.

레드리히(Redlich, 109, p. 88)도 이와 비슷하게 말했다. "치료에서 탐구의 대상이 이데올로기가 되면, 이러한 치료는 실패할 수밖에 없는데, 왜냐하면 윌리스가 분명하게 언급한 것처럼 정신분석은 이데올로기를 제공해주지 않기 때문이다." 물론 우리가 '이데올로기'라는 단어를 글자 그대로 받아들인다면, 레드리히의 말은 사실이다.

그러나 지금까지 우리는 매우 중요한 것을 간과하고 있었다. 내부의 욕구를 드러내주는 치료법들이 이데올로기를 제공해주지는 않지만, 내재적 가치들의 유전적 소질이나 초기 모습을 밝혀주고, 있는 그대로의 모습을 보여주는 데는 확실히 기여할 수 있다.

---

4 나는 여기에 실질적으로 어느 정도 의견 차이가 있는지 확신할 수 없다. 예를 들면 하트만의 저서에 실린 글은 앞서의 내 주장과 일치하는 것처럼 보이고, 특히 그가 '진정한 가치'를 강조한다는 점에서는 더욱 그러하다.
다음에 제시하는 포이어(Feuer)의 간명한 글(43, pp. 13~14)과 비교해보라. "진정한 가치와 허구적 가치의 구분은 유기체의 근본적 욕구를 표현하는 가치와 불안이 야기한 가치의 구분과도 같다. 이것은 자유로운 성격을 표현하는 가치와 두려움 그리고 금기를 통해 억압된 가치의 차이를 보여준다. 윤리 이론의 기초가 되고, 인간의 행복을 실현하기 위한 응용사회과학 발전에 기초가 되는 것이 바로 이러한 구분이다."

즉 심층적인 내면을 보여주는 치료자는, 환자가 자신이 희미하게나마 추구하고, 갈망하고, 필요로 하는 가장 심층적이고 본질적인 가치가 무엇인지 발견하도록 도움을 줄 수 있다. 따라서 윌리스(174)의 주장과는 달리 나는, 올바른 치료가 가치를 탐색하는 것과 관련되어 있다고 주장한다. 심지어 머지않아 치료를 가치에 대한 탐색으로 정의할 수도 있다고 생각한다. 왜냐하면 정체성에 대한 탐색은 자신의 내재적이고 진정한 가치를 탐색하는 것과 본질적으로 같기 때문이다. 특히 자신에 대한 지식의 증가(그리고 자신의 가치에 대한 명료성)는 다른 사람과 현실에 대한 전반적인 지식의 증가(그리고 그들의 가치에 대한 명료성)와 일치한다는 사실을 기억할 때, 이러한 점은 더 분명해진다.

마지막으로, 오늘날에는 자신에 대한 지식과 윤리적 행위 (그리고 가치에 대한 몰입) 간에 존재하는 (많은 사람들이 생각하기에) 큰 간극을 지나치게 강조하고 있다. 나는 이것이 다른 유형의 특성에서와는 달리 윤리적 측면에서 사고와 행동을 강박적으로 구별하려는 증상이라고 생각한다.(그러나 32를 볼 것) 이러한 증상은 철학자들 사이에서 오랫동안 존재해온 이분법, 즉 '존재'와 '당위' 간의, 사실과 규준 간의 이분법에도 적용할 수 있다.

건강한 사람, 절정경험 상태에 있는 사람, 그리고 자신의 진정한 강박적 특성과 히스테리적 특성을 통합할 수 있는 사람들을 내가 관찰해본 바에 따르면, 일반적으로 그들 사이에 서로 연결할 수 없을 만큼 단절이나 간극은 없다. 그런 사람들의 경우, 일반적으로 자신에 대한 확실한 지식은 자발적 행동이나 윤리적 몰입을 통해 즉시 실행

된다. 즉 어떤 일을 하는 것이 올바른 일인지 알 때, 그들은 그러한 일을 한다. 건강한 사람의 경우, 지식과 행동 간의 이러한 간극에 무엇이 남아 있을까? 이러한 간극 속에는 실체와 존재 속에 내재해 있는 것, 거짓 문제가 아닌 진정한 문제만이 존재한다.

내면의 깊은 것을 드러내주는 치료가 질병을 제거할 뿐 아니라 자신에 대한 가치를 드러내주는 합당한 기법이 되었을 경우에는 이러한 나의 생각이 어느 정도 타당할 수 있다.

제13장
건강: 환경에 대한 초월

이 장은 동부심리학회가 주관한 '긍정적 정신 건강에 관한 연구가 갖는 함의에 대한 심포지엄(1960. 4. 15)'에서 처음으로 발표한 내용이다.

나의 목적은, 오늘날 정신 건강에 관한 토론의 물결이 범람하는 가운데 잃어버릴 수도 있는 한 가지 핵심을 지켜내는 것이다. 나는 심리적 건강을 적응, 다시 말해 현실과 사회 및 다른 사람에 대한 적응과 동일하게 보는 관점이 새롭고 세련된 형식으로 부활하고 있는 것을 위험하게 생각한다. 즉 이러한 관점은 참되고 건강한 사람을 스스로의 권리와 자율성으로, 심리 내적이고 비환경적인 기준으로, 환경과는 다르고 독립적이며 반대되는 존재로 정의하는 대신, 환경 중심적인 용어, 가령 환경을 지배하고, 환경과 관련해서 유능하고, 적합하고, 유력하고, 경쟁력 있고, 훌륭한 일을 할 수 있고, 환경을 제대로 지각할 수 있고, 환경과 좋은 관계를 맺을 수 있고, 환경 속에서 성공할 수 있는 능력 등으로 정의한다. 그러나 직무 분석이나 업무 수행에서 필수적인 조건이 개인의 가치와 건강을 평가하는 주된 기준일 수는 없다.

   외적 기준뿐만 아니라 내적 기준도 있다. 건강한 정신을 이론적으로 정의하려 할 때 정신 외적인 것이 그 근거가 될 수는 없다. 훌륭한 유기체를 정의할 때, 그 유기체가 과연 무엇에 유익할 수 있는가 하는 측면에서 정의하려는 함정에 빠지지 말아야 한다. 이러한 관점에서는 유기체가 그 자체로서 중요한 것이 아니라 마치 어떤 외적인 목적을 달성하기 위한 하나의 수단처럼 되고 만다. (내가 이해하는 한, 마르크스주의 심리학 역시 정신은 현실의 반사경에 불과하다는 견해를 짧고 분명하게 표현하고 있다.)

나는 특히 《심리학 논평(Psychological Review)》에 실린 로버트 화이트의 최근 논문 〈동기의 재고찰(Motivation Reconsidered)〉(177)과 로버트 우드워스(Robert Woodworth)의 저서 《행동역학(Dynamics of Behavior)》(184)에 대하여 숙고하고 있다. 내가 이러한 책을 선택한 이유는 그러한 책들이 매우 훌륭하고 정교하며, 동기 이론을 크게 도약시켰기 때문이다. 동기 이론에 관해서는 나는 그들과 의견을 같이한다. 그러나 나는 그들이 충분히 멀리 나아가지는 못했다고 생각한다. 그들은 이미 은연중에 내가 언급한 위험성을 가지고 있었다. 즉 현실 적응의 모습을 볼 때 지배력, 영향력 및 유능성은 수동적이기보다는 능동적인 모습이긴 하지만, 이 역시 적응 이론의 변형일 뿐이다.

이러한 그들의 주장들은 칭찬받을 만하지만 우리는 이것을 뛰어넘어, 환경에서의 초월[1]과 독립, 환경에 대한 대항과 투쟁, 무시나 의존, 거부나 적응을 분명하게 인정해야만 한다. (나는 이러한 용어들이 가지는 남성적이고, 서구적이고, 미국적인 특성을 논의하고 싶다는 유혹을 뿌리치려 한다. 여성이나 힌두교도 혹은 프랑스인조차 근본적으로 지배력이나 유능성

---

[1] 더 좋은 대안이 없어서 '초월(transcendence)'이라는 말을 사용한다. '독립(independence of)'이라는 말은 단순하게 자신과 환경을 양분한다는 의미를 내포하고 있으므로 불완전한 말이다. 불행하게도, '초월'은 '더 낮은' 것을 일축하고 거부하는 '더 높은' 어떤 것을 함의하기 때문에, 이 용어 또한 사실과 달리 양분하고 있다. 다른 맥락에서, 나는 '이분법적 사고방식'을 '위계적으로 통합된 사고방식', 즉 더 높은 것이 더 낮은 것에 기초하고 의존하지만 그것을 포괄하는 사고방식과 반대되는 것으로 사용했다. 예를 들면 중추신경계나 기본적 욕구나 군대의 위계 구조는 위계적으로 통합되어 있다. 나는 여기서 '초월'이라는 말을 이분법적 의미가 아니라 위계적으로 통합된 의미에서 사용한다.

이라는 측면에서 사고할까?) 정신 건강 이론은 정신 외적인 성공만으로는 불충분하며, 정신 내적인 건강도 반드시 포함해야 한다고 언급한다.

다른 많은 사람들이 중요하게 여기지 않았다면 내가 무시해버렸을지도 모르는 또 하나의 예가 해리 스택 설리번(Harry Stack Sullivan)[2] 식의 노력이다. 그는 한 사람의 자기(Self)를, 단순히 다른 사람이 이 사람을 어떻게 생각하는가 하는 측면에서 정의하려 했는데, 이것은 개인의 건강한 특성들을 모두 제거한 극단적인 문화상대주의다. 이것이 미성숙한 사람에게는 적용되지 않는다는 의미가 아니다. 미성숙한 사람에게도 적용된다. 그러나 우리는 지금 건강하고 성숙한 사람을 말하고 있다. 이런 사람은 확실히 다른 사람의 의견을 초월하는 특성을 가지고 있다.

완전히 성숙한 (진정한, 자기실현하는, 개별화된, 생산적인, 건강한) 사람을 이해하려면, 자기와 자기가 아닌 것 사이의 차이를 인식해야 한다는 나의 확신을 구체적으로 뒷받침하기 위해서, 매우 간략하게 제시된 다음 사항들에 주목하기 바란다.

1) 우선 〈사회화에 대한 저항(Resistance to Acculturation)〉이라고 불

---

[2] 해리 스택 설리번(1892~1949)은 미국인으로 정신과 의사였으며, 정신분열증 연구 및 대인 관계를 강조하는 성격 이론으로 유명하다. 설리번은 소위 '자기(self)'와 '성격(personality)'은 주로 다른 사람과의 상호작용을 통해 만들어진다는 입장을 창시한 주요 인물이다. 그의 저서 《정신의학에 관한 대인간 이론(Interpersonal Theory of Psychiatry)》(New York : Norton)》(1953)을 볼 것.

리는 1951년 논문에서 내가 제시한 자료 몇 가지를 언급하겠다.(96) 나는 건강한 연구 대상자들에게 겉으로는 관습을 수용하되 내적으로는 그것에 대해 무관심하고, 무시하고, 초연하라고 말했다. 즉 그들은 관습을 수용할 수도 있고 버릴 수도 있었다. 실질적으로 그들 모두는 문화가 가지는 어리석음과 불완전함을 차분하고 상냥하게 거부하면서, 그것을 개선하려고 크고 작은 노력을 하는 것을 볼 수 있었다. 필요하다고 생각할 경우, 그러한 관습과 강력하게 싸울 수 있는 능력도 지니고 있었다.

앞의 논문을 인용하면 "애정이나 승인, 적대감과 비판 모두를 다양하게 가지고 있는 것으로 볼 때, 그들은 자신들의 관점에서 미국 문화가 지닌 좋은 점을 수용하고 나쁜 점을 거부한다는 것을 알 수 있다. 한마디로 그들은 심사숙고해서 (자신의 내적 기준에 근거해) 미국 문화를 판단한 다음, 자기 자신이 의사 결정을 내린다."

또한 내 연구 대상자들은 일반적으로 타인에 대해 놀랄 만큼 초연해 있었으며, 사생활을 매우 중요시했고 심지어 사생활에 대한 욕구를 지니고 있었다.(97)

"이런저런 이유로 그들을 자율적인 사람, 가령 사회의 규칙에 지배받기보다는 자기 자신의 규칙에 지배받는 사람이라고 볼 수 있다(이 두 규칙이 서로 다른 한). 그들이 미국 사람일 뿐만 아니라, 크게 봐서 인간 종의 한 일원이라는 것은 바로 이런 의미에서이다. 그래서 나는 "이러한 사람들은 '민족적인 특성'을 덜 가지고 있을 것이다. 또한 그들은 자신의 문화 속에서 덜 발달된 사람들에 비해 여러 문화 간에 존재하는 유사한 요소를 더 많이 지니고 있을 것이다"[3]라고 가정한다.

    나는 여기서 이러한 사람들의 초연함, 독립성, 자치적인 특성, 삶을 이끌어가는 가치와 규칙을 자신의 내부에서 찾는 경향성 등을 강조하고자 한다.

2) 게다가 이렇게 사람을 분류하는 것은, 자신의 내부로 들어가고 내부의 목소리를 들으려고 외부 세계를 외면하는 명상, 묵상 및 이와 비슷한 형태를 지닌 다른 모든 것들에 대한 이론적 기반을 구축하는 데 많은 도움이 된다. 명상이나 묵상과 비슷한 이러한 형태에는 통찰 치료의 전체 과정들도 포함되는데, 여기서 세상을 외면하는 것은 필수 조건이며, 환상 혹은 일차적 과정을 통해서, 즉 심리 내적인 것 전반에 대한 회복을 통해서 건강에 이르게 된다. 정신분석적 치료는 가능하면 문화를 초월하려 한다. (충분히 논의하면서, 나는 의식 그 자체에 대한 향유 그리고 경험적 가치를 옹호하는 주장을 분명히 했다.(28, 124))

---

[3] 이러한 종류의 초월을 보여주는 예가 월트 휘트먼이나 윌리엄 제임스인데, 그들은 전적으로 미국인이면서도 또한 문화를 초월해 있고 인간 종 전체의 국제적 구성원들이다. 그들은 미국인임을 무시해서 국제적 인물이 된 것이 아니라, 그들이 바로 그러한 미국인이기 때문에 그러한 인물이 되었다. 마찬가지로, 유대인 철학자 마틴 부버도 유대인 그 이상이었다. 전적으로 일본인인 호쿠사이는 세계적인 예술가였다. 아마도 어떠한 예술가도 뿌리가 없을 수는 없다. 지역적인 예술은 지역에 뿌리를 둔 예술과는 다른데, 전자와 달리 후자는 널리 보편적이 될 수 있다. 우리는 여기서 피아제(Piaget)가 연구한 아동을 떠올릴 수도 있는데, 둘 간의 포함 관계를 이해하고 이 둘을 한꺼번에 위계적으로 통합할 수 있을 만큼 성숙한 후에야, 이 아동은 제네바와 스위스를 한꺼번에 생각할 수 있다. 올포트(3)가 이러저러한 예를 제시하고 있다.

3) 내가 생각하기에 최근 들어 높아진 건강, 창조성, 예술, 놀이, 사랑에 관한 관심을 통해 우리는 심리학 일반에 대해 많은 것을 배웠다. 논의의 목적을 달성하기 위해서, 나는 이러한 관심이 가져온 다양한 결과들 가운데 하나를 특히 강조하고 싶다. 그것은 바로 심층적 인간 본성, 즉 원시적이고 비현실적이며, 상징적이고 무의식적인 일차적 사고 과정에 대한 태도가 변했다는 것이다. 건강하지 못한 것의 근본적 원인이 무의식에서 처음 발견되었기 때문에 우리에겐 늘 무의식은 나쁘고, 사악하고, 비합리적이고, 지저분하거나 위험하며, 일차적 과정은 진실을 왜곡한다고 생각하는 경향이 있어왔다.

그러나 지금은 이러한 심층적 본성들도 창조성, 예술, 사랑, 유머와 놀이, 심지어 특정한 유의 진실과 지식의 원천이 될 수 있음을 알기 때문에, 우리는 건강한 무의식적 혹은 의식적 퇴행을 논의할 수 있다. 특히 우리는 일차적 사고 과정에서의 인지, 즉 원시적이거나 비현실적인 사고를 병리적이라기보다는 가치있는 것으로 볼 수 있게 되었다. 이차적 과정에서는 자기뿐만 아니라 세상에 대한 특정한 지식을 깨달을 수 없는데, 이제 그러한 지식을 얻기 위해 일차적 과정의 인지를 조사하는 것이 가능해졌다. 이러한 일차적 과정은 정상적이고 건강한 인간 본성의 일부이기 때문에, 건강한 인간 본성에 관한 총체적인 이론은 이러한 과정을 포함해야 한다.(84, 100)

여러분이 이러한 점에 동의한다면, 그 다음엔 일차적 사고 과정이 심리 내적이고, 자체적으로 고유한(autochthonous) 법칙과 방식을 가지고 있다는 사실, 그리고 기본적으로 일차적 사고 과정이 외부 현실에 적응하거나, 그러한 현실에 의해 형성되거나, 혹은 그러한 현실에 대처하기 위한 것이 아니라는 사실과 씨름해야 한다. 성격 중에서 상대적으로 피상적인 층들이 분화되어 나온 이유는 그러한 현실과 관련된 문제를 다루기 위해서다. 정신 전체를 환경에 대처하는 수단으로 생각하는 것은 감히 더는 상실할 수 없는 것을 상실하는 것이다. 적합성, 조절, 적응, 역량, 지배력, 대처, 이 모든 것은 환경 지향적인 말들이기 때문에, 인간의 모든 정신을 기술하는 데 부적합하다. 인간 정신의 일부는 환경과 아무 상관이 없다.

4) 인간 정신이 가지고 있는 측면을 환경에 적응하는 측면과 자기 표현적인 측면으로 구분하는 것 또한 중요하다. 나는 모든 행동은 동기를 가지고 있다는 원리를 매우 다양한 근거에 기초해 문제 삼아왔다. 내가 여기서 강조하는 것은 표현적 행동이 동기를 가지고 있지 않거나 혹은 대처 행동보다 동기의 영향을 덜 받는다('동기를 가지고 있다'라는 말이 의미하는 바가 무엇이냐에 따라 다르긴 하지만)는 것이다. 표현적 행동 중에서 더 순수한 형태는 환경과 거의 상관이 없으며, 환경을 변화시키거나 환경에 적응하려는 목적을 가지고 있지 않다. 적응, 적합성, 유능성이나 지배력 등의 말은 오로지 대처 행동에만 적용되지, 표현적 행동에는 적용되지 않는다. 인간의 전체적인 본성을 현실 중심적으로 보는 이론은 표현적 행동을 다루거나 포괄하는 것을 많이 어렵게 한다. 표현적 행동을 이해하기 위한 핵심은 내적 심리에 근거한

다.(97, 11장)

5) 업무에 초점을 두면, 유기체 내부와 환경에서 효율성을 추구하는 구조가 나타난다. 효율성과 무관한 것은 주류에서 벗어나 주목받지 못한다. 목적과 목표는 효율성에 관련된 다양한 능력과 정보를 주도적으로 준비시킨다. 이것은 중요성에 대한 정의를 문제 해결에 도움이 되는가 하는 유용성 측면에서 결정한다는 것을 의미한다. 선택은 피할 수 없게 된다. 어떤 것에 대한 무시, 무관심, 배제를 의미하는 제거 역시 마찬가지다.

그러나 동기에 의한 지각이나 업무 지향 그리고 유용성 측면에서의 인지는 모두 효율성 및 유능성(화이트는 '환경과 효과적으로 상호작용할 수 있는 유기체의 능력'을 유능성이라고 정의한다)과 관련되어 있는데, 여기에는 간과된 무언가가 있다. 즉 나는 인지가 완전하려면 초연해야 하고, 사심이 없어야 하고, 욕구가 없어야 하며, 동기가 없어야 함을 밝혀왔다. 이러한 상태에서만이 '유용성' '위협' 등의 측면에서 대상을 지각하는 것이 아니라, 대상 자체의 객관적이고 내재적인 특성을 있는 그대로 지각할 수 있기 때문이다.

우리가 환경을 지배하거나 환경에 영향력을 행사하고자 노력하는 바로 그만큼 우리는 완전하고, 객관적이며, 초연하고, 자유롭게 인지할 수 있는 가능성을 제거하는 것이다. 환경을 있는 그대로 존재할 수 있게 허용할 때에만, 우리는 그것을 완전하게 지각할 수 있다. 다시 심리 치료의 경험을 인용하면, 진단을 하고 실행 계획을 만들고자 노력하면 할수록, 우리는 더 더욱 도움을 줄 수 없게 된다. 치료하고자 노력하면 할수록, 더 오랜 시간이 걸린다. 모든 정신의학 연구자들은 치료하려고 노력하지 않는 것, 조급해하지 않는 것을 배워야 하다. 이런 상황 혹은 그 밖의 많은 상황에서, 굴복하는 것은 극복하는 것이고, 하찮게 되는 것은 성공하는 것이다. 이러한 길을 가고 있는 도교 신자들과 선불교자들은 우리 심리학자들이 이제 막 깨닫기 시작한 것들을 이미 천년 전에 알고 있었다.

그러나 세상의 존재(Being)에 대한 이런 종류의 인지(B-인지)는 건강한 사람들에게서 더 자주 찾아볼 수 있고, 심지어 건강을 규정하는 중요한 특성으로 판명될 수도 있다는 나의 예비적인 발견은 매우 중요하다. 나는 이러한 B-인지를 절정경험 (일시적 자기실현) 상태에서도 발견할 수 있었다. 이는 환경과의 건강한 관계에서조차 지배력, 유능성, 효율성 등의 말이 건강이나 초월이라는 개념보다는 훨씬 더 적극적으로 목적을 달성하려는 의도를 시사하고 있음을 함축한다.

무의식적인 과정에 대한 이러한 태도 변화가 초래하는 결과 가운데 하나로, 감각 박탈이 건강한 사람들에게는 위협적인 것이 아니라 즐거운 것일 수 있다고 가정해볼 수 있다. 즉 외부 세계에서 단절되는 바람에 내적 세계가 의식으로 들어오면, 건강한 사람들은 내적 세계를 더 수용하고 즐기기 때문에, 그러한 사람들이 감각 박탈을 즐길 가능성이 더 크다.

6) 마지막으로, 요점을 놓치지 않도록 확실히 하기 위해서 나는 다음과 같은 점을 강조하고 싶다. 첫째, 진정한 자기를 찾기 위

해 자신의 내부에 주목하는 것은 일종의 '주관적인 생물학'이다. 왜냐하면 그러한 주목에는 자신의 체질적·기질적·해부적·생리적·생화학적인 욕구, 재능, 반응, 가령 자신의 생물학적 개성을 인식하려는 노력이 포함되어 있기 때문이다.

둘째, 그러나 매우 모순되게 들릴 수도 있지만, 이러한 내부에 주목하면 자신이 속한 종의 특성, 인간 종의 다른 구성원들과 자신이 공유하고 있는 특성들을 경험할 수도 있다. 즉 다른 사람들의 외적인 환경에 상관없이, 우리가 그들과 생물학적 형제애를 경험할 수 있는 방법이 이것이다.

요약

이러한 점들은 우리에게 건강 이론에 관해 다음과 같은 점을 가르쳐 준다.

1) 우리는 자율적인 자기 혹은 순수한 정신을 잊지 말아야 한다. 그것을 단지 적응 수단으로 취급해서는 안 된다.
2) 우리와 환경과의 관계를 다룰 때조차, 환경과의 지배적 관계뿐만 아니라 수용적인 관계를 위한 이론적 기반을 만들어야 한다.
3) 심리학은 부분적으로는 생물학의 한 분야고, 부분적으로는 사회학의 한 분야다. 그러나 심리학은 그뿐만이 아니다. 심리학은 그 자체로 독특한 관할 영역을 가지고 있는데, 외부 세계를 단순히 반영하고 적응하는 것이 아닌 정신의 일부분이 바로 그 영역이다.

제6부

앞으로의 과제
Future Tasks

제14장

성장에 관한 몇몇 기본적 제안과 자기실현 심리학

매슬로는 '이 장에 제시한 제안들이 이 책과 이전에 쓴 책 전체에 대한 요약'이라고 《존재의 심리학》 머리말(제1판)에서 언급하고 있다. 이 장의 초고는 대부분 1958년에 작성되었다.

인간에 대한 철학(인간의 본성, 목표, 잠재력, 자기실현)이 변하면, 정치, 경제, 윤리와 가치, 대인 관계 및 역사 자체에 대한 철학이 변한다. 뿐만 아니라, 교육과 심리 치료 및 개인적 성장에 대한 철학, 인간이 성취할 수 있고 또 성취해야 할 필요성이 있는 것을 성취하도록 돕는 방법에 관한 이론 등 모든 것이 변한다.

지금 우리는 인간의 능력, 잠재력 및 목표에 관한 철학들이 변화하는 한가운데 서 있다. 인간의 가능성과 운명에 대한 새로운 시각이 등장하고 있고, 그러한 새로운 시각은 교육뿐만 아니라 과학, 정치, 문학, 경제, 종교, 및 심지어 인간 이외의 세계를 이해하는 데 많은 것을 암시하고 있다.

인간 본성에 대한 그러한 새로운 관점의 상당 부분이 오늘날 가장 포괄적인 두 심리학, 즉 행동주의 (또는 연합주의)와 고전적 프로이트 학파의 정신분석이 지닌 (인간 본성에 대한 철학으로서의) 한계에 대한 반발로 나타나긴 했지만, 나는 그러한 관점을 전체적이고, 단일하며, 포괄적인 심리학으로 기술할 수 있다고 생각한다. 그러한 관점에 적합한 단 하나의 명칭을 찾는다는 건 여전히 어려운 일이며 어쩌면 시기상조일 수도 있다. 그러한 관점의 본질에 대한 확신을 표현하기 위해, 나는 과거에 이것을 '총체적-역동적(holistic-dynamic)' 심리학이라고 불렀다. 어떤 사람은 골트슈타인을 본떠 그러한 관점을 '유기체적' 심리학이라고 불렀다. 슈티취와 그 밖의 몇몇 사람들은 자기 심리학(Self-psychology) 또는 인본주의 심리학(Humanistic psychology)이라고 부른다. 어떻게 되는지 기다려보자. 나의 개인적인 생각은 이렇다. 즉 수십 년이 지난 후 그러한 관점이 적절히 절충되고, 포괄적인 상태에 있게 된다면 그러한 관점은 그저 단순히 '심리학'이라고 불리게 될 것이다.

매우 광범위한 영역에서 사상가들의 의견이 일치한다고 확신하지만 이 대규모 사상가 집단의 '공식적' 대표자로서가 아니라, 우선은 한 개인으로서 나 자신의 연구에 대해 말하는 편이 유용하리라 생각한다. 이 '제3세력' 연구에서 발췌한 것들이 참고문헌에 수록되어 있다. 제한된 지면 때문에 나는 여기서 그러한 관점이 내세우는 주된 제안들 중 일부만을 제시하고자 한다. (이러한 제안들이) 많은 점에서 아직 경험적 자료를 통해 검증되지 않았음을 밝혀두는 바이다. 이러한 제안들 중 일부는 공식적으로 증명된 사실이라기보다는 개인적인 확신에 더 크게 근거하고 있다. 그러나 원론적으로 그러한 제안들의 옳고 그름을 증명할 수 있다.

1) 우리 각자는 본질적인 내적 본성, 즉 뚜렷한 유전적 결정 인자를 가지고 있듯이 본능적이고, 내재적이고, 주어진, '선천적인' 그리고 매우 지속적인 본성을 지니고 있다.

　　이러한 생물학적 요인이 자기의 일부를 결정할 뿐이고 또한 그러한 결정 과정이 너무나 복잡해서 간단하게 기술할 수 없다 하더라도, 우리가 지금 여기서 유전적이고, 선천적이며, 아주 초기에 획득하는 개별적인 자기의 뿌리에 대해 이야기하는 것이 이치에 어긋나지는 않는다.

　　어쨌든 개별적 자기의 뿌리는 완제품이라기보다는 오히려 '원 재료'이고, 이 원 재료에 개인, 그 개인에게 유의미한 타인, 그리고 그 개인의 환경 등이 영향을 미친다. 이러한 본질적인 내적 본성은 본능적인 기본적 욕구 및 능력과 재능, 해부학적 특성, 생리학적·기질적 균형, 태아기나 출생시의 손상, (생후 1년 이내의) 신생아기까지의 정신적 외상을 포함한다. 이러한 내적 핵심은 선천적 취향, 경향 또는 내적 경향성으로 나타난다. 생의 초기 몇 년 동안에 형성된 방어 및 대처기제, '생활 방식' 및 그 외 성격적 특질 모두를 본질적인 내적 본성에 포함시켜야 하는지는 여전히 논의해야 할 문제이다. 이러한 원 재료는 외부 세계와 접했을 때 매우 빠르게 자기로 성장하기 시작하고 곧 그 세계와 상호작용한다.

2) 본질적인 내적 본성들은 잠재적인 것이지 최종적으로 실현된 것이 아니다. 따라서 이러한 본성들은 생활사(life history)를 가지고 있으며 발달적으로 연구해야 한다. 주로 (전부가 아니라) 외적·심적 결정 요인들(문화, 가족, 환경, 학습 등)이 이러한 본성들을 실현하거나, 구체화하거나, 혹은 억누른다. 생의 아주 초기에, 정해진 목표 대상이 없는 이러한 충동과 경향성은 특정한 배출구를 통해서뿐만 아니라 (122) 임의적인 연합 학습을 통해 특정 대상에 달라붙는다.('감성')

3) 비록 이러한 내적 본성의 핵심이 생물학적 기반에 근거하고 있고 '본능적'일지라도 한편으로 그 핵심은 강력하다기보다는 취

약하다. 그러한 내적 핵심을 손쉽게 무기력하게 만들거나, 억압하거나 또는 억제할 수 있다. 심지어 이러한 내적 핵심을 영원히 소멸시킬 수도 있다. 인간은 더는 동물적 의미에서의 본능, 즉 그들에게 무엇을, 언제, 어디서, 어떻게, 누구와 함께 해야 할지를 명확하게 말해주는 강력하고, 명백한 내적 목소리를 가지고 있지 않다.

우리에게 남겨진 것은 모두 본능의 잔여물이다. 더욱이 이러한 잔여물은 약하고, 미미하고, 허약하며, 학습, 문화적 기대, 두려움, 거부 등에 의해 매우 쉽게 사라진다. 본능의 잔여물들을 파악하기란 매우 어렵다. 자신이 정말 원하는 것과 원하지 않는 것, 자신이 어떤 일에 적합하고 어떤 일에 적합하지 않은지 등을 아는 것과 같이, 부분적으로는 진정한 자기가 된다는 것은 자기 안에 있는 이러한 충동들의 목소리를 들을 수 있는 것이라고 정의할 수 있다. 이러한 목소리의 강도는 개인에 따라 폭넓게 다른 것 같다.

4) 각 개인의 내적 본성에는 종 전체가 지닌 몇몇 특성뿐만 아니라 그 개인 고유의 독특한 특성들도 들어 있다. 애정의 욕구는 (비록 특정 상황에서 사라질 수 있다 하더라도) 살아 있는 모든 인간의 특성이다. 그러나 음악적 천재성은 극소수 사람에게만 주어지고, 또한 모차르트와 드뷔시처럼 그 유형도 서로 매우 다르다.

5) 이러한 내적 본성을 과학적·객관적으로 (즉 제대로 된 종류의 '과학'으로) 연구하여 발견하는 것(만들어내거나 구성하는 것이 아니라 발견하는 것)이 가능하다. 또한 내적 탐색과 심리 치료를 통해

내적 본성을 주관적으로 연구하여 발견하는 것도 가능하다. 이 두 가지 일, 즉 과학적·객관적인 연구와 주관적 연구는 서로를 보완해주고 지지해준다. 인본주의적 과학철학을 확장한 인본주의 심리학은 이러한 경험적 기법들을 포함해야만 한다.

6) 사람들은 자기 내부의 심층적 본성이 갖고 있는 많은 측면들을 (a) 프로이트가 기술한 것처럼 능동적으로 억압한다. 왜냐하면 그들은 이러한 측면들을 두려워하거나, 인정하지 않거나, 혹은 이러한 측면이 자아와 부합하지 않기 때문이다. 또는 (b) 샥텔이 기술한 것처럼, 사람들은 이러한 측면들을 '망각한다'(무시하고, 사용하지 않고, 간과하고, 말로 표현하지 않거나 억압한다). 따라서 더욱 심층적인 내적 본성의 많은 부분은 무의식적이다.

이것은 프로이트가 강조한 것처럼 충동(추동, 본능, 욕구)의 경우뿐만 아니라 능력, 정서, 판단, 태도, 정의, 지각 등의 경우에도 적용될 수 있다. 능동적 억제는 노력을 필요로 하고 에너지를 소비한다. 부정, 투사, 반동 형성 등과 같이 능동적 무의식을 유지하는 구체적 기법들이 많이 있다. 그러나 억압은 억압 대상을 완전하게 없애지는 않는다. 여전히 억압 대상은 사고와 행동의 능동적 결정 요인으로 존재한다.

능동적 억압과 수동적 억압은 둘 다 생의 초기에 주로 부모의 비난과 문화적 비난에 대한 반응으로 시작되는 것 같다. 그러나 아동기 초기나 청소년기의 억압이 심리 내적 원천 및 문화 외적인 원천, 가령 자신의 충동에 의해 압도당할 수도 있다는 두려움, 혹은 해체되거나 '분열'되거나 폭발할 수도 있다는 두려움에 기인한다는 몇몇 임상적 증거가 있다. 아동이 자발적으로 자신의 충동을 두려워하고 거부하는 태도를 형성하여 다양한 방식으로 이러한 충동에서 자신을 방어하는 것이 이론적으로 가능하다. 이것이 사실이라면, 사회가 억압하는 유일한 세력일 필요는 없다. 억압하고 통제하는 심리 내적인 힘이 존재할 수 있다. 우리는 이것을 '내재적 반(反)카섹식스(intrinsic counter-cathexes)'*라 부를 수 있다.

무의식적 추동과 욕구를 무의식적 인지와 구분하는 것이 최선이다. 왜냐하면 종종 후자를 의식 수준으로 끌어올리는 것이 더 쉽고 따라서 수정하기도 더 쉽기 때문이다. 일차적 과정의 인지(Freud)나 원시적 사고(Jung)는, 가령 창조적 예술 교육, 무용 교육 및 그 외 비언어적 교육 기법들을 통해 좀더 회복 가능하다.

7) 평범한 미국인의 경우, 이러한 내적 본성은 '미약하면서도' 좀처럼 사라지거나 없어지지 않는다(그러나 인생 초기에는 이러한 본성이 사라지거나 없어질 수 있다). 내적 본성을 거부하거나 억압하더라도, 그러한 본성은 무의식적으로 숨어서 지속적으로 존재

---

* 에너지 집중(cathexes)은 그리스어에서 유래된 용어로, Besetzung이라는 독일어를 영어로 번역한 것이다. 프로이트는 이 용어에 대해 정의 내리지 않은 채 증가, 감소, 대체, 방출이 가능한 정신 에너지 개념을 설명할 때 이 용어를 사용했다. 마치 전기 에너지가 신체의 표면에 퍼지듯이 정신 에너지가 생각의 기억 흔적에 퍼질 수 있다는 것으로, 이는 무의식적 정신 활동의 상대적인 강도를 나타낸다. 그는 반집중(anticathexes) 또는 역집중(countercathexes)이라는 반대적 개념을 사용해서 심리적 갈등이나 상태를 양적으로 설명하고자 했다.

한다. (내적 본성의 일부인) 지성의 목소리처럼, 내적 본성이 부드럽게 속삭이더라도, 사람들은 이러한 소리를 심지어 왜곡된 형태로라도 반드시 듣게 된다. 즉 내적 본성은 그 자체로 역동적인 힘을 가지고 있어서, 제약받지 않고 개방적으로 자신을 표현하도록 그 개인에게 요구한다. 그리고 내적 본성을 억압하거나 억제하기 위해서 노력을 해야 하기 때문에 결과적으로 피로가 발생한다. '건강에 대한 의지', 성장에 대한 충동, 자기실현에 대한 압박감, 자신의 정체성에 대한 탐구가 내적 본성의 주된 특징으로서 이러한 역동적 힘을 가지고 있다. 원론적으로 심리 요법, 교육 및 자기 증진을 가능케 하는 것이 바로 이러한 힘이다.

8) 그러나 이러한 내적 핵심 또는 자기가 성장해갈 때, 이전부터 '그곳에' 존재해 있는 것을 (객관적 또는 주관적으로) 발견하고, 드러내고, 수용함으로써 이루어지는 성장은 단지 일부분에 불과하다. 그러한 성장은 부분적으로는 그 개인 자신의 창조물이기도 하다. 한 사람에게 인생은 선택의 연속으로, 여기서 선택의 주된 결정 요인은 (자신을 위한 목표, 용기 혹은 두려움, 책임감, 자기 강도 혹은 '의지력' 등을 포함하여) 그 사람 자신이다. '완전히 결정된'이라는 말이 '개인의 외부에 존재하는 힘에 의해서만 결정되는' 존재임을 함축하는 한, 우리는 더는 그 사람을 '완전히 결정된' 존재로 볼 수 없다. 그 사람이 진짜 사람인 한, 그 사람은 자기 자신을 결정하는 주된 요인이다. 모든 사람의 인생은 부분적으로는 '자기 자신이 수행해야 할 프로젝트'이며,

모든 사람 자신이 자기의 인생을 만들어간다.

9) 그 사람의 본질적인 핵심(내적 본성)을 좌절시키거나, 거부하거나, 억압하면, 때로는 분명한 형태로, 때로는 미묘하고 우회적인 형태로, 때로는 즉각적으로, 때로는 시간이 흐른 후에 질병을 유발한다. 이러한 심리적 질병은 미국정신의학회(American Psychiatric Association)가 나열한 질병보다 훨씬 더 많다. 예를 들면 요즘은 성격 이상과 성격 장애가 고전적 신경증이나 심지어 정신질환보다도 세상의 운명에 훨씬 더 중요한 것으로 보인다. 이러한 관점에서 보면, 가령 '위축되거나 혹은 발육이 저하된 사람', 즉 인간성을 결정하는 중요한 특성의 상실, 잠재력만큼 성장하지 못하는 것, 무가치함 등과 같은 새로운 종류의 질병들이 가장 위험하다.

즉 성격과 관련된 일반적인 질병은 성장이나 자기실현 혹은 완전한 인간성에 도달하지 못한 증거로 보인다. 그리고 질병의 (유일한 원인은 아닐지라도) 주된 근원이 특히 생애 초기에서의 (기본 욕구, B-가치, 개체 특정적 잠재력, 자기 표현 및 자신의 방식과 속도대로 성장하고자 하는 개인의 경향성의) 좌절이라고 생각된다. 하지만 기본 욕구의 좌절이 질병이나 인간 쇠퇴의 유일한 원인은 아니다.

10) 우리가 지금껏 알고 있는 한, 분명히 이러한 내적 본성은 근본적으로 '악한' 것이 아니라, 우리 문화의 성인들이 '선'이라고 부르는 것이거나 중립적인 것이다. 이를 가장 정확하게 표현하면, 내적 본성은 '선과 악보다 우선한다.' 우리가 유아와 아동

의 내적 본성을 얘기한다면, 이 점에 대해서는 의문의 여지가 거의 없다. 그러나 성인 내부에 여전히 존재하고 있는 '유아(적 특성)'에 대해 말할 경우, 이 말은 훨씬 더 복잡해진다. 또한 그 사람을 D-심리학이 아닌 B-심리학의 관점에서 보면, 이 점이 훨씬 더 복잡해진다.

인간 본성의 진실을 드러내고 밝혀주는 모든 기법이 이러한 결론을 지지한다. 심리 치료, 객관적 과학, 주관적 과학, 교육과 예술. 예를 들면 결국 노출 치료는 악의, 두려움, 탐욕 등을 감소시키고, 애정, 용기, 창조성, 친절, 이타심 등을 증가시기 때문에, 전자보다는 후자가 인간 본성에서 '더 심층적이고', 더 천부적이며, 더 본질적이라는 결론을 내릴 수 있다. 즉 노출은 우리가 '나쁜' 행동이라고 부르는 것을 감소시키거나 제거하는 반면에, 우리가 '좋은' 행동이라고 부르는 것을 강화하고 촉진한다.

11) 프로이트식의 초자아를 내재적 양심 및 죄의식과는 구별해야 한다. 원론적으로 전자는 자기 자신이 아닌 다른 사람들, 가령 아버지, 어머니, 교사의 승인이나 거부를 자아 속으로 받아들인 것이다. 이때 죄의식은 타인들의 거부에 대한 인식이다.

내재적 죄의식은 자신의 내적 본성 혹은 자기에 대한 배반, 즉 자기실현으로 가는 행로에서 이탈한 데 따른 결과이고, 본질적으로는 정당한 자기 비난이다. 따라서 내재적 죄의식은 프로이트식의 죄의식보다는 문화적으로 덜 상대적이다. 내재적 죄의식은 '사실이거나' '정당하거나' '정확하고 틀림없거나' 또는 '옳다'. 왜냐하면 그것은 우연적이거나 임의적인 혹은 순전히 상대적인 특성이라기보다는 그 사람 내부의 심오하고 진정한 것과의 불일치에 따른 것이기 때문이다. 이런 식으로 볼 때, 내재적 죄의식을 마땅히 가져야 할 경우 그러한 죄의식을 가지는 것은 그 사람의 발달을 위해 좋을 뿐만 아니라 심지어 필수적이다. 내재적 죄의식은 어떤 대가를 치르더라도 회피해야 할 단순한 증상이 아니라, 오히려 진정한 자기 및 그런 자기의 잠재성을 실현하는 방향으로 성장하는 데 필요한 내적 지침이다.

12) '사악한' 행동은 주로 부당한 적대감, 잔인함, 파괴, '비열한 공격성'을 의미한다. 우리는 이에 대해 충분히 알지 못한다. 이러한 적대적 성질이 본능적인 것이라면, 인류의 미래는 단 하나의 모습만을 보여줄 것이다. 그러나 그것이 반응적인 것(부당한 대우에 대한 반응)이라면, 인류의 미래는 매우 다른 모습이 될 것이다. 지금까지 유력한 증거들은 무차별적이고 파괴적인 적대감이 반응적인 것임을 보여주고 있다는 게 내 의견이다. 왜냐하면 노출 치료가 그러한 적대감을 감소시키고, 그것을 '건강한' 자기 긍정, 추진력, 선택적 적대감, 자기 방어, 정당한 분노 등으로 변화시키기 때문이다. 어쨌든 공격적이고 화를 낼 수 있는 능력은 자기실현하는 모든 사람에게서 찾아볼 수 있다. 극단적 상황이 공격성이나 분노를 '요구할 때', 자기실현하는 사람들은 그러한 공격성이나 분노를 자유롭게 표현할 수 있다.

아동의 경우 상황은 훨씬 더 복잡하다. 적어도 우리는 건강한 아동 역시 정당하게 화를 내고, 자기를 보호하고, 자기를 주장할 수 있다는 것, 가령 반응적 공격성을 가지고 있다는 것을 알고 있다. 아마도 아동은 자신의 분노를 통제하는 방법뿐만 아니라 그러한 분노를 표현하는 시기와 방법에 대해서도 학습하는 것 같다.

또한 우리 문화가 사악하다고 생각하는 행동은 (아동의 경우든 혹은 성인 내부에 존재하는 억압되거나 '잊힌' 유아적 특성이든 간에) 무지 혹은 유치한 오해와 신념에서 비롯될 수 있다. 예를 들어 형제 간 경쟁의 근원은 부모의 애정을 독차지하고 싶은 아동의 소망에서 찾을 수 있다. 원론적으로, 성숙한 아이만이 어머니의 형제에 대한 애정과 자신에 대한 지속적인 애정이 서로 양립할 수 있음을 이해할 수 있다. 이렇듯 그 자체로 비난받을 만한 것은 아니지만, 사랑에 대한 유치한 해석에서 비애정적 행동이 나올 수 있다.

어쨌든 이 책에서 제시한 좀더 보편적이고 종(種) 전체적인 관점에서 볼 때, 우리 문화나 다른 문화가 나쁘다고 여기는 것들의 대부분을 실제는 나쁜 것으로 여길 필요가 없다. 인간성을 수용하고 사랑하면, 지엽적이고 자민족 중심적인 문제들은 간단히 사라질 것이다. 한 예를 들어보면, 성욕을 본질적으로 나쁜 것으로 보는 것은 인본주의적 관점에서 보면 너무나 터무니없는 일이다.

진선미, 건강이나 지성에 대하여 흔히 볼 수 있는 증오나 분노 또는 시기('가치에 반하는 것들')는 (전부는 아닐지라도) 주로 자존감의 상실이라는 위협에 따른 것이다. 가령 거짓말쟁이가 정직한 사람에게, 못생긴 소녀가 아름다운 소녀에게, 겁쟁이가 영웅에게 위협감을 느끼는 것과 같다. 우월한 사람들을 통해 우리는 우리 자신의 단점들과 직면하게 된다.

그러나 운명이 공정한가에 대한 궁극적인 실존주의적 질문은 이보다 훨씬 더 심오하다. 병에 걸린 사람은 자신보다 더 나을 것이 없는 건강한 사람을 시기할지도 모른다.

이러한 사례에서처럼 대부분의 심리학자들은 악한 행동을 본능적이기보다는 반응적인 것으로 본다. 이 말이 함축하는 바에 따르면, '나쁜' 행동이 인간 본성에 매우 깊이 뿌리 박혀 있어서 그것을 절대로 완전히 제거할 수는 없다고 하더라도, 인격이 성숙하고 사회가 발달하면서 그러한 행동이 감소할 것이다.

13) 여전히 많은 사람들은 '무의식' '퇴행' 및 일차적 인지 과정이 필연적으로 불건전하고, 위험하고, 나쁘다고 생각한다. 심리치료 경험은 그렇지 않다는 것을 우리들에게 천천히 가르쳐주고 있다. 우리의 심층적인 것들 역시 좋고, 아름답고, 바람직할 수 있다. 이 점 또한 애정, 창조성, 놀이, 유머, 예술 등의 원천을 연구하면서 나타난 일반적인 결과에서도 분명하다. 이러한 것들은 무의식과 같은 더 심층적인 내적 자기에 그 뿌리를 두고 있다. 우리가 이러한 것들을 회복하여 즐기고 사용하기 위해서는 '퇴행'할 수 있어야 한다.

14) 특정한 사람의 이러한 본질적인 핵심을 자기 자신 및 타인들이

근본적으로 수용하지 않고, 사랑하지도 존중하지도 않으면, 어떠한 심리적 건강도 불가능하다(이 말의 역이 반드시 참은 아니다. 가령 그러한 핵심을 존중한다고 해서 반드시 심리적으로 건강한 것은 아니다. 왜냐하면 다른 전제 조건들도 충족되어야 하기 때문이다).

연령상 미성년자의 심리적 건강을 건강한 성장이라고 칭한다. 성인의 심리적 건강은 자기 성취, 정서적 성숙, 개별화, 높은 생산성, 자기실현, 진정성, 충만한 인간성 등 다양한 말로 부른다.

건강한 성장은 부차적인 개념이다. 왜냐하면 오늘날에는 건강한 성장을 주로 '자기실현을 추구하는 성장'으로 정의하기 때문이다. 일부 심리학자(골트슈타인, 로저스)들은 단순히 인간 발달이 갖는 하나의 궁극적 목적, 목표, 혹은 경향이라는 측면에서 이야기하면서, 모든 미성숙한 성장을 자기실현에 도달하기 위해 거쳐야 할 단계에 불과한 것으로 간주한다.

자기실현에 대한 정의는 다양하지만, 한 가지 핵심 사항에 대해서는 모두가 동의하고 있다. 모든 정의가 수용하고 내포하는 바는 (a) 내적 핵심 혹은 자기에 대한 수용과 표현, 가령 이러한 잠재적 능력과 잠재적 가능성의 실현, '완전히 기능함', 인간적·개인적 본성의 이용 가능성 등이다. (b) 자기실현에 대한 정의들은 모두 건강 악화, 신경증, 정신병의 존재를 최소화하고 기본적인 인간적·개인적 능력의 상실이나 감소의 최소화를 시사한다.

15) 이러한 모든 이유 때문에 내적 본성을 억압하거나 억제하기보

다는 표출하고 장려하고 혹은 최소한이라도 인정하는 것이 최선이다. 순수한 자발성은 자기, 가령 정신적 에너지(psychic forces)를 최소화된 의식적 방해 속에서 자유롭게, 억제하거나 통제하지 않고, 신뢰하면서 즉흥적으로 표현하는 것이다.

정신 세계 밖의 사회와 자연계의 법칙 그리고 부수적으로는 정신 그 자체에 대한 두려움(내재적 반(反)카섹식스) 때문에 사람들은 통제하고, 의지력을 갖고, 조심하고, 자기 비판하고, 조치를 취하고, 심사숙고할 필요가 있다. 그런데 이러한 것들은 모두 내적 본성의 표현을 방해하는 것이다. 매우 포괄적으로 말하면, 정신에 대한 통제는 그 정신을 두려워하는 데 원인이 있는 것으로 대개는 신경증적이거나 정신병적이다. 혹은 그러한 통제는 본질적으로나 이론적으로 필연적이지는 않다. (수천 년 동안 그래왔듯이, 건강한 정신은 끔찍하거나 무서운 것이 아니기 때문에 두려워할 필요가 없다. 물론 건강하지 못한 심리는 또 다른 얘기다.) 보통 이러한 종류의 통제는 심리적 건강, 심도 있는 심리 치료, 더욱 심층적인 자기 이해와 자기 수용을 통해 감소한다. 그러나 정신에 대한 두려움 때문이 아니라 정신을 통합하고, 조직하고, 통일된 상태로 유지해야 할 필요성에서 비롯된 통제도 있다(본능적인 반(反)카섹식스).

그리고 아마도 또 다른 의미의 '통제' 역시 존재하는데, 가령 예술가, 지식인, 운동선수들이 고된 훈련을 해서 기술을 습득하는 것처럼 재능을 실현하고, 더욱 수준 높은 형태의 표현을 추구할 때 통제가 필요하다. 그런데 이러한 통제가 자아의 일부가 될 때, 결국 그러한 통제는 자발성의 한 측면으로 발전한다. 이처럼 바람직하고 필수적인 통제를 '합리적 통제(Apollonizing controls)'라고 부를 것을 제안한다. 왜냐하면 이러한 통제는 욕구 충족이 바람직하다는 점에 이의를 제기하는 것이 아니라 성욕, 섭식, 음주 등에서처럼 욕구 충족을 조직하고, 미화하고, 욕구 충족에 보조와 스타일을 맞추고, 욕구 충족을 음미하면서 기쁨을 고취하기 때문이다. 이러한 통제와 대조되는 것이 억제적 혹은 억압적 통제이다.

정신의 건강과 세계의 건강이 변할 때, 자발성과 통제 간의 균형도 변한다. 우리는 비정신적인 법칙이 지배하는 세계에 살고 있기 때문에, 순수한 자발성이 장기간 지속될 수는 없다. 꿈, 환상, 애정, 상상, 성욕, 창조의 첫 단계, 예술적 작업, 지적인 놀이, 자유연상 등에서 순수한 자발성이 가능하다. 순수한 통제가 영원히 가능한 것은 아니다. 왜냐하면 그럴 경우 정신이 죽기 때문이다. 그래서 교육은 통제 및 자발성과 표현 둘 다를 육성해야만 한다. 우리 문화에서 그리고 역사상 바로 이 시점에서 자발성을 증가시켜 균형을 바로잡을 필요가 있다. 즉 표현적인, 수동적인, 비의도적인, 의지와 통제보다는 과정을 신뢰하는, 즉흥적인, 창조적인 능력 등을 더 함양할 필요가 있다. 그러나 이와는 반대로 다른 문화나 다른 지역에서는 통제를 증가시켜 균형을 잡을 필요가 있었거나 앞으로 그럴 필요가 있을 수 있음을 인식해야 한다.

16) 건강한 아동이 정상적인 발달 과정에서 대부분의 시간을 정말

로 자유롭게 선택할 수 있다면, 그 아동은 자신의 성장에 유익한 것을 선택할 것이다. 왜냐하면 그 아동이 선택한 것은 맛이 좋고, 느낌이 좋고, 즐거움이나 희열을 주기 때문이다. 이것은 무엇이 자신에게 유익한지를 다른 누구보다도 그 아동이 더 잘 '알고 있음을' 시사한다. 허용적 통제 방식은 성인이 아동의 욕구를 직접적으로 충족시키는 것을 의미하지는 않는다. 대신에, 아동이 자신의 욕구를 스스로 충족시키고 스스로 선택할 수 있도록 해주는 것, 가령 있는 그대로 존재할 수 있도록 놔두는 것을 의미한다.

아동이 잘 성장하려면 성인이 그들을 충분히 믿어주고, 또한 자연적으로 성장하는 과정을 신뢰할 필요가 있다. 가령 너무 간섭하지 말고, 그들이 성장하게끔 만들려고 하지 말고, 미리 결정한 계획을 강요하지 말고, 권위적인 방식보다는 도교적인 방식으로 아동이 성장하게끔 있는 그대로 놔두고 성장을 도울 필요가 있다.

(이 말은 단순하게 들리지만, 실제로는 엄청나게 잘못 이해되는 말이기도 하다. 사실상 아동을 도교적 방식으로 있는 그대로 놔두면서 존중하기란 대부분의 사람들에게 매우 어려운 일이다. 그들은 이 말의 의미가 무조건적 허용, 방종과 과보호, 아동에게 물건을 제공하기, 아동에게 즐거운 놀이를 마련해주기, 아동을 모든 위험에서 보호해주기, 위험한 일을 못하게 하기 등으로 해석하는 경향이 있다.)

17) 대부분의 사람들이 주로 기본적 욕구의 좌절이 아니라 충족을 통해서 건강과 자기 만족에 이른다는 결론은, 자기, 운명, 자신

의 소명을 '수용한다'는 말과 상응한다. 이러한 결론은 인간의 심층적 내면이 기본적으로 그리고 본능적으로 사악하다는 믿음과 대조적인데, 이러한 인간 본성에 대한 부정적 믿음은 필연적으로 억압적 관리, 불신, 통제, 단속을 암시한다. 태아기의 삶은 전적으로 욕구 충족적이고 비좌절적이다. 오늘날에도 생의 첫해나 그 즈음 역시 기본적으로 충족적이고 비좌절적인 것이 좋다고들 일반적으로 생각한다. 금욕주의, 극기, 유기체의 요구를 의도적으로 거부하는 것은 적어도 서양에서는 유기체의 축소나 발육 저하 및 손상을 초래하는 경향이 있고, 심지어 동양에서도 예외적으로 강인한 극소수 사람들만이 그러한 금욕과 극기로 자기실현을 성취한다.

사람들은 이 말도 자주 오해한다. 그들은 대상, 사물, 소유물, 돈, 의복, 자동차 등을 지칭하면서 기본 욕구의 충족이라는 말을 너무나 자주 사용한다. 본래 이러한 것들은 신체적 욕구가 충족된 후에 나타나는 또 다른 기본 욕구들을 충족시키지는 못한다. 즉 이러한 것들이 (a) 보호, 안전, 방어에 대한 욕구 (b) 가족, 공동체, 친족, 패거리에 속하는 등의 소속감, 우정, 애정, 사랑에 대한 욕구 (c) 존중, 존경, 승인, 존엄, 자기 존중에 대한 욕구 (d) 재능과 능력의 완전한 발달을 위한 자유, 자기실현에 대한 욕구 등의 기본 욕구를 충족시키지 못한다. 이것은 매우 단순해 보이지만, 그 의미를 이해할 수 있는 사람은 이 세상 어디에서도 거의 찾아볼 없다. 의식주처럼 가장 기초적이고 가장 절박한 욕구들이 물질적인 것이기 때문에, '기본적'이면서도 더 상위에 있는 비물질적인 욕구들도 존재한다는 사실을 망각한 채, 사람들은 기본 욕구를 주로 유물론적 동기 심리학으로 일반화하는 경향이 있다.

18) 그러나 전적으로 좌절, 고통 혹은 위험이 없는 것 역시 위험하다. 좌절에 대한 인내심, 본질적으로 인간의 소망과 무관하게 물리적 현실을 지각할 수 있는 능력, (타인을 단지 수단으로 이용하지 않으려고) 타인들을 사랑하고 자신의 욕구 충족뿐만 아니라 그들의 욕구 충족도 향유할 수 있는 능력을 획득할 때, 사람들은 강해질 수 있다. 안전, 애정 및 존경에 관한 욕구를 충족시킬 수 있는 좋은 기반을 가진 아동은 단계적인 좌절을 통해 혜택을 얻고 그러면서 더욱 강해질 수 있다. 그 아동이 감당할 수 있는 것보다 더 커서 그를 압도하는 좌절이라면, 그러한 좌절은 정신적으로 상처를 야기하기 때문에, 아동에게 유익하다기보다는 오히려 위험한 것으로 보아야 한다.

물리적 현실, 동물, 그리고 사람들이 우리를 좌절시킬 만큼 단호하고 강력할 때, 우리는 그러한 것들의 본질을 앎으로써 소망과 (우리가 원하는 것을 실현하기도 하고, 우리의 소망을 완전히 무시하는 쪽으로 나아가기도 하는) 현실을 구별하는 법을 배운다. 그래서 이 세상에서 필요한 존재로 살아갈 수 있게 되고, 세상에 적응할 수 있게 된다.

어려움을 극복하고, 끝까지 전력을 다하고, 도전과 고난에 직면하고, 심지어 실패를 맛보면서 우리는 자신의 강점과 한계를 배울 뿐 아니라 확장할 수 있다. 엄청난 투쟁 속에는 커다란 즐거움이 있을 수 있고, 이러한 즐거움이 두려움을 대신할 수 있다. 더욱이, 최대한 노력하는 것이 건강한 자존감을 획득하는 가장 훌륭한 방도인데, 이러한 자존감은 타인의 승인뿐만 아니라 실질적인 성취와 성공 및 그에 따른 현실적인 자신감에 근거한다.

과보호는 아동의 욕구를 자신의 노력 없이 부모가 대신해서 충족시켜주는 것을 의미한다. 이것은 아동의 발달을 초기 단계에 머무르게 하고, 아동의 정신력, 의지 및 자기 주장의 발달을 방해하는 경향이 있다. 과보호의 여러 형태 중에서도 타인을 존중하기보다는 이용하도록 아동을 가르치는 경우가 있다. 또 아동들이 자신의 힘과 선택을 신뢰하거나 존중하지 못하게 하는 과보호 형태도 있다. 그랬을 때 아동이 본질적으로 은혜라도 받은 듯 느끼게 하고, 자존감을 훼손시키고, 본질적으로 무가치함을 느끼게 할 수도 있다.

19) 성장과 자기실현을 가능케 하려면 능력, 기관(organ), 기관의 시스템이 스스로 기능하고 표현하고자 한다는 것을, 사용과 실행의 대상이 되고자 한다는 것을, 그러한 사용은 만족을 유발하지만 사용되지 않을 때는 짜증을 유발한다는 사실을 이해할 필요가 있다. 근육질의 사람은 자신의 근육을 사용하는 걸 좋아한다. 또한 그런 사람은 '좋은 기분'을 느끼기 위해서, 그리고 조화롭고, 성공적이고, 억압 없이 (자발적으로) 기능한다는 주관적 느낌을 느끼기 위해서 자신의 근육을 사용해야만 한다. 이러한 주관적 느낌은 훌륭한 성장과 심리적 건강의 매우 중요한 측면

이다.

지능, 자궁, 눈, 사랑의 능력도 마찬가지다. 능력은 그 소유자가 사용해줄 것을 강력히 요구하고, 그 능력을 잘 사용했을 때에만 그러한 요구는 멈추게 된다. 즉 능력도 욕구다. 능력을 사용하는 것은 재미있을 뿐만 아니라 성장하는 데 필수적이다. 사용하지 않는 기술이나 능력 또는 기관은 질병의 거점이 되거나, 그렇지 않으면 퇴화되거나 없어져서 개인을 약화시킨다.

20) 심리학자들은 각자의 목적을 위해 두 종류의 세계, 두 종류의 현실이 존재한다고 가정한다. 즉 이들은 자연계와 정신계, 단호한 현실 세계와 소망·희망·두려움·정서의 세계, 비심리적 법칙이 지배하는 세계와 심리적 법칙이 지배하는 세계를 가정한다. 극단적인 경우를 제외하고는 이러한 구분이 전적으로 분명하지는 않다. 의문의 여지 없이, 극단적인 경우 망상, 꿈, 자유연상은 법칙에 따르지만, 이러한 법칙은 논리의 법칙이나 인류가 사라져도 여전히 남아 있을 세상의 법칙과는 완전히 다르다. 이러한 가정은 두 세상이 서로 관련되거나 심지어 융합될 수도 있음을 부인하지 않는다.

이러한 가정이 해결 불가능한 철학적 문제라는 점을 전적으로 기꺼이 인정하면서도, 나는 많은 혹은 대다수 심리학자들이 이러한 가정을 따르고 있다고 말할 수 있다. 모든 치료자는 이러한 가정을 받아들여야 하며, 그렇지 않으면 치료자로서의 역할을 포기해야 한다. 심리학자들이 철학적 어려움을 회피하고, '책임감' '의지력' 등에 대한 가정처럼 증명할 수 없으면서도 특정한 가정이 '마치' 사실인 것처럼 행동하는 전형적인 방식이 바로 이것이다. 건강의 한 가지 특성은 이 두 가지 세계 모두에서 생존할 수 있는 능력이다.

21) 동기적 관점에서 볼 때 미성숙은 성숙과 대조된다고 할 수 있는데, 성숙이란 결핍욕구를 적절한 순서대로 충족시키는 과정이다. 이러한 관점에서 볼 때, 성숙 혹은 자기실현은 결핍욕구를 초월하는 것을 의미한다. (결핍을 유일한 동기로 본다면) 이러한 상태는 동기를 초월하거나 동기를 결여한 상태라고 말할 수 있다. 또한 이것은 문제에 대처하는 것이라기보다는 자기를 실현하고, 존재하고, 표현하는 것으로 기술할 수 있다. 얻고자 노력하기보다는 있는 그대로 존재(Being)하는 이러한 상태는 자기 자신이 되는 것, '진정한 나'가 되는 것, 한 사람으로 존재하는 것, 충만한 인간이 되는 것과 같은 말이라고 생각할 수 있다. 성장 과정은 한 사람으로 발달(Becoming)하는 과정으로, 한 사람으로 존재(Being)하는 것과는 다르다.

22) 또한 인지적 능력이라는 측면에서 (그리고 정서적 능력이라는 측면에서도) 미성숙을 성숙과 구별할 수 있다. 워너(171)와 장 피아제(Jean Piaget)[1]는 미성숙한 인지와 성숙한 인지를 가장 잘 기술

---

[1] 매슬로는 참고문헌 목록에 장 피아제의 저서를 하나도 올리지 않았다. 피아제의 저서 《아동기 언어와 사고(The Language and Thought of the Child)》(New York : Harcourt Brace, 1926; also New York : Humanities Press, 1959) 그리고 《세상에 관한 아동의 이해(The Child's Conception of the World)》(New York : Harcourt Brace, 1929)를 참조했을 텐데 말이다.

하고 있다. 이제 우리는 D-인지와 B-인지(D=결핍, B=존재) 간의 또 다른 차이를 추가할 수 있다. D-인지는 기본 욕구 혹은 결핍욕구 및 그러한 욕구의 충족과 좌절이라는 관점에서 조직화된 인지라고 정의할 수 있다. 즉 D-인지를 이기적 인지라고 말할 수 있다. D-인지의 사람은 세계의 여러 특징 중에서 자신의 욕구를 충족시키거나 좌절시키는 특징들만을 인식하고 그 밖의 다른 특징들을 무시하거나 경시한다.

욕구를 충족시키거나 좌절시키는 특성과 관계 없이, 대상이 관찰자에게 가지는 가치와는 전혀 무관하게, 대상을 그 자체로서 정당하고 그 자체로 존재하는 것으로 인식하는 것을 B-인지(또는 자기 초월적·이타적·객관적 인지)라고 부를 수 있다. B-인지와 성숙이 서로 완벽하게 병행하는 것은 결코 아니지만 (아동들 또한 비이기적인 방식으로 인지할 수 있다), 일반적으로 자기 인식이나 개인적 정체성이 견고해짐에 따라 (혹은 자기의 내적 본성을 점차 수용함에 따라) B-인지는 더 용이해지고 더 빈번해진다. (D-인지가 성숙한 사람을 포함한 모든 사람에게 세상을 살아가는 데 주된 수단이 된다 하더라도 이것은 사실이다.)

지각이 소망이나 두려움 없이 이루어지느니만큼, (추상적 작용을 통해 대상을 분리하지 않고) 지각하는 대상의 진실하고, 핵심적인, 혹은 내재적인 본성 전체를 바로 그만큼 지각한다는 의미에서 이러한 지각은 수직적이다. 따라서 모든 실체의 객관적이고 진실한 기술이라는 목적은 심리적 건강을 통해 촉진된다. 이러한 관점에서 볼 때 신경증, 정신병, 성장 저하 같은 모든 것은 한 지각, 학습, 기억, 주의와 사고를 오염시키는 인지적 질병이 된다.

23) 인지의 이러한 측면을 이해함으로써, 우리는 부수적으로 상위 수준의 사랑과 하위 수준의 사랑을 더 잘 이해할 수 있다. D-인지와 B-인지 혹은 D-동기와 B-동기처럼, 거의 동일한 근거에서 D-사랑(D-love)과 B-사랑(B-love)을 구별할 수 있다. B-사랑 없이는 다른 사람, 특히 아동과 이상적으로 훌륭한 관계를 형성할 수 없다. 특히 B-사랑이 함축하는 도교적이고 신뢰하는 태도와 함께, B-사랑은 교육에 필수적이다.

자연 세계와의 관계에도 이러한 구분을 적용할 수 있다. 가령 우리는 자연 세계를 그 자체로서 가치 있는 것으로 취급할 수도 있고, 아니면 단지 우리의 목적을 위해 존재하는 것으로 취급할 수도 있다.

심리 내적인 것과 대인 관계적인 것 사이에는 매우 중요한 차이가 있음을 주목해야 한다. 지금까지 우리는 사람들 사이의 관계 및 크고 작은 집단 내의 관계보다는 주로 자신에 대해 다루어 왔다. 내가 지금까지 논의한 소속감에 대한 인간의 보편적 욕구는 공동체, 상호 의존, 가족, 동료애 및 형제애에 대한 욕구를 포함한다. 시나넌(Synanon)[2], 에살렌식(Esalen-type)[3] 교육, 알코올 중독자 모임, T-집단 및 기본적 대면 집단*, 그리고 이와 비슷한 형제애를 통한 자기 치료 집단에서 우리는 매우 근본적인 측면에서 우리가 사회적 동물임을 반복해서 배우게 된다. 물론 궁극적으로 강한 사람은 필요하다면 집단을 초월할 수 있는 능력을 갖출 필요가 있다. 그러나 그런 사람의 내부에 발달하는 이러한 강인함은 그가 속한 공동체에 의해 이루어진다는 것을 깨달아야 한다.

24) 자기실현이 원론적으로는 쉽지만, 실질적으로는 거의 이루어지지 않는다(내 기준으로는 자기실현한 사람은 분명히 성인 인구의 1% 미만이다). 이에 대한 수많은 이유들을 현재 우리가 알고 있는 정신병리의 모든 결정 요인을 포함해서, 다양한 수준의 담론에서 찾아볼 수 있다. 우리는 이미 하나의 주된 문화적 이유, 가령 인간

---

2 시나넌은 1960년대와 1970년대에 존재했던 마인드컨트롤 종파로서, 인간 잠재력 회복 운동의 한 유형으로 가장하고 있었다. 매슬로는 1960년대 초반과 중반에 시나넌의 모습에 크게 고무되었고 그들을 위해서 법정에서 증언하기까지 했다. 그러나 1966년 1월 시나넌에서 일주일을 보낸 후, 그는 '인간의 잠재력'이라는 외관이 다소 추악한 사실을 은폐하고 있음을 깨달았다. 특히 매슬로가 깨달은 바에 따르면, "이 '클럽'의 설립자 찰스 데드리치(Charles Dederich)는 곧 시나넌이고, 다른 모든 사람이 그의 명령을 따랐다. 그는 지금까지 내가 만나 본 사람 중에서 가장 강력하고, 지배적이고, 절대적으로 압도적이고, 추진력이 강한 인간이었다. 지진과 같은 자연의 힘…절대적으로 무뚝뚝하고, 솔직하고, 강경하다."(리처드 로리 ed., 《매슬로 학술지》(2 vol.), Monterey, CA : Brooks/Cole, 1979, vol. 1, p. 585) 1980년 설립자 데드리치가 같은 종파의 두 멤버와 함께 로스앤젤레스 상급법원에서 살인 공모죄에 대한 변론을 포기했을 때, 시나넌의 이야기는 최고조에 이른다. 이 사건에서 사용한 무기는 4.5피트 길이의 방울뱀으로, 범죄 대상의 우편함에 넣어두었다. 데드리치가 이 일을 시킨 것으로 추정된다.
3 캘리포니아 빅 서(California, Big Shr)에 있는 에살렌협회(Esalen Institute)는 '인간의 잠재능력을 탐구하는 교육센터'로 1962년에 설립되었다.
* T-집단은 집단역학의 원리를 바탕으로 조직 내 인간 관계 및 생산적 풍토에 초점을 두고 있다. 지도 집단, 상담 집단, 치료 집단, 대면 집단과는 대조적으로 T-집단은 더욱 과업지향적이며, 어떻게 집단이 잘 기능하고 참여자들을 더 훌륭한 성원이 되도록 교육시키는가에 관심을 둔다. 대면 집단은 건강하고 잘 기능하고 있는 사람들에게 자기 인식과 대인관계에서 자신의 잠재력을 탐색하고 실현할 기회를 제공하는데 주로 신뢰, 개방, 공유, 모험적인 행동을 통해 개인적이고 친밀한 경험을 제공한다.

의 내재적 본성은 나쁘거나 위험하다는 확신에 대해 언급했다. 또한 성숙한 자기, 즉 무엇을, 언제, 어디서, 어떻게 해야 하는지를 분명하게 말해주는 강력한 본능을 더는 가지고 있지 않은 인간이 되는 데 어려움을 초래하는 생물학적 결정 요인에 대해서도 이미 언급한 바 있다.

정신병리를 자기실현을 향한 성장을 방해하는 것 혹은 회피나 두려움으로 생각하는 것과 정신병리를 의학적인 방식으로 생각하는 것, 가령 정신병리를 병리자의 인격과는 무관하게 외부에서 종양, 독, 박테리아가 침입하는 것과 유사하다고 보는 견해 사이에는 미묘하지만 매우 중요한 차이가 있다. 우리의 이론적 목적을 위해서는 인간성의 쇠퇴(인간의 잠재력과 능력의 감소)가 '질병'보다는 더 유용한 개념이다.

25) 성장은 보상과 기쁨뿐만 아니라 많은 내재적 고통을 수반하고 있으며 앞으로도 늘 그럴 것이다. 앞으로 나아가는 각각의 발걸음은 낯선 세계에 들어가는 발걸음으로, 아마도 위험할지도 모른다. 또한 이러한 발걸음은 친숙하고, 유익하며, 만족스러운 무언가를 포기하는 것을 의미한다. 성장은 향수, 두려움, 외로움과 슬픔을 초래하는 이별과 분리, 심지어 재탄생에 앞서 발생하는 죽음을 의미할 때가 많다. 또한 성장은 종종 단순하고 쉬우며, 덜 노력해도 되는 삶을 포기하는 대신 더 많은 노력과 책임을 요구하며, 더 힘겨운 삶을 영위하는 것을 의미한다. 앞으로 나아가는 성장은 이러한 손실을 감수하는 것이기 때문에, 환경으로부터의 보호, 관용, 격려를 필요로 하며 특히 아동의 경우 더욱더

그러하다. 뿐만 아니라 성장은 개인의 용기, 의지, 선택 및 강인함도 필요로 한다.

26) 따라서 성장이나 성장의 결여를 성장 촉진의 힘과 성장 저해의 힘(퇴행, 두려움, 성장의 고통, 무시 등) 간의 변증법적 결과라고 생각하는 것이 유용하다. 성장은 장단점을 모두 가지고 있다. 성장하지 않는 것 역시 단점뿐만 아니라 장점도 가지고 있다. 미래에 우리를 끌어당기는 힘이 있다면, 과거도 그러한 힘을 지니고 있다. 거기에는 용기뿐만 아니라 두려움도 존재한다. 원론적으로, 건강하게 성장하는 가장 이상적인 방법은 성장의 모든 장점과 성장하지 않는 것의 모든 단점을 늘림과 동시에, 성장의 모든 단점과 성장하지 않는 것의 모든 장점을 감소시키는 것이다.

항상성을 유지하려는 경향성, 욕구 감소의 경향성 그리고 프로이트의 방어기제들은 성장을 추구하는 경향성이 아니라, 종종 유기체의 방어적이고 고통스런 태도를 감소시키려는 경향성이다. 그러나 이러한 것들 역시 매우 필수적이기 때문에 항상 병리적인 것은 아니다. 이러한 것들은 일반적으로 성장을 추구하려는 경향성보다 더 우세하다.

27) 따라서 이 모든 것은 하나의 자연적인 가치체계를 암시해주는데, 이것은 인간 종과 구체적 개인들의 뿌리 깊은 경향성을 경험적으로 기술하여 부수적으로 얻은 산물이다. 과학이나 자기탐색을 통해 인간을 연구하면 인간이 어디로 가고 있는지, 삶의 목적이 무엇인지, 무엇이 인간에게 유익하고 무엇이 나쁜지, 무엇이 인간으로서 고결함을 느끼게 하고 무엇이 죄의식을 느끼게 하는

지, 왜 종종 인간이 선을 선택하는 것이 어려운지, 악의 매력은 무엇인지를 밝힐 수 있다. ('해야 한다(ought)'는 말을 사용할 필요가 없음을 주목하라. 또한 인간에 대한 이러한 지식은 사람마다 상대적인 것이고, '절대적인' 것을 의미하지는 않는다.)

28) 신경증은 내적 핵심의 일부가 아니고, 내적 핵심에 대한 방어기제, 내적 핵심에서의 도피 혹은 (공포의 비호 아래 이루어지는) 내적 핵심의 왜곡된 표현이다. 일반적으로 숨어 있거나 위장된 혹은 자기 기만적 방식으로 기본 욕구를 충족시키려는 노력과 이러한 욕구 충족 및 동기화된 행동에 대한 공포 사이의 절충으로 나타나는 것이 신경증이다. 신경증적 욕구와 정서, 태도, 인식, 행위 등을 보인다는 것은 내적 핵심이나 실제 자기를 충분히 드러내지 않는다는 것을 의미한다. 만약 가학 행위자, 착취자, 성도착자 같은 사람이 '왜 나는 (가령 살인을 통해) 나 자신을 표현해서는 안 되는 걸까?' 혹은 '왜 나는 자기실현을 할 수 없을까?'라고 묻는다면, 이에 대한 대답은 그러한 행동이 본능적 경향성 (혹은 내적 핵심)을 표현하는 것이 아니라 그것을 거부하고 있음을 보여주기 때문이라고 답할 수 있다.

각각의 신경증적 욕구, 정서나 행위는 그 개인의 기능 상실을 의미하는 것으로, 교활하고 불만족스러운 방법밖에는 할 수도 없고 감히 해서도 안 되는 어떤 것이 있음을 보여준다. 더군다나 그러한 사람은 자신의 주관적 안녕과 의지, 자기 통제감, 쾌락의 수용, 자기 존중감 등을 상실하게 된다. 즉 인간으로서 그 사람은 왜소해진다.

29) 우리가 배운 바에 따르면, 가치체계가 없는 상태는 심리적으로 병리적 상태에 있는 것이다. 햇빛이나 칼슘, 사랑을 필요로 하는 것과 똑같은 의미에서, 인간은 살아가고 이해하기 위해서 가치체계, 인생철학, 종교, 종교에 준하는 것들을 필요로 한다. 나는 이것을 '이해하고자 하는 인지적 욕구'라 불러왔다. 가치관의 결여로 생기는 가치병리를 쾌감 상실증, 아노미, 무감각, 비도덕성, 절망, 냉소 등으로 다양하게 불러왔으며, 이것이 신체적인 병리가 될 수도 있다. 역사적으로, 외부에서 주어진 (정치적·경제적·종교적 등) 모든 가치체계는 실패했으며, 어떠한 가치체계도 그것을 위해 죽을 수 있을 만큼 의미 있지는 않다.

우리는 인간이 필요로 하면서도 갖고 있지는 못한 것을 끊임없이 추구하면서, 위험하게도 좋든 나쁘든 상관없이 어떠한 희망이라도 있으면 그것을 향해 나아간다. 이러한 질병에 대한 치료법은 분명하다. 우리는 (죽음을 각오하고) 믿고 헌신할 수 있는 타당하고 유용한 인간 가치체계를 필요로 한다. 그러한 가치가 우리에게 '믿고 신념을 가지도록' 권하기 때문이 아니라, 그러한 가치가 진실이기 때문이다. 경험에 기초한 그러한 세계관은 이제 현실적으로 가능하고, 적어도 이론적인 틀에서는 그러하다.

아동과 청소년 들이 많은 혼란을 겪는 이유는 성인들이 확실한 가치관을 가지고 있지 못하기 때문이다. 결과적으로, 미국의 많은 젊은이들은 성인들의 가치가 아니라 청소년들의 가치에 근거해 살아가고 있는데, 당연히 이러한 가치는 미성숙하고, 무지

하며, 청소년들의 혼란스런 욕구들에 큰 영향을 받는다. 이러한 청소년기의 가치가 가장 잘 투사된 것이 '서부' 영화의 카우보이나 불량한 갱이다.(105)

30) 자기실현 단계에서는 많은 이분법적 판단들이 없어지고, 반대되는 것들이 동일한 것으로 보이며, 이분법적 사고방식 전체가 미성숙한 것으로 보인다. 자기실현하는 사람은 뚜렷하게 이기심과 이타심을 더 수준 높고 포괄적인 단일체로 융합하는 경향성을 보인다. 일은 놀이와 같은 것이 되어버리는 경향이 있다. 즉 직업과 취미가 동일한 것이 된다. 의무가 유쾌한 일이고, 유쾌한 일이 의무를 수행하는 것일 때, 이들 간의 분리와 대립은 사라진다.

가장 수준 높은 성숙은 어린이 같은 특성을 포함하고 있으며, 건강한 어린이들은 성숙한 자기실현이 보이는 특성들 중 일부를 가지고 있다는 사실을 우리는 발견했다. 안과 밖, 자기와 타인 사이의 구분은 모호해지고, 훨씬 덜 분명해지며, 성격 발달의 가장 높은 수준에서는 이 둘이 서로 통할 수 있을 것으로 보인다. 이분화는 낮은 수준의 성격 발달과 심리적 기능이 갖는 특징으로 보인다. 이분화는 심리적 병리의 원인이자 결과이기도 하다.

31) 자기실현하는 사람에게서 찾을 수 있는 특히 중요한 점 하나로, 이러한 사람들은 프로이트식 이분법과 삼분법, 가령 의식과 전의식, 무의식(또한 원초아, 자아, 초자아)을 하나로 통합하려는 경향을 가지고 있다는 것이다. 프로이트적 '본능'과 방어기제는 서로 덜 날카롭게 대치한다. 충동은 더 많이 표현되고 덜 통제된

다. 통제는 덜 엄격하고, 더 융통적이며, 불안의 지배를 덜 받는다. 초자아는 덜 가혹하고, 덜 처벌적이며, 자아와 덜 대립적이다. (일차적 과정들이 병리적이라는 오명을 받는 대신) 일차적·이차적 인지 과정 모두를 동등하게 사용하고, 이러한 과정에 동등한 가치를 부여한다. 실제로 '절정경험'에서 이들 간의 벽은 한꺼번에 허물어지곤 한다.

이러한 현상은 프로이트의 초기 견해, 즉 다양한 힘들은 (a) 상호 배타적이고, (b) 가령 상보적이거나 협동적이지 않고 대립하는 힘으로서 대립적 이해 관계를 가지며, (c) 어떤 것을 다른 것보다 '더 나은' 것으로 보는 견해와 극명한 대조를 이룬다. 여기서 다시 한 번 더 (때때로) 건강한 무의식과 바람직한 퇴행을 생각해볼 수 있다. 게다가 인간의 합리적 특성과 불합리적 특성을 하나로 통합할 경우, 때때로 불합리한 특성들도 건강하고 바람직하며 심지어는 필요한 것임을 알 수 있다.

32) 건강한 사람들은 또 다른 방식으로도 더욱더 통합적이다. 그들의 행동, 인지, 정서, 운동은 서로에게서 덜 분리되어 있고, 공동 목표를 위해 갈등 없이 상호 협동적으로 기능하는 등 더욱더 통합적이다. 따라서 합리적이고 신중한 사고를 통해 얻은 결론도 맹목적인 욕구에 따른 결론과 일치하기 쉽다. 그런 사람이 원하고 즐기는 것은 바로 자신에게 유익한 것과 일치하기 쉽다. 그런 사람의 즉각적인 반응은 마치 미리 숙고한 후의 반응처럼 유능하고, 효과적이며, 적합하다. 그런 사람의 감각 반응과 운동 반응은 서로 매우 밀접한 관련성을 갖는다. 다양한 유형의 감각(외

관의 지각)은 서로 간에 아주 잘 연결되어 있다. 더군다나 우리는 오래된 합리주의적 시스템의 위험성과 곤란함을 잘 알고 있는데, 이 시스템은 통합보다는 이성을 최상위에 두면서 능력을 이분법적이고 위계적으로 구분한다.

33) 건강한 무의식, 건강한 불합리성이라는 개념을 향해 나아가면서, 우리는 순전한 추상적 사고와 언어적 사고와 분석적인 사고의 한계를 통렬하게 깨닫는다. 세계를 완벽하게 기술하고자 한다면 언어 이전의, 말로 표현할 수 없는, 은유적이고 일차적인 과정들, 구체적 경험, 그리고 직관적·심미적 유형의 인지를 위한 장소가 필요하다. 왜냐하면 실체가 갖는 특성들 중에는 다른 방식으로는 인식할 수 없는 특성들이 있기 때문이다. 과학도 마찬가지다. 오늘날 우리가 알고 있는 바에 따르면, (a) 창조성은 비합리성에 그 뿌리를 두고 있고, (b) 언어는 실체 전체를 기술하는 데 틀림없이 늘 부적절하고, (c) 모든 추상적 개념은 실체의 상당 부분을 빠트리고 있고, (d) 우리가 '지식'이라 부르는 것(대개는 고도로 추상적이고 언어적이며 선명하게 정의할 수 있는 것)은 실체 중에서 추상화를 통해 포착할 수 없는 영역들을 보지 못하게 한다. 즉 추상적 지식 덕분에 어떤 것은 더 잘 볼 수 있는 반면, 또 다른 어떤 것은 더 잘 볼 수 없다. 추상적 지식은 유용성과 더불어 위험성 역시 가지고 있다.

과학과 교육은 너무나 전적으로 추상적이고, 언어적이고, 학문적이어서, 자연 그대로의 구체적이고 심미적인 경험, 특히 개인 내부에서 일어나는 주관적인 사건들을 위한 여지를 충분히 갖고 있지 못하다. 예를 들면 유기체적 심리학자들은 예술의 지각과 창조, 춤, (그리스 스타일의) 체육, 그리고 현상학적 관찰을 위해서는 더욱더 창의적인 교육이 바람직하다는 점에 동의할 것이다.

추상적이고 분석적인 사고의 궁극적 목적은 세상을 가능하면 최대로 단순화하는 것인데, 이러한 것들의 예로는 공식, 도표, 지도, 청사진, 도식, 삽화, 그리고 특정한 형식의 추상화들이 있다. 이러한 것들 덕분에 세계에 대한 우리의 지배력이 증가할 수 있다. 그러나 B-인지, 애정과 보살핌을 동반한 지각, 자유롭게 떠다니는 주의 등이 가지는 가치를 배우지 못하면, 이 세상이 갖고 있는 풍요로움을 모두 상실하고 말 것이다. 왜냐하면 그러한 것들은 우리의 경험을 빈곤하게 만드는 것이 아니라 풍요롭게 만들기 때문이다. 두 종류의 지식 모두를 포함할 수 있도록 과학을 확장하지 말아야 할 이유는 어디에도 없다. (262, 279)

34) 건강한 사람들이 무의식과 전의식 속으로 들어갈 수 있는 능력, 일차적 과정을 두려워하지 않으면서 그것을 이용하고 가치를 부여하는 능력, 늘 충동을 통제하기보다는 수용할 수 있는 능력, 두려움 없이 자발적으로 퇴행할 수 있는 능력, 이러한 능력이야말로 창조성의 주요 조건 중 하나로 밝혀졌다. 그러므로 우리는 왜 심리적 건강이 (특수한 재능은 제쳐놓더라도) 보편적인 형태의 창조성과 그토록 밀접하게 연계되어 있는지 이해할 수 있다. 그래서 몇몇 학자들은 심리적 건강과 창조성을 거의 같은 말로 여긴다.

심리적으로 건강할수록 합리적 힘과 비합리적 힘(의식과 무의식, 일차적 과정과 이차적 과정)을 더욱더 잘 통합한다는 사실을 통해서, 심리적으로 건강한 사람들이 더 잘 즐기고, 사랑하고, 웃고, 즐거워하고, 조화롭고, 바보스럽고, 변덕스러우며, 공상적이고, 유쾌하게 '비이성적이고', 일반적으로는 정서적 경험을, 특별하게는 절정경험을 더 많이 경험하고, 즐기고, 그러한 경험에 더 많은 가치를 부여하는 이유들을 이해할 수 있다. 그리고 특별히 이렇게 할 수 있는 방법을 배우면, 아동이 건강하게 성장할 수 있도록 도움을 제공해줄 수 있다는 생각을 갖게 된다.

35) 심미적 지각과 창조, 심미적 절정경험은 인간의 삶, 심리학, 교육의 주변적 측면이 아니라 핵심적인 측면이다. 이것은 다음 몇 가지 이유 때문에 그러하다. (a) 모든 절정경험은 (다른 특성들 가운데서도 특히) 인간 내부의 분열, 사람들 사이의 분열, 세계 내부의 분열, 사람과 세계 사이의 분열을 통합한다. 건강의 한 측면이 통합이기 때문에, 절정경험은 건강을 향한 움직임이면서 그 자체로 건강한 순간이기도 하다. (b) 절정경험은 삶을 정당화하는데, 가령 삶을 가치 있게 만든다. 분명히 이러한 경험은 '왜 우리는 자살하지 않는가?'라는 물음에 대한 대답의 중요한 한 부분을 이루고 있다. (c) 절정경험은 그 자체로서 가치가 있다.

36) 자기실현이 인간의 모든 문제를 초월한다는 것을 의미하지는 않는다. 갈등과 불안, 좌절, 슬픔, 상처, 죄의식은 건강한 사람에게서도 찾아볼 수 있다. 일반적으로, 미성숙한 사람은 신경증이 만든 허구적 문제들에 직면한다. 성숙해지면서 사람들은 특정한

세계 속에서 (최선을 다해) 살고 있는 인간의 본성에 내재하고 있는, 실재하면서 피할 수 없는 실존적 문제들로 이동하게 된다.

사람들은 신경증적이지 않더라도, (바람직하지도 필요하지도 않은) 신경증적 죄의식이 아닌 현실적이고, 바람직하고, 필수적인 죄의식 때문에 그리고 (프로이트적 초자아가 아닌) 내재적 양심 때문에 고통받을 수 있다. 비록 발달(Becoming)의 문제를 초월했더라도, 존재(Being)의 문제는 여전히 남아 있다. 걱정을 해야 할 때 걱정하지 않는 것은 질병의 징후일 수도 있다. 때때로 거드름 피우는 속물들은 '어찌할 바를 몰라' 겁에 질릴 것이다.

37) 자기실현은 전혀 보편적이지 않다. 자기실현은 여성성 혹은 남성성을 통해 이루어지는데, 이러한 성향은 보편적인 인간성보다 더 우세하다. 즉 보편적인 인간성을 실현하기 전에, 우선 사람들은 건강하고, 여성성이 충만한 여성이거나 남성성이 충만한 남성이 되어야 한다.

선천적인 유형이 다른 만큼, 자기실현하는 방식에도 다소 차이가 있다는 증거가 약간 있다. (이는 실현하고자 하는 내적 자기가 서로 다르기 때문이다.)

38) 자기 그리고 완전한 인간성을 향해 건강하게 성장할 때 나타나는 또 다른 결정적인 측면은 강하고, 크고, 전지전능하고, 신과 같은 성인에게 적응하기 위해서 약하고 작은 아동이 사용하는 방식들을 버린다는 것이다. 이러한 아동기적 방식을 강하고, 독립적이며, 부모다운 방식으로 바꿔야 한다. 특히 다른 사람을 사랑하는 것을 배우면서, 아이는 부모의 사랑을 독차지하려는 소

망을 포기하고 부모의 욕구가 아니라 자신의 욕구와 소망을 충족시키는 법을 배워야 한다. 또한 자기를 대신해주는 부모에게 의존할 것이 아니라, 스스로 이러한 것들을 충족시키는 법을 배워야 한다.

좋은 사람이 되려는 이유는 두려움 때문도 부모의 사랑을 지키기 위해서도 아니라 자기 자신이 원하기 때문이어야 한다. 아이는 단 하나의 윤리적 지침으로서 자기 안에 내면화된 부모를 포기하고 대신에 자기 자신의 양심을 발견해야만 한다. 의존적이기보다는 책임감을 가져야 하며, 바라건대 이러한 책임을 즐길 수 있어야 한다. 약점을 강점으로 만드는 이러한 모든 기술은 아이처럼 미성숙하고 성장이 멈춘 어른들에게도 반드시 필요하다.(103) 이러한 사람들은 두려움을 용기로 바꿔야만 한다.

39) 이러한 관점에서 볼 때, 하나의 사회 또는 문화는 성장을 장려하거나 성장을 방해할 수 있다. 하지만 성장과 인간성의 원천은 결정적으로 인간 내부에 있는 것이지, 사회가 고안하거나 창조하는 것은 아니다. 정원사가 장미 나무의 성장을 돕거나 저해할 수는 있지만 그것을 참나무로 만들 수는 없는 것처럼, 사회는 단지 인간성의 발달을 돕거나 저해할 수 있을 뿐이다. 문화가 인간성 그 자체, 가령 언어나 추상적 사고, 사랑하는 능력 등의 실현에 필수불가결한 것인데도 그러하다. 즉 이러한 인간성은 문화 이전에 인간 내부에 잠재성으로서 존재한다.

이러한 점 때문에 이론적으로 문화적 상대성을 초월하고 포괄하는 비교사회학이 가능하다. '훌륭한' 문화는 인간의 모든 기본적 욕구를 충족시키고 자기실현을 허용한다. 하지만 '빈곤한' 문화에선 그렇지 않다. 이것이 교육에도 동일하게 적용된다. 교육이 성장과 자기실현을 장려할 때 '좋은' 교육이 된다.

우리가 '좋은' 혹은 '나쁜' 문화들을 말하면서 이러한 문화들을 목적이 아닌 수단으로 취급하자마자 '적응'이라는 개념이 문제로 떠오른다. 우리는 "'잘 적응된' 사람들이 잘 적응한 문화 또는 하위 문화는 어떤 종류의 것인가?"라는 질문을 제기해야 한다. 왜냐하면 적응이 심리적 건강과 반드시 같은 것은 분명히 아니기 때문이다.

40) 자기실현을 성취하게 되면 (자율성이라는 의미에서) 역설적으로 자기와 자의식 및 이기심을 더욱 초월하게 된다. 자기실현을 통해 사람들은 자신보다 더 큰 전체의 한 부분으로 자신을 쉽게 통합시켜 일체가 된다.(6) 완전히 자율적일 때 가장 완전하게 일체가 될 수 있고, 어느 정도는 그 반대도 마찬가지다. 즉 일체적 경험 (아이의 의존성, B-사랑, 타인에 대한 배려 등)을 성공적으로 했을 때, 자율성을 확보할 수 있다. 일체성의 수준(점점 더 성숙해가는 수준)을 설정해서 (용기, 충만하고 자기 확신적인 자율성의) '높은 일체성' 과 (공포, 나약함, 퇴행의) '낮은 일체성'을 구별하고, '높은 열반' 과 '낮은 열반'을, 위로의 합일과 아래로의 합일을 구분하는 것이 필요하다.

41) 자기실현하는 (그리고 절정경험 상태에 있는 모든) 사람들이 외부 세계에서 대부분의 삶을 살아야 하는데도 때로 시간과 세계를 벗어난 (그리고 시공을 벗어난) 삶을 산다는 사실은 한 가지 중요한

실존적인 문제를 제기한다. 가령 경험, 정서, 소망과 공포와 희망, 사랑, 시와 예술과 환상 등 심리 내적 세계(외부 현실의 법칙이 아니라 심리적 법칙이 지배하는 세계)에서의 삶은 비심리적인 현실에 적응하면서 살아가는 삶과는 다르다. 사람들은 이러한 현실을 지배하는 법칙을 스스로 만들지는 않았지만, 그 법칙에 적응해야만 한다. 그럼에도 이러한 현실의 법칙이 사람들의 본질적인 본성을 나타내는 것은 아니다. (공상 과학소설 팬들이라면 잘 알겠지만 사람들은 결국 다른 종류의 세계에서 살 수 있다.)

이러한 심리 내적 세계를 두려워하지 않는 사람들은 다른 세계에 비하면 천국이라고 부를 수 있을 만큼 그 세계를 즐긴다. 여기서 다른 세계란 천국과는 대조되는 힘들고, 피곤하고, 외부적으로 책임을 져야 하는, 노력과 대처, 옳고 그름, 진실과 거짓의 현실 세계를 말한다. 물론 더 건강한 사람들이 더 쉽고 즐겁게 이 '현실' 세계에 적응할 수 있고, 더 뛰어난 '현실 검증', 가령 자신의 심리 내적 세계와 현실 세계를 혼동하지 않는 능력을 가지고 있다.

이러한 내적·외적 실체들을 혼동하거나 혹은 어느 하나를 경험할 수 없도록 차단하는 것은 분명 매우 병리적이다. 건강한 사람은 이러한 실체들을 자신의 삶과 통합해, 어느 한쪽도 포기하지 않은 채 이 둘 사이를 자발적으로 오간다. 건강한 사람과 그렇지 않은 사람의 차이는 빈민가를 방문하는 사람과 그곳에 살 수밖에 없는 사람의 차이와도 같다. (어느 쪽 세계든지 그곳을 떠날 수 없다면 그곳이 바로 빈민가다.) 이때 역설적이게도 병적이고 병리적인 그리고 '가장 수준 낮은' 인간 본성이 가장 건강하고 '가장 수준 높은' 인간 본성의 일부가 된다. 자신이 정신적으로 정상인지 완전히 자신할 수 없는 사람들만이 '광기'에 빠지는 것을 두려워한다. 교육은 그러한 사람이 두 세계 모두에서 살 수 있도록 도와야만 한다.

42) 앞서 제시한 제안들에서는 심리학에서 행동이 하는 역할을 색다르게 이해하고 있다. 목표 지향적이고, 동기화된, 문제 대응적이고, 얻고자 노력하는, 그리고 목적 추구적인 행동은 심리적 세계와 비심리적 세계 사이에서 이뤄지는 필수적 상호작용의 산물이거나 혹은 그 한 측면이다.

  (a) D-욕구의 충족은 개인 내부가 아니라 외부 세상을 통해 이루어진다. 따라서 이 세상에 적응할 필요가 있다. 가령 현실 검증, 세상의 본질에 대한 이해, 내적 세계와 외부 세계를 구분하는 것을 배우기, 사람과 사회의 본성을 배우기, 욕구 충족을 지연시키는 법을 배우기, 위험한 것을 숨기는 방법을 배우기, 세상의 어떤 것이 기쁨을 주고 어떤 것이 위험한지 혹은 욕구 충족에 불필요한지를 배우기, 욕구 충족의 기술과 문화적으로 허용하고 인정하는 방식을 배우기 등이 필요하다.

  (b) 세상은 그 자체로 흥미롭고, 아름답고, 매력적이다. 세상을 탐험하고, 조작하고, 즐기고, 감상하고, 만끽하는 것은 모두 동기화된 행동(인지, 운동, 심미적 욕구들)의 일종이다.

그러나 일견 세상과 무관하거나 거의 관련이 없어 보이는 행위 또한 있다. 유기체의 본성, 상태 혹은 힘을 꾸밈없이 그대로 표현하는 것은 무엇을 얻고자 하는 것이라기보다는 존재(Being) 그 자체에 대한 표현이다.(24) 그리고 내적인 삶을 감상하고 향유하는 것은 그 자체로 '행위'의 일종일 뿐만 아니라, 외부 세상에서 이루어지는 활동에 정반대로 상응하는 것이다. 즉 그것은 근육 활동을 정지시키고 진정시킨다. 기다릴 수 있는 능력은 행위를 잠시 멈출 수 있는 특이한 경우에 해당된다.

43) 한 인간의 과거는 현재에도 존재한다는 사실을 우리는 프로이트에게서 배웠다. 이제 우리는 성장 이론과 자기실현 이론을 통해서, 인간의 미래는 이상과 희망, 의무, 수행, 계획, 목표, 실현되지 않은 잠재성, 사명, 운명, 숙명 등의 형태로 현재에도 존재한다는 사실을 배워야만 한다. 미래가 존재하지 않는 사람은 냉엄하고, 희망이 없고, 공허한 세계로 전락한다. 그러한 사람에게 시간은 끝없이 채워야만 하는 그 무엇이다. 목적은 대부분의 행동을 유발하는데, 그러한 목적을 상실한 사람들은 분해되고 붕괴된다.

물론 존재(Being) 상태로 있을 때는, 이미 미래에 존재하고 있기 때문에 미래를 필요로 하지 않는다. 발달(Becoming)은 그 순간 멈추고, 존재라는 약속어음은 최종적인 보상, 가령 시간이 사라지고 희망이 실현되는 절정경험의 형태로 지불된다.

부록 A

우리의 출판과 관행은 개인 심리학에 적절한가?

1960년 10월 5일 정신분석발전학회가 주최한 캐런 호니 기념 학술 모임에서 공식적 논문을 읽기 전에 이러한 비공식적인 글을 발표했다. '미래의 과업'이라는 절에 적절하므로 이 논평을 거의 본래 상태대로 여기에 포함시켰다.

몇 주 전에 나는 문득 형태 이론(Gestalt theory)*의 몇몇 측면을 나의 건강-성장 심리학과 통합할 수 있는 방법을 깨닫게 되었다. 수년간 나를 괴롭혀온 문제들이 한꺼번에 저절로 해결된 것이다. 확장해서 살펴보면, 이것은 절정경험의 전형적인 사례였다. 며칠 동안 계속된 생각의 폭풍이 휩쓸고 지나가자, 기존의 통찰이 지니고 있던 함의가 하나씩 머릿속에 떠올랐다. 글로 쓰면서 생각하는 습관이 있는 나는 곧 그 내용 전체를 글로 적어나갔다. 그때, 캐런 호니 기념 학술 모임을 위해 준비하던 다소 전문적인 논문을 팽개치고 싶다는 유혹을 느꼈다. 이것이야말로 활동 중에 얻은 진정 살아 있는 절정경험이며, 통렬하고 격렬한 '정체성 경험'의 다양한 측면들을 매우 잘 보여주는 것이다.

그러나 이러한 경험은 매우 사적이면서 관계적이지 않기 때문에, 이를 공개적으로 발표하기가 내키지 않아 하지 않으려고 했다. 그런데 이러한 머뭇거림을 스스로 분석한 결과, 나는 내가 진정 말하고자 하는 것이 무엇인지를 깨닫게 되었다.

이 같은 유의 논문은 출판이나 학회 또는 학술 모임에는 적합하지 않다는 생각이 다음과 같은 의문, 즉 '왜 적절하지 않은가?' '무엇

---

* 심리 현상의 본질은 그 역동적 전체성에 있으며 원자론적인 분석으로는 밝혀낼 수 없다고 주장하는 게슈탈트 심리학자들의 이론이다.

때문에 특정 종류의 개인적 사실이나 표현 방식이 학자들의 모임이나 과학적 학술지에 적합하지 않은 것일까?'라는 의문을 불러일으켰다.

 이 질문에 대하여 내가 얻은 답을 여기서 논의하는 것은 매우 합당해 보인다. 우리는 이 학술대회에서 현상학적이고, 경험적이고, 실존적이고, 개인 특수적이고, 무의식적이고, 사적이고, 매우 개인적인 것들을 모색하고 있다. 그러나 기존의 지적 풍토에서, 아니면 매우 부적절하고 공감하기 힘든, 심지어 혐악한 분위기에서 우리가 이러한 시도를 하고 있다는 점이 내게는 분명해 보인다.

 우리의 학술지, 책 그리고 학회는 근본적으로 합리적이고, 추상적이고, 논리적이고, 공적이고, 비개인적이고, 반복 가능하고, 객관적이고, 비감정적인 의사소통과 토론에 적합하다. 그렇기 때문에, 우리 '개인 심리학자들(personal psychologists)'이 바꾸고자 하는 바로 그러한 점들을 학술지나 책, 학회는 당연한 것으로 받아들인다. 즉 그러한 점들에 문제 제기를 하지 않는다. 그 결과, 치료자나 자기 관찰자로서 우리는 우리 자신의 경험이나 환자의 경험을 말할 때 여전히 학술적인 방식으로 이야기하도록 강요받고 있다.

 여기서 학술적인 방식이란 박테리아, 달, 흰 쥐에 대해 말할 때처럼 주체와 객체의 분리를 가정하고, 우리가 서로 떨어져 있고, 거리가 있고, 관련이 없음을 가정하고, 관찰하는 행위가 우리(그리고 관찰의 대상)를 움직이거나 변화시키지 않는다고 가정하고, '나'와 '너'는 서로 분리되어 있음을 가정하고, 모든 관찰과 사고, 표현, 의사소통은 따뜻하지 않고 냉정해야 한다고 가정하고, 정서는 인지를 왜곡하거나 오염시킬 뿐이라고 가정하는 것 등등이다.

한마디로 우리는 비개인적 과학(impersonal science)의 전형적인 방식을 개인적 과학(personal science)에 적용하려고 애써왔다. 그러나 나는 이것이 성공하지 못할 것이라고 확신한다. 또한 우리 중 일부가 시도하고 있는 과학혁명이 (경험적인 지식을 포함할 만큼 과학철학을 충분히 광범위하게 구축함에 따라) 틀림없이 일반인들의 지적 소통 방식에까지 영향을 미치게 될 것이다.(262)

우리 모두가 암묵적으로 수용하는 것들을 명백히 할 필요가 있다. 즉 우리가 하는 모든 연구는 깊은 체험에 근거하고, 인간의 심층적 배경에서 나온 것이며, 우리는 때때로 연구 대상과 분리되기보다는 그들과 함께 융합하는 경험을 한다. 우리는 깊이 개입하고 있으며, 우리의 연구가 거짓이 아니라는 점을 분명히 해야 한다. 또한 우리의 '객관적' 연구 대부분은 동시에 주관적이고, 우리의 외부 세계는 종종 우리의 내부 세계와 동일하고, 우리가 과학적으로 다루는 외부 문제들은 종종 우리 자신의 문제이기도 하다. 그리고 원론적으로 이러한 문제에 대한 해결은 더 넓은 의미에서 자기를 치료하는 것이기도 하다는 심오한 진실을 우리는 정직하게 수용하고 솔직하게 표현해야 한다.

이러한 점은 우리같이 개인을 연구하는 학자들에게는 더욱더 통렬하게 적용되지만, 원론적으로 모든 개인과 무관한(아니면 일반론적) 과학자들에게도 마찬가지로 적용된다. 별이나 식물에서 질서, 법칙, 통제, 예측 가능성, 설명력 등을 찾는 것은 종종 내적 법칙, 통제 등을 찾는 것과 유사하다. 종종 개인과 무관한(아니면 일반론적) 과학은 내적 무질서와 혼동에서의 도피나 그것에 대한 방어이고, 통제하지 못할 것이라는 두려움에 대한 방어이다. 혹은 더 일반적으로 말하면 개인과 무관한(아니면 일반론적) 과학은 자기 자신이나 타인의 내부에 존재하는 개성에서의 도피, 정서 및 충동에 대한 혐오, 심지어는 인간성에 대한 혐오나 공포일 수 있다(그리고 실제로 그렇다는 것을 나는 알고 있다).

우리가 발견한 것들을 극구 부인하는 틀 속에서 개인을 연구하고자 하는 과학은 명백히 어리석은 학문이다. 아리스토텔레스의 틀을 엄밀하게 사용하면서 비아리스토텔레스주의(non-Aristotelianism)를 추구하는 일을 할 수는 없다. 추상화 도구만을 사용하면서 경험적 지식을 향해 나아갈 수는 없다. 마찬가지로, 주체-객체의 구분은 통합을 무력화한다. 이분화는 통합을 저지한다. 이성적이고, 언어적이고, 논리적인 것이 진실을 보여주는 유일한 언어라고 생각한다면, 비이성적이고, 시적이고, 신화적이고, 모호한 것들, 일차적인 과정 및 꿈과 같은 것에 대한 필수적인 연구들을 수행할 수 없다.[1] 고전적이고 비개인적이고, 객관적인 방법들은 몇몇 문제를 다루는 데는 매우 효과적이었지만, 이처럼 더욱 새롭고 과학적인 문제들을 다루는 데는 효

---

[1] 예를 들면 솔 스타인버그(Saul Steinberg)는 지난해 《뉴요커(New Yorker)》에 시리즈로 실은 놀랄 만한 만화를 통해 내가 여기서 이야기하고자 하는 모든 것을 훨씬 더 잘 보여주고 있다. 이 훌륭한 미술가는 이러한 '실존적 만화'에서 단 하나의 단어도 쓰지 않았다. 그러나 가령 정체성과 소외처럼 스타인버그가 다루는 주제가 '심각한' 논문, '심각한' 학술지 혹은 이번 학회의 프로그램이 다루는 주제와 서로 동일한데도, 이들이 어느 정도 일치하는지를 생각해볼 일이다.

과가 없다.

　우리는 '과학적' 심리학자들이 자신들의 연구가 여러 과학철학 중 하나에 근거한 것이지 유일한 과학철학에 근거한 것이 아님을 깨닫도록 도와줘야 한다. 또한 기본적으로 배타적인 기능을 하는 모든 과학철학은 도움보다는 장애와 장벽이 된다는 점도 깨닫도록 도와야 한다. 모든 세계와 모든 경험을 대상으로 연구할 수 있어야 한다. 어떠한 문제도, 심지어 '개인적인' 문제까지도 사람들이 탐구할 수 있어야 한다. 그렇지 않을 경우 우리는, 오직 목수만이 목재를 만질 수 있고 목수는 오직 목재만을 만질 수 있는, 그리고 두말할 필요도 없이 목수가 만진 목재는 그제야 비로소 실질적으로 혹은 명목상으로 목재가 되는 경직된 작업장 같은 우스꽝스러운 처지에 놓이게 될 것이다. 이와 같은 작업장에서는 새로운 재료와 새로운 도구는 성가시거나 심지어 위협적인 것이 되고, 기회라기보다는 재앙임에 틀림없다. 또한 모든 사람을 친족체계 속에 자리매김하는 어느 원시 부족 이야기를 여러분에게 주지시키고 싶다. 이러한 친족체계에 속하지 않은 새로운 사람이 나타났을 때, 그들에게는 그 사람을 죽이는 것 말고는 문제를 해결할 수 있는 방법이 없다.

　이러한 말들이 종종 과학에 대한 공격으로 오해받기 십상이라는 것을 알고 있다. 그러나 그렇지 않다. 오히려 과학의 범주를 확장해서, 개인적이고 경험적인 심리학 문제와 자료를 과학의 영역에 포함시킬 것을 제안하는 바이다. 많은 과학자들이 이러한 문제를 '비과학적'이라 치부하면서 포기해왔다. 그러나 이러한 문제를 과학자가 아닌 사람들에게 맡기는 것은 곧 '인문학'의 세계에서 과학의 세계를 구분해서 두 세계 모두를 절름발이로 만드는 일에 동참하는 것과 마찬가지다.

새로운 종류의 의사소통이 어떤 모습이어야 하는지를 추측하기란 어려운 일이다. 분명히, 우리가 이미 정신분석학적 문헌에서 찾을 수 있는 것, 즉 전이(transference)와 역전이(counter-transference)* 이상의 것이어야 한다. 우리의 학술지에 더욱더 개체적이고 전기적이고 자전적인 논문들을 실어야 한다.

존 달라드(John Dollard)는 오래전 남부에 관한 자신의 책 서문에서 자기 자신의 편견을 분석했다. 이러한 작업 역시 배워야 한다. 우리는 심리 치료 과정에서 환자에게 배운 교훈을 더 많이 보고해야 한다. 가령 매리언 밀너가 《그릴 수 없는 것에 대하여》에서 제시한 자기 분석, 유게니아 한프만이 쓴 것과 같은 사례사, 말 그대로 모든 종류의 대인간 접촉에 대한 보고서들을 더 많이 받아볼 수 있어야 한다.

나 스스로 억제한 점들을 근거로 판단해볼 때, 우리의 학술지가 자유연상이나 서사적 또는 시적인 유형으로 쓴 논문을 점진적으로 수용하는 것이 무엇보다 가장 어려운 점이다. 특정한 유의 사실을 의사소통할 때 이러한 방식이 최선일 수 있다. 가령 절정경험에 대한

---

* 내담자가 자신의 무의식적인 갈등을 표출할 때, 갈등과 관계된 과거의 중요한 인물에 대한 내담자의 정서적 반응이 분석가에게 나타나는 현상을 전이라고 한다. 한편, 분석가 편에서 나타나는 전이를 역전이라고 하는데, 이것은 내담자에 대한 분석가의 싫은 감정이나 지나친 애착이나 관여 때문에 나타나는 현상이다.

의사소통이 그렇다. 그럼에도 이것을 모든 사람에게 일반화하기는 힘들다. 이를 허용하자마자 대량으로 쏟아질 불필요한 글들에서 과학적으로 유용한 글을 구별해내는 힘든 작업을 위해서는 매우 꼼꼼하고 정직한 편집자가 필요할 것이다. 내가 제안할 수 있는 것은 이를 조심스럽게 시도해보는 것뿐이다.

부록 B

규범적인 사회 심리학(normative social psychology)은 가능한가?

1962년에 써서 1965년에 출간한 나의 책 《심리적으로 건강한 경영》의 일본어판 서문을 써달라는 부탁을 1967년에 받았다. 초판에 약간의 문제와 속임수가 있었다는 것 그리고 규범적인 사회 심리학이 가능하고 또한 그렇게 말하는 것을 내가 덜 두려워하게 되었음을 알게 되었다.

분명히 이 책은 하나의 규범적인 사회 심리학이다. 즉 이 책은 사회 과학에 필수적이고 또한 실행 가능한 연구 과제 가운데 하나가 가치라고 생각한다. 따라서 이 책은 가치를 과학의 영역에서 배제하는 정통파들과는 직접적으로 반대되는 위치에 있다. 정통파의 주장에 따르면, 가치는 발견하거나 드러내 보일 수 있는 성질의 것이 아니고, 명령에 의해서 혹은 비과학자들이 제멋대로 얘기할 수 있을 뿐이다.

그렇다고 해서, 이 책이 고전적인 탈가치적 과학이나 순전히 설명적인 사회과학에 적대적인 것은 아니다. 이 책은 인문과학과 공학에 대한 더욱더 넓고 포괄적인 개념, 즉 과학이란 인간 본성의 부산물로서 인간 본성의 실현을 장려할 수 있다는 인식에 전적으로 기초한 개념을 가지고 이 두 과학을 포용하려고 노력했다. 이러한 관점에서 볼 때, 한 사회나 그 사회 내의 모든 제도는 그 사회 구성원들의 자기실현을 육성하거나 아니면 방해하는 특성을 가지고 있다.(259)

이 책에서 제기한 하나의 기본적인 문제는 어떤 조건의 일, 어떤 종류의 일, 어떤 종류의 관리와 어떤 종류의 보상이나 보수가 인간 본성을 더욱더 풍부하고 가장 충만한 위치까지 건강하게 성장하도록 도울 것인가 하는 점이다. 즉 어떤 작업 조건이 개인적 완성에 최선인가?

그러나 이것을 뒤집어서 질문할 수 있다. 즉 의식주의 충족 같은 가장 기본적인 욕구를 당연하게 여기는 매우 풍요로운 사회와 매우 건강하고 정상적인 사람들을 가정해볼 때, 어떻게 하면 그런 사람들이 자기 자신을 위해서 조직의 가치와 목표를 도모할 수 있을까? 어떻게 그들을 가장 잘 다룰 수 있을까? 어떤 조건에서 그들은 최선을 다해 일할 수 있을까? 어떠한 금전적·비금전적인 보상을 위해 그들은 최선을 다해 일을 할까? 그들은 언제 자신들의 조직이라는 느낌을 갖게 될까?

많은 사람들이 놀라워할 정도로, 특정 '협력적' 조건 하에서는 개인적 이익과 사회적 이익, 이 두 가지가 서로 상충하지 않고 점차 같아질 수 있음이 분명하게 드러나고 있다. 또한 점점 더 많은 문헌들이 이러한 점을 지지하고 있다. 건강한 심리에 기초한(안심할 수 있는) 노동 조건은 개인적 완성뿐만 아니라 조직이 제공하는 서비스, 생산의 양이나 질과 함께 조직(회사, 병원, 대학 등)의 건강과 번영에도 유리하다.

(어느 조직이나 사회에서) 경영 문제에 새로운 방식으로 접근할 수 있다. 즉 모든 조직에서 개인의 목표가 조직의 목표와 일치할 수 있도록 사회적 조건을 어떻게 구축할 것인가 하는 문제에 접근할 수 있다. 언제 이것이 가능한가? 언제 이것이 불가능한가? 혹은 언제 이것이 해로운가? 어떠한 힘들이 사회와 개인의 협력적 관계를 장려하는가? 반대로 어떠한 힘들이 개인과 사회에 반목을 조장하는가?

이러한 질문들은 분명 개인적 삶과 사회적 삶, 정치적·경제적 이론, 심지어 철학 일반의 가장 심오한 문제들과 관련되어 있다. 예를 들어 내 최근의 저서 《과학에 관한 심리학(Psychology of Science)》은 과학 스스로 부여한 탈가치적이고 기계화된(mechanomorphic)[1] 한계를 초월한 인본주의적 과학에 대한 욕구와 가능성을 보여주는 예이다.

그리고 자기실현에 대한 충동과 최고의 가치들에 대한 사랑을 포함해서 인간의 수준 높은 욕구의 생물학적 실체를 받아들여 인간 동기에 관한 부적절한 이론에 바탕을 둔 고전적 경제 이론을 개혁할 수 있다. 단언컨대, 정치학과 사회학 및 모든 인문학과 모든 사회과학 그리고 모든 응용과학도 거의 마찬가지다.

이 책은 인간 그 자체가 아닌 다른 목적을 위해서 인간을 더욱 효율적으로 다루기 위해 쓸 수 있는 경영의 새로운 기교, '책략' 또는 피상적인 기술에 관한 것이 아님을 강조하고 싶다. 이 책은 활용을 위한 지침서가 아니다.

대신에, 이 책은 더욱 효과적이고 더욱 진실한 새로운 가치체계를 통해 나오는 일련의 전형적인 가치들을 다루고 있다. 인간 본성이 경시되어왔다는 사실, 인간은 '본능'처럼 하위 본성과 마찬가지로 상위 본성도 가지고 있다는 사실, 이러한 상위 욕구는 의미 있는 일에 대한 욕구, 책임감, 창의성, 공평함과 공정함에 대한 욕구, 가치 있는 일을 좋아서 하려는 욕구 등을 포함한다는 사실이 가져올 가히 혁명적인 몇몇 결과들을 이 책은 도출하고 있다.

이러한 시각에서 보면 '보수'를 금전적인 측면에서만 생각하는 것

---

1 매슬로는 '의인화된(anthropomorphic)'이라는 용어의 반대말로 '기계화된(mechanomorphic)'이라는 장난스러운 용어를 고안했다. 따라서 매슬로는, 고전적 행동주의를 심리학에 대한 기계화된 접근으로 보았다. 왜냐하면 행동주의는 살아 있는 유기체를 일종의 기계로 보는 경향이 있기 때문이다. 마찬가지로 익살스럽게, 그는 때때로 프로이트의 정신분석 이론을 심리학에 대한 '항문적(proctological)' 접근이라고 말하곤 했다.

은 명백히 시대에 뒤떨어진 생각이다. 한 차원 낮은 욕구의 충족은 돈으로 해결할 수 있다. 그러나 이러한 욕구들을 이미 충족하고 나면, 사람들은 자기실현과 더 수준 높은 가치, 즉 진실, 아름다움, 자신감, 우수함, 정의, 완벽, 질서, 합법성뿐만 아니라 소속감, 애정, 존엄, 존경, 감사, 명예 등 더 수준 높은 종류의 '보수'에 의해서만 동기화된다.

분명히 이것은 마르크스주의자나 프로이트주의자에게뿐만 아니라 정치나 군대에서의 권위자 그리고 '으스대는' 보스나, '진보주의자'들에게도 많은 시사점을 준다.

참고문헌 A

이 참고문헌은 본문에 나오는 구체적인 참고문헌들뿐만 아니라, '제3세력' 집단의 심리학자들과 정신의학자들이 쓴 글의 일부도 포함하고 있다. 무스타카스(118)가 그들의 연구를 가장 잘 소개하고 있고, 조라드(72)와 콜맨(33)이 그들의 관점을 가장 잘 제시하고 있다.

1 Allport, G. *The Nature of Personality*. Addison-Wesley, 1950.

2 _____. *Becoming*. Yale Univ., 1955.

3 _____. Normative compatibility in the light of social science, *in* Maslow, A. H. (ed.). *New Knowledge in Human Values*. Harper, 1959.

4 _____. *Personality and Social Encounter*. Beacon, 1960.

5 Anderson, H. H. (ed.). *Creativity and Its Cultivation*. Harper, 1959.

6 Angyal, A. *Foundations for a Science of Personality*. Commonwealth Fund, 1941.

7 Anonymous, Finding the real self. A letter with a foreword by Karen Horney, *Amer. J. Psychoanal.*, 1949, 9, 3.

8 Ansbacher, H., and R. *The Individual Psychology of Alfred Adler*. Basic Books, 1956.

9 Arnold, M. and Gasson, J. *The Human Person*. Ronald, 1954.

10 Asch. S. E. *Social Psychology*. Prentice-Hall, 1952.

11 Assagioli, R. *Self-Realization and Psychological Disturbances*. Psychosynthesis Research Foundation, 1961.

12 Banham, K. M. The development of affectionate behavior in infancy, *J. General Psychol.*, 1950, 76, 283~289.

13 Barrett, W. *Irrational Man*. Doubleday, 1958.

14 Bartlett, F. C. *Remembering*. Cambridge Univ., 1932.

15 Begbie, T. *Twice Born Men*. Revell, 1909.

16 Bettelheim, B. *The Informed Heart*. Free Press, 1960.

16a Bossom J., and Maslow, A. H. Security of judges as a factor in impressions of warmth in others, *J. Abn. Soc. Psychol.*, 1957, 55, 147~148.

17 Bowlby, J. *Maternal Care and Mental Health*. Geneva : World Health Organization, 1952.

18 Bronowski, J. The values of science, in Maslow, A. H. (ed.). *New Knowledge in Human Values*. Harper, 1959.

19 Brown, N. *Life Against Death*. Random House, 1959.

20 Buber, M. *I and Thou*, Edinburgh : T. and T. Clark, 1937.

21 Bucke, R. *Cosmic Consciousness*. Dutton, 1923.

22 Buhler, C. Maturation and motivation, *Dialectica*, 1951, 5, 312~361.

23 _____. The reality principle, *Amer. J. Psychother.*, 1954, 8,

626~647.

24 Buhler, K. *Die geistige Entwickling des Kindes*, 4th ed., Jena: Fischer, 1924.

25 Burtt, E. A. (ed.). *The Teachings of the Compassionate Buddha*. Mentor Books, 1955.

26 Byrd, B. Cognitive needs and human motivation. Unpublished.

27 Cannon, W. B. *Wisdom of the Body*. Norton, 1932.

28 Cantril, H. *The 'Why' of Man's Experience*. Macmillan, 1950.

29 Cantril, H., and Bumstead, C. *Reflections on the Human Venture*. N.Y.Univ., 1960.

30 Clutton-Brock, A. *The Ultimate Belief*. Dutton, 1916.

31 Cohen, S. A growth theory of neurotic resistance to psychotherapy, *J. of Humanistic Psychol.*, 1961, 1, 48~63.

32 _____. Neurotic ambiguity and neurotic hiatus between knowledge and action, *J. Existential Psychiatry*, 1962, 3, 75~96.

33 Coleman, J. *Personality Dynamics and Effective Behavior*. Scott, Foresman, 1960.

34 Combs, A., and Snygg, D. *Individual Behavior*. Harper, 1959.

35 Combs, A. (ed.). *Perceiving, Behaving, Becoming: A New Focus for Education*. Association for Supervision and Curriculum Development, Washington, D.C., 1962.

36 D'Arcy, M. C. *The Mind and Heart of Love*. Holt, 1947.

37 _____. *The Meeting of Love and Knowledge*. Harper, 1957.

38 Deutsch, F., and Murphy, W. *The Clinical Interview* (2 vols.) Int. Univs. Press, 1955.

38a Dewey, J. *Theory of Valuation*. Vol. II, No. 4 of *International Encyclopedia of Unified Science*, Univ. of Chicago (undated).

38b Dove, W. F. A study of individuality in the nutritive instincts, *Amer. Naturalist*, 1935, 69, 469~544.

39 Ehrenzweig, A. *The Psychoanalysis of Artistic Vision and Hearing*. Routledge, 1953.

40 Erikson, E. H. *Childhood and Society*. Norton, 1950.

41 Erikson, E. H. Identity and the Life Cycle. (Selected papers.) *Psychol. Issues*, 1, Monograph 1, 1959. Int. Univs. Press.

42 Festinger, L. A. *Theory of Cognitive Dissonance*. Peterson, 1957.

43 Feuer, L. *Psychoanalysis and Ethics*. Thomas, 1955.

Field, J. (pseudonym), *see* Milner, M.

44 Frankl, V. E. *The Doctor and the Soul*. Knopf, 1955.

45 _____. *From Death-Camp to Existentialism*. Beacon, 1959.

46 Freud, S. *Beyond the Pleasure Principle*. Int. Psychoan. Press, 1922.

47 _____. *The Interpretation of Dreams*, in *The Basic Writings of Freud*. Modern Lib., 1938.

48 _____. *Collected Papers*, London, Hogarth, 1956. Vol. III, Vol. IV

49 _____. *An Outline of Psychoanalysis*. Norton, 1949.

50 Fromm, E. *Man For Himself*. Rinehart, 1947.

51 _____. *Psychoanalysis and Religion*. Yale Univ., 1950.

52 _____. *The Forgotten Language*. Rinehart, 1951.

53 _____. *The Same Society*. Rinehart, 1955.

54 _____. Suzuki, D. T., and De Martino, R. *Zen Buddhism and Psychoanalysis*. Harper, 1960.

54a Ghiselin, B. *The Creative Process*, Univ. of Calif., 1952.

55 Goldstein, K. *The Organism*. Am. Bk. Co., 1939.

56 _____. *Human Nature from the Point of View of Psychopathology*. Harvard Univ., 1940.

57 _____. Health as value, *in* A. H. Maslow (ed.). *New Knowledge in Human Values*. Harper, 1959, pp. 178~188.

58 Halmos, P. *Towards a Measure of Man*. London : Kegan Paul, 1957.

59 Hartman, R. The science of value, *in* Maslow, A. H. (ed.). *New Knowledge in Human Values*. Harper, 1959.

60 Hartmann, H. *Ego Psychology and the Problem of Adaptation*. Int. Univs. Press, 1958.

61 _____. *Psychoanalysis and Moral Values*. Int. Univs. Press, 1960.

62 Hayakawa, S. I. *Language in Action*. Harcourt, 1942.

63 _____. The fully functioning personality, *ETC*. 1956, 13, 164~181.

64 Hebb, D. O., and Thompson, W. R. The social significance of animal studies, *in* G. Lindzey (ed.). *Handbook of Social Psychology*, Vol. 1. Addison-Wesley, 1954, 532~561.

65 Hill, W. E. Activity as an autonomous drive. *J. Comp. &*

Physiological Psychol., 1956, 49, 15~19.

66 Hora, T. Existential group psychotherapy, *Amer. J. of Psychotherapy*, 1959, 13, 83~92.

67 Horney, K. *Neurosis and Human Growth*. Norton, 1950.

68 Huizinga, J. *Homo Ludens*. Beacon, 1950.

69 Huxley, A. *The Perennial Philosophy*. Harper, 1944.

69 _____. *Heaven & Hell*. Harper, 1955.

70 Jahoda, M. *Current Conceptions of Positive Mental Health*. Basic Books, 1958.

70a James, W. *The Varieties of Religious Experience*. Modern Lib., 1942.

71 Jessner, L., and Kaplan, S. 'Discipline' as a problem in psychotherapy with children, *The Nervous Child*, 1951, 9, 147~155.

72 Jourard, S. M. *Personal Adjustment*, 2nd ed. Macmillan, 1963.

73 Jung, C. G. *Modern Man in Search of a Soul*. Harcourt, 1933.

74 _____. *Psychological Reflections* (Jacobi, J., ed.). Pantheon Books, 1953.

75 _____. *The Undiscovered Self*. London : Kegan Paul, London, 1958.

76 Karpf, F. B. *The Psychology & Psychotherapy of Otto Rank*. Philosophical Library, 1953.

77 Kaufman, W. *Existentialism from Dostoevsky to Sartre*. Meridian, 1956.

78 _____. *Nietzsche*. Meridian, 1956.

79 Kepes, G. *The New Landscape in Art and Science*. Theobald, 1957.

80 *The Journals of Kierkegaard*, 1834~1954. Dru, Alexander (ed. and translator). Fontana Books, 1958.

81 Klee, J. B. *The Absolute and the Relative*. Unpublished.

82 Kluckhohn, C. *Mirror for Man*. McGraw-Hill, 1949.

83 Korzybski, A. *Science and Sanity: An Introduction to NonAristotelian Systems and General Semantics* (1933). Lakeville, Conn.: International Non-Aristotelian Lib. Pub. Co., 3rd ed., 1948.

84 Kris, E. *Psychoanalytic Explorations in Art*, Int. Univs. Press, 1952.

85 Krishnamurti, J. *The First and Lost Freedom*. Harper, 1954.

86 Kubie, L. S. *Neurotic Distortion of the Creative Process*. Univ. of Kans., 1958.

87 Kuenzli, A. E. (ed.). *The Phenomenological Problem*. Harper, 1959.

88 Lee, D. *Freedom & Culture*. A Spectrum Book, Prentice-Hall, 1959.

89 ———. Autonomous motivation, *J. Humanistic Psychol.*, 1962, 1, 12~22.

90 Levy, D. M. Personal communication.

91 ———. *Maternal Overprotection*. Columbia Univ., 1943.

91a Lewis, C. S. *Surprised by Joy*. Harcourt, 1956.

92 Lynd, H. M. *On Shame and the Search for Identity*. Harcourt, 1958.

93 Marcuse, H. *Eros and Civilization*. Beacon, 1955.

94 Maslow, A. H., and Mittelmann, B. *Principles of Abnormal Psychology.* Harper, 1941.

95 Maslow, A. H. Experimentalizing the clinical method, *J. of Clinical Psychol.*, 1945, 1, 241~243.

96 _____. Resistance to acculturation, *J. Soc. Issues*, 1951, 7, 26~29.

96a _____. Comments on Dr. Old's paper, *in* M. R. Jones (ed.). *Nebraska Symposium on Motivation*, 1955, Univ. of Neb., 1955.

97 _____. *Motivation and Personality.* Harper, 1954.

98 _____. A philosophy of psychology, *in* Fairchild, J. (ed.). *Personal Problems and Psychological Frontiers.* Sheridan, 1957.

99 _____. Power relationships and patterns of personal development, *in* Kornhauser, A. (ed.). *Problems of Power in American Democracy.* Wayne Univ., 1957.

100 _____. Two kinds of cognition, *General Semantics Bulletin*, 1957, Nos. 20 and 21, 17~22.

101 _____. Emotional blocks to creativity, *J. Individ. Psychol.*, 1958, 14, 51~56.

102 _____. (ed.). *New Knowledge in Human Values.* Harper, 1959.

103 _____. Rand, H., and Newman, S. Some parallels between the dominance and sexual behavior of monkeys and the fantasies of psychoanalytic patients, *J. of Nervous and Mental Disease*, 1960, 131, 202~212.

104 _____. Lessons from the peak-experiences, *J. Humanistic Psychol.*,

1962, 2, 9~18.

105 _____. and Diaz-Guerrero, R. Juvenile delinquency as a value disturbance, in Peatman, J., and Hartley, E. (eds.). *Festschrift for Gardner Murphy*. Harper, 1960.

106 _____. Peak-experiences as completions. (To be published.) (Ed.— This paper was never published and does not appear to have survived.)

107 _____. Eupsychia—the good society, *J. Humanistic Psychol.*, 1961, 1, 1~11.

108 _____. and Mintz, N. L. Effects of esthetic surroundings : I. Initial short-term effects of three esthetic conditions upon perceiving 'energy' and 'well-being' in faces, *J. Psychol.*, 1956, 41, 247~254.

109 Masserman, J. (ed.). *Psychoanalysis and Human Values*. Grune and Stratton, 1960.

110 May, R., et al. (eds.). *Existence*. Basic Books, 1958.

111 _____. (ed.). *Existential Psychology*. Random House, 1961.

112 Milner, M. (Joanna Field, pseudonym). *A Life of One's Own*. Pelican Books, 1952.

113 Milner, M. *On Not Being Able to Paint*. Int. Univs. Press, 1957.

114 Mintz, N. L. Effects of esthetic surroundings : II. Prolonged and repeated experiences in a 'beautiful' and an 'ugly' room. *J. Psychol.*, 1956, 41, 459~466.

115 Montagu, Ashley, M. F. *The Direction of Human Development*.

Harper, 1955.

115a Moreno, J. (ed.). *Sociometry Reader*. Free Press, 1960.

116 Morris C. *Varieties of Human Value*. Univ. of Chicago, 1956.

117 Moustakas, C. *The Teacher and the Child*. McGraw-Hill, 1956.

118 _____. (ed.). *The Self*. Harper, 1956.

119 Mowrer, O. H. *The Crisis in Psychiatry and Religion*. Van Nostrand, 1961.

120 Mumford, L. *The Transformations of Man*. Harper, 1956.

121 Munroe, R. L. *Schools of Psychoanalytic Thought*. Dryden, 1955.

122 Murphy, G. *Personality*. Harper, 1947.

123 Murphy, G., and Hochberg, J. Perceptual development : some tentative hypotheses, *Psychol. Rev.*, 1951, 58, 332~349.

124 Murphy, G. *Human Potentialities*. Basic Books, 1958.

125 Murray, H. A. Vicissitudes of Creativity, *in* H. H. Anderson (ed.). *Creativity and Its Cultivation*. Harper, 1959.

126 Nameche, G. Two pictures of man, *J. Humanistic Psychol.*, 1961, 1, 70~88.

127 Niebuhr, R. *The Nature and Destiny of Man*. Scribner's 1947.

127a Northrop, F. C. S. *The Meeting of East and West*. Macmillan, 1946.

128 Nuttin, J. *Psychoanalysis and Personality*. Sheed and Ward, 1953.

129 O'Connell, V. On brain washing by psychotherapists: The effect of cognition in the relationship in psychotherapy. Mimeographed, 1960.

129a Olds, J. Physiological mechanisms of reward, *in* Jones, M. R. (ed.).

Nebraska Symposium on Motivation, 1955. Univ. of Nebr., 1955.

130 Oppenheimer, O. Toward a new instinct theory, *J. Social Psychol.*, 1958, 47, 21~31.

131 Overstreet, H. A. *The Mature Mind*. Norton, 1949.

132 Owens, C. M. *Awakening to the Good*. Christopher, 1958.

133 Perls, F., Hwfferline, R., and Goodman, P. *Gestalt Therapy*, Julian, 1951.

134 Peters, R. S. 'Mental health' as an educational aim. Paper read before Philosophy of Education Society, Harvard University, March, 1961.

135 Progoff, I. *Jung's Psychology and Its Social Meaning*. Grove, 1953.

136 Progoff, I. *Depth Psychology and Modern Man*. Julian, 1959.

137 Rapaport, D. *Organization and Pathology of Thought*. Columbia Univ., 1951.

138 Reich, W. *Character Analysis*. Orgone Inst., 1949.

139 Reik, T. *Of Love and Lust*. Farrar, Straus, 1957.

140 Riesman, D. *The Lonely Crowd*. Yale Univ., 1950.

141 Ritchie, B. F. Comments on Professor Farber's paper, *in* Marshall R. Jones (ed.). *Nebraska Symposium on Motivation*. Univ. of Nebr., 1954, pp.46~50.

142 Rogers, C. *Psychotherapy and Personality Change*. Univ. of Chicago, 1954.

143 Rogers, C. R. A theory of therapy, personality and interpersonal relationships as developed in the client-centered framework, in Koch,

S. (ed.) *Psychology: A Study of a Science*, Vol. III. McGraw-Hill, 1959.

144 Rogers, C. *A Therapist's View of Personal Goals*. Pendle Hill, 1960.

145 _____. *On Becoming a Person*. Houghton Mifflin, 1961.

146 Rokeach, M. *The Open and Closed Mind*. Basic Books, 1960.

147 Schachtel, E. *Metamorphosis*. Basic Books, 1959.

148 Schilder, P. *Goals and Desires of Man*. Columbia Univ., 1942.

149 _____. *Mind: Perception and Thought in Their Constructive Aspects*. Columbia Univ., 1942.

150 Scheinfeld, A. *The New You and Heredity*. Lippincott, 1950.

151 Schwarz, O. *The Psychology of Sex*. Pelican Books, 1951.

152 Shaw, F. J. The problem of acting and the problem of becoming, *J. Humanistic Psychol.*, 1961, 1, 64~69.

153 Sheldon, W. H. *The Varieties of Temperament*. Harper, 1942.

154 Shlien, J. M. *Creativity and Psychological Health*, Counseling Center Discussion Paper, 1956, 11, 1~6.

155 Shlien, J. M. A criterion of psychological health, *Group Psychotherapy*, 1956, 9, 1~18

156 Sinnott, E. W. *Matter, Mind and Man*. Harper, 1957.

157 Smillie, D. Truth and reality from two points of view, *in* Moustakas, C. (ed.). *The Self*. Harper, 1956.

157a Smith, M. B. 'Mental health' reconsidered: A special case of the problem of values in psychology, *Amer. Psychol.*, 1961, 16,

299~306.

158 Sorokin, P. A. (ed.). *Explorations in Altruistic Love and Behavior.* Beacon, 1950.

159 Spitz, R. Anaclitic depression, *Psychoanal. Study of the* _____, 1946, 2, 313~342.

160 Suttie, I. *Origins of Love and Hate.* London: Kegan Paul, 1935.

160a Szasz, T. S. The myth of mental illness, *Amer. Psychol.*, 1960, 15, 113~118.

161 Taylor C. (ed.) *Research Conference on the Identification of Creative Scientific Talent.* Univ. of Utah, 1956.

162 Tlad, O. Toward the Knowledge of man, *Main Currents in Modern Thought,* Nov. 1955.

163 Tillich, P. *The Courage To Be.* Yale Univ., 1952.

164 Thompson, C. *Psychoanalysis: Evolution & Development.* Grove, 1957.

165 Van Kaam, A. L. *The Third Force in European Psychology—Its Expression in a Theory of Psychotherapy.* Psychosynthesis Research Foundation, 1960.

166 _____. Phenomenal analysis: Exemplified by a study of the experience of 'really feeling understood,' *J. Individ. Psychol.*, 1959, 15, 66~72.

167 _____. Humanisitic psychology and culture, *J. Humanistic Psychol.*, 1961, 1, 94~100.

168 Watts, A. W. *Nature, Man and Woman.* Pantheon, 1958.

169 _____. *This is IT.* Pantheon, 1960.

170 Weisskopf, W. Existence and values, *in* Maslow, A. H. (ed.). *New Knowledge of Human Values.* Harper, 1958.

171 Werner, H. *Comparative Psychology of Mental Development.* Harper, 1940.

172 Wertheimer, M. Unpublished lectures at the New School for Social Research, 1935~6.

173 _____. *Productive Thinking.* Harper, 1959.

174 Wheelis, A. *The Quest for Identity.* Norton, 1958.

175 _____. *The Seeker.* Random, 1960.

176 White, M. (ed.). *The Age of Analysis.* Mentor Books, 1957.

177 White, R. Motivation reconsidered : the concept of competence, *Psychol. Rev.*, 1959, 66, 297~333.

178 Wilson, C. *The Stature of Man.* Houghton, 1959.

179 Wilson, F. Human nature and esthetic growth, *in* Moustakas, C. (ed.). *The Self.* Harper, 1956.

180 _____. Unpublished manuscripts on Art Education.

181 Winthrop, H. Some neglected considerations concerning the problems of value in psychology, *J. of General Psychol.*, 1961, 64, 37~59.

182 _____. Some aspects of value in psychology and psychiatry, *Psychological Record*, 1961, 11, 119~132.

183 Woodger, J. *Biological Principles.* Harcourt, 1929.

184 Woodworth, R. *Dynamics of Behavior*. Holt, 1958.

185 Young, P. T. *Motivation and Emotion*. Wiley, 1961.

186 Zuger, B. Growth of the individuals concept of self, *A.M.A. Amer. J. Diseased Children*, 1952, 83, 719.

187 The states of being and awareness in neurosis and their redirection in therapy, *J. of Nervous and Mental Disease*, 1955, 121, 573.

참고문헌 B[1]

참고문헌 A와 마찬가지로, 부가적 참고문헌인 참고문헌 B에서는 기본적으로 인본주의 심리학 문헌을 나열하고 있다. 다른 학문적 전통에 근거한 연구를 인본주의 심리학과 통합할 수 있다는 것을 알았지만 나는 그러한 연구를 포함시키지 않았다.

나는 참고문헌을 최대한 잘 선택해서 짧게 제시하려고 많이 노력했고 따라서 기존의 것에 비하면 절반 정도밖에 되지 않는다. 《인본주의심리학술지》와 《마나》에 실린 논문, 부겐탈(209), 세버린(289), 파슨(226) 그리고 오이토(Oito, 275)의 것도 많이 제외했다. 또한 내 연구인 경우 관련성이 있는 것도 많이 제외했는데, 1965년까지의 내 연구에 대한 참고문헌 목록이 《심리적으로 건강한 경영》(261)에 제시되어 있기 때문이다.

188 Adler, A. *Superiority and Social Interests : A Collection of Later Writings* (H. L. and R. R. Ansbacher, eds.). Northwestern University Press, 1964.

189 Allport, G. *Pattern and Growth in Personality*. Holt, Rinehart & Winston, 1961.

190 Angyal, A. *Neurosis and Treatment*. Wiley, 1965.

---

[1] 이 부가적 참고문헌은 매슬로가 1968년에 나온 《존재의 심리학》 제2판에 첨가한 것이다.

191 Aronoff, J. *Psychological Needs and Cultural Systems*, Van Nostrand, 1967.

192 Assagioli, R. *Psychosynthesis : A Manual of Principles and Techniques*. Hobbs, Dorman, 1965.

193 Axline, V. *Dibs : In Search of self*. Houghton Mifflin, 1966.

194 Bailey, J. C. Clues for success in the president's job, *Harvard Business Review*, 1967, 45, 97~104.

195 Barron, F. *Creativity and Psychological Health*. Van Nostrand, 1963.

196 Benda, C. *The Image of Love*. Free Press, 1961.

197 Bennis, W., Schein, E., Berlew, D., and Steele, F. (eds.). *Interpersonal Dynamics*. Dorsey, 1964.

198 _____. *Changing Organizations*. McGraw-Hill, 1966.

199 Berne, E. *Games People Play*. Grove Press, 1964.

200 Bertocci, P., and Millard, R. *Personality and the Good*. McKay, 1963.

201 Blyth, R. H. *Zen in English Literature and Oriental Classics*. Tokyo, Hokuseido Press, 1942.

202 Bodkin, M. *Archetypal Patterns in Poetry*. Vintage Books, 1958.

203 Bois, J. S. *The Art of Awareness*. Wm. C. Brown, 1966.

204 Bonner, H. *Psychology of Personality*. Ronald, 1961.

205 _____. *On Being Mindful of Man*. Houghton Mifflin, 1965.

206 Bradford, L. P., Gibb, J. R., and Benne, K. D. (eds.). *T-Group*

Theory and Laboratory Method. Wiley, 1964.

207 Bronowski, J. *The identity of Man.* Natural History Press, 1965.

208 _____. *The Face of Violence.* World, 1967.

209 Bugental, J. *The Search for Authenticity.* Holt, Rinehart & Winston, 1965.

210 _____. (ed.). *Challenges of Humanistic Psychology.* McGraw-Hill, 1967.

211 Buhler, C. *Values in Psychotherapy.* Free Press, 1962.

212 _____, and Massarik, F. (eds.). *Humanism and the Course of Life: Studies in Goal-Determination.* Springer, 1967.

213 Burrow, T. *Preconscious Foundations of Human Experience* (W. E. Galt, ed.). Free Press, 1964.

214 Campbell, J. *The Hero with a Thousand Faces.* Meridian Books, 1956.

215 Cantril, H. The human design, *J. individ. Psychol.*, 1964, 20, 129~136.

216 Carson, R. *The Sense of Wonder.* Harper & Row, 1965.

217 Clark, J. V. Motivation in Work groups : A tentative view, *Human Organization*, 1960, 19, 199~208.

218 _____. *Education for the Use of Behavioral Science.* Univ. Calif. L. A., Institute of industrial Relations, 1962.

219 Craig, R. Trait lists and creativity. *Psychologia*, 1966, 9, 107~110.

220 Dabrowski, K. *Positive Disintegration.* Little, Brown, 1964.

221 Davies, J. C. *Human Nature in Politics*. Wiley, 1963.

222 Deikman, A. Implications of experimentally induced contemplation meditation, *J. of Nervous and Mental Disease*, 1966, 142, 101~116.

223 De Martino, M. (ed.). *Sexual Behavior and Personality Characteristics*. Grove Press, 1963.

224 Eliade, M. *The Sacred and the Profane*. Harper & Row, 1961.

225 Farrow, E. *Psychoanalyze Yourself*. International Universities Press, 1942.

226 Farson, R. E. (ed.). *Science and Human Affairs*. Science and Behavior Books, 1965.

227 Esalen Institute. Residential program brochure. Big Sur, Calif., 1966.

228 Frankl, V. *Psychotherapy and Existentialism*. Washington Square Press, 1967.

229 Fromm, E. *The Heart of Man*. Harper & Row, 1964.

230 Gardner, J. *Self-Renewal*. Harper & Row, 1963.

231 Gibb, J. R. and L. M. *The Emergent Group: A Study of Trust and Freedom*. To be published.

232 Glasser, W. *Reality Therapy*. Harper & Row, 1965.

233 Greening, T., and Coffey, H. Working with an 'impersonal' T-Group, *Journal of Applied Behavioral Science*, 1966, 2, 401~411.

234 Gross, B. *The Managing of Organizations* (2 vols.). Free Press, 1964.

235 Halmos, P. *The Faith of the Counsellors*. London, Constable, 1965.

236 Harper, Ralph. *Human Love: Existential and Mystical*. Johns Hopkins press, 1966.

237 Hartman, R.S. *The Structure of Value: Foundations of Scientific Axiology*. South Illinois University Press, 1967.

238 Hauser, R., and H. *The Fraternal Society*. Random House, 1963.

239 Herzberg, F. *Work and the Nature of Man*. World, 1966.

240 Hora, T. On meeting a Zen-master socially, *Psychologia*, 1961, 4, 73~75.

241 Horney, K. *Self-Analysis*. Norton, 1942.

242 Hughes, Percy. *An Introduction to Psychology*. Lehigh University Supply Bureau, 1928.

243 Huxley, A. *Grey Eminence*. Meridian Books, 1959.

244 _____. *Island*. Bantam Books, 1963.

245 Huxley, L. *You Are Not the Target*. Farrar, Straus & Giroux, 1963.

246 Isherwood, M. *Faith Without Dogma*. G. Allen Unwin, 1964.

247 Johnson, R. C. *Watcher on the Hills*. Harper & Row, 1959.

248 Jones, R. (ed.). *Contemporary Educational Psychology: Selected Essays*. Harper Torchbooks, 1966.

249 Jourard, S. M. *The Transparent Self: Self-Disclosure and Well-Being*. Van Nostrand, 1964.

250 Kaufman, W. (ed.). *The Portable Nietzsche*. Viking, 1954.

251 Koestler, A. *The Lotus and the Robot*. London, Hutchinson, 1960.

252 Kuriloff, R. *Reality in Management*. McGraw-Hill, 1966.

253 Laing, R. *The Divided Self*. Penguin Books, 1965.

254 Lao Tsu. *The Way of Life*. Mentor Books, 1955.

255 Laski, M. *Ecstasy*. Indiana University Press, 1962.

256 Lowen, A. *Love and Orgasm*. Macmillan, 1965.

257 Malamud, D., and Machover, S. *Toward Self-Understanding*. Thomas, 1965.

258 Manuel, A. *Shapes of Philosophical History*. Stanford University Press, 1965.

259 Maslow, A. H. Synergy in the society and in the individual, *J. of Individ. Psychol.*, 1964, 20, 153~164.

260 _____. *Religions, Values and Peak-Experiences*. Ohio State university press, 1964.

261 _____. *Eupsychian Management : A Journal*. Irwin-Dorsey, 1965.

262 _____. *The Psychology of Science : A Reconnaissance*. Harper & Row, 1966.

263 Matson, F. *The Broken Image*. Braziller, 1964.

264 May, R. *On Will*. To be published.

265 McCurdy, H. G. *The Personal World*. Harcourt, Brace & World, 1961.

266 McGregor, D. *The Human Side of Enterprise*. McGraw-Hill, 1960.

267 _____. *The Professional Manager* (W. G. Bennis and C. McGregor, eds.). McGraw-Hill, 1967.

268 Morgan, A. E *Search For Purpose*. Yellow Springs, Ohio, Community Service, Inc., 1957.

269 Moustakas, C. *Creativity and Conformity*. Van Nostrand, 1967.

270 _____. *The Authentic Teacher*. Doyle, 1966.

271 Mowrer, O. H. *The New Group Therapy*. Van Nostrand, 1964.

272 Mumford, L. *The Conduct of Life*. Harcourt, Brace, 1951.

273 Murray, H. A. Prospect for psychology, *Science*, May 11, 1962, 483~488.

274 Neill, A. S. *Summerhill*. Hart, 1960.

275 Otto, H. (ed.). *Explorations in Human Potentialities*. C. C. Thomas, 1966.

276 _____. *Guide to Developing Your Potential*. Scribner's, 1967.

277 Owens, C. M. *Discovery of the Self*. Christopher, 1963.

278 Polanyi, M. *Science, Faith and Society*. University of Chicago Press, 1964.

279 _____. *Personal Knowledge*. University of Chicago Press, 1958.

280 _____. *The Tacit Dimension*. Doubleday, 1966.

281 Reich, W. *The Function of the Orgasm*. Noonday Press, 1942.

282 Ritter, P., and J. *The Free Family*. London, Gollancz, 1959.

283 Rogers, C. Actualizing tendency in relation to motives and to consciousness. *In* M. R. Jones(ed.), *Nebraska Symposium on Motivation, 1963*. University of Nebraka press, 1963.

284 Rosenthal, R. *Experimenter Effects in Behavioral Research*.

Appleton-Century, 1966.

285 Sands, B. *The Seventh Step*. New American Library, 1967.

286 Schumacher, E. F. Economic development and poverty, *Manas*, Feb. 15, 1967, 20, 1~8.

287 Schutz, W. *Joy*. Grove Press, 1967.

288 Seguin, C. A. *Love and Psychotherapy*. Libra, 1965.

289 Severin, F. (ed.). *Humanistic Viewpoints in Psychology*. McGraw-Hill, 1965.

290 Sheldon, W. H. *Psychology and the Promethean Will*. Harper & Row, 1936.

291 Shostrom, E. *Personal Orientation Inventory(POI): A Test of Self-Actualization*. San Diego, Calif., Educational and Industrial Testing service, 1963.

292 Steinberg, S. *The Labyrinth*. Harper & Row, 1960.

293 Steinzor, B. *The Healing Partnership*. Harper & Row, 1967.

294 Sutich, A. The growth-experience and the growth-centered attitude, *J. Psychol.*, 1949, 28, 293~301.

295 Sykes, G. *The Hidden Remnant*. Harper & Row, 1962.

296 Tanzer, D. *The Psychology of Pregnancy and Childbirth: An Investigation of Natural Childbirth*. Ph.D. Thesis, Brandeis University, 1967.

297 Thorne, F. C. *Personality*. Journal of Clinical Psychology Publishers, 1961.

298 Tillich, P. *Love, Power and Justice*. Oxford University Press, 1960.

299 Torrance, E. P. *Constructive Behavior*. Wadsworth, 1965.

300 Van Kaam, A. *The Art of Existential Counseling*. Dimension Books, 1966.

301 Weisskopf, W. Economic growth and human well-being. *Manas*, Aug. 21, 1963, 16, 1~8.

302 White, R. (ed.). *The Study of Lives*. Atherton Press, 1964.

303 Whitehead, A. N. *The Aims of Education*. Mentor Bros., 1949.

304 _____. *Adventures of Ideas*. Macmillan, 1933.

305 Wienpahl, P. *The Matter of Zen*. New York University Press, 1964.

306 Wilson, C. *Beyond the Outsider*. London, Arthur Barker Ltd., 1965.

307 _____. *Introduction to the New Existentialism*. Houghton Mifflin, 1967.

308 Wolff, W. *The Expression of Personality*. Harper & Row, 1943.

309 Wootton, G. Workers, *Unions and the State*. Schocken, 1967.

310 Yablonsky, L. *The Tunnel Back : Synanons*. Macmillan, 1965.

311 Zinker, J. *Rosa Lee : Motivation and the Crisis of Dying*. Lake Erie College Studies, 1966.

옮긴이의 말

심리학 분야에서 인간을 바라보는 관점에는 여러 가지가 있다. 예를 들면 인간을 생물학적인 측면에서 이해하려는 관점이 있는가 하면, 내면보다는 겉으로 드러나는 행동에 초점을 두고 인간을 이해하려는 관점도 있다. 인간이 가지고 있는 무의식적 욕구를 중시하는 프로이트의 정신분석적 관점이 있는가 하면, 의식적 수준에서 이루어지는 사고와 판단을 중시하는 인지주의적 관점도 있다. 이러한 여러 관점 가운데 하나가 바로 매슬로의 인본주의적 관점이다.

　매슬로의 인본주의적 관점을 가능한 간략하게 정리하면 다음과 같다. 인간은 매우 다양한 동기 혹은 욕구를 가지고 있으며 이러한 동기를 크게 결핍동기와 성장동기로 구분할 수 있다. 결핍동기는 의식주, 안전, 사랑, 소속감 등에 대한 욕구로, 결핍동기에 근거한 인간은 자신과 세상을 지각하고 행동할 때 이러한 욕구의 충족을 최우선적인 목표로 삼는다. 그러나 일단 결핍동기를 충족시키고 나면, 인간은 성장동기에 근거하여 행동한다.

　성장동기에 근거한 인간은 자기실현을 지향한다. 이때 자신과 세상을 자신의 결핍된 욕구의 창을 통해 왜곡하고 단순화하고 취사선택하고 추상화해서 바라보는 것이 아니라, 그들을 있는 그대로 지각한다. 즉 자기실현을 하는 사람은 자신과 세상을 존재 그 자체로 이해하고 수용하며, 과거나 미래가 아닌 바로 지금 여기서 가장 통합된 상태로 존재한다. 이러한 통합은 개인의 내적인 일체뿐만 아니라 개인과 세상의 일체를 의미한다.

매슬로의 이러한 관점은 기존의 심리학적 상상력을 풍부하게 하는 데 크게 기여했다. 가령 생물학적 혹은 행동주의적인 관점에서 보면, 인간이란 생물학적 속성이나 외부적 환경의 지배를 받는 수동적 존재에 불과하다. 그러나 매슬로가 보는 인간은 유기체로서의 생물학적 속성과 주변의 외부적 환경에 영향을 받는 존재로만 그치지는 않는다. 인간은 그 내부에 자기를 실현하려는 욕구를 가지고 있기 때문에, 인간의 궁극적 삶의 목표는 외부가 아닌 내부에 의해 결정된다. 또한 이러한 경향성은 보편적이다.

정신분석적 관점에서 보면, 인간은 오로지 결핍동기만을 가지고 있으며, 인간 행동의 궁극적 목적은 이러한 결핍욕구를 충족시키는 것이다. 그러나 매슬로는 인간이 내재적이고 수준 높은 자기실현 욕구를 가지고 있음을 여러 가지 임상적이고 치료적인 자료를 통해서 입증하고 있다. 매슬로는 프로이트의 관점을 거부하는 것이 아니라, 그것을 포괄한 광범위하고 깊이 있는 인간관을 주창하고 있다.

오늘날 심리학계에 만연하고 있는 인지주의적 관점에 따르면, 인간은 주변 환경을 이해하려는 욕구를 가지고 있으며 인간 행동은 그러한 세상에 대한 불확실성을 감소시키기 위한 것으로 본다. 이러한 관점에서 보는 성숙한 인간이란 이 세상에 대한 추상적이고 범주적이고 분류적인 지식을 많이 가지고 있는 사람이다. 그러나 매슬로가 보기에 자기실현하는 사람은, 세상을 분류하거나 범주화하고 추상화해서 지각하는 것이 아니라, 하나의 통합된 전체로 있는 그대로 이해한다.

우리는 지금까지 서구의 심리학, 특히 미국 심리학을 배우면서 서구적인 사고방식, 인간관, 세계관 등을 의식적이든 무의식적이든 매우 당연하고 보편타당한 것으로 받아들여왔다. 그러한 서구적 관점이 지금까지 살펴본 여러 가지 관점이다. 매슬로의 인본주의적 관점 역시 이러한 서구적 관점을 상당 부분 반영하고 있다. 그럼에도 매슬로 자신이 인용하거나 언급하고 있듯이, 그가 주장하는 자기실현이란 결국 도교나 불교의 세계관과 다를 바 없다는 점에서 매우 동양적이다.

이러한 점에서 볼 때, 매슬로의 《존재의 심리학》은 인간에 대한 우리의 상상력을 고취하여 훨씬 더 풍부하고 깊이 있게 만드는 데 결정적인 역할을 할 수 있다. 매슬로 자신이 역설하듯이, 지금까지 우리는 인간의 어느 한 측면만을 병적으로 혹은 왜곡해서 강조해왔는지도 모른다. 다시 말해 인간이 가지는 다양성과 그 오묘함을 우리는 너무나 간단히 단순화하거나 무시해왔는지도 모른다. 이 책을 통해 인간에 대한 편협하거나 일천한 우리의 시각을 바르게 교정하고 인간 이해에 대한 우리의 칼날을 날카롭게 세울 수 있기를 기대한다.

이 책을 번역하는 일은 꽤 지루하고 힘들었다. 《존재의 심리학》은 매슬로가 책을 집필하기 위해서 원고를 쓴 것이 아니고, 학회 등에서 강의하고 발표한 내용을 책으로 정리한 것이라 단어, 문장, 문맥 등을 제대로 파악한다는 것이 녹록치 않은 일이었다. 이러한 어려움 속에서도 이 책을 번역할 수 있도록 애써주신 문예출판사 사장님과 관계자 여러분의 세심한 배려에 감사한다.

유월 흑석동 교정에서
정태연

찾아보기

ㄱ

가치에 대한 탐색 344
간결성 101
개체적(idiographic) 접근과 보편적 (nomothetiz) 접근 98
거짓 성장(pseudo-growth) 166
거짓 어리석음(pseudo-stupidity) 172, 177
거짓 자기 156
건강=환경에 대한 초월 346~356
건강한 공격성 322
건강한 사람들에 대한 임상적 관찰을 통해 얻은 특성 116, 139
건강한 선택자 336
건강한 아이 113, 159~160
건강한 유치함(childishness) 222
건강한 이기주의 289
건강한 퇴행 159, 222, 338
건강한 퇴행적 가치 338
게슈탈트(Gestalt) 69, 400
게젤(Gesell) 190
결정론 259
결핍동기 14~17, 19~20, 23~24, 27~28, 30, 37~38, 120, 122~124, 127, 133, 135, 145, 147
결핍동기와 성장동기 107~142
경영 409~410
경제 이론가들 119
경험에 대한 개방성 286, 291, 313
계획성 124
고든 올포트(Gordon Allport) 69, 91, 98, 101, 114, 121, 124, 129, 151
과학주의 66, 100
구체성/추상성 210, 314
권태 145, 193, 244, 314
《그릴 수 없는 것에 대하여(On Not Being Able to Paint)》 294, 405
금욕주의 251, 376
긍정적 심리학(positive psychology) 187
기계화된(mechanomorphic) 409~410
기능적 욕망 30, 38
기능하고자 하는 열망(Funktions-lust) 113
기본 욕구 및 기본 욕구의 위계적 배열 307
기본 욕구(basic need) 108, 110, 112, 115, 117~118, 122, 128, 132, 163, 251, 306~309, 321, 323, 339, 343, 367, 376~377, 381, 386
기회주의적(opportunistic) 결정 대 적절한(propriate) 결정 129
긴장 감소 111, 114, 118~119, 121, 176

ㄴ

나-너의 만남(I-Thou encounter) 235
나-너의 일체화 236

내재적 가치 340, 343
내재적 반(反)카섹시스(intrinsic counter-cathexes) 373
내재적 죄의식 314, 368~369
내적 본성 80~82, 85, 87~88, 174, 361~368, 372~373, 381
냉담 60, 293
노스럽(Northrop) 195, 211
노자 161, 207
노출 치료 368~369
뇌 손상 군인들 111
니체(Nietzsche) 92

ㄷ

다윈주의 195
단일체 209~210, 215, 250, 289, 388
대인 관계적 치료 132
대처 행동 353
대처기제 102, 125, 362
데이비드 레비(David M. Levy) 138, 245
도교 138, 160~161, 207, 240, 260, 284, 355, 375, 382
도구적 학습과 성격 변화 133~135
《도덕경》 161
도덕적 명령 342~343
도덕적 학습과 성격 변화 133~135
도로시 리(Dorothy Lee) 72, 190
동물심리학 119
동성애 266
드뷔시(Debussy) 363

D-인지(D-cognition) 28, 187~188, 254, 256, 265~267, 381~382
D-지각(D-perception) 216

ㄹ

랭크(Rank) 69, 151, 247
레드리히(Redlich) 343
로렌스(D. H. Lawrence) 208
로르샤흐 검사(Rorschach test) 194
로버트 우드워스(Robert Woodworth) 348
로버트 하트만(Robert Hartman) 72, 201, 312, 334, 342~343
로버트 화이트(Robert White) 151, 348, 354
롤로 매이(Rollo May) 72~73, 91, 102, 151
리비도의 단계적 발전 163
리처드 파슨(Richard Farson) 332, 427
린드(H. Lynd) 69, 114, 262

ㅁ

마르쿠제(Marcuse) 69, 248
마르크스(Marx) 58, 92
마틴 부버(Martin Buber) 235, 351
막스 베르트하이머(Max Wertheimer) 45, 123
만족 중추 256
매리언 밀너(Marion Milner) 294, 405
맹점 266
머레이(Murray) 69

머튼(Merton) 225
머피(Murphy) 69, 91, 195, 213, 294
멀리 떨어져 있는 목표 117
명상 128, 133, 351
모리스(Morris) 306
모우러(Mowrer) 262
모차르트(Mozart) 24, 363
무스타카스(Moustakas) 151, 297
무위(let-be) 161, 207
미(beauty) 61, 67, 192, 248
미래 82, 101~102, 124, 144, 187, 197, 204, 241, 244, 255, 256, 303, 318, 369, 385, 398, 436
미성숙과 성숙 118, 149
밀러(Miller) 292
밑바닥 경험 204

ㅂ

바그너(Wagner) 282
바이런(Byron) 282
반 고흐(Van Gogh) 282
반동형성 166, 364
방어기제 111, 125, 156, 168, 296, 385~386, 388
방어와 성장 143~166
방어적 가치 332, 336
범주화한 지각 189
베르그송(Bergson) 212
보편성 98
'본능' 이론 320~322
볼비(Bowlby) 137

부인(denial) 153, 169, 200, 379, 403
불교 267, 310, 438
불안 14, 84, 119, 132, 141, 149, 152, 173, 175~180, 275, 277, 343
불안 감소와 성장을 위한 지식 171~177
브라운(Brown) 69, 248
브루스터 기슬린(Brewster Ghiselin) 205
브뤼케(Brucke) 250
B-가치(B-value) 38~39, 46~48, 51, 201, 220~221, 238, 247, 331, 333, 367
비교사회학 394
B-동기(B-motivation) 28, 382
B-사랑(B-love) 139~140, 144, 186~187, 243, 382, 395
B-유희(B-playfulness) 247~248
B-인지(B-cognition) 28, 34~35, 46~47, 187~190, 192, 206, 208, 210~211, 217, 227, 242
B-인지가 갖는 위험성들 255~266
B-지각(B-perception) 216~217
비도덕성 387
비반티(Vivanti) 211
비활동적 사색 259
빌헬름 라이히(Wilhelm Reich) 151, 245
빌헬름 빈델반트(Wilhelm Windelband) 98

ㅅ

사르트르(Sartre) 96, 330
사색 255, 257, 259, 261, 266~267
사생활 25, 116, 128, 350
상위동기적 15~16, 66, 117, 139, 186
상위 심리학(ontopsychology) 103
생존 10, 156, 336, 380
생존 가치 195
샥텔(Schachtel) 69, 114, 121, 151, 189, 210, 270, 364
샬럿 불러(Charlotte Buhler) 101, 121, 195
서로 다른 종류의 쾌락 125
선택적이지 않은 인식(choiceless awareness) 207
성장과 환경 318~320
성장동기 14, 118, 122~124, 126, 139, 436
성취 가능한 (일시적인) 목표 상태와 성취하기 어려운 목표 상태 125~126
세계관 99
세르반테스(Cervantes) 248
셸던(Sheldon) 270, 306
셰익스피어(Shakespeare) 336
소로킨(Sorokin) 195~196
소속감에 대한 욕구 115, 166, 376, 382, 436
솔 스타인버그(Saul Steinberg) 403
수준 높은 본성 7, 42, 338
수준 높은 열반(high Nirvana)과 수준 낮은 열반(low Nirvana) 310, 325, 395
순수한 인지(innocent cognition) 240
슈나이더(E. Schneider) 230
스티븐스(S. S. Stevens) 92
스피츠(Spitz) 138
시(poem) 34, 51, 176, 227, 283, 285~286, 294, 396
시간의 문제 101
시나넌(Synanon) 382
신경증 64, 84, 86, 88, 101, 108, 112, 132, 160, 215, 221, 288, 302, 305, 323, 330, 367, 372, 381, 386, 392
신념체계 179
신체 증상 88
신학 50, 119, 151
신학자 48, 83, 93, 119, 195, 199, 216, 326
실존적 딜레마 260
실존적 정신병리 268
실존적인 문제 253, 393
실존주의자들 89~104, 339~340
심리적으로 건강한 58, 115, 248, 282, 372, 392

ㅇ

아노미 387
아담과 이브 신화(Adam and Eve myth) 169
아동 113, 136, 144, 146~147, 152, 154~158, 162, 164~166, 171, 179, 213, 221, 258, 286, 323, 339,

367, 369~370
아들러(Adler) 151, 263
아브라함 링컨(Abraham Lincoln) 131
아사지올리(Assagioli) 151
악(evil) 32, 43, 60, 66, 82, 136, 151,
　177, 199~200, 216, 218, 255, 322,
　324~325, 331, 343, 367, 386
안전의 욕구 147, 152, 165, 176, 337
알코올 중독자 모임 382
앙얄(Angyal) 114, 121, 132, 151,
　195, 250
야스퍼스(Jaspers) 91
양심 85~86, 368, 393~394
양육 94, 158, 283
어윈 스트라우스(Erwin Strauss) 102
에렌츠바이(Ehrenzweig) 292
에리히 프롬(Erich Fromm) 85, 91,
　112, 114, 125, 151, 262, 289
에릭슨(E. H. Erikson) 91
에밀 크레펠린(Emil Kraepelin) 275
에살렌식(Esalen-type) 교육 382
에살렌협회(Esalen Institute) 383
여성다움 170
예술 94, 184, 224, 352, 368, 371, 396
예술가(Artists) 67, 124, 211, 213,
　224, 230, 238, 245, 261, 282~283,
　373
예술과 지식 224
오이디푸스 167
오즈월드 슈바르츠(Oswald Schwarz)
　133

오코늘(O' Connell) 274
올더스 헉슬리(Aldous Huxley) 72,
　195, 205
와츠(Watts) 195
완전하게 기능하는 187
외적 타당도 224~231
요세미티 260
욕구 충족의 임상적·성격적 효과 124
　~125
욕구 충족적 반응 118
욕구 감소 118, 149, 385
욕구에 근거한 사랑과 욕구와 무관한 사
　랑 138~142
욕망 119, 255
운명론 259
원초아(id) 222, 388
월터 토만(Walter Toman) 70~71, 257
월트 휘트먼(Walt Whitman) 60, 351
위계 44
위계적 배열 13, 307~310
윌로비 성숙도 척도(Willoughby Maturity Scale) 133
윌리스(Wheelis) 69, 91, 343~344
윌리엄 제임스(William James) 31
유기체적(organismic) 심리학 69, 360
유희 238, 244, 247~248
윤리 이론 305, 325, 343
의인화된(anthropomorphic) 410
이분법 66, 202, 214, 220, 243, 248,
　250, 288~289, 296, 318, 337, 339,
　388, 390

이상향 248
이차적 창조성(secondary creativity) 296
이타주의 99, 289
인본주의 심리학(humanistic psychology) 51, 58, 62, 361, 364, 427
일차적 창조성(primary creativity) 296
일차적·이차적 창조성 및 통합된 창조성 292~296
일체론(homonomy) 250

ㅈ

자극-반응(S-R)적인 인간 95
자기실현에 대한 재정의 222~228
자기실현하는 사람 17~18, 31, 38~39, 41, 45, 64, 83, 123, 128~129, 131~132, 135~137, 185~186, 191, 195, 200, 210~211, 214, 216, 221~222, 227~228, 243, 249, 253~254, 262~264, 267, 282~298, 312, 314~315, 323, 369, 388, 437
자발성 22~23, 113, 116, 145, 164, 202, 247, 259, 286, 291, 297, 314, 319, 373~374
자부심 26, 141, 249~250
자살 230, 392
자아 강도(ego strength) 82, 98, 132
자아 초월 131
자아(ego) 19~20, 25, 103, 131~132, 148, 195, 222, 234~236, 243, 250~251, 274, 289, 292, 364, 368,
373, 388~389
자유롭게 떠다니는 주의 391
자유롭게 떠다니는 주의력 207
자유선택 149~150, 303~307, 314~316, 330~331
자체적으로 고유한 법칙 352
장 피아제(Jean Piaget) 351, 380
재능 24, 86, 115, 118, 120, 128, 169~170, 282, 285, 294, 307, 319, 335, 337, 341~343, 356, 362, 373, 376, 391
전의식(preconscious) 85, 221~222, 231, 235, 270, 293~294, 388, 391
전체성 38, 202, 221, 291, 296, 313, 400
절망 103, 314, 387
절정경험 28~53, 93, 103, 116, 123, 140, 184, 187~188, 190~191, 195~201, 203~205, 208~211, 213, 219~220, 222~223, 227~251, 254, 267, 291, 294~295, 305, 310, 333, 344, 355, 389, 392~393, 395, 398, 400, 405
절정경험 속에서의 존재에 대한 인지 183~231
절정경험에서의 B-인지 188~222
절정경험의 여파 228~231
정신병리 96, 103, 108, 115, 169, 185, 324~327, 343, 383~384
정체성 59, 90~91, 93, 99, 103, 108, 116, 233, 236, 238, 243~244, 246,

250, 270~271, 274, 276, 311, 314,
324, 344, 366, 381, 400
정치철학자들 119
정통 심리학(orthopsychology) 187
제3세력(Third Force) 69, 361, 412
존 달라드(John Dollard) 405
존 듀이(John Dewey) 60, 197
존 쉴린(John Shlien) 207
존경에 관한 욕구 127, 377
존재(Being)와 발달(Becoming) 사이의 이분법 318
존재의 심리학(Being-psychology) 65, 166, 186~187
존재함 254
종(種) 보편적 목표와 개체 특유의 목표 126~127
죄의식 21, 84, 178, 254, 257~258, 261~262, 268, 314, 368~369, 385, 392~393
주관적인 생물학 356
주체와 객체 간의 데카르트식 분리 101
지식에 대한 욕구와 두려움 167~180
진정한 가치 344
진정한 사람(authentic person) 94~95, 246, 249
진정한 자기 144, 148, 238, 250, 314, 320, 331, 355, 363, 369
질병 63, 80~81, 84, 86, 108~109, 124, 132, 168, 185, 215, 245, 274, 276, 307, 318, 323, 325, 327, 335, 345, 367, 379, 382, 384, 387, 393

짐머만(R. R. Zimmerman) 175

ㅊ

찰스 데드리치(Charles Dederich) 383
창조성 24, 94, 112, 116, 118, 123, 145, 157, 169, 184, 197, 203, 214, 222, 227, 229, 244, 281~298, 308, 311, 314, 319, 352, 368, 371, 390~391
철학적 인류학 95
초자아(super-ego) 85, 222, 368, 388~389, 393
총체적 분석 234
총체적 주의 189
충동 10, 20, 82, 112, 118~120, 152~153, 168~169, 249, 270, 286, 290, 292, 294, 296, 301, 307, 316~317, 321, 324, 362~366, 388, 403, 410
충동 거부와 충동 수용 118, 121
치료자와 환자 간의 의사소통 271

ㅋ

칸트릴(Cantril) 213
칼 구스타프 융(Carl Gustav Jung) 54, 93, 114, 151, 292
칼 로저스(Carl Rogers) 91, 97, 114, 133, 151, 237, 286, 331, 372
칼 불러(Karl Buhler) 113~114
캐런 호니(Karen Horney) 74, 83, 91, 112, 114, 151, 250, 400

코움즈(Combs) 151
콜리지(Coleridge) 230
콜린 윌슨(Colin Wilson) 21, 104
쾌감 상실증 387
쾌락 원리 219, 222
쾌락주의 289, 305, 318
쿠르트 골트슈타인(Kurt Goldstein) 15, 62, 69, 72, 74, 91, 101, 112, 121, 151, 195, 210~211, 257, 262, 288, 340~341, 360, 372
쿠르트 레빈(Kurt Lewin) 102
크리슈나무르티(Krishnamurti) 207
크리스(Kris) 222, 292
키에르케고르(Kierkeggard) 331

ㅌ

타산적인 대인 관계와 사심 없는 대인 관계 130~131
타성적 가치 337
태만 83
토니 슈티취(Tony Sutich) 59
통제와 한계의 문제 322~324
퇴행적 힘 324~327
투사적 검사 93
T-집단 382
펄(Perls) 151
펠릭스 도이치(Felix Deutsch) 72, 294
편집증 250
평형 상태 111, 113~114, 121, 124, 337

ㅍ

표현적 행동 대 대처 행동 353
프랭클(Frankl) 151, 240
프로메테우스 169
프로이트 심리학 119

ㅎ

하이데거(Heidegger) 91
하인츠 워너(Heinz Werner) 74, 380
학습 곤란 177
학습 이론 133
항문적 접근 410
항상성(homeostasis) 111, 114, 121, 124, 150, 303~304, 385
해리 스택 설리번(Harry Stack Sullivan) 349
해리 할로우(Harry Harlow) 174~175
행동주의 95, 119, 360
허버트 리드(Herbert Read) 213
헛된 낙관주의(False optimism) 327
현미경 176, 192
현상학 91, 98~99, 227
현실 원리 219, 222
현재에도 존재하는 한 인간의 과거 398
화이트헤드(Whitehead) 212
활동성 64
황홀경 125

옮긴이 정태연

연세대학교 심리학과 대학원을 졸업하고 미국 코네티컷대 대학원을 졸업했으며 현재 중앙대 심리학과 교수로 있다.

저서로《심리학, 군대 가다》,《사회심리학》(공저),《청년기의 자기탐색》(공저) 등이 있으며, 번역서로는《권위에 대한 복종》,《사회심리학》(공역),《발달 심리학 거장들의 핵심 이론 연구》(공역) 등이 있다.

옮긴이 노현정

중앙대 심리학과 대학원을 졸업했다.
중앙대 심리학과 대학원 박사 과정.

존재의 심리학

1판 1쇄 발행 2005년 8월 10일
2판 6쇄 발행 2023년 10월 1일

지은이 아브라함 H. 매슬로 | 옮긴이 정태연·노현정
펴낸곳 (주)문예출판사 | 펴낸이 전준배
출판등록 2004. 02. 12. 제 2013-000360호 (1966. 12. 2. 제 1-134호)
주소 04001 서울시 마포구 월드컵북로 21
전화 393-5681 | 팩스 393-5685
홈페이지 www.moonye.com | 블로그 blog.naver.com/imoonye
페이스북 www.facebook.com/moonyepublishing | 이메일 info@moonye.com

ISBN 978-89-310-0501-1 03180

• 잘못 만든 책은 구입하신 서점에서 바꿔드립니다.

문예출판사® 상표등록 제 40-0833187호, 제 41-0200044호